U0741944

〔宋〕黄士毅 編
徐時儀 楊艷 彙校

朱子語類彙校

修訂本

肆

上海古籍出版社

晦庵先生朱文公語類卷第四十四

論語二十六

憲問篇

邦有道穀章〔一〕

問：「『憲問耻』一段，〔二〕集注云『憲之狷介，其於「邦無道穀」之可耻固知之，至於「邦有道穀」之可耻恐未必知』，何也？」曰：「邦有道之時不能有爲，只小廉曲謹濟得甚事！且如舊日秦丞相當國，有人壁立萬仞，和宫觀也不請，此莫也〔三〕是世間第一等人！及秦既死，用之爲臺諫，則不過能論貪污而已，〔四〕於國家大計亦無所建立。且如『子貢問士』一段，『宗族稱孝，鄉黨稱弟』之人莫是至好，而聖人必先之以『行己有耻，不辱君命』爲上。蓋孝弟之人亦只是守得那一夫之私行，不能充其固有之良心。然須是以孝弟爲本，無那孝弟也做不得人。有時方得恰好，

須是充那固有之良心，到有恥、不辱君命處方是。」希遜。寓同。〔五〕

問：「『邦有道穀，邦無道穀，恥也』，諸家只解下一脚爾，上一句却不曾説着。此言『邦有道穀，邦無道穀』，而繼之以『恥也』者，豈非爲世之知進不知退者設耶？」曰：「『穀』之一字要人玩味。『穀』有食禄之義。言有道無道，只會食禄，略無建明，豈不可深恥！」謨。

克伐怨欲不行章

問：「『克伐』與『克復』只是一個『克』字，用各不同。切謂『克己』是以公勝私，『克伐』是有意去勝人。」曰：「只是個出入意。『克己』是入來勝己，『克伐』是出去勝人。」問楊敬仲説「『克』字訓能，此『己』元不是不好底，『爲仁由己』何嘗不好？『克己復禮』是能以此己去復禮也」。曰：「艾軒亦訓『克』作能，謂能自主宰。此説雖未善，然猶是着工夫。若敬仲之言，是謂無己可克也。」德明。

「克伐怨欲」須從根上除治。閎祖。

「克伐怨欲不行」，所以未得爲仁者，如面前有一事相觸，雖能遏其怒，畢竟胸中有怒在，所以未得爲仁。蓋卿。

晞遜問：「『克伐怨欲不行』，是〔六〕如何？」曰：「此譬如停賊在家，豈不爲害？若便趕將出去，則禍根絶矣。今人非是不能克去此害，却有與它打做一片者。」人傑。

賀孫[七]問：「『克伐怨欲』須要無。先生前日令只看大底道理，這許多病自無。今看來莫是見得人己一體，則求勝之心自無；見得事事皆己當爲，則矜伐之心自無；見得『死生有命，富貴在天』，則忿怨貪慾之心自無。不知如此看得[八]否？」曰：「固是如此，這已是第二着了。」問：「莫是見得天地同然公共底道理否？」曰：「這亦是如此，亦是第二着。若見得本來道理，亦不待説與人公共不公共。見得本來道理只自家身己上是勝個甚麽，是伐個甚麽，是怨、慾個甚麽？所以夫子告顔子，只是教他『克己復禮』，能恁地則許多病痛一齊退聽。『出門如見大賓，使民如承大祭』，這是防賊工夫；『克己復禮』，這是殺賊工夫。」賀孫。

問：「『克伐怨欲不行焉[九]』，孔子不大段與原憲。學者用工夫且於此『不行焉』亦可。」曰：「須是克己，涵養以敬，於其方萌即絶之。若但欲不行，只是遏得住，一旦決裂，大可憂。」又問：「『可以爲難矣。』如何？」曰：「到此，遏之極難。」[一〇]可學。

安卿説「克伐怨欲不行」。先生問曰：「這個禁止不行，與那非禮勿視聽言動底『勿』字也只一般。何故那個便是爲仁？這個禁止却不得爲仁？必有些子異處，試説看。」安卿對云：「『非禮勿視聽言動』底，是於天理人欲之幾，既曉然判别得了，便行從天理上去。『克伐怨欲不行』底，只是禁止不行這個人欲，却不知於天理上用功。所以不同。」曰：「它本文不曾有此意。

公何據輒如此説？」久之，曰：「有一譬喻：如一個人要打人，一人止之曰：『你不得打！纔打他一拳，我便解你去官裏治你。』又一人曰：『你未要打它。』此二者便是『克己』與『不行』之分。『克己』是教它不得打底，『不行』是教它未要打底。教它不得打底，便是從根源上與它説定不得打。未要打底是這裏未要打，及出門去則有時而行〔一一〕之矣。觀此，可見『克己』者是從根源上一刀兩斷，便斬絶了，更不復萌；『不行』底只是禁制它不要出來，它那欲爲之心未嘗忘也。且如怨個人，却只禁止説，莫要怨它，及至此心欲動，又如此禁止。雖禁止得住，其怨之心〔一二〕則未嘗忘也。如自家飢，見芻豢在前，心中要喫，却忍得不喫。雖强忍住，然其欲喫之心未嘗忘。『克己』底則和那欲喫之心也打疊殺了。」〔一三〕

李閎祖問目中有「克伐怨欲不行」及「非禮勿視聽言動」一段。先生問德明云：「謂之『勿』，則與『不行』者亦未有異，何以得仁？」德明對云：「『勿』者，禁止之詞。顔子工夫只是積漸克將去，人欲漸少，天理漸多。久之則私意剥盡，天理復全，方是仁。」曰：「雖如是，終是『勿』底意猶在，安得謂之仁？」再三請益。曰：「到此説不得，只合實下工夫，自然私意留不住。」德明。

問「克伐怨欲不行」。〔一四〕曰：「『克己』是拔去病根；『不行』是捺在這裏，且教莫出，然這病根在這裏。譬如捉賊，『克己』便是開門趕出去，索性與它打殺了，便是一頭事了；『不行』是閉了門，藏在裏面，教它且不得出來作過。」希遜。

「不[一五]行」只是遏在胸中不行耳，畢竟是有這物在裏。纔説無，便是合下掃去，不容它在裏。譬如一株草，剗去而留其根，與連其根剗去，此個意思如何？今[一六]人於身己上有不好處，須是合下便連根[一七]剗去。若只[一八]在人面前不行，而此個根苗常自[一九]留在裏，則[二〇]便不得。[二一]夔孫。

「克伐怨欲不行」，只是遏殺得在此心，不問存亡。須是克己。祖道。

「克伐怨欲」，須是從根上除治。閎祖。[二二]

問：「『克伐怨欲』章，不知原憲是合下見得如此，還是他氣昏力弱，没奈何如此？」曰：「是他從來只把這個做好了，只要得不行便了。此所以學者須要窮理。只緣他見得道理未盡，只把這個做仁。然較之世之沉迷私欲者，他一切不行，已是多少好。惟聖道廣大，只恁地不濟事，須着進向上去。『克伐怨欲』須要無始得，若藏蓄在這裏，只是做病。」問：「憲[二三]本意[二四]也不是要藏蓄在這裏。」曰：「這也未見他要藏蓄在。只是據他説，便不是了。公不消如此看。只那個是是，那個是不是。聖人分明説這個不是仁，公今只看合要無，合要有了不行？若必定要無，下梢猶恐未能盡去。若合下只要不行便了，下梢道如何？」問：「孔子既云『不知其仁』，原憲却不問仁，何也？」曰：「這便是他失問。這也是他從來把自見做好了如此。明道先生亦説：『原憲承當不得，所以不復問。』他非獨是這句失問，如『邦有道穀，邦無道穀，恥也』，也失問。邦無道，固不當受禄；若有道，如何也不可受禄？當時未見得意思，也須著較量。那[二五]無道而受禄固不可，有道而苟禄亦不可。」問：「原憲也不是個氣昏力弱底人，何故如此？」曰：「他直是有力。看他孤潔節介，卒未易及，只是見識自如此。若子路見識較高了，他問時須問到底。然教原憲去爲宰從政，未必如子路、冉求之徒。若教子路、冉求做原憲許多孤介處，也只是[二六]做不得。孟子曰：『人有不爲也，而後可以有爲。』原憲却似只要不爲，却不理會有爲一節。如今看道理，也恁地漸漸看將去。不可説道無所見，無所得，便放倒休了。也不可道有些小所見，有些小所得，便自喜道：『只消如此。』這道理直是無窮。」賀孫。

問：「原憲强制『克伐怨欲』，使之不行，是去半路上做工夫，意思與告子相似。觀其辭所合得之粟，亦是此意。」曰：「憲是個狷者。傳中説憲介狷處亦多。」廣。

因舉[二七]或説「憲問仁」，謂此[二八]是「原憲有所感」。曰：「不必如此説。凡觀書，且論此一處文義如何，不必它説。」可學。

士而懷居章無[二九]

邦有道危言危行章無[三〇]

有德必有言章無[三一]

南宫适問於孔子章

南宫适大意是説德之可貴而力之不足恃。説得也好，然説不透，相似説堯舜賢與[三二]桀紂一般，故聖人不答，也是無可説。蓋他把做不好，又説得是；把做好，又無可説，只得不答而已，亦見孔子不恁地作鬧，得過便過。淳。

問：「适是以禹稷比夫子？」[三三]曰：「舊説如此。觀夫子不答，恐有此意，但問得鶻突。蓋适意善而言拙，儗[三四]人非其倫爾。太史公亦以盗跖與伯夷並説，伯夷傳乃史遷自道之意。」必大。

寓[三五]問：「明道謂适以禹稷比夫子，故夫子不答。上蔡以爲首肯之意，非直不答也。龜山以爲禹稷有天下不止躬稼，夫子未盡然其言，故不答。未知[三六]三説孰是？」曰：「适之言亦不爲不是，問得也疏。禹稷是好人，羿奡自是不好底人，何消恁地比並説！夫子也只是不答，緣問得騃。正如仲尼賢於盗跖，這般説話豈不是騃！然它意思却好，所以出而聖人稱美之曰：

『君子哉若人！尚德哉若人！』如孟子所謂『孳孳爲善者，舜之徒也』云云，『不以舜之所以事堯事君』云云，這般言語多少精密！适之問如何似得這般話。」舉似某人詩，云〔三七〕：「何似仲尼道最良。張僧范寇知何物，却與宣尼較短長！」〔三八〕

問：「『禹稷躬稼而有天下，羿奡不得其死』，必然之中或有不然者存。如盜跖亦得其死。學者之心惟知爲善而已，它不計也。夫子不答，固有深意，非聖人不能如是也。」曰：「此意思較好。」過。〔三九〕

君子而不仁者章

義剛〔四〇〕問：「此君子莫只是輕説，不是指那成德者而言否？」曰：「『君子而不仁者有矣夫』，他只是用這般見成句。」義剛。

君子〔四一〕譬如純白底物事，雖有一點黑，是照管不到處。小人譬如純黑底物事，雖有一兩點白處，却當不得那〔四二〕白也。燾。

愛之能勿勞乎章

至之問「愛之能勿勞乎」。答曰：「愛之而弗勞，是姑息之愛也。凡人之愛，多失於姑息。

如近有學者持服而來，便自合令他歸去。却念他涉千里之遠，難爲使他徒來而徒去，遂不欲却他。此便是某姑息處，乃非所以爲愛也。」時舉。

爲命章

問「『爲命，裨諶草創之』。曰：『春秋之辭命，猶是説道理。及戰國之談説，只是説利害而已[四三]，説到利害的當處便轉。』」希遜。

洪氏曰：「鄭，小國也，能謹重辭命而信任賢者如此。爲天下者辭命宜益重矣，而反輕之；討論潤色宜益衆矣，而獨任於一官。何哉？且古之賢者，求辭命之善爾，不有其己也。故世叔討論，而裨諶不以爲嫌；子產潤色，而子羽不以爲羞。後世爲命者反是，此辭命所以有愧于古也。」此説亦善。子產爲政，擇能而使之，衆賢各盡其用者，子產之功也。[四四]

或問子產章

子產心主於寬，雖説道「政尚嚴猛」，其實乃是要用以濟寬耳，所以爲惠人。賀孫。

「『問管仲，曰「人也」』。范楊皆以爲盡人道，集注以爲『猶云此人也』，如何？」曰：「古本如此説，猶詩所謂『伊人』，如莊子所謂『之人也』。若作盡人道説，除管仲是個人，他人便都不是人！更管仲也未盡得人道在，『奪伯氏騈邑』，正謂奪爲己有。」問：「集注言管仲、子産之才德，使二人從事於聖人之學，則才德可以兼全否？」曰：「若工夫做到極處，也會兼全。」寓。

賀孫[四五]問：「孔子所稱管仲奪伯氏邑，『没齒無怨言』，此最難，恐不但是威力做得。」曰：「固是。雖然，亦只是霸者事。」問：「武侯於廖立、李平是如何？」曰：「看武侯事迹，儘有駁雜去處；然武侯[四六]事雖未純，却是王者之心。管仲連那心都不好。程先生稱武侯『有王佐之才』，亦即其心而言之，事迹間有不純也。然其要分兵攻魏，先主將一軍入斜谷，關羽將荆州之衆北向，則魏首尾必不相應，事必集矣。蜀人材難得，都是武侯逐旋招致許多人，不似高祖、光武時雲合響應也。」賀孫。

問：「集注云：『管仲之德，不勝其才；子産之才，不勝其德。其於聖人之道，概乎其未有聞也。』若據二子所成之事迹，則誠未知聖人之學。然觀管仲『非鬼神通之，精神之極也』之語，與子産論伯有事，其精思察理如此，恐亦未可謂全不知聖人之學。」曰：「大處他不知，如此等事他自知之。且使子路爲鄭國，必須强似子産。觀其自謂『三年爲國，可使有勇，且知方也』，則必不爲强國所服屬矣。」廣。

貧而無怨章無[四七]

孟公綽爲趙魏老則優章無[四八]

子路問成人章

至之問「子路問成人」一章。答曰：「有知而不能不欲，則無以守其知；能不欲而不能勇，則無以決其爲知。不欲且勇矣，而於藝不足，則於天下之事有不能者矣。然有是四者，而又『文之以禮樂』，茲其所以爲成人也。」又問：「若聖人之盡人道，則何以加此？」曰：「聖人天理渾全，不待如此逐項説矣。」[四九]

或問「文之以禮樂」。曰：「此一句最重。上面四人所長，且把做個樸素子，唯『文之以禮樂』，却[五〇]始能取四子之所長而去四子之所短。然此聖人方以爲『亦可以爲成人』，則猶未至於踐形之域也。」時舉。

至之問：「『子路問成人』一段，[五一]集注云云『才全德備』至『粹然無復偏駁之弊』。[五二]雖聖人亦不過如此。後面又説『若論其至，則非聖人盡人道不足以語此』。何也？[五三]」曰：「若聖人則不用件件恁地説。」[五四]植。[五五]

亞夫問「子路問成人」一章[五六]。答曰：「這一章，最重在『文之以禮樂』一句上面[五七]。

曰[五八]「『今之成人者何必然[五九]』以下，胡氏以爲是子路之言，恐此説却是，蓋聖人不應只説向下去。且『見利思義』至『久要不忘平生之言』三句，自是子路已了得底事，亦不應只恁地説。蓋子路以其所能而自言，故胡氏以爲『有「終身誦之」之固』也。」亞夫云：「若如此，夫子安得無言以繼之？」曰：「却又[六〇]恐是他退後説，也未可知。」時舉。

楊尹叔問：「『今之成人者何必然[六一]』以下，是孔子言，抑子路言？」曰：「做子路説方順。此言亦似子路模樣，然子路因甚如此説？畢竟亦未見得。」又問：「公綽不欲等，可以事證否？」曰：「亦不必證。此只是集衆善而爲之，兼體用本末而言。」淳。

公明賈對章[六二]

「時然後言」者，合説底不差過它時節。植。

問「子問公叔文子於公明賈曰：『信乎夫子』至『豈其然乎』」。[六三]曰：「且説這三個『不厭』字意思看。」或云：「緣它『時然後言，時然後笑，時然後取』，所以人不厭之。」曰：「惟其人不厭之，所以有『不言』、『不笑』、『不取』之稱也。蓋其言合節拍，所以雖言而人不厭之，雖言而實若不言也。這『不厭』字意，正如孟子所謂『文王之囿，方七十里，民猶以爲小』相似。」僩。

魏才仲問：「『子問公叔文子於公明賈[六四]』一段，當時亦未必是誇。」曰：「若不是誇，便是錯説了。只當時人稱之已過當，及夫子問之，而賈所言又愈甚，故夫子不信。」可學。

「如『不言』、『不笑』、『不取』，似乎小，却難。若真能如此，只是一偏之行。然公明賈却説『以告者過也』。『時然後言，樂然後笑，義然後取』，似乎易，却説得大了。蓋能如此，則是『時中』之行也。」〔六五〕

問：「夫子疑之何也？」曰：「吴氏得之矣。文子請享靈公也，史鰌曰：『子富君貪，禍必及矣。』觀此，則文子之言豈能皆當？而其取豈能皆善乎？」事見定公十三年左氏傳。〔六六〕

臧武仲以防求爲後章〔六七〕

或以爲：「時人以武仲能存祀爲賢，故夫子正之。」曰：「味本文意，但以時人不知其據邑有請之爲要君爾，初不爲存先祀發也。或又謂武仲恃齊以請，亦非也。夫子但言以防求爲後，不言以齊求爲後也，安得捨其據邑之顯罪，而逆探其挾齊之微意乎？」〔六八〕

齊桓公正而不譎章〔六九〕

或問「威文之正譎」。曰：「伊川之説密矣。『晉文實有勤王之心，而不知召王之爲不順，是以譎而掩其正也。齊威伐楚責包茅，雖其心未必尊天子，而其事則正，是以正而掩其譎也。』

孔子言之以爲戒。正者，行其事爾，非大正也，亦猶管仲之仁止以事功而言也。」[七〇]

問：「晉文公『譎而不正』，諸家多把召王爲晉文之譎。集注謂『伐衛以致楚師，而陰謀以取勝』，這説皆爲通否？」[七一]曰：「晉文舉事多是恁地，不肯就正做去。吕伯恭博議論此一段甚好，然其説忒巧。節節[七二]看來却都是如此。晉文用兵便是戰國孫吴氣習。」寓。

東萊博議中論桓文正譎甚詳，然説亦有過處。又曰：「桓公雖譎，却是直拔行將去，其譎易知。如晉文，都是藏頭没尾，也是蹺欹。」道夫。[七三]

桓公[七四]殺公子糾章

問：「集解[七五]説：『子路疑管仲忘君事讐，忍心害理，不得爲仁。』此忍心之『忍』是殘忍之『忍』否？方天理流行[七六]，遽遏絶之使不得行，便是忍心害理。」曰：「傷其惻隱之心便是忍心。如所謂『無求生以害仁』，害仁便是忍心也。故謝子説『三仁』云：『三子之行同出於至誠惻怛之意。』此説甚好。」廣。

江問：「『如其仁』，或説如召忽之仁。」曰：「公且道此是許管仲，是不許管仲？看上面如此説，如何喚做不許他？上面説得如此大了，下面豈是輕輕説過？舊見人做時文，多做似仁説，看上文是不如此。公且道自做數句文字，上面意如此，下面意合如何？聖人當時舉他許多功，故云誰如得他底仁。終不成便與許顔子底意相似。管仲莫説要他『三月不違仁』，若要他三日，也不會如此。若子貢、冉求諸人，豈不强得管仲！」葉賀孫。〔七七〕

亞夫問：「管仲之心既已不仁，何以有仁者之功？」曰：「如漢高祖、唐太宗，未可謂之仁人。然自周室之衰，更春秋戰國以至暴秦，其禍極矣。高祖一旦出來平定天下，至文景時幾致刑措。自東漢以下，更六朝亂胡〔七八〕以至於隋，雖曰統一，然煬帝繼之，殘虐尤甚，太宗一旦掃除以致貞〔七九〕觀之治。此二君者，豈非是仁者之功耶？若以其心言之，本自做不得這個功業，然謂之非仁者之功可乎？管仲之功亦猶是也。」時舉。

才仲問：「南軒解子路、子貢問管仲，疑其『未仁』、『非仁』，故舉其功以告之。若二子問『管仲仁乎』，則所以告之者異。此説如何？」先生良久曰：「此説却當。」可學。

管仲非仁者章〔八〇〕

淳問：「伊川言：『仲始與之同謀，遂與之同死，可也。知輔之争爲不義，將自免以圖後功，亦可也。』切謂天下無兩可之理，一是則一非，如兩可之説，恐亦失之寬否？」曰：「雖無兩可，然前説亦是可，但自免以圖後功，則可之大者。」淳曰：「孟子『可以死，可以無死』，是始者見其可以死，後細思之，又見其可以無死，則前之可者爲不可矣。」曰：「即是此意也。」淳。〔八一〕

問：「集解云：『管仲有功而無罪，故聖人獨稱其功。王魏先有罪而後有功，則不以相掩可也。』其視程子説固平實矣。然人之大節已失，其餘莫不足觀否？」曰：「雖是大節已失，畢竟他若有功時，只得道他是有功始得。」廣。

問：「集注謂：『王魏先有罪而後有功，不可以相掩。』只是論其罪則不須論其功，論其功則不須論其罪否？」曰：「是也。」淳。〔八二〕

「管仲，孔子自有説他過處，自有説他功處，過不能以掩功。如唐之王魏亦然。」或問：「設有弑父弑君不可贖之罪，雖有功，亦在所不説矣。」曰：「如此，則無可言者。」文蔚。

李丈問：「管仲功可掩過否？」曰：「他義不當死。」又曰：「這般處亦説得不分曉，大抵後十篇不似前十篇。如『子路問成人』處，亦説得粗。」淳問：「如武仲之知、公綽之不欲、卞莊子之勇、冉求之藝，皆不是十分底事否？」曰：「是。」淳。〔八三〕

公叔文子之臣大夫僎章無〔八四〕

子言衛靈公之無道章無〔八五〕

其言之不怍章無[八六]

陳成子弒簡公章

問：「『陳成子弒簡公』章，云：『三子有無君之心，夫子所以警之。』」曰：「須先看得聖人本意。夫子初告時，真個是欲討成子，未有此意。後人自流泝源，知聖人之言可以警三子無君之心，非是聖人托討成子以警三子。聖人心術不如此枉曲。」雉。

或問：「孔子當周衰時，可以有爲否？」曰：「聖人無有不可爲之事，只恐權柄不入手。若得權柄在手，則兵隨印轉，將逐符行。近温左氏傳，見定、哀時煞有可做底事。」問：「固是聖人無不可爲之事。不知[八七]聖人有不可爲之時否？」曰：「便是聖人無不可爲之時。若時節變了，聖人又自處之不同。」又問：「孔子當衰周時[八八]豈不知時君必不能用己？」曰：「聖人却無此心，豈有逆料人君能用我與否？到得後來説『吾不復夢見周公』，與『鳳鳥不至，河不出圖，吾已矣夫』時，聖人亦自知其不可爲矣，但不知此等話是幾時説。據『陳恒弒其君，孔子沐浴而朝請討之』時是獲麟之年，那時聖人猶欲有爲也。獲麟在魯哀公十四年，十六年孔子卒。[八九]」廣。[九〇]

伊川言：「孔子時大倫亂矣，請伐齊以討其弒君之罪。使哀公能從其請，孔子必有處置，須使顏回事周，子路事晉，天下大計可立而遂，孔子臨老有此一段事好做。奈何哀公不能從，可惜！」或問：「當時魯之兵柄分屬三家，哀公雖欲從孔子之言，然不告三子則兵不可出，而孔子意乃不欲往告，何哉？」曰：「哀公誠能聽孔子言以討齊亂，則亦召三子而以大義詔之。理明義正，雖或不欲，而孰敢違之哉？今無成命，反使孔子往告，則是可否之權決於三子而不決於公也。況魯之三家，即齊之陳氏，其不欲討之必矣，是則不惟名義之不正，而事亦豈可得成哉？孔子以君命之重，不得已而往，尚冀其萬一之或從也。而三子果以爲不可，則復正言之，以明君臣大倫所繫之重。雖欲不告而不敢以已，其所以警三子者亦深矣。」〔九一〕

問：「伊川謂：『左氏載孔子言曰：「陳恒弒其君，民之不與者半。以魯之衆加齊之半，可克也。」此非孔子之言。誠若此言，是聖人以力角勝而不以義理也。』」曰：「聖人舉事也不會只理會義理，都不問利害。事也須是可行始得，但須是先得魯之衆，方可用齊之半。蓋齊之半雖未必難動，而魯之衆却未便得它從。然此事聖人亦必入思慮，但却不專主此也。故伊川又云：『借使言行，則亦上有天子，下有方伯，謀而後行。』然則聖人亦非不量力而浪戰也。明君臣之大義以見弒逆之大惡，天下所不容，人人得誅之。以天下之兵討天下之賊，彼雖衆，亦奚以爲哉？固不當區區較齊魯之强弱也。左氏所記蓋傳聞之謬，以衆人之腹爲聖人之心者爾。」〔九二〕

子路問事君章

亞夫問「勿欺也，而犯之」。曰：「犯，只是『有犯無隱』之『犯』。如『三諫不聽』之類，諫便是犯也。」時舉。

徐問：「『勿欺也，而犯之。』子路豈欺君者？莫只是他勇，便解恁地否？」曰：「是恁地。子路性勇，凡言於人君，要他聽，或至於説得太過，則近乎欺。如唐人諫敬宗遊驪山，謂驪山不可行，若行必有大禍。夫驪山固是不可行，然以爲有大禍，則近於欺矣。要之，其實雖不失爲愛君，而其言則欺矣。」辛。張權輿諫。辛。驪山事見寶曆元年。〔九三〕

張敬夫説亦善，謂「犯顏納忠，事君之義，然勿欺其本也」。勿欺矣，則誠信充積，一不得已，有時而犯之，則有以感動也。若忠信有所不足，則於事君之道爲未盡，而徒以犯顏爲事，亦鮮味矣。如「納交要譽」之類，一毫之萌皆爲欺也。以子路之剛强，懼其果於犯也，故告之以「勿欺」爲主。〔九四〕

問：「如何是欺？」曰：「有意瞞人便是欺。」曰：「看得子路不是瞞人底人。」曰：「『無臣而爲有臣』，乃欺也。」廣。

君子上達章

「君子上達」，一日長進似一日；「小人下達」，一日沉淪似一日。賀孫。

問：「注云：『君子反[九五]天理，故日進乎高明；小人徇人欲，故日究乎污下。』『究』字之義如何？」曰：「究者，究竟之義，言究竟至於極也。此段本横渠、吕與叔之言，將來湊説，語意方備。小人徇人欲，只管被它墜下去，只見沉了，如人墜水相似。」因又言究竟之義：「今人多是如此。初間只是差些子，少間究竟將去，越見差得多。如説道理亦是如此。初間錯些子，少間只管去救，救來救去，越弄得大。無不如此。如人相訟，初間本是至没緊要底事，喫不過，胡亂去下一紙狀。少間公吏追呼，出入搔擾，末梢計其所費，或數十倍於所争之多。今人做錯一件事，説錯一句話，不肯當下覺悟便改，却只管去救其失，少間救得過失越大。無不是如此。」僩。

𥫗[九六]問「君子上達，小人下達」。曰：「伊川『君子爲善，只有上達；小人爲不善，只有下達』[九七]之説爲至，其次則吕氏『君子日進乎高明，小人日究乎污下』之説亦[九八]得之。達，只是透向上去。君子只管進向上，小人只管向下。横渠説『上達反天理，下達徇人欲者歟』[九九]亦是。尹氏之謂達，却只是説得『君子喻於義』之意，却只是喻曉之義。楊氏之説舜跖，却是伊川之意。謝氏之説大段遠了，不干事。范氏之説，初是喻於義利，次是達於上下，其末愈上愈下，却有伊川之意。大抵范氏説多如此，其人最好編類文字，觀書多匆遽，不子細。如〔一〇〇〕學而首章，説得亂董董地，覺得他理會這物事不下。大抵范氏爲人宏博純粹，却不會研窮透徹。如唐鑑，只是大體好，不甚精密，議論之間多有説那人不盡。如孫之翰唐論雖淺，到理會一事直窮到底，交他更無轉側處。」僩。

古之學者爲己章

立之問「古之學者爲己，今之學者爲人」。曰：「此只是初間用心分毫之差耳。所謂『上達』、『下達』者，亦只是自此分耳。下達者只因〔一〇一〕分毫有差，便一日昏蔽似一日。如人入爛泥中行相似，只見一步深似一步，便渾身陷没，不能得出也。君子之學既無所差，則工夫日進，日見高明，便一日高似一日也。」因言秦檜〔一〇二〕：「所以〔一〇三〕與張魏公有隙之由，乃因魏公不薦他作宰相，而薦趙丞相，故後面生許多怨惡，蓋皆始於此耳。」時舉。

學者只是不爲己，故日間安頓此心在義理上時少，安頓在閑事上時多。於義理却生，於閑事却熟。方子。〔一〇四〕

學者須是爲己。聖人教人只在大學第一句「明明德」上，以此立心則如今端容〔一〇五〕亦爲己也，讀書窮理亦爲己也，做得一件事是實亦爲己也。聖賢教人持敬，只是須着從這裏地説

去[一〇六]。其實若知爲己後，則[一〇七]自然着敬。方子。[一〇八]

與馮德英説爲己、爲人。曰：「若不爲己，看做甚事都只是爲别人，雖做得好亦不關己。自家去從師，也不是要理會身己，自家去取友，也不是自[一〇九]要理會身己。自家[一一〇]只是漫恁地，只是要人説道也曾如此，只要人説道理[一一一]好。自家又識得甚麽人，自家又有幾個朋友，這都是徒然。説道看道理，不曾着自家身己，如何會曉得！世上如此爲學者多。只看爲己底是如何，他直是苦切。事事都是自家合做底事，如此方可，不如此定是不可。今有人苦學者，他因甚恁底苦？他只爲見這個[一一二]物事是自家合做底事。如人喫飯，是緣[一一三]自家肚飢，定是要得[一一四]喫。又如人做家主，要錢使，他[一一五]在外面百方做計，壹錢也要將歸。這是爲甚如此？這只是爲自家自身上事。[一一六]若如此爲學，如何會無所得？」賀孫。[一一七]

行夫問：「南軒云『爲己者，無所爲而然也』。這是見得凡事皆吾所當爲，非求人知，不求人譽，無倚無靠之謂否？[一一八]」曰：「有所爲者，是爲人也。這須是見得天下之事實是己所當爲，非吾性分之外所能有，然後爲之，則無爲人之弊耳。且如『哭死而哀，非爲生者』也[一一九]。今人弔喪[一二〇]，以亡者平日與我善厚，[一二一]真個可悼，哭之發於中心，此固出於自然者。有[一二二]一般人，欲亡者家人知我如此哭，[一二三]便不是，這便是爲人。又如做[一二四]一善事是自家自肯去做，非待人教自家做方勉强做，此便不是爲人也。」[一二五]

問爲己。答〔一二六〕曰：「這須要自看，逐日之間小事大事，只是道我合當做，便如此行〔一二七〕，這便是無所爲。且如讀書，只道自家合當如此讀，合當如此理會身己。纔説要人知便是有所爲。如世上人纔讀書，便安排這個好做時文，此又爲人之甚者。」賀孫。〔一二八〕

「學者須是爲己。譬如喫飯，寧可逐些喫令飽爲是乎？寧可鋪攤放門外報人道我家有許多飯爲是乎？近來學者多是以自家合做底事報與人知。」又言：「此間學者多好高，只是將義理略從肚裏過，却糊〔一二九〕出許多説話。舊見此間人做婚書，亦説天命人倫。男婚女嫁自是常事，蓋緣〔一三〇〕有厭卑近之意，亦須將日用常行底事裝荷起來。如此者只是不爲己、不求益，只是好名、圖好看，亦聊以自誑。如南越王黄屋左纛，聊以自娱爾。」方子。〔一三一〕

問：「伊川云：『爲己，欲得之於己也；爲人，欲見知於人也。』後又云：『「古之學者爲己」，其終至於成物；「今之學者爲人」，其終至於喪己。』兩説不同，何也？」曰：「此兩段意思自别。前段是低底爲人，後段是好底爲人。前爲人，只是欲見知於人而已。後爲人，却是真個要爲人。然不曾先去自家身己上做得工夫，非唯是爲那人不得，末後和己也喪了。」雉。

今人都是爲人而學。某所以教諸公讀大學，且看古人爲學是如何，是理會甚事。諸公願爲古人之學乎？願爲今人之學乎？敬仲。〔一三二〕

蘧伯玉使人於孔子章

問：「莊子説『蘧伯玉行年五十，而知四十九年之非』，此句固好。又云『行年六十而六十化』，化是如何？」曰：「謂舊事都消忘了。」又曰：「此句亦説得不切實。伯玉却是個向裏做工夫人，莊子之説自有過當處。」廣。

李公晦問「行年六十而六十化」。先生云：「只是消融了，無固滯。『百神享之』，如『祈晴得晴，祈雨得雨』之類。〔一三三〕」蓋卿。

或問：「荷蕢沮溺之徒賢於世俗之人遠矣，不知比蘧伯玉如何？」曰：「荷蕢之徒高於子産、晏平仲輩，而不及伯玉，蓋伯玉知爲學者也。」僩。

蘧伯玉使者之言極有味，學者所宜熟玩而深省焉者。范氏謂：「君子之患在於未能寡過，能寡其過，益莫大焉。」楊氏謂：「欲寡其過，非克己能如是乎？使者對之無溢辭，而伯玉之賢益彰，故夫子善之。」謝氏謂：「世蓋有欲言人之賢而未知所以言者，使者以此稱伯玉，亦可謂知言矣。」尹氏謂：「語謙卑而事美，善稱其主者也。」胡氏謂：「未能寡過乃伯玉心事，而使者知之，雖伯玉克己日新之符著見於外，而使者亦可謂知德而能言矣。」〔一三四〕

不在其位章無〔一三五〕

君子思不出其位章無〔一三六〕

君子耻其言而過其行章無〔一三七〕

君子道者三章無〔一三八〕

子貢方人章

聖人說：〔一三九〕「賜也賢乎哉，夫我則不暇。」學者須思量不暇個甚麽，須於自己體察方可見。友仁。

不患人之不己知章〔一四〇〕

侯氏謂「君子修己而已，人知不知非所患也」。尹氏謂「反求諸己，不願乎其外也」。此二説得其要矣。張敬夫之説亦善，謂：「四端五典，雖聖人不自以爲能盡也，而况于學者，其不能之患何有極乎？而何所願乎外也？若有一毫患人不已知之心萌於中，則其害甚矣！」[一四一]

不逆詐章

「雖[一四二]是『不逆詐，不億不信』，然也須要你能先覺，方是賢。蓋逆詐，億不信，是纔見那人便逆度之。先覺，却是他詐與不信底情態已露見了，自家這裏便要先覺。若是[一四三]自家面前詐與不信，却都不覺時，自家却在這裏做什麽，理會甚事？便是昏昧呆底相似。此章固是要人不得先去逆度，亦是要人自着些精采看方得。」又問楊氏「誠則明矣」之説。曰：「此説大了，與本文不相干。如待誠而後明，其爲覺也後矣。蓋此章人於日用間便要如此。」燾。

問：「『不逆詐，億[一四四]不信』，如何又[一四五]先覺爲賢？」曰：「聰明底人便自覺得，如目動言肆，便見得是將誘我。燕王告霍光反，漢昭帝便知得霍光不反。燕在遠，如何知得？便是它聰明見得，豈非賢乎！若當時便將霍光殺了，安得爲賢！」銖。

才仲問：「南軒解『不逆詐』一段，引孔注：『先覺人情者，是能爲賢乎！』此説如何？」曰：「不然。人有詐、不信，吾之明足以知之，是之謂『先覺』。彼未必詐，而逆以詐待之；彼未必不信，而先億度其不信，此則不可。周子曰『明則不疑』，凡事之多疑，皆生於不明。如以察爲明，皆至暗也，唐德〔一四六〕宗之流是也。如放齊稱『胤子朱啓明』，而堯知其嚚，堯之明有以知之，是先覺也。凡『抑』字皆是挑轉言語，舊見南軒用『抑』字，多未安。」可學。

微生畝謂孔子章

微生畝蓋晨門之徒。當時多有此般人，如棘子成亦此類。淳。

子曰驥不稱其力章無〔一四七〕

子曰以德報怨章

亞夫問「以德報怨」一章。先生曰：「『以德報怨』不是不好，但上面更無一件可以報德。譬如人以千金與我，我以千金酬之，便是當然。或有人盜我千金，而吾亦以千金與之，却是何理！視與我〔一四八〕千金者更無輕重，斷然是行不得也。」時舉。

問「以直報怨，以德報德」。先生曰：「聖人荅得極好。『以德報怨』，怨乃過德。以怨報德，豈是人情？『以直報怨』則於彼合爲則爲，是無怨也，與孟子『三反』於『不校』同。禮記云：『以德報怨，寬身之仁也。』言如此亦是寬身，終不是中道。」可學問：「禮記注改『仁』作『人』。」

曰：「亦不必改。」通老問：「在官遇故舊，有公事，如何？」曰：「亦權其輕重，只看此心。其事小亦可周旋，若事大，只且依公。」某問：「蘇章夜與故人飲，明日按之，此莫太不是？」曰：「此是甚人？只是以故人爲貨！如往時秦檜當國，一日招胡明仲飲，極歡。歸則章疏下，又送路費甚厚，殷勤手簡。秦檜有數事，往日親聞之胡侍郎及籍溪先生：『太上在河北爲虜騎所逐，禱於崔府君廟，歸而立其祠於郊壇之旁。』檜一日奏事，因奏：『北使將來，若見此祠而問，將何以對？』遂命移於湖上。」可學。

「『以[一四九]德報德』，蓋它有德於我，自是着饒潤它些子。所謂公法行於上，私義伸於下也。『以直報怨』，當賞則賞之，當罰則罰之，當生則生之，當死則死之，怨無與焉。不說自家與它有怨，便增損於其間。」問：「如此，所以『怨有不讎，德無不報』。」曰：「然。」[一五〇]問：[一五一]「表記云：[一五二]『以德報怨，寬身之仁也；以怨報怨，刑戮之民也。』此有病否？」曰：「此也似說得好。『以德報怨』，自家能饒人，則免得人只管來怨自家，故曰『寬身之仁也』。如『以怨報怨』，則日日相搥鬬打，幾時是了？故曰『刑戮之民也』。」燾。

聖人說話無不子細，磨稜合縫，盛水不漏。且[一五三]如說「以德報怨」，如說那「一言興邦」似。[一五四]其他人便只說「予無樂乎爲君，惟其言而莫予違也」，便可以喪邦，只此一句便了。聖人則須是恁地子細說方休[一五五]。如孟子說得便粗，如「今之樂，猶古之樂」、大王公劉好色好貨

之類。故橫渠説：「孟子比聖人自是粗，顔子所以未到聖人，亦只是心尚粗。」義剛。[一五六]

問：「『以德報怨』章，注謂『旨意曲折反覆，微妙無窮』，何也？」曰：「『以德報怨』本老氏語。『以德報怨』，於怨者厚矣，而無物可以報德，則於德者不亦薄乎！吕申公爲相，曾與賈種民有怨，却與之郡職，可謂『以德報怨』，厚於此人矣，然那裏人多少被其害！賈素無行，元豐中在大理爲蔡確鷹犬，申公亦被誣構。及公爲相，而賈得罪，公復爲請知通利軍。『以直報怨』則不然，如此人舊與吾有怨，今果賢邪，則引之薦之；果不肖邪，吾[一五七]則棄之絶之，是蓋未嘗有怨矣。老氏之言死定了。孔子之言意思活，移來移去都得。設若不肖者後能改而賢，則吾又引薦之矣。」淳。

莫我知也夫章

問：「孔子告子貢曰『莫我知也夫』一段，子貢又不曾問，夫子告之必有深意，莫是警子貢否？」曰：「論語中自有如此等處，如告子路『知德者鮮』、告曾子『一以貫之』，皆是一類。此是大節目，要當自得。這却是個有思量底事，要在不思量處得。」文蔚。

問「莫我知也夫」。曰：「夫子忽然説這一句做甚？必有個着落[一五八]處。當時不特門人知孔子是聖人，其它亦有知之者，但其知處不及門人知得較親切。然孔子當是時説這話，他人亦莫知着落。惟是子貢便知得這話必有意在，於是問〔一五九〕『人〔一六〇〕皆知夫子是聖人，何爲説道莫之知』。夫子所答〔一六一〕三句，大抵都〔一六二〕是退後底説話。〔一六三〕『不怨天』，是於天無所逆〔一六四〕。『不尤人』，是〔一六五〕於人無所忤。『下學而上達』，是在這裏貼貼地理會，如水無石，如木無風，〔一六六〕人亦無緣知得。而今人所以知於人者，都是兩邊作得來張眉努〔一六七〕眼，大驚小怪。『知我者其天乎』，便是人不及知，但有天知而已，以其與天相合也。此與對葉公之語略相似，都是放退一步説。大概聖人説話平易，若孟子，便早自不同。」夔孫。按：黄義剛録同而略，今附云：〔一六八〕「子曰『莫我知也夫』，當時不惟門人知夫子，別人也知道他〔一六九〕是聖人，而〔一七〇〕今夫子却恁地説時〔一七一〕是如何？如子貢之聰明，想見也大故知聖人，但尚有知未盡處，故如此説。子貢曰：『何爲其莫知子也？』子貢説是他不爲不知夫子，所以怪而問之。夫子便説那下面三句。這三句便似那〔一七二〕葉公問孔子於子路處様，皆是退後一步説。『不怨天』是於天無所違〔一七三〕逆，『不尤人』是於人無所違忤。『下學』，是各自恁地做；〔一七四〕『上達』，是做後各〔一七五〕自理會得。這個不響不喚，如水之無石，如〔一七六〕木之無風，只貼貼地在這裏，宜其人不能知。若似其〔一七七〕撑眉努眼，恁地叫喚價〔一七八〕做，時人却便知，但聖人却不恁地，只是就平易去做。只這平易便是人不能及處。便如『發憤忘食，樂以忘憂』様，便着似乎只是恁地平説，〔一七九〕但是人自不可及。人既不能知，則只有天知。所以只有天知時〔一八〇〕，也是他道理與天相似了。〔一八一〕」

問：「何以『人莫之知而天獨知之』？」曰：「其不怨不尤也，則不責之人而責之己。其下學人事也，則又不求之遠而求之近。此固無與於人而不駭於俗矣，人亦何自而知之耶？及其上

達而與天爲一焉，則又非人之所能知者，而獨於天理相關耳。此所以『人莫之知而天獨知之』也。」〔一八二〕

問：〔一八三〕「『不怨天，不尤人。』此二句體之於身，覺見『不尤人』易，『不怨天』難。何以能『不怨天』？」曰：「此是就二句上生出意。看了且未論恁地，且先看孔子此段本意。理會得本意，這便自了。〔一八四〕此段最難看。若須要解如何是『不怨天』，如何是『不尤人』，如何是『下學』，如何是『上達』，便粘滯了。天又無心無腸，如何知得孔子？須是看得脱洒始得。此段只渾淪一意。〔一八五〕蓋孔子當初歎無有知我者，子貢因問『何爲莫知子』，夫子所答辭只是解『何爲莫知子』此〔一八六〕一句。大凡不得乎天則怨天，不得乎人則尤人。我不得乎天亦不怨天，不得乎人亦不尤人，與世都不相干涉。方其下學人事之卑，與衆人所共，〔一八七〕又無奇特聳動人處。及忽然上達天理之妙，〔一八八〕人又捉摸不着，如何能知得我？知我者畢竟只是天理，與我默契耳。以此見孔子渾是天理。」〔一八九〕久之，又曰：「聖人直是如此瀟洒，正如久病得汗，引箭在手，忽然破的也。」又曰：「孔子當初説這般話與子貢時，必是子貢有堪語這道理模樣。然孔子説了，子貢又無以承受〔一九〇〕，畢竟也未曉得，〔一九一〕亦未可知。〔一九二〕若他〔一九三〕曉得，亦必有語。如『予欲無言』、『予一以貫之』，亦然。〔一九四〕如曾子聞『一貫』語，便曰『唯』，是他曉得。」董問：〔一九五〕「子貢後來聞性與天道，如何？」曰：「亦只是方聞得，畢竟也未見得透徹。『不〔一九六〕怨天，不尤人，下學而上達』這三句，與『發憤忘食，樂以忘憂，不知老之將至』三句同[一九七]。以爲夫子自譽，則又似自貶；以爲自貶，則又似自譽。」淳。寓、伯羽録同。[一九八]

胡叔器問：[一九九]「下學只是[二〇〇]切近處求否？」曰：「也不須恁地揀，事到面前便與[二〇一]理會。且如讀書，讀第一章便與[二〇二]理會第一章，讀第二章便與[二〇三]理會第二章。今日撞着事來便與[二〇四]理會這事，明日撞着那事來便與[二〇五]理會那事。萬事只是一理，不是只揀那[二〇六]大底、要底理會，其他都不管。[二〇七]

蔡問：「有一節之上達，有全體之上達否[二〇八]？」曰：「不是全體。只是這一件理會得透，那一件又理會得透，積累多便會貫通。不是別有一個大底上達，又不是下學中便有上達，須是下學方能上達。今之學者於下學便要求玄妙則不可。『洒掃應對，從此可到形而上，未便是形而上』，謝氏説過了。」鄭曰：「今之學者，多説文章中有性、天道。南軒亦如此説。」曰：「他太聰敏，便説過了。」淳。

「下學而上達」，每學必自下學去。[二〇九]

下學、上達，雖是二事，只是一理。若下學得透，上達便在這裏。道夫。

道理都在我時是上達。譬如寫字，初習字時，是下學；及寫得熟，一點一畫都合法度，是上達。明作。

道夫。

下學者，事也；　上達者，理也。　理只在事中。　若真能盡得下學之事，則上達之理便在此。道夫。

下學只是事，上達便是理。　下學、上達，只要於事物上見理，使邪正是非各有其辨。　若非子細省察，則所謂理者何從而見之？謨。

問「下學而上達」。　曰：「學之至，即能上達，但看着力不着力。　十五而志乎學，下學也。　能立，則是上達矣。　又自立而學能不惑，則上達矣。　層層級級達將去，自然日進乎高明。」洽。

須是下學方能上達。　然人亦有下學而不能上達者，只緣下學得不是當。　若下學得是當，未有不能上達。　釋氏只說上達，更不理會下學。　然不理會下學，如何上達！道夫。

問：「『下學上達』，聖人恐不自下學中來。」曰：「不要說高了聖人。〔二一〇〕越說得低〔二一一〕，越有意思。」〔二一二〕

問「不怨天不尤人」一段。　曰：「如此故不知。」可學。〔二一三〕

問：「『知我者其天乎』，只是孔子自知否？」曰：「固然。　只是這一個道理。」廣。

問「莫我知也夫」一節。「此〔二一四〕語乃是提撕子貢。『不怨天，不尤人，下學』處，聖人無異於衆人。　到那『上達』處不同，所以衆人却莫能知得，惟是天知。」又曰：「中庸『苟不固聰明聖智達天德者，其孰能知之』，古注云：『惟聖人能知聖人。』此語自好。　所謂天知者，但只是理一般而已。

樂天便是『不怨天』，安土便是『不尤人』。事理間[二二五]便是那下學、上達底。」植。

問：「『莫我知也夫』與『予欲無言』二段，子貢皆不能復問，想是不曉聖人之意。」曰：「非是不曉聖人語意，只是無默契合處，不曾有默地省悟觸動他那意思處。他[二二六]若有所默契，須發露出來，不但已也。」僩。

問：「『方其爲學，雖上智不容於不下；及其爲達，雖下愚不容於不上』，此與『上智下愚[二二七]』不相梗否？」曰：「不干那事。若恁地比並理會，將間都没理會了。且看此處直意：方其學時，雖聖人亦須下學。如孔子問禮，問官名，未識須問，問了也須記。及到達處，雖下愚也會達，便不愚了。某以學者多不肯下學，故下此語。」問：「何謂達？」曰：「只是下學了，意思見識便透過上面去。」淳。

寓[二二八]問明道言「『下學而上達』，意在言表」。曰：「『意在言表』，如下學只是下學，如何便會上達？自是言語形容不得。下學、上達雖是兩件，理會得透徹厮合，只一件。下學是事，上達是理。理在事中，事不在理外。一物之中皆具一理，就那物中見得個理便是上達，如『大而化之之謂聖，聖而不可知之之謂神』。然亦不離乎人倫日用之中，但恐人不能盡所謂學耳。果能學，安有不能上達者！」[二二九]

程子曰「『下學上達』，意在言表」。[二三〇]因其言以知其意，便是「下學上達」。淳。

問：「『意在言表』是如何？」曰：「此亦無可説。説那『下學上達』，便是『意在言表』了。」廣。

公伯寮愬子路於季孫[二二二]章

問呂氏曰「道出乎天，非聖人不興。無聖人，則廢而已。故孔子以道之廢興付之命，以文之得喪任諸己」。曰：「道，只是有廢興，却喪不得。文，如三代禮樂制度，若喪，便掃地。」僩。

賢者辟世章

時舉[二二二]問「賢者辟世」一章。曰：「凡古之隱者，非可以一律看。有可以其時之所遇而觀之者，有可以其才德之高下而觀之者。若長沮、桀溺之徒，似有長往而不返之意。然設使天下有道而出，計亦無甚施設，也[二二三]只是獨善其身，如老莊之徒而已。大抵天下有道而見，不必待其十分太平然後出來；天下無道而隱，亦不必待其十分大亂然後隱去。天下有道，譬如天之將曉，雖未甚明，然自此只向明去，不可不出爲之用。天下無道，譬如天之將夜，雖未甚暗，然自此只向暗去，知其後來必不可支持，故亦須見幾而作[二二四]也。」時舉。

「『賢者辟世』，浩然長往而不來，舉世棄之而不顧，所謂『遯世不見，知而不悔』者也。」問：

「沮、溺、荷蓧之徒，可以當此否？」曰：「可以當之。」或云：「集注以太公、伊尹之徒當之，恐非沮、溺之徒可比也。」曰：「也可以當，只是沮、溺之徒偏耳，伊、呂平正。」僩。

作者七人章無〔二二五〕

子路宿於石門章

問：「『石門』章，先生謂聖人『無不可爲之時』。且以人君言之，堯之所以處丹朱而禪舜，舜之處頑父、嚚母、傲弟之間，與其所以處商均而禪禹；以人臣言之，伊尹之所以處太甲，周公之所以處管蔡，此可見聖人無不可爲之時否？」曰：「然。」廣。

子擊磬於衛章

「子擊磬於衛。」「天〔二二六〕下固當憂，聖人不應只管憂。如『樂亦在其中』，亦自有樂時。」或云：「聖人憂天下，其心自然如此。如天地之造化萬物，而憂不累其心。」曰：「然則擊磬之時，其心憂乎，樂乎？」對云：「雖憂而未嘗無樂。」又有云：「其憂世之心，偶然見於擊磬之時。」先生皆不然之，曰：「此是一個大題目，須細思之。」壽仁。〔二二七〕

問：「荷蕢聞磬聲，如何便知夫子之心不忘天下？」曰：「他那個人煞高，如古人於琴聲中知有殺心者耳。」因說：「泉州醫僧妙智大師後來都不切脈，只見其人，便知得他有甚病。又後來雖不見其人，只教人來說，因其説便自知得。此如『他心通』相似。蓋其精誠篤至，所以能知。」又問：「『硜硜乎』是指磬聲而言否？」曰：「大約是如此。」廣。東漢蔡邕至主人之門，潛聽琴聲而知有殺心，乃鼓琴者見螳螂捕蟬，惟恐其失之，遂形於聲也。〔二二八〕

上好禮則民易使〔二二九〕章

「禮達而分定。」達，謂達於下。廣。

子路問君子章

陳仲卿問「修己以敬」。答曰：「敬者，非但是外面恭敬而已，須是要裏面無一毫不直處，方是所謂『敬以直内』者是也。」時舉。〔二三〇〕

或問：「修己如何能安人？」曰：「且以一家言之，一人不修己，看一家人安不安！」節。

陳仲卿問「修己以敬，修己以安人，修己以安百姓」。曰：「須看『敬以直内』氣象。敬時内面一齊直，徹上徹下，更無些子私曲。若不敬，則内面百般計較，做出來皆是私心。欲利甲必害乙，利乙必害丙。如何得安？」

問：「『體信達順。』」〔二三三一〕『體信』是體其理之實，『達順』是行其理之宜否？」曰：「如『忠』、『恕』二字之義。」廣。

寓〔二三三二〕問：「『子路問君子』，伊川說：『此體信達順之道，聰明睿智皆由是出。』〔二三三三〕如何是『體信達順』？」曰：「『體信』，只盡這至誠道理，順即自此發出，所謂『和者天下之達道』。『體信達順』即是『主忠行恕』。」問：「『聰明睿智皆由是出』，是由恭敬出否？」曰：「是心常恭敬，則常光明。」先生又贊言：「『修己以敬』一句，須是如此。這處差，便見顛倒錯亂。詩稱成湯『聖敬日躋』，聖人所以爲聖人皆由這處來。這處做得工夫，直是有功。」寓。〔二三三四〕

「體信」是忠，「達順」是恕。「體信」是無一毫之僞，「達順」是發而皆中節，無一物不得其所。「聰明睿智皆由是出」，是自誠而明意思。「體信」是真實無妄，「達順」是使萬物各得其所。賀孫。〔二三三五〕

問：「『此體信達順之道，聰明睿智皆由是出』，何也？」曰：「只是恭敬，則人之心便開明。」按：陳淳録同。〔二三三六〕

亞夫問：「程先生說『修己以敬』，因及『聰明睿知皆由此出』，不知如何？」曰：「且看敬則如何不會聰明！敬則自是聰明。人之所以不聰不明，止緣身心惰慢，便昏塞了。敬則虛靜，自然通達。」賀孫因問：「周子云『靜虛則明，明則通』，是此意否？」曰：「意亦相似。」賀孫。

「修己以敬。」[二三七] 楊至之問：「如何程氏說到『祀天享帝』了，方說『聰明睿智，皆由此出』？」曰：「如此問，乃見公全然不用工夫。『聰明睿智』如何不由敬出！且以一國之君看之：此心纔不專靜，則姦聲佞辭雜進而不察，何以爲聰？亂色諛說之容交蔽而莫辨，何以爲明？睿智皆出於心，心既無主，則應事接物之間，其何以思慮而得其宜？所以此心常要肅然虛明，然後物不能蔽。」又云：「『敬』字，不可只把做一個『敬』字說過，須於日用間體認是如何。此心常卓然公正，無有私意，便是敬；有些子計較，有些子放慢意思，便是不敬。故曰『敬以直內』，要得無些子偏邪。」又與文振說：「平日須提掇精神，莫令頹塌放倒，方可看得義理分明。看公多恁地困漫漫地，『則不敬莫大乎是』。」賀孫。

問「修己」注中云云「龜龍麟鳳」。[二三八]「體信」是體這誠信，「達順」是適[二三九] 行順道。「聰明睿智，皆由是出」者，皆由敬出。「以此事天饗帝」，「此」即敬也。植。

因說程子言[二四〇]「君子修己以安百姓，篤恭而天下平」至「以此事天享帝」，此語上下不難說[二四一]。惟中間忽云「聰明睿智，皆由此出」，則非容易道得，是他曾因此出些聰明睿智來。儒用。[二四二]

因歎「敬」字工夫之妙，聖學之所以成始成終者皆由此，故[二四三]「修己以敬」。下面「安人」、「安百姓」皆由於此。只緣子路問不置，故聖人復以此答之。要之，只是個「修己以敬」，則其事皆了。或言：「自秦漢以來諸儒皆不識這『敬』字，直至程子方説得親切，學者始〔二四四〕知所用力。」曰：「程子説得如此親切了，近世程沙隨猶非之，以爲聖賢無單獨説『敬』字時，只是敬親、敬君、敬長方着個『敬』字，全不成説話。聖門〔二四五〕曰『敬而無失』、曰『聖敬日躋』，何嘗不單獨説來？若言〔二四六〕有君、有親、有長時用敬，則無君親、無長之時將不敬乎？都不思量，只是信口胡説。」僩。〔二四七〕

原壤夷俟章

原壤無禮法。淳于髡是個天魔外道，本非學於孔孟之門者，陸子静如何將來作學者並説得！道夫。

問：「原壤登木而歌，『夫子爲弗聞也者而過之』，待之自好。及其夷俟則以杖叩脛，近於太過。」曰：「這裏説得却差。如原壤之歌，乃是大惡。若要理會，不可但已，且只得休。至於夷俟之時，不可教誨，故直責之，復叩其脛，自當如此。若如正淳之説，則是不要管他，却非朋友之道矣。」人傑，字正淳。〔二四八〕

【校勘記】

〔一〕邦有道穀章　成化本爲「憲問耻章」。

〔二〕憲問耻一段　成化本無。

〔三〕也　成化本無。

〔四〕已　成化本此下注曰：「洽録云：『爲侍從，不過做得尋常事，此不免聖人所謂耻也。』」

〔五〕寓同　成化本爲「洽録云子貢問士必先答以行己有耻使於四方不辱君命自今觀之宗族鄉黨皆稱孝弟豈不是第一等人然聖人未以爲士之至行者僅能行其身無過而無益於人之國不足深貴也」。

〔六〕是　成化本無。

〔七〕賀孫　成化本無。

〔八〕不知如此看得　成化本無。

〔九〕焉　成化本無。

〔一〇〕又問可以爲難矣如何曰到此遏之極難　成化本無。

〔一一〕行　成化本作「打」。

〔一二〕怨之心　成化本爲「怨之之心」。

〔一三〕成化本此下注有「僩」。

〔一四〕問克伐怨欲不行　成化本爲「問克己與克伐怨欲不行」。

〔一五〕不　成化本此上有「問『克伐怨欲不行』。曰」。

〔一六〕今　成化本爲「而今」。

〔一七〕連根　成化本無。

〔一八〕只　成化本爲「只是」。

〔一九〕自　成化本無。

〔二〇〕則　成化本無。

〔二一〕得　成化本此下有「又問：『而今覺得身上病痛，閑時自謂都無之，纔感物時便自發出，如何除得？』曰：『閑時如何會發？只是感物便發。當其發時便剗除去，莫令發便了。』又問：『而今欲到無欲田地，莫只是剗除熟後，自會如此否？』曰：『也只是剗除熟。而今人於身上不好處，只是常剗去之。纔發便剗，自到熟處』」。

〔二二〕此條閎祖録底本本卷重複載録。

〔二三〕憲　成化本爲「原憲」。

〔二四〕意　成化本作「原」。

〔二五〕那　成化本爲「蓋邦」。

〔二六〕只是　成化本無。

［二七］因舉　成化本無。

［二八］謂此　成化本無。

［二九］士而懷居章無　成化本無。

［三〇］邦有道危言危行章無　成化本無。

［三一］無　成化本無，且「有德者必有言章」目下載一條必大録，參成化本卷四十四「問范氏之説……却不知其不類也」條。

［三二］與　成化本作「於」。

［三三］适是以禹稷比夫子　成化本爲「如何見得以禹稷比夫子」。

［三四］儗　朱本作「擬」。

［三五］寓　成化本無。

［三六］未知　成化本無。

［三七］云　成化本爲「云云」。

［三八］成化本此下注有「寓」。

［三九］此條過録成化本以部分内容爲注，夾於卷四十四另一條過録中，參成化本該卷「問夫子不答南宫适之問……此意思較好」條。

［四〇］義剛　成化本無。

［四一］君子　成化本此上有「問此章。曰」。

［四二］那　成化本無。

［四三］而已　成化本無。

［四四］此條成化本無。

［四五］賀孫　成化本無。

［四六］武侯　成化本無。

［四七］無　成化本無，且「貧而無怨章」目下載一條燾録，參成化本卷四十四「問貧而無怨難……二者其勢如此」條。

［四八］孟公綽爲趙魏老則優章無　成化本無。

［四九］成化本此下注有「時舉」。

［五〇］却　成化本無。

［五一］段　成化本作「章」，此下有「『曰「知」、曰「不欲」、曰「勇」，曰「藝」，有是四德而「文之以禮樂」，固「可以爲成人」。然聖人却只舉臧武仲、公綽、卞莊子、冉求，恐是就子路之所及而言。』曰：『也不是揀低底説，是舉這四人要見得四項。今有人知足以致知，又無貪欲，又勇足以決，又有才能，這個亦自是甚麽樣人了！何況又「文之以禮樂」，豈不足爲成人？』又問」。

［五二］集注……偏駁之弊　成化本爲「集注謂才全德備渾然不見一善成名之迹粹然無復偏倚駁雜之弊」。

［五三］何也　成化本爲「然則聖人之盡人道事體似又別」。

［五四］説　成化本此下有「又問：『下面説「見利思義，見危授命，久要不忘平生之言」。覺見子路也盡得此三句，不知此數語是夫子説，是子路説？』曰：『這一節難説。程先生説「有忠信而不及於禮樂」，也偏。』至之云：『先生又存胡氏之説在後，便也怕是胡氏之説是，所以存在後』」。

［五五］植　成化本作「倪」。

［五六］子路問成人一章　成化本爲「子路成人章」。

［五七］面　成化本無。

［五八］曰　成化本無。

［五九］何必然　成化本無。

［六〇］却又　成化本無。

［六一］者何必然　成化本無。

［六二］公明賈對章　成化本爲「子問公叔文子章」。

［六三］子問公叔文子……豈其然乎　成化本爲「子問公叔文子章」。

［六四］於公明賈　成化本無。

［六五］成化本此下注有「燾」。

［六六］此條成化本無。

［六七］臧武仲以防求爲後章　成化本無。

［六八］此條成化本無。

［六九］齊桓公正而不譎章　成化本爲「晉文公譎而不正章」。

［七〇］此條成化本無。

［七一］這説皆爲通否　成化本爲「這説爲通」。

［七二］節節　成化本爲「逐節」。

［七三］道夫　成化本作「驤」。

［七四］桓公　成化本此上有「子路曰」。

［七五］集解　成化本爲「集注」。

［七六］行　成化本此下有「時」。

［七七］葉賀孫　成化本爲「賀孫」。

［七八］亂胡　成化本爲「五胡」。

［七九］貞　原文作「正」，避宋仁宗諱。下同。

［八〇］管仲非仁者章　成化本爲「子貢曰管仲非仁者章」。

［八一］此條淳録成化本無，但卷四十四載義剛同聞所録，參成化本該卷「安卿問伊川言……曰是」條。又，成化本此條義剛録尾注有「淳録同」三字。底本所載淳同聞所録分爲三條，參此下淳録「問集注謂……曰

是也」條，及「李文問管仲功可掩過否……曰是」條。

〔八二〕此條淳録成化本無，但卷四十四載義剛同聞所録。參底本本卷淳録「淳問伊川言……即是此意也」條。

〔八三〕此條淳録成化本無，但卷四十四載義剛同聞所録。參底本本卷淳録「淳問伊川言……即是此意也」條。

〔八四〕公叔文子之臣大夫僎章無　成化本無。

〔八五〕子言衛靈公之無道章無　成化本無。

〔八六〕其言之不怍章無　成化本無。

〔八七〕不知　成化本無。

〔八八〕時　成化本無。

〔八九〕獲麟在魯哀公十四年十六年孔子卒　成化本無。

〔九〇〕此條廣録成化本載於卷九十三。

〔九一〕此條成化本無。

〔九二〕此條成化本無。

〔九三〕辛張權輿諫辛驪山事見實曆元年　成化本無。

〔九四〕此條成化本無。

〔九五〕反　朱本及論語集注作「循」。

〔九六〕嗇　成化本無。

［九七］君子爲善……只有下達　成化本無。
［九八］君子日進乎高明小人日究乎污下之説亦　成化本無。
［九九］横渠説上達反天理下達徇人欲者歟　「説」字原缺，據成化本補。
［一〇〇］如　成化本作「好」。
［一〇一］因　成化本此下有「這」。
［一〇二］秦檜　成化本此下有「之事云云」。
［一〇三］所以　成化本此上有「其」。
［一〇四］此條方子録成化本無。
［一〇五］端容　成化本爲「端己斂容」。
［一〇六］這裏地説去　成化本爲「這裏説起」。
［一〇七］則　成化本作「即」。
［一〇八］此條方子録成化本載於卷十四，而底本卷十四重複載録。
［一〇九］自　成化本無。
［一一〇］自家　成化本無。
［一一一］理　成化本無。
［一一二］個　成化本無。

［一一三］緣　成化本無。

［一一四］得　成化本無。

［一一五］他　成化本無。

［一一六］這只是爲自家自身上事　成化本爲「只爲自家身上事」。

［一一七］此條賀孫録成化本載於卷一百二十。

［一一八］南軒云……無倚無靠之謂否　成化本爲「爲己者無所爲而然」。

［一一九］也　成化本無。

［一二〇］弔喪　成化本爲「弔人之喪」。

［一二一］以亡者平日與我善厚　成化本爲「若以爲亡者平日與吾善厚」。

［一二二］有　成化本爲「又有」。

［一二三］哭　成化本爲「而哭者」。

［一二四］做　成化本爲「人做」。

［一二五］也　成化本此下有「道夫曰：『先生所説錢穀、甲兵、割股、廬墓，已甚分明，在人所見如何爾。』又問：『割股一事如何？』曰：『割股固自不是。若是誠心爲之，不求人知，亦庶幾。今有以此要譽者。』因舉一事爲問。先生詢究，駭愕者久之，乃始正色直辭曰：『只是自家過計了。設使後來如何，自家也未到得如此，天下事惟其直而已。試問鄉鄰，自家平日是甚麽樣人。官司推究亦自可見。』行夫曰：『亦着下獄使

錢，得個費力去。』曰：『世上那解免得全不霑濕。如先所説，是不安於義理之慮。若安於義理之慮，但見義理之當爲，便恁滴水滴凍做去，都無後來許多事。』」此録後注有「道夫」。此條成化本載於卷十七，底本卷十七重複載録。

［一二六］答　成化本無。

［一二七］行　成化本作「做」。

［一二八］此條賀孫録成化本載於卷十七。

［一二九］糊　成化本作「黐」。

［一三〇］緣　成化本無。

［一三一］此條方子録成化本載於卷八。

［一三二］此條敬仲録成化本載於卷十四，而底本卷十四重複載録。

［一三三］百神享之如祈晴得晴祈雨得雨之類　成化本無。

［一三四］此條成化本無。

［一三五］不在其位章無　成化本無。

［一三六］君子思不出其位章無　成化本無。

［一三七］君子耻其言而過其行章無　成化本無。

［一三八］君子道者三章無　成化本無。

〔一三九〕聖人説　成化本無。

〔一四〇〕不患人之不己知章　成化本無。

〔一四一〕此條成化本無。

〔一四二〕雖　成化本此上有「問『不逆詐』章。曰」。

〔一四三〕是　成化本此下有「在」。

〔一四四〕億　成化本爲「不億」。

〔一四五〕又　成化本此下有「以」。

〔一四六〕德　朱本作「高」。

〔一四七〕子曰驥不稱其力章　成化本爲「驥不稱其力章」，且此目下載一條必大録，參成化本卷四十四「問驥不稱其力……以德與力分言矣」條。

〔一四八〕我　成化本無。

〔一四九〕以　成化本此上有「問『以德報德，以直報怨』。曰」。

〔一五〇〕然　成化本此下有：「又云：『「以德報怨」，是着意要饒他。如吕晦叔爲賈昌朝無禮，捕其家人坐獄。後吕爲相，適值朝廷治賈事，吕乃乞寛賈之罪，「恐渠以爲臣與有私怨」。後賈竟以此得減其罪。此「以德報怨」也。然不濟事，於大義都背了。蓋賞罰出於朝廷之公，豈可以己意行乎其間。』」

〔一五一〕問　成化本爲「又問」。

［一五二］表記云　成化本無。

［一五三］且　成化本無。

［一五四］如説那一言興邦似　成化本爲「如説一言興邦」。

［一五五］休　此字原缺，據成化本補。

［一五六］此條義剛録成化本載於卷四十三。

［一五七］吾　成化本無。

［一五八］着落　成化本爲「落着」。

［一五九］問　成化本爲「問説」。

［一六〇］人　成化本爲「是人」。

［一六一］所答　成化本爲「於是説出」。

［一六二］都　成化本作「那」。

［一六三］話　成化本此下有「這個不喚不響在這裏。但説是」。

［一六四］是於天無所逆　成化本爲「於天無所怨」。

［一六五］是　成化本無。

［一六六］是在這裏……如木無風　成化本爲「自在這裏做自理會得如水無石如木無風貼貼地在這裏」。

［一六七］努　成化本作「弩」。

〔一六八〕按黄義剛録同而略今附云　成化本爲「義剛録云」。

〔一六九〕他　成化本無。

〔一七〇〕而　成化本無。

〔一七一〕時　成化本無。

〔一七二〕那　成化本無。

〔一七三〕違　成化本無。

〔一七四〕是各自恁地做　成化本爲「是只恁地去做」。

〔一七五〕各　成化本無。

〔一七六〕如　成化本無。

〔一七七〕其　成化本爲「其他人」。

〔一七八〕價　成化本作「去」。

〔一七九〕便如發憤忘食……恁地平説　成化本爲「看着只是恁地平説」。

〔一八〇〕時　成化本作「者」。

〔一八一〕也是他道理與天相似了　成化本爲「是道理與天相似也」。

〔一八二〕此條成化本無。

〔一八三〕問　此字原缺，據成化本補。

［一八四］這便自了　成化本爲「便了」。

［一八五］意　成化本此下注曰：「寓録云：『此段語意自是零亂星散，難捉摸，只渾崙一意。』」

［一八六］此　成化本無。

［一八七］共　成化本此下注曰：「寓録云：『畢竟是尋常事，人所能共。』」

［一八八］及忽然上達天理之妙　成化本爲「及其上達天理之妙忽然上達去」。

［一八九］理　成化本此下注曰：「伯羽録云：『所謂下學人事者，又不異常人而無所得知。至上達天理處，而人又不能知。以此兩頭蹉過了，故人終不知，獨有個天理與聖人相契耳。彼天畢竟知之。』」

［一九〇］承受　成化本作「承之」。

［一九一］得　成化本此下注曰：「寓録云：『問：「集注言『惜乎子貢猶有所未達也』。若子貢能達之，如何？」曰：「他若達之，必須有説，惜乎見夫子如此説便自住了。聖門自顔曾以下，惟子貢儘曉得聖人，多是將這般話與子貢説。他若未曉，聖人豈肯説與，但他只知得個頭耳。」』」

［一九二］亦未可知　成化本無。

［一九三］他　成化本無。

［一九四］亦然　成化本爲「也只如此住了」。

［一九五］董問　成化本此下注曰：「寓録作『寓問』。伯羽録作『仲思問』。」

［一九六］不　成化本此上有「又曰」。

〔一九七〕同　成化本無。

〔一九八〕寓伯羽録同　成化本爲「寓録伯羽録少異饒録殊略」。

〔一九九〕胡叔器問　成化本爲「胡叔器因問」，且「胡」上有「晚再入卧内……不只是個一便都了」，此部分内容底本分爲兩條載於卷一百十五，參底本該卷「晚再入卧内……都無錢可穿」條，及「淳又問爲學工夫……不是只一個都了」條。

〔二〇〇〕只是　成化本爲「莫只是就」。

〔二〇一〕與　成化本爲「與他」。

〔二〇二〕與　成化本爲「與他」。

〔二〇三〕與　成化本爲「與他」。

〔二〇四〕事來便與　成化本爲「這事便與他」。

〔二〇五〕來便與　成化本作「便」。

〔二〇六〕不是只揀那　成化本爲「不成只揀」。

〔二〇七〕成化本此下有「『譬如海水，一灣一曲、一洲一渚無非海水，不成道大底是海水，小底不是。程先生曰：「窮理者非謂必盡窮天下之理，又非謂止窮得一理便到。但積累多後，自當脱然有悟處。」又曰：「自一身之中以至萬物之理，理會得多，自當豁然有個覺處。」今人務博者却要盡窮天下之理，務約者又謂反身而誠，則天下之物無不在我，此皆不是。且如一百件事，理會得五六十件了，這三四十件雖未理會，也大概可曉了。某在漳州有訟田者，契數十本，自崇寧起來，事甚難考。其人將正契藏了，更不可理會。某但索四畔衆契比驗，四至昭然。及驗前後所斷，情僞更不能逃。』又説：『嘗有一官人斷争田事，被其掇了案，其官人却來那穿款處考出。窮理亦只是如此。』」且此條成化本載於卷一百十七。

〔二〇八〕否　成化本無。

〔二〇九〕成化本此下注有「泳」。

〔二一〇〕人　成化本此下有「高後，學者如何企及」。

〔二一一〕低　成化本爲「聖人低」。

〔二一二〕成化本此下注有「季札」。

〔二一三〕此條可學録成化本無。

〔二一四〕此　成化本此上有「曰」。

〔二一五〕事理間　成化本爲「人事天理間」。

〔二一六〕他　成化本無。

〔二一七〕愚　成化本此下有「不移」。

〔二一八〕寓　成化本無。

〔二一九〕成化本此下注有「寓」。

〔二二〇〕表　成化本此下有「何也曰」三字。

［二二一］於季孫　成化本無。

［二二二］時舉　成化本無。

［二二三］也　成化本無。

［二二四］作　成化本此下有「可」。

［二二五］作者七人章無　成化本無。

［二二六］天　成化本此上有「先生云：『如何聞擊磬而知有憂天下之志？』或對曰：『政如聽琴而知其心在螳螂捕蟬耳。』久之，先生曰」。

［二二七］壽仁　成化本爲「拱壽」。

［二二八］東漢蔡邕……遂形於聲也　成化本無。

［二二九］則民易使　成化本無。

［二三〇］成化本此下注曰：「或録詳，别出。」且此下爲「陳仲卿問修己以敬……如何得安」條。參底本此下第二條。

［二三一］體信達順　成化本無。

［二三二］寓　成化本無。

［二三三］子路問君子……皆由是出　成化本無。

［二三四］成化本此下注曰：「道夫録略。」

〔二三五〕此條賀孫録成化本以其部分内容附於礪録後。參成化本卷四十四「惟上下一於恭敬……這是自誠而明」條。

〔二三六〕此條成化本無。

〔二三七〕修己以敬　成化本無。

〔二三八〕問修己注中云云龜龍麟鳳　成化本無。

〔二三九〕適　成化本作「通」。

〔二四〇〕因説程子言　成化本爲「程子曰」。

〔二四一〕説　成化本作「曉」。

〔二四二〕儒用　成化本爲「夔孫」。

〔二四三〕故　成化本爲「故曰」。

〔二四四〕始　成化本無。

〔二四五〕聖門　成化本爲「聖人説修己以敬」。

〔二四六〕言　成化本作「説」。

〔二四七〕此條僩録成化本載於卷十二，而底本卷十二重複載録。

〔二四八〕字正淳　成化本無。按，成化本此下另有「闕黨童子將命章」一目，其下載一條方録，參成化本卷四十四「曰欲速成者……無是理也」條。

晦庵先生朱文公語類卷第四十五

論語二十七

衛靈公篇

子在陳固窮章〔一〕

周問：「『固窮』有二義，不知孰長？」先生曰：「固守其窮，古人多如此説，但以上文觀之，則恐聖人一時答問之辭，未遽及此。蓋子路方問：『君子亦有窮乎？』聖人答之曰：『君子固是有窮時，但不如小人窮則濫爾。』以『固』字答上面『有』字，文勢乃相應。」雉。

子曰女以予爲多學而識之章〔二〕

孔子告子貢曰：「女以予爲多學而識之者與？予一以貫之。」蓋恐子貢只以己爲多學，而不知一以貫之之理。後人不會其意，遂以爲孔子只是一貫，元不用多學。若不是多學，却貫個甚底！且如錢貫謂之貫，須是有錢方貫得，若無錢，却貫個甚！孔子實是多學，無一事不理會過。若不是許大精神，亦吞不得許多。只是於多學中有一以貫之耳。文蔚。

時舉[三]問「夫子告子貢以予一以貫之」[四]一章。曰：「『一以貫之』，固是以心鑒照萬物而不遺。然也須『多學而識之』始得，未有不學而自能一貫者也。」時舉。

子貢尋常自知識而入道，[五]故夫子警之曰：「汝以予爲多學而識之者歟？」對曰：「然。非與？」曰：「非也，予一以貫之。」蓋言吾之多識不過一理爾。曾子尋常自踐履入，事親孝則真個行此孝，爲人謀則真個忠，朋友交則真個信，故夫子警之曰「汝平日之所行者皆一理耳」。惟曾子領略於片言之下，故曰「忠恕而已矣」，以吾夫子之道無出於此也。我之所得者忠，誠即此理，安頓在事物上則爲恕。無忠則無恕，蓋本末、體用也。祖道。去僞、謨同。[六]

問：「『一以貫之』，[七]謝氏謂『如天之於衆形，非物刻而雕之』，是如何？」曰：「天則[八]是一氣流行，萬物自生自長，自形自色，豈是逐一粧點得如此！聖人只是一個大本大原裏發出，視自然明，聽自然聰，色自然温，貌自然恭。在父子則爲仁，在君臣則爲義。從大本中流出，便成許多道理。只是這個一，便貫將去。所主是忠，發出去無非是恕。」寓。淳録[九]同。

問：「謝氏解云：『聖人豈務博者哉！如天之於衆形，匪物刻而雕之也。故曰：「予一以貫之。」「『德輶如毛』，毛猶有倫；『上天之載，無聲無臭』，至矣！」」所以引此詩者，莫只是贊其理之密否？」曰：「固是，到此則無可得說了。然此須是去涵泳，只恁地說過，亦不濟事。『多學而識之』，亦不是不是，故子貢先曰『然』，又曰『非與』。學者固有當『多學而識之』者，然又自有個一貫[一〇]道理。但『多學而識之』則可說，到『一以貫之』則不可說矣。」廣。

無爲而治者章[一一]

老子所謂無爲只是簡忽。聖人所謂無爲却是付之當然之理。如曰：「無爲而治者，其舜也與！夫何爲哉？恭己正南面而已。」這是甚麽樣本領！豈可與老氏同日而語！賀孫。[一二]

子張問行章

問「言忠信行篤敬」處。[一三]云：「篤者有重厚深沉之意，敬而不篤，則恐有拘迫之患。」時舉。

直哉史魚章無[一四]

可與言而不與之言章無[一五]

志士仁人章

或問仁。曰：「仁者，只是吾心之正理。『志士仁人無求生以害仁，有殺身以成仁』，須知道求生害仁時，雖以無道得生，却是抉破了我個心中之全理；殺身成仁時，吾身雖死，却得此理完全也。」時舉。

問：「『無求生以害仁，有殺身以成仁』一章，思之，死生是大關節，要之，工夫却不全在那一節上。學者須是於日用之間不問事之大小，皆欲即於義理之安，然後臨死生之際庶幾不差。若平常應事，義理合如此處都放過，到臨大節，未有不可奪也。」曰：「然。」賀孫。

曾見人解「殺身成仁」，言〔一六〕所以全性命之理。人當殺身時，何暇更思量我是全性命之理！只爲死便是，生便不是，不過就一個是，故伊川説「生不安於死」。至於全其性命之理，乃是旁人看他説底話，非是其人殺身時有此語〔一七〕也。黄直卿〔一八〕云：「若如此，則是經德不回，所以正行〔一九〕也！」方子。

子貢問爲仁章

時舉又問「子貢問爲仁」一章。〔二〇〕曰：「大夫必要事其賢〔二一〕、士必友其仁者，便是要琢磨勉厲以至於仁。如欲克己而未能克己，欲復禮而未能復禮，須要更相勸勉，乃爲有益。」因云：「時舉説文字見得也定，然終是過高而傷巧。此亦不是些小病痛，須要勇猛精進，以脱此科臼始得。」又云：「且放令心地寬平，不要便就文字上起議論也。」時舉。

顔淵問爲邦章

「行夏之時」，是行夏小正之事。〔二二〕

問〔二三〕「三正之建」〔二四〕。先生云：「『天開於子，地闢於丑，人生於寅。』蓋至子始有天，故曰『天正』；至丑始有地，故曰『地正』；蓋〔二五〕至寅始有人，故曰『人正』。邵康節分十二會，言到子上方始〔二六〕有天而〔二七〕未有地，到丑上方始〔二八〕有地而〔二九〕未有人，到寅上方始有人。子、丑、寅皆天、地、人之始，故三代〔三〇〕建以爲正。〔三一〕」明作。〔三二〕

楊尹叔問：「『天開於子，地闢於丑，人生於寅』，如何？」曰：「邵康節〔三三〕説，一元統十二會，前面虛却子、丑兩位，至寅位始紀人物，云人是寅年寅月寅時生。以意推之，必是先有天，方有地，有天地交感，方始生出物來。」淳。〔三四〕

問：「『天開於子，地闢於丑，人生於寅』，是如何？〔三五〕」曰：「此是邵子〔三六〕皇極經世中説，今不可知。他只以數推得是如此。他説寅上生物，是到寅上方有人物也。有三元、十二會、三十運、十二世。十二萬六百九十年爲一元。歲月日時，元會運世，皆自十二而三十，自三十而十二。至堯時會在巳、午之間，今則未及矣。至戌上説閉物，到那裏則不復有人物矣。」問：「不知人物消靡盡時，天地壞也不壞？」曰：「也須一場鶻突。既有形氣，如何得不壞？但一個壞了又有一個。」廣。

問「行夏之時」。先生曰：「前輩説多不同，有説三代皆是建寅，又説只是建子與寅，無建丑[三七]。劉和夫書解又説自五帝以來便自迭建三正，不止於三代，其引證甚詳。據皇極經世亦起於子。他以幾個年[三八]爲一會，第一會起於子，第二會起於丑，第三會起於寅，至寅上方始注一『開物』字。恐是天氣肇於子，至丑上第二會處地氣方凝結，至寅上第三會人物始生耳。蓋十一月斗指於子，至十二月斗雖指於丑，而日月乃會於子，故商正、周正皆取於此。然以人事言之，終不若夏正之善也。」雉。

問：[三九]「康節説『天開於子，地闢於丑，人生於寅』，是否？」曰：「模様也是如此。經世書以元統會，十二會爲一元，一萬八百年爲一會。初間一萬八百年而天始開，又一萬八百年而地始成，又一萬八百年而人始生。初間未有物，只是氣塞。及天開些子後，便有一塊查滓在其中，初則溶軟，後漸堅實。今山形自高而下，便似溙[四〇]出來模樣。」淳曰：「每常見山形如水漾沙之勢，想初間地未成質之時只是水，後來漸漸凝結，勢自如此。凡物皆然。如雞子殼子[四一]

之類，自氣而水，水而質，尤分曉。」曰：「是也。」淳問：「天有質否？抑只是氣？」曰：「只似個旋風，下面軟，上面硬，道家謂之『剛風』。世說天九重，分九處爲號，非也。只是旋有九重，上轉較急。下面氣濁，較暗；上面至高處，至清且明，與天相接。」淳問：「晉志[四二]渾天，以爲天外是水，所以浮天而載地，是否？」曰：「天外無水，地下是水載。某五六歲時，便思量天體是如何[四三]？外面是何物？」淳。[四四]

才仲問「行夏之時」。曰：「夏時，人正也，此時方有人，向上人猶芒昧。子時，天正也，此時天門[四五]方開。丑時，地正也，言地方萌。夫子以正月人可施功，故從其一。此亦是後來自推度如此。如曆家說，則以爲子起於林鍾，寅起於太簇。」又問「輅」注云「禮文有異」。曰：「其[四六]制度與車不同。以前只謂之車，今南郊五輅，見說極高大。」問：「何不作車與行事官乘？著法服騎馬亦不好看。」曰：「在中原時亦有乘車者。若舊制，亦有著法服騎馬，如散騎常侍在於輅之左右是也。」因舉上蔡論語舉王介甫云：「『事衰世之大夫，友薄俗之士，聽淫樂，視慝禮，欲其無惑[四七]於先王之道，難矣哉！』此言甚好。」楊通老問：「既如此言，後來何故却相背？」曰：「只是把做文章做，不曾反己求之。」[四八]見說平日亦脱冠露頂地卧，然當初不如此。觀曾子固送黃生序[四九]，以其威儀似介卿，渠[五〇]舊字也，故名其序曰『喜似』。渠怪誕如此，何似之有！[五一]渠少年亦不喜釋老，晚年大喜。不惟錯說了經書，和佛經亦錯解了。『揭諦揭諦，

波羅僧揭諦』，此胡語也，渠注云『揭真諦之道以示人』，大可笑。」可學。〔五二〕

問：「顏子問爲邦，孔子止告之以四代之禮樂，却不及治國平天下之道。莫是此事顏子平日講究有素，不待夫子再言否？」曰：「固是如此。只是他那『克己復禮』、陋巷簞瓢，便只是這事。窮時是恁地着衣喫飯，達時亦只是恁地〔五三〕着衣喫飯。他日用間是理會甚事，想每日講論甚熟。三代制度却是不甚曾説處，却是生處。如堯舜禹，却只是就事上理會，及到舉大事，却提起那本領處説。」謂「精一執中」等語。又問：「聖人就四代中各舉一事，亦只是立一個則例，教人以意推之，都要如此否？」曰：「固是。凡事皆要放此。」文蔚。

問「顏淵問爲邦」。曰：「顏子於那〔五四〕道理上不消説，只恐它這制度尚有欠闕，故夫子只與説這個。他這個問得大，答得大，皆是大言〔五五〕大法。莊周説顏子『坐忘』，是他亂説。」又曰：「顏子着力做將去，如『克己復禮』，勿〔五六〕視聽言動，在它人看見是没緊要言〔五七〕，它做出來大大〔五八〕一件事。」植。

時舉問「顏淵問爲邦」一章。〔五九〕先生云：「顏淵爲政，其他如『敬事而信，節用愛人』與夫『居之無倦，行之以忠』之類，更不用説。所以斟酌禮樂而告之也。」時舉。

亞夫問「顏淵問爲邦」一節〔六〇〕。先生曰：「顏子事事了得了，只欠這些子，故聖人斟酌禮樂而告之。近有學者欲主張司馬遷，謂渠作漢高祖贊『黄屋左纛，朝以十月』，是他惜高祖之不能行夏之時，乘商之輅」；謂他見識直到這裏，與孔子答顔淵之意同。某謂漢高祖若行夏之時，乘商之輅，也只做得漢高祖，却如何及得顔子！顔子平日是多少工夫！今却道漢高祖只欠這一節，是都不論其本矣。」時舉。

恭父問：「『顔淵問爲邦』，此事甚大，不知使其得邦家時，與聖人如何？」曰：「終勝得孟子，但不及孔子些子[六一]。」問：「莫有『綏之斯來，動之斯和』底意思否？」曰：「亦須漸有這意思。」又問：「『文武之道，未墜於地』，此是孔子自承當處否？」曰：「固是。惟是孔子便做得，它人無這本領，當不得。且如四代之禮樂，惟顔子有這本領方做得。若無這本領，禮樂安所用哉！所謂『行夏時，乘商輅，服周冕，舞韶舞』，亦且[六二]言其大略耳。」恪。[六三]

正卿問：「顔子涵養之功多，曾子省察之功多。」曰：「固不可如此説。然顔子資禀極聰明，凡是涵養得來都易。如『聞一知十』，如『於吾言無所不説』，如『亦足以發』，如『問爲邦』，一時將許多大事分付與他，是他大段了得。看『問爲邦』，而孔子便以四代禮樂告之，想是所謂夏時、商輅、周冕、韶舞，當『博我以文』之時都理會得了。」賀孫。

或問：「孔子答顔淵之問，欲用四代禮樂。至論『郁郁乎文』，則曰『吾從周』。何故？」曰：「此正適來説『心小則物物皆病』。賢心中只着得上一句，不著下一句。」可學。

或問：「黄憲不得似顔子。」曰：「畢竟是資禀好。」又問：「若得聖人爲之依歸，想是煞好。」曰：「又不知他志向如何。顔子不是一個衰善底人，看他是多少聰明！便敢問爲邦。孔子便告以四代禮樂。」因説至「伯夷聖之清，伊尹聖之任，柳下惠聖之和」，都是個有病痛底聖人。又問：「伊尹似無病痛？」曰：「『五就湯，五就桀』，孔、孟必不肯恁地，只爲他任得過。」又問：「伊尹莫是『枉尺直尋』？」曰：「伊尹不是恁地，只學之者便至枉尺直尋。」賀孫。〔六四〕

林賜〔六五〕問：「『顔淵問爲邦』章，程子謂發此以爲之兆。」曰：「兆，猶言準則也。非謂爲邦之道盡於此四者，略説四件事做一個準則，則餘事皆可依倣此而行〔六六〕之耳。」雉。

人無遠慮章無〔六七〕

吾未見好德如好色章無〔六八〕

臧文仲其竊位者與章無〔六九〕

子曰躬自厚而薄責於人章〔七〇〕

問：「『躬自厚而薄責於人』，自責厚，莫是周備篤切意思否？」曰：「厚是自責得重，責了

又責，積而不已之意。」賀孫。〔七一〕

子曰〔七二〕不曰如之何章

林問「不曰如之何」。曰：「只是要再三反覆思量。若率意妄行，雖聖人亦無奈何。」淳。

子曰〔七三〕君子義以爲質章

又問「君子義以爲質，禮以行之，遜以出之」一章。〔七四〕曰：「『義以爲質』，是制事先決其當否了。其間節文次第須要皆具，此是『禮以行之』。然徒知盡其節文，而不能『孫以出之』，則亦不可。且如人知尊卑之分，須當讓他。然讓之之時，辭氣或不能婉順，便是不能孫而〔七五〕出之。『信以成之』者，是終始誠實以成此一事，却非是『孫以出之』後，方『信以成之』也。」時舉。

周貴卿問：「義是就事上説。蓋義則裁斷果決，若不行之以節文，出之以退遜，則恐有忤於物。『信以成之』，這一句是繳上三句，言若不誠實，則義必不能盡，禮必不能行，而所謂孫，特是詐僞耳。」曰：「也是恁地。」義剛。

問：「禮行遜出，何以別？」曰：「行是安排恁行，出是從此發出。禮而不遜，則不免矯世，以威嚴加人。」壽仁。〔七六〕

問：「『義以爲質』至『信以成之』章，如孔子之對陽貨，孟子之不與王驩言，莫全得此理否？」曰：「然。」問：「行與出如何分？」曰：「行，是大綱行時；出，則始自此出去也。人固有行之合禮而出之不遜者。」廣。

至之問明道謂「君子『敬以直内』則『義以方外』，『義以爲質』則『禮以行之，遜以出之，信以成之』」。曰：「只是一個義。『義以爲質』便是自『義以方外』處説起來。若無『敬以直内』，也不知義之所在。」時舉。

君子病無能章無〔七七〕

君子疾没世而名不稱章無〔七八〕

君子求諸己章無〔七九〕

子曰〔八〇〕君子矜而不争章

問「矜而不争」。先生曰：「矜是自把捉底意思，故書曰：『不矜細行，終累大德。』」〔八一〕

君子不以言舉人章無[八二]

子貢曰有一言而可以終身行之章[八三]

「恕可以終身行之，是行之無窮盡。」問：「孔子言恕必兼忠，如何此只言恕？」曰：「不得忠時不成恕。如[八四]説恕時，忠在裏面了。」[八五]

問：「子貢問『有一言可以終身行之者，其恕乎』。[八六]孔子當時[八七]如何只説恕，不説忠？看得『忠』字尤爲緊要。」曰：「分言忠恕，有忠而後恕；獨言恕，則忠在其中。若不能恕，則其無忠可知。恕是忠之發處，若無忠，便自做恕不出。」問：「忠恕，看來也是動静底道理。如静是主處，動是用處[八八]，不知是否？」曰：「聖人每就用處教人，亦不是先有静而後有動。」問：「看來主静是做工夫處。」曰：「雖説主静，亦不是棄事物以求静。既爲人，亦須着事君親，交朋友，綏妻子，御僮僕。不成捐棄了，閉門静坐，事物來時也不去應接，云：『且待我去静坐，不要應。』又不可只茫茫隨他事物中走。二者中須有個商量倒斷他[八九]始得。這處正要得[九〇]着力做工夫，不可皮膚説過去。」又曰：「動静亦不是截然動，截然静。動時静便在這裏。如人來相問，自家去答他便是動，纔答了便静。這裏既静，到事物來便着去應接。不是静坐時守在這裏，到應接時便散亂去了[九一]。然動静不出是一個理。知這事當做便順理做去，便見動而静底意思，故曰『知止而後有定，定而後能静』。事物之來，若不順理而應，則雖塊然不交於物，心亦不能得静。惟動時能順理，則無事時始能静；静而能存養，則應接處始得力。須動時做工夫，静時也做工夫。兩莫相靠，莫使工夫間斷始得。若無間斷，静時固静，動時心亦不動；若無工夫，動時固動，静時雖欲求静，亦不可得而静矣。動静恰似船一般，須隨他潮去始得。浪頭恁地高，船也隨他上；浪頭恁地低，船也隨他下。動静只是隨他去，當静還他静，當動還他動。又如與兩人同事相似，這人做得不是，那人便着救他；那人做得不是，這人便着去救他。終不成兩人相推，這人做不是，却推説不干我事，是那人做得如此；那人做不是，推説不干我事，是他做得如此。便不是相爲底道理。」又曰：「所以程子言『未有致知而不在敬者』，又言『涵養當用敬，進學則在致知』。若不能以敬養在這裏，如何會去致得知！若不能致知，又如何成得這敬！」[九二]

三代直道而行章[九三]

「聖人之言，與後世别。如『斯民也，三代之所以直道而行也』，有合下底字，無乃便不成文。此句全在『所以』上，言三代之直道行於斯民也。古亦此民，今亦此民，三代能行之耳。『誰毁誰譽』者，凡人未至於惡而惡之，故謂之毁；未至於善而善之，故謂之譽。聖人於下又曰『如有所譽者[九四]』，其有所試矣』，此一句却去了毀。蓋以爲[九五]不得已而譽，亦當[九六]試之。此乃『善人之意長，惡人之意短』之義[九七]。」可學問：「若到於合好惡處，却不用此二字。」曰：「然。」可學。

伯豐問三代直道而行。曰：「緊[九八]要在『所以』字上。民是指今日之民，即三代之民。三代蓋是以直道行之於彼[九九]，今亦當以直道行之於民。直是無枉，不特不枉毀，雖稱譽亦不枉也。舊嘗有此意。因讀班固作景帝贊引此數語起頭，以明『秦漢不易民而化』之意，曰：『孔子稱「斯民也」云云[一〇〇]，信哉！』其意蓋謂民無古今，周秦網密文峻，故姦軌不勝；到文景恭儉，民便醇厚。只是此民，在所施之[一〇一]何如耳。此政得之。」僩。

「斯[一〇二]民也，三代之所以直道而行也。」「斯民，是主當時之人言之。言三代所以直道而行，只是此民。言毀人固不可[一〇三]，譽人亦不可過實。言吾所以不敢妄加毀譽之民，只是三代行直道之民。班固舉此贊漢景帝，甚好。」人傑。

亞夫問三代直道而行。曰：「此民乃是三代時直道而行之民。我今若有所毀譽，亦不得迂曲而枉其是非之實。」且舉漢景帝贊所引處，云「意却似不同」。時舉。

「斯民也，三代之所以直道而行也。」[一〇四]「斯民」[一〇五]是今此之民，即三代之時所以爲善之民，如說「高皇帝天下」相似。嘗怪景帝贊引此一句，不曉它意。蓋是說周秦雖網密文峻而不勝其弊，到文景黎民醇厚，亦只是此民也。聖人説一句話，便是恁地闊，便是從頭説下來。義剛。

小不忍章〔一〇六〕

「忍」〔一〇七〕字有兩説，只是一意。「有忍乃有濟」，王介甫解作强忍之「忍」，前輩解作慈忍之「忍」。某謂「忍」是含忍不發之意。如婦人之仁，是不能忍其愛，匹夫之勇，是不能忍其忿，二者只是一意。雉。

婦人之仁，不忍其愛；匹夫之勇，不忍其忿。皆小不忍也，如項羽是也。閎祖。處謙同。〔一〇八〕

衆惡之章無〔一〇九〕

人能弘道章

問「人能洪道」。先生以手中扇子喻之〔一一〇〕曰：「道如扇，人如手。手能摇扇，扇如何摇手？」賜。〔一一一〕

「道〔一一二〕不可須臾離，可離非道。是故君子戒謹乎其所不睹，恐懼乎其所不聞。莫見乎隱，莫顯乎微，故君子謹其獨。」又曰：「『天下之達道五，所以行之者三。』君臣、父子、兄弟、夫婦、朋友，古今所共底道理，須是知知、仁守、勇決。」繼又曰：「『人者，天地之心』，没這人時，天地便没人管。」植。

過而不改章無〔一一三〕

子曰〔一一四〕吾嘗終日不食章

「吾嘗終日不食，終夜不寢，以思，無益，不如學也。」某注云：「蓋勞心以必求，不如遜志而自得。」思是硬要自去做底。學是依這本子去做，便要小著心隨順個事理去做。而今人都是硬去做，要必得，所以更做不成。須是軟着心，貼就它去做。孟子所謂「以意逆志」，極好。逆，是推迎它底意思。僩。

問：「『吾嘗終日不食』一章，〔一一五〕集注云『勞心以必求，不如遜志而自得』，〔一一六〕如何是遜志？」曰：「遜志，是卑遜其志，放退一著，寬廣以求之；不忒恁地迫窄，便要一思而必得。」雉。

子曰〔一一七〕君子謀道不謀食章

因〔一一八〕問「君子謀道不謀食」。先生曰：「上面説『君子謀道不謀食』，蓋以『耕也，餒在其中矣；學也，禄在其中矣』。又恐人錯認此意，却將學去求禄，故下面又繳一句，謂君子所以爲學者，所憂在道耳，非憂貧而學也。」雉。

因言：「近來稍信得命及。孔子説『君子謀道不謀食，憂道不憂貧』，觀此一段，則窮達當付之分定，所當謀者惟道爾。」曰：「此一段不專爲有命，蓋專爲學者當謀道而設。只説一句則似緩而不切，故又反覆推明，以至『憂道不憂貧』而止。且君子之所急當先義，語義則命在其中。如『行一不義，殺一不辜，而得天下，不爲』，此只説義。若不恤義，惟命是恃，則命可以有得，雖萬鍾有『不辨禮義而受之』矣。義有可取，如爲養親，於義合取而有不得，則當歸之命爾。如『澤無水，困』，則不可以有爲，只得『致命遂志』，然後付之命可也。」大雅。

知及之章

亞夫問：「『知及之，仁不能守之』一章，上下文勢相牽合不來相似。」曰：「『知及之，仁能守之』，是明德工夫。下面是新民工夫。」亞夫云：「『克己復禮爲仁』，到仁便是極了。今却又有『莊以涖之』與『動之以禮』底工夫，是如何？」曰：「今自有此心純粹、更不走失，而於接物應事時少些莊嚴底意思，闒闒翣翣底，自不足以使人敬他，此便是未善處。」宜久問：「此便是要本末工夫兼備否？」曰：「固是，但須先有『知及之，仁能守之』做個根本了，却好去〔一一九〕點檢其

餘，便無處無事不善。若根本不立，又有何可點檢處！」〔一二〇〕

又〔一二一〕問「知及之，仁能守之」。曰：「此是説講學。『莊以涖之』以後説爲政。」時舉。

問：「夫仁之爲道，無所不包。知也，禮也，莊也，皆仁之一事也。夫仁以守之，則何患不敬而未善乎？若是則是莊與禮反在仁之上矣。伊川謂：『仁則安矣。固善揆之人情，豈有安於此而不能使民敬與盡善乎！苟曰「民未敬而未盡善」，則是我之仁未至也。』此説爲可疑，故謝顯道曰：『此非仁智之盡也。若知之盡，豈有不能守之之理？若仁之盡，豈有不能莊、不以禮者乎？莊與禮，亦所以養仁。』其説雖善，亦未能別白詳盡。南軒謂：『仁能守其知之所及而已，非仁之全也。仁之全則其有不莊者乎？』此説簡當，而全與不全又非本文之意。愚竊以爲『知及之』者，所以求吾仁；莊以涖，動以禮，所以持養吾仁。不識是否？」〔一二二〕曰：「此一章當以仁爲主。所謂『知及之，所以求吾仁；涖之，動之，所以持養吾仁』者，爲〔一二三〕得之矣。」謨。

君子不可小知章〔一二四〕

子曰〔一二五〕當仁不讓於師章

子善問：「『當仁不讓於師。』」〔一二六〕直卿云：『「當仁」，只似適當爲仁之事。』集注似以『當』

爲擔當之意。」曰：「如公説『當』字，謂值爲仁則不讓，如此恐不值處煞多，所以覺得做『任』字説是。恐這『仁』字是指大處、難做處説，這般處須着擔當，不可説道自家做不得，是師長可做底事。」賀孫。

子曰[一二七]君子貞而不諒章

亞夫問「貞而不諒」。曰：「『貞』者，正而固也。蓋見得道理是如此便須只恁地做，所謂『知斯二者，弗去是也』。爲『正』字説不盡，故更加『固』字，如易所謂『貞固足以幹事』。若『諒』者是不擇是非、必要如此，故『貞』者是正而固守之意，『諒』則有固、必之心也。」時舉。

「諒」字，論語有三個：「匹夫之諒」、「貞而不諒」，是不好；「友諒」却是好。以貞對諒，則諒爲不好。若是友，與其友無信之人，又却不如友諒也。諒，信之小者。孟子所謂「諒」[一二八]，恐當訓「明」字。廣。

事君敬其事章無[一二九]

有教無類章無[一三〇]

道不同章無[一三一]

子曰[一三二]辭達而已矣章

「辭達而已矣」，也是難。道夫。

師冕見章[一三三]

【校勘記】

[一] 子在陳固窮章　成化本爲「衛靈公問陳章」。

[二] 子曰女以予爲多學而識之章　成化本为「子曰賜也章」。

[三] 時舉　成化本無。

[四] 夫子告子貢以予一以貫之　成化本爲「子貢一貫」。

[五] 道　成化本此下注曰：「人傑録作：『自敏入道。』」

〔六〕祖道去僞謨同　成化本爲「去僞」。以下兼論『子貢』章」，且此條載於卷二十七。

〔七〕一以貫之　成化本無。

〔八〕則　成化本作「只」。

〔九〕録　成化本無。

〔一〇〕貫　成化本此下有「底」。

〔一一〕無爲而治者章　成化本無。

〔一二〕此條賀孫録成化本作爲注，附於卷二十三卓録後。參底本卷二十三卓録「問老子言無爲之意……而天下之治豈有不理」條。

〔一三〕問言忠信行篤敬處　成化本爲「問行篤敬」。

〔一四〕無　成化本無，且「直哉史魚章」目下載有一條必大録，參成化本卷四十五「正淳問直哉史魚……如蘧伯玉之君子」條。

〔一五〕可與言而不與之言章無　成化本無。

〔一六〕言　成化本此下有「殺身者」。

〔一七〕語　成化本作「意」。

〔一八〕黄直卿　成化本爲「直卿」。

〔一九〕正行　成化本爲「干禄」。

〔二〇〕時舉又問子貢問爲仁一章　成化本爲「問子貢問爲仁章」。
〔二一〕賢　成化本爲「賢者」。
〔二二〕成化本此下注有「德明」。
〔二三〕問　成化本爲「周問」。
〔二四〕建　成化本此下有「不同如何」。
〔二五〕蓋　成化本無。
〔二六〕始　成化本無。
〔二七〕而　成化本無。
〔二八〕始　成化本無。
〔二九〕而　成化本無。
〔三〇〕代　成化本此下有「即其始處」。
〔三一〕正　成化本此下有「康節十二會以堯、舜時在午，今在未，至戌則人物消盡」。
〔三二〕明作　成化本作「銖」。
〔三三〕邵康節　成化本爲「康節」。
〔三四〕成化本此下注曰：「『夏時』注。」
〔三五〕是如何　成化本無。

〔三六〕邵子　成化本無。
〔三七〕丑　成化本爲「丑者」。
〔三八〕幾個年　成化本爲「幾萬幾千年」。
〔三九〕問　成化本爲「至之問」。
〔四〇〕渉　成化本此下注曰：「義剛作『傾瀉』。」
〔四一〕子　成化本無。
〔四二〕晉志　成化本此下有「論」。
〔四三〕便思量天體是如何　成化本爲「便煩惱個天體是如何」。
〔四四〕成化本此下注有「義剛同」。
〔四五〕天門　成化本作「天」。
〔四六〕其　成化本作「有」。
〔四七〕欲其無惑　成化本爲「曒然不惑」。
〔四八〕之　成化本此下注曰：「璘録云：『介甫此語只是做文字説去，不曾行之於身。聞其身上極不整齊，所以明道對神宗「王安石聖人」之問，引「赤舄几几」。』」
〔四九〕黄　底本闕，據成化本補。
〔五〇〕渠　成化本此上有「介卿」。

〔五一〕有　成化本此下注曰：「璘録云：『恐介甫後生時不如此。恐是後來學佛了，禮法一時掃去。』」
〔五二〕成化本此下注曰：「璘録略。」
〔五三〕地　成化本無。
〔五四〕那　成化本無。
〔五五〕言　成化本作「經」。
〔五六〕勿　成化本此上有「非禮」。
〔五七〕言　成化本爲「言語」。
〔五八〕大大　成化本爲「多少大」。
〔五九〕時舉問顔淵問爲邦一章　成化本爲「問顔淵問爲邦」。
〔六〇〕一節　成化本無。
〔六一〕子　成化本無。
〔六二〕且　成化本無。
〔六三〕成化本此下注有「賀孫録」。底本以其另作一條，參下條。
〔六四〕此條賀孫録成化本載於卷一百三十五，而底本卷一百三十五重複載録。
〔六五〕林賜　成化本作「賜」。
〔六六〕行　成化本爲「推行」。

［六七］人無遠慮章無　成化本無。

［六八］吾未見好德如好色章無　成化本爲「子曰已矣乎章」，且此目下載有淳録一條，參成化本卷四十五「楊至之問好德如好色……合得來做一説」條。

［六九］臧文仲其竊位者與章無　成化本無。

［七〇］子曰躬自厚而薄責於人章　成化本爲「躬自厚章」。

［七一］成化本此下注曰：「或録云：『只是責己要多，責人要少。』」

［七二］子曰　成化本無。

［七三］子曰　成化本無。

［七四］又問君子義以爲質禮以行之遜以出之一章　成化本爲「問君子義以爲質一章」。

［七五］而　朱本作「以」。

［七六］壽仁　成化本爲「拱壽」。

［七七］君子病無能章無　成化本無。

［七八］君子疾没世而名不稱章無　成化本無。

［七九］君子求諸己章無　成化本無。

［八〇］子曰　成化本無。

［八一］成化本此下注有「雉」。

〔八二〕君子不以言舉人章無　成化本無。

〔八三〕子貢曰有一言而可以終身行之章　成化本爲「子貢問有一言可以終身行之章」。

〔八四〕如　成化本無。

〔八五〕成化本此下注有「榦」。

〔八六〕子貢問有一言可以終身行之者其恕乎　成化本爲「終身行之其恕乎」。

〔八七〕孔子當時　成化本無。

〔八八〕處　原脱，據成化本補。

〔八九〕他　成化本無。

〔九〇〕得　成化本無。

〔九一〕去了　成化本爲「了去」。

〔九二〕成化本此下注有「寓」。

〔九三〕三代直道而行章　成化本爲「吾之於人也章」。

〔九四〕者　成化本無。

〔九五〕爲　成化本無。

〔九六〕當　成化本作「嘗」。

〔九七〕義　成化本作「意」。

［九八］緊　成化本此上有「此」。
［九九］彼　成化本作「民」。
［一〇〇］云云　成化本爲「三代之所以直道而行也」。
［一〇一］之　成化本無。
［一〇二］斯　成化本此上有「問」。
［一〇三］可　成化本此下有「過實」。
［一〇四］斯民也三代之所以直道而行也　成化本爲「問斯民」。
［一〇五］斯民　成化本無。
［一〇六］小不忍章　成化本爲「巧言亂德章」。
［一〇七］忍　成化本此上有「問『小不忍則亂大謀』。曰」。
［一〇八］此條閎祖録成化本無。
［一〇九］衆惡之章無　成化本無。
［一一〇］以手中扇子喻之　成化本爲「以扇喻」。
［一一一］賜　成化本爲「夔孫」。
［一一二］道　成化本爲「問人能弘道曰」。
［一一三］過而不改章無　成化本無。

〔一一四〕子曰　成化本無。
〔一一五〕吾嘗終日不食一章　成化本無。
〔一一六〕集注云勞心以必求不如遜志而自得　成化本爲「注云遜志而自得」。
〔一一七〕子曰　成化本無。
〔一一八〕因　成化本無。
〔一一九〕却好去　成化本爲「却方好生去」。
〔一二〇〕此條下成化本注有「時舉」。
〔一二一〕又　成化本無。
〔一二二〕問夫仁之爲道……不識是否　成化本爲「或問此章」。
〔一二三〕爲　成化本無。
〔一二四〕成化本「君子不可小知章」目下載一條必大録，參成化本卷四十五「問小知是小有才……便看不見」條。
〔一二五〕子曰　成化本無。
〔一二六〕當仁不讓於師　成化本無。
〔一二七〕子曰　成化本無。
〔一二八〕諒　成化本作「亮」。

〔一二九〕事君敬其事章無　成化本無。

〔一三〇〕有教無類章無　成化本無。

〔一三一〕道不同章無　成化本無。

〔一三二〕子曰　成化本無。

〔一三三〕師冕見章　成化本無。

晦庵先生朱文公語類卷第四十六

論語二十八

季氏篇

季氏將伐顓臾章

問「焉用彼相」。曰：「『扶[一]持』兩字恐只是相瞽者之義。舊見一人亦如此說。」又問「相夫子」之義。曰：「相亦是贊相之義。瞽者之相亦是如此。」𥲤。

問：「集注，顓臾『在魯地七百里之中』。從孟子『百里』之説，則魯安得七百里之地？」曰：「七百里是禮記如此説，封周公曲阜之地七百里。如左傳也有一同之説，某每常疑此處。若是百里，無此間龍溪、漳浦縣地大，如何做得侯國，如何又容得顓臾在其中？所謂『錫之山川，土田附庸』，其勢必不止於百里。然此處亦難考究，只得且依禮記恁地説。」[二]

「虎兕出於柙，龜玉毁於櫝中。」典守者之過。道夫。〔三〕

問：「諸家多把『虎兕』喻季氏，『龜玉』喻公室，是否？」曰：「文義未有此意。且是答他『二臣者皆不欲』之意。虎在山上，龜玉在他處，不干典守者事。今在柙中走了，在櫝中毁了，便是典守者之過。上面冉求分疏，言『夫子欲之，吾二臣者皆不欲也』。孔子責他，以此乃『守者之過』比『伐顓臾實二子與謀之過』。答問間方且隨話恁地説，未説到季氏、公室處，不必又生枝蔓。」仲思問：「獨責求，何也？」曰：「想他與謀較多，一向倒在他身上去，亦可知也。」寓。陳淳同。〔四〕

天下有道章無〔五〕

禄去公室章無〔六〕

益者三友章無〔七〕

益者三樂章

問：「『益者三樂，損者三樂』，〔八〕『三者損益相反』。『驕樂則侈肆而無節，〔九〕佚遊則傲墮而惡聞善』義〔一〇〕，如何與『樂道人之善』相反？」曰：「『樂道人之善』，則心常汲汲於好善。若是佚遊，則是放蕩閑過了日子，雖所損稍輕，亦非是小害。」又問：「『樂道人之善』，則有勉思企及之意。佚遊則一向懶惰，無向善之心。此所以見其相反。」曰：「三者，如驕樂，只是放恣侈靡最害事。到得宴樂，便須狎近小人，疏遠君子。」賀孫。

葉味道〔一一〕問「損者三樂」。曰：「惟宴安〔一二〕最可畏，所謂『宴安酖毒』是也。」時舉。

侍於君子有三愆章

賀孫〔一三〕問：「『未見顏色而言謂之瞽』，莫是未見事實否？」曰：「『未見顏色』，是不能察言觀色。」「如此，則顏色是指所與言者。」曰：「向時范某每奏事，未嘗看着聖容。時某人爲宰相，云：『此公必不久居此。』未幾，果以言不行而去。人或問之。云：『若看聖容，安能自盡其言？』看來〔一四〕自是說得好，但某思之不是〔一五〕如此。對人主言，也須看他意思是如何，或有至誠傾聽之意，或不得已貌爲許可。自家這裏也須察言觀色，因時〔一六〕盡誘掖之方，不可泛然言之，使泛然受之而已。固是有一般小人，伺候人主顏色，迎合趨湊，此自是大不好，但君子之察言觀色，用心自不同耳。若論對人主要商量天下事，如何不看着顏色，只恁地說將去便了！」賀孫。

君子有三戒章

或問君子三戒。答曰：「血氣雖有盛衰，君子常當隨其偏處警戒，勿爲血氣所役也。」因論血氣移人，曰：「疾病亦能移人。呂伯恭因病後讀『躬自厚而薄責於人』，忽有見，遂一意向這下來。」大雅。

時舉問「君子有三戒」處[一七]注引范氏説血氣、志氣之辨。曰：「到老而不屈者，此是志氣。」時舉。

君子有三畏章

賀孫[一八]問：「『畏天命，畏大人，畏聖人之言』一章，[一九]『大人』是指有位者言之否？」曰：「不止有位者，是指有位、有齒、有德者，皆謂之『大人』。」問：「此三句，要緊都在『畏天命』上。」曰：「然。纔畏天命，自是於大人、聖言皆畏之。」問：「固是當先畏天命，但要緊又須是知得天命。天命即是天理。若不先知這道理，自是懵然，何由知其可畏？此小人所以無忌憚。」曰：「要緊全在知上。纔知得便自不容不畏。」問：「知有淺深。大抵纔知些道理，到得做事有少差錯，心也便惕然。這便見得不容於不畏。」曰：「知固有淺深，然就他淺深中各自有天然不容已者。且如一件事是合如此，是不合如此，本自分曉。到臨事又却不如此，道如此也不妨，如此也無害，又自做將去。這個是雖知之而不能行，然亦是知之未盡、知之未至，所以如此。聖人教人，於大學中劈初頭便説一個格物、致知。『物格而後知至』，最緊[二〇]是要知得至。今[二一]人有知不善之不當爲，及臨事又爲之，只是知之未至。人知烏喙之殺人不可食，斷然終於[二二]不食，是真知之也。知不善之不當爲而猶或爲之，是特未能真知也。所以未能真知者，緣於道理上只就外面理會得許多，裏面却未理會得十分瑩净，所以有此一點黑。這不是外面理會不得，這[二三]只是裏面骨子有些見未破。所以大學之教，使人即事即物就外面看許多，一一教周遍；又須就自家裏面理會體驗，教十分精切也。」賀孫。按林恪録此略，今附于下。云：[二四]「味道問：『「畏天命」是個總頭否？』先生曰：『固是。』『人若不知得這個道理，[二五]如何會畏？』先生曰：『須是先知得方會畏。但知得有深淺，工夫便隨深淺做去。事事物物，皆有個天命。若知得盡，自是無所不畏，惟恐走失。』」

生而知之章[二六]

君子有九思章

僩[二七]問「君子有[二八]九思」。曰：「不是雜然而思，當這一件上思這一件。」僩。

又[二九]問「君子有九思」。先生曰：「公且道，色與貌可以要得他溫，要得他恭。若是視聽，如何要得他聰，要得他明？[三〇]」曰：「這只是意誠了，自會如此。」曰：「若如公説，又却[三一]都没些事了，便是聖人教人意思不如此。有物必有則。只一個物，自各家有個道理。況耳目之聰明得之於天，本來自合如此，只爲私欲蔽惑而失其理。聖人教人，不是理會一件，其餘自會好，須是逐一做工夫。更反復就心上看，方知得外面許多費整頓，元來病根都在這裏。這見聖人教人内外夾持起來，恁地積累成熟，便會無些子滲漏。如公所説意誠，便都無事。今有人自道心正了，外面任其箕踞無禮，是得不得？亦自有人心下已自近正，外面視聽舉止自大段有病痛，公道如何視會明、聽會聰？也只是就視聽上理會。『視遠惟明，聽德惟聰』，如有一件可喜底物事在眼前，便要看他，這便被他蔽了。到這時節須便知得，有個義理在所可喜，此物在所不當視。這便是見得道理，便是見得遠，不蔽於眼前近底，故曰『視遠惟明』。有無益之言、無稽之言，與夫諂諛甘美之言；有仁義忠信之言。仁義忠信之言須是將耳常常聽着，那許多不好説話須莫教他入耳，故曰『聽德惟聰』。」賀孫。

子曰[三二]見善如不及章

賀孫[三三]問：「『見善如不及，見不善如探湯』，上一截是進德之事，下一截是成德之事。兼出處有非人力所能爲者，故曰『未見其人』。」曰：「公只管要粧兩句恁地好做甚麽？這段緊要却不在『吾見其人』『未見其人』上。若將『見善如不及，見不善如探湯』，與『隱居以求其志，行義以達其道』這幾句意思涵泳，是有多少意思！公看文字有個病，不只就文字裏面看，却要去别生閑意。大抵看文字，須是只就他裏面看，儘有意思。公今未見得來[三四]意是如何，却將一兩句好言語裹了一重没理會在裏面，此是讀書之大病。須是且就他本文逐字剔碎了，見這道理直透過，無些子窒礙，如此兩段淺深自易見。」賀孫。

問：「『行義以達其道』，莫是所行合宜否？」曰：「志是守所達之道，道是行所求之志。隱居以求之，使其道充足。『行義』是得時得位而行其所當爲。臣之事君，行其所當爲而已，行所當爲以達其所求之志。」又問：「如孔明可以當此否？」曰：「也是。如『伊尹耕於有莘之野而樂堯舜之道』，是『隱居以求其志也。』及幡然而改[三五]，『使是君爲堯舜之君，使是民爲堯舜之民』，是『行義以達其道』。」蜚卿曰：「如漆雕開之未能自信，莫是求其志否？」曰：「所以未能信者，且以『求其志』，未説『行義以達其道』。」又曰：「須是篤信。如讀聖人之書自朝至暮，及行事無一些是，則曰『聖人且如此説耳』，這却是不能篤信。篤信者，見得是如此便决然如此做。孔子曰『篤信好學，守死善道』，學者須是篤信。」驤曰：「見若鹵莽，便不能篤信。」曰：「是如此，須是一下頭見得是。然篤信又須是[三六]好學，若篤信而不好學，是非不辨，其害却不小。既已好學，然後能守死以善其道。」又問：「如下文所言，莫是篤信之力否？」曰：「是。既得過，危邦便不入，[三七]亂邦便不居；天下有道便不隱，天下無道便不仕[三八]。决然是恁地做。」道夫。[三九]

【校勘記】

［一］扶　成化本此上有「看」。

［二］成化本此下注有「寓。砥録云：『周禮、國語皆説五百里。禮記説七百里。若如孟子説百里，則未若今之一邑，何以爲國？又如何容得一個顓臾在肚裏？』」

［三］此條道夫録成化本無。

［四］陳淳同　成化本無。

［五］天下有道章無　成化本無。

［六］禄去公室章無　成化本無。

［七］益者三友章無　成化本無。

［八］益者三樂損者三樂　成化本無。

［九］驕樂則侈肆而無節　成化本無。

［一〇］義　成化本無。

［一一］葉味道　成化本爲「味道」。

［一二］安　成化本作「樂」。

［一三］賀孫　成化本無。

［一四］看來　成化本無。

［一五］是　成化本無。

［一六］時　成化本作「而」。

［一七］時舉問君子有三戒處　成化本作「問」。

［一八］賀孫　成化本無。

［一九］畏天命畏大人畏聖人之言一章　成化本無。

［二〇］緊　成化本無。

［二一］今　成化本無。

［二二］終於　成化本無。

［二三］這　成化本無。

［二四］按林恪録此略今附于下云　成化本爲「恪録云」。

［二五］人若不知得這個道理　成化本爲「人若不畏這個道理以下事無緣會做得又問若不知得這個道理」。

［二六］生而知之章　成化本無。

［二七］嚮　成化本無。

［二八］君子有　成化本無。

［二九］又　成化本作「或」。

［三〇］如何要得他聰要得他明　成化本爲「如何要得他聰明」。

［三一］又却　成化本無。

［三二］子曰　成化本無。

［三三］賀孫　成化本無。

［三四］來　成化本作「本」。

［三五］改　成化本作「起」。

［三六］是　成化本無。

［三七］是既得過危邦便不入　成化本爲「既是信得過危邦便不入」。底本卷三十五驤録爲「是既信得過危邦便不入」。

［三八］仕　成化本作「見」。

［三九］道夫　成化本作「驤」。按，驤録底本載於卷三十五。

晦庵先生朱文公語類卷第四十七

論語二十九

陽貨篇

陽貨欲見孔子章

「陽貨[一]矙亡以饋孔子，孔子矙亡而往拜之。陽貨之矙亡，此不足責。如孔子亦矙亡而往，則不幾於不誠乎？」曰：「非不誠也，據道理合當如此。彼人矙亡來，我亦矙亡往。一往一來，禮甚相稱，但孔子不幸遇諸塗耳。」人傑。[二]

性相近也與惟上智下愚不移章[三]

「性相近」，以氣質言；「性善」，以理言。祖道。

節[四]問：「夫子言[五]『性相近』是本然之性，是氣質之性？」答曰：「是氣質之性。本然之性一般，無相近。程子曰：『性與聖不可一概論。』」節。

「性相近」是通善惡智愚説，「上智下愚」是就中摘出懸絶者説。僩。

先生問木之：「前日所説氣質之性，理會得未？」對曰：「雖知其説，終是胸中未見得通透。兼集注『上智下愚』章，先生與程子説，未理會得合處。」曰：「便是莫要只管求其合，且看聖人所説之意，聖人所言各有地頭。孔子説『相近』至『不移』，便定是不移了。人之氣質實是有如此者，如何必説道變得！所以謂之下愚。而其所以至此下愚者是怎生？這便是氣質之性。孔子説得都渾成了。伊川那一段却只説到七分，不説到底。孟子却只説得性善。其所言地頭各自不同。正如如今[六]喫茶相似，自有喫得盡底，有喫得多底、少底，必要去牽合，便成穿鑿去。」木之。

木之[七]問：「『上智下愚不移』，[八]集注謂『氣質相近之中，又有一定而不可易者』，復舉程子『無不可移』之説，似不合。」曰：「且看孔子説底。如今却自有不移底人，如堯舜之不可爲桀紂，桀紂之不可使爲堯舜之類[九]。夫子説底只如此，伊川却又推其説，須知其異而不害其爲同。」因説：「氣化有不可曉之事，但終未理會得透，不能無疑。釋氏之學只是定静，少間亦自有明識處。」或問：「他所謂[一〇]有靈怪處是如何？」先生曰：「多是真僞相雜。如今[一一]人都貪財好色，都重死生，却被他不貪財，不好色，不重死生，這般處也可以降服得鬼神。如六祖衣鉢，説移不動底，這般[一二]只是胡説。果然如此，何不鳴鼓集衆，白晝發去？却夜間發去做甚麽？」曰：「如今賢者都信他向上底説，下愚人都信他禍福之説。」曰：「最苦是世間所謂聰明之人，却去推演其説，説到神妙去[一三]處。如王介甫、蘇東坡，一世所尊尚，且爲之推波助瀾多矣。今若得士大夫間把得論定，猶可耳。」[一四]

尹叔[一五]問：「『性相近』一章，伊川謂『此言所禀之性』，又曰『所禀之性才也』，又曰[一六]『語其才則有下愚之不移』，與孟子『非天之降才爾殊也[一七]』語意似不同？」曰：「孟子之説自是與程子之説小異。孟子只見得是性善，便把才都做善，不知有所謂氣禀各不同。如后稷克嶷[一八]，楚子[一九]越椒知其必滅若敖，是氣禀如此。若都把做善，又有此等處，須説到氣禀方得。孟子已見得性善，只就大本處理會，更不思量這下面善惡所由起，[二〇]所以惹得許多善惡混底説來相炒。程子説得較密。」因舉：「『論性不論氣，不備；論氣不論性，不明。二之則不是。』須如此兼性與氣説方盡此論。蓋自濂溪太極言陰陽、五行有不齊處，推[二一]出氣質之性來。使程子生在周子之前，未必能發明到此。」又曰：「才固是善。若能盡其才可知是善是好，所以不能盡其才處，只緣是氣禀恁地。」問：「才與情何分别？情是才之動否？」曰：「情是這裏[二二]發出，有個路脈曲折，隨物恁地去。才是能主張運動[二三]做事底。這事，有人做得，有不會做得；有人會發輝得，有不會發輝得。這處可見其才。〔二四〕」又問：「氣出於天否？」曰：「性與氣皆出於天。性只是理，氣則已屬於形象。性之善固人所同，氣便有不齊處。」因指天氣而言：「如天氣晴明舒豁，便是好底氣；恁地陰沉黯淡，便是不好底氣。〔二五〕畢竟不好底氣常多，好底氣常少。以一歲言之，一般天氣晴和、不寒不暖却是好，能有幾時如此！看來不是夏寒便是冬暖，不是愆陽便是伏陰，所以昏愚凶狠底人常多。」又曰：「人之貧富貴賤壽夭不齊處都是被氣衮亂了，都没理會。〔二六〕顏夭而跖壽，亦是被氣衮亂汩没了。堯、舜自稟得清明純粹底氣，他是甚次第！〔二七〕所以爲聖人，居天子之位，又做得許大事業，又享許大福壽，又有許大名譽。如孔子之聖，亦是稟得清明純粹。然他是當氣之衰，稟得來薄了，但有許多名譽，所以終身栖栖爲旅人，又僅得中壽。到顏子，又自没興了。」淳。〔二八〕

「子曰『性相近也，習相遠也』。子曰『惟上智與下愚不移』。子曰『中人以上可以語上也，中人以下不可以語上也』。子曰『君子上達，小人下達』。子曰『生而知之者上也；學而知之者次也；困而學之，又其次也；困而不學，民斯爲下矣』。夫以『上智下愚』與『中人以上，中人以下』言之，疑若有一定而不可移者。以『上達』『下達』與『學而知之者可以次於上，困而不學斯爲下』言之，則『惟聖罔念作狂，惟狂克念作聖』，似有可勉而進者。聖人之教人，豈但使人安於下愚而狃於下達哉？其亦未能推明二程夫子之言，以求聖人立言之意爾。伊川曰：『上智下愚，才也。』又曰：『中人以上，可以説近上話。』又曰：『上智，上達者也；下愚，下達者也。上達不移而下，下愚不移而上。』上蔡曰：『上智可移非上智，下愚可移非下愚。性無不可移之理，人自不移也。』夫所謂下皆達乎下者也，一性本善而所習既殊，寧不相遠？自其上達而至於上智，則不移而爲下愚矣。自其下達而至於下愚，則不移而爲上智矣。若夫中人，則指其在可上可下之間者也。言中人而所向者下，則不可以言其至於上。『語上』之意，其猶以上智之事許之乎。是如此否？」[二九]先生曰：「此所謂性，亦指氣質之性而言之爾[三〇]。『性習遠近』與『上智下愚』本是一章，而[三一]『子曰』二字爲[三二]衍文也。蓋習與性成而至於相遠，則固有不移之理。然人性本善，雖至惡之人，一日而能從善，則爲一日之善人，夫豈有終不可移之理！當從伊川之説，所謂『雖强戾如商辛之人，亦有可移之理』是也。」謨。

「『性[三三]相近，習相遠』，『惟上智與下愚不移』。書中謂『惟聖罔念作狂，惟狂克念作聖』，若如此，[三四]又有移得者，如何？」曰：「上[三五]智下愚不移。如狂作聖，則有之；既是聖人，決不到得作狂。此只是言其人不可不學。」又問：「或言『人自不移耳』，此説如何？」曰：「此亦未是。有一般下愚底人，直有不可移者。」問：「『雖愚必明』又是如何？」曰：「那個是做甚次第工夫！如[三六]『人一能之，己百之；人十能之，己千之』。」祖道。[三七]

子之武城章〔三八〕

公山弗擾以費畔〔三九〕章

味道問：「佛肸與公山弗擾召孔子，孔子欲往，此意如何？」曰：「此是二子一時善意，聖人之心適與之契，所以欲往，然更思之，則不往矣。蓋二子暫時有尊賢向善之誠心，故感得聖人欲往之意。然違道叛逆，終不能改，故聖人亦終不往也。譬如雲〔四〇〕陰之時，忽略開霽，有些小光明，又被重陰遮閉了。」曰：「陽貨欲見，孔子却終不許他，是如何？」曰：「陽貨全無善意，來時便已不好了，故亦不能略感聖人也。」時舉。〔四一〕

夫子曰「吾其爲東周乎」，興東周之治也。孔子之志在乎東周，然苟有用我者，亦視〔四二〕天命如何爾。聖人胸中自有處置，非可執定本以議之也。人傑。

「吾其爲東周乎」，禪語謂「竿木隨身，逢場作戲」，語勢未有不爲東遷之事底意思在。道夫。〔四三〕

問：「『吾其爲東周乎。』〔四四〕諸家皆言不爲東周，集注却言『興周道於東方』，何如？」曰：「這是古注如此說。『其』字、『乎』字，只是閑字。只是有用我者，我便也要做些小事，如釋氏言

『竿木隨身，逢場作戲』相似。那處是有不爲東周底意？這與『二十年之後，吴其爲沼乎』辭語一般，亦何必要如此翻轉？文字須寬看，子細玩味，方見得聖人語言。如『小人之中庸』，分明這一句是解上文。人見他偶然脱一個『反』字，便恁地硬説去，『小人中庸』做『小人自爲中庸』也好。然上面言君子中庸，小人反中庸，〔四五〕下面文勢且直解兩句，未有那自以爲中庸底意，亦何必恁地翻轉？」淳同。〔四六〕

問：「『吾其爲東周乎。』使聖人得行其志，只是就齊魯東方做起否？」曰：「也只得就這裏做。」又問：「其如周何？」曰：「這般處難説，只看挨到臨時事勢如何。若使天命人心有個響合處，也自不由聖人了。使周家修其禮物，作賓于王家，豈不賢於赧王之自獻其邑而滅亡乎！」問：「孔子猶説着周，至孟子則都不説了。」曰：「然。只是當時六國如此强盛，各自抬夯得個身己如此大了，勢均力敵，如何地做！不知孟子奈何得下，奈何不下？想得也須滅却〔四七〕一兩個方做得。看來當來〔四八〕六國若不是秦始皇出來從頭打疊一番，做甚合殺！」問：「王者雖曰不『殺一不辜，行一不義』，事勢到不得已處，也只得如此做。」曰：「然。湯東征西怨、南征北怨，武王滅國五十，便是如此。只是也不喚做『殺不辜，行不義』。我這裏方行仁義之師，救民於水火之中，你却抗拒不服，如何不伐得！聖人做處如此，到得後來都不如此了。如劉先主不取劉琮而取劉璋，更不成舉措。當初劉琮孱弱，爲曹操奪而取之。若乘此時明劉琮之孱弱，將爲曹操所圖，起而取之，豈不正當！到得臨了，却浮浮地去取劉璋，全不光明了。當初諸葛孔明[四九]便是教他先取荆州，他却不從。」或曰：「終是先主規模不大，索性或進或退，所以終做事不成。」曰：「然。」又曰：「唐太宗殺諸盜，如竇建德猶自得，猶[五〇]殺之。惟不殺王世充，後却密使人殺之，更[五一]不成舉措。蓋當初王世充立越王於東都，高祖立代王於關中，皆是叛煬帝，立少主以輔之。事體一般，故高祖負愧而不敢明殺世充也。此最好笑！負些子曲了，更抬頭不起。」又曰：「漢高祖之起與唐太宗之起不同：高祖是起自匹夫取秦，所以無愧；唐却是爲隋之官，因其資而取之，所以負愧也。要之，自秦漢而下，須用作兩節看。如太宗，都莫看他初起一節，只取他那邊[五二]濟世安民之志，他這意思又却多。若要檢點他初起時事，更不通看。」或曰：「若以義理看太宗，更無三兩分人。」曰：「然。」僩。

伯豐問：「夫子欲從佛肸[五三]之召，而曰『如有用我者，吾其爲東周乎』。如何？」曰：「理會不得，便是不可測度處。」人傑問：「墮三都事，費郈已墮，而成不可墮，是不用夫子至於此否？」曰：「既不用，却何故圍成？當時夫子行乎季孫，三月不違，則費郈之墮出於不意。及公斂處父不肯墮成，次第唤醒了叔季二家，便做這事不成。又齊人以女樂歸之，遂行。不然，當別有處置也。」問：「女樂既歸，三日不朝，夫子自可明言於君相之前，討個分曉，然後去亦未晚。何必匆遽如此？」曰：「此亦難曉。然據史記之説，却是夫子恐其害己，故其去如此之速。魯仲連所謂『秦將使其子女、讒妾爲諸侯妃姬[五四]』，則當時列國蓋有是事也。」又云：「夫子能墮費郈而不能墮成，雖聖人亦有做不成底事。」伯豐謂：「如『夫子之得邦家者，所謂「立之斯立」』云云。」曰：「固是。須是有土有民，方能做得。若羇旅之臣，靠着他人，便有所牽制，做事不成。」又問：「是時三家衰微，陪臣執命，故陽虎奔齊，有『吾欲張公室』之語。或謂『家臣而欲張公室，罪莫大焉』。」曰：「便是當時有此一種議論，視大夫專命以爲固然。」又問：「舊見人議論子産叔向輩之賢，其議論遠過先軫咎[五五]犯之徒，然事實全不及它。」曰：「如元祐諸臣愛説一般道理相似。」又云：「衛靈公最無道。夫子何故戀戀其國有欲扶持之意？更不可曉。」人傑。

子張問仁章

時舉[五六]問：「『子張問仁，夫子令行五者於天下，曰恭、寬、信、敏、惠。』[五七]竊意[五八]『恭』、『寬』、『信』、『惠』，固是求仁之方，但『敏』字於求仁功夫似不甚親切。莫是人之爲事纔悠悠，則此心便間斷之時多，亦易得走失；若能勤敏去做，便此心不至間斷，走失之時少，故敏亦爲求仁之一。是如此否？」曰：「不止是悠悠。蓋不敏於事則便有怠忽之意，纔怠忽便心不存而間斷多，便是不仁也。」時舉。

「信則人任焉」，[五九]「任」是堪倚靠。僩。

佛肸召章

「焉能繫而不食」，古注是。僩。

「聖人見萬物不得其所，皆陷於塗炭，豈不爲深憂，思欲出而救之。但時也要出不得，亦只得且住。聖人於斯世，固不是苟且枉道以徇人。然世俗一種説話，便謂聖人泊然不以入其心，這亦不然。如孔子云：『天下有道，丘不與易也。』這個是十分要做不得，亦有不能自已之意。如説聖人無憂世之心固不可，謂聖人視一世未治，常恁地[六〇]戚戚憂愁、無聊過日，亦非也。但要出做不得，又且放下。其憂世之心要出仕者，聖人愛物之仁。至於天命未至，亦無如之何。如云：『君子之仕也，行其義也。道之不行，已知之矣。』若説『道之不行，已知之矣』[六一]上看，恰似一向没理會，明知不可以行道，且漫去做看，這便不得。須看『行其義也』，便自是去就。出處之大義亦在這裏。」賀孫因舉公山、佛肸之召：「皆欲往而終不往者，度得是時終不可爲，其人終不可與有爲。如南軒云『守身之常法，體道之大權』，又云『欲往者，愛物之仁；終不往者，知人之智』，這處都[六二]説得分明。」曰：「然。但聖人欲往之時，是當他召聖人之時有這些好意來接聖人。聖人當時亦接他這些個[六三]好意思，所以欲往。然他這個人終是不好底人，聖人待得重理會過一番，他許多不好又只在，所以終於不可去。如陰雨蔽翳，重結不解，忽然一處略略開霽，雲收霧斂，見得青天白日，這處是自好〔六四〕。」賀孫。

子曰由也女聞六言六蔽矣乎〔六五〕章

問：〔六六〕「『好信不好學』，何故便到賊害於物處？」曰：「聖人此等語多有相類，如『恭而無禮則勞』處一般。此皆是就子路失處正之。昔劉大諫從温公學，温公教之誠，謂『自不妄語始』。劉公篤守其説。及調洛州司法時，運使吳守禮至州，欲按一司户贓，以問劉公。公對以不知，吳遂去。而公常心自不足，謂此人實有贓，而我不以誠告，其違温公教乎！後因讀揚子『君子〔六七〕避礙通諸理』，始悟那處有礙，合避以通之。若只『好信不好學』，固守『不妄語』之説，直説那人有贓，其人因此得罪，豈不是傷害於物？」〔六八〕淳。道夫録略□□：〔六九〕「問：『「好信不好學」，如何便至於相賊害？』曰：『「其父攘羊而子證之」是也。昔劉忠定公答部使者以「不聞司户有贓」，退而以爲有負温公「不妄語」之戒。既而讀揚子「避礙通諸理」之説，然後脱然無疑。向非以「不聞」之説告之，其不爲賊害者，幾希矣。』」〔七〇〕

問：「『好信不好學，其蔽也賊。』先生解『賊』謂『傷害於物』，是如何？」曰：「人若固執，必信而不知學，則必至害物。如劉元城語録所載司户犯贓，亦是一事也。」廣。〔七一〕

「六言」、「六蔽」、「五美」等話，雖其意亦是，然皆不是聖人言語。〔七二〕家語此樣話亦多。大抵論語後十篇不似前十篇。〔七三〕淳。

子曰[七四]小子何莫學夫詩章

「詩可以興」，須是反覆熟讀，使書與心相乳入，自然有感發處。閎祖。[七五]

人而不爲周南召南章[七六]

明道謂：「二南，人倫之本，王化之基。苟不爲之，『其猶正墻面而立』。」是纔出門便不知，便錯了。士毅。

亞夫問「不爲周南、召南，其猶正墻面而立」一節[七七]。先生曰：「不知所以修身齊家，則不待出門便自是[七八]已動不得了。所以謂之『正墻面』者，謂其至近之地亦行不得故也。」時舉。

問「正墻面而立」。曰：「修身齊家，自家最近底事；不待出門，便有這事。去這個上理會不得，便似那當墻立時，眼既無所見，要動也行不去。」植。

問：「先生解『正墻面而立』，曰：『言即其至近之地，而一物無所見，一步不可行。』人若不知修身齊家，則自然推不去，是『一步不可行』也。如何是『一物無所見』？」曰：「自家一身一家，已自都理會不得，又况其遠者乎！」問：「此可見知與行相須之義否？」曰：「然。」廣。

禮云禮云無〔七九〕

子曰色厲而内荏章〔八〇〕

問：「『色厲而内荏』，何以比之『穿窬』？」答曰：「爲他意只在要瞞人，故其心常怕人知，如做賊然。」大雅。

子曰〔八一〕鄉原德之賊章

敬之問「鄉原德之賊」。曰：「鄉原者，爲他做得好，便人皆稱之，而不知其有無窮之禍。如五代馮道者，此真鄉原也。本朝范質，人謂其好宰相，只是欠爲世宗一死爾。如范質之徒，却最敬馮道輩，雖蘇子由議論亦未免此。本朝忠義之風，却是自范文正公作成起來也。」時舉。

道聽而塗説章〔八二〕

鄙夫可與事君章〔八三〕

子曰〔八四〕古者民有三疾章

問「古之矜也廉」。曰：「廉是側邊廉隅。這則是那分處。所謂廉者，爲是分得那義、利去處。譬如物之側稜，兩下分去。」植。

巧言令色章無〔八五〕

子曰〔八六〕惡紫之奪朱章

時舉〔八七〕問「紫之奪朱」。曰：「不但是易於惑人。蓋不正底物事，自常易得勝那正底物事。且如以朱染紫，一染了便退不得，朱却不能變得紫也。紫本亦不是易得惑人底，只爲他力勢大了，便易得勝。又如孔子云『惡莠之亂苗』，莠又安能惑人？但其力勢易盛，故苗不能勝之耳。且一邦一家，力勢也甚大。然被利口之人説一兩句，便有傾覆之慮〔八八〕，此豈不可畏哉！」時舉。潘仁同。〔八九〕

問：「紫近黑色，蓋過了那朱。既爲紫了，更〔九〇〕做〔九一〕不得，便是奪了。」「元只是一個色做出來，紫是過則個。鄭、雅也是〔九二〕只是一個樂，雅較平淡，鄭便過而爲淫哇，蓋過了那〔九三〕

便是『亂雅』」。植。

問范氏謂「天下之理，正而勝者常少，不正而勝者常多」。曰：「此當以時運言之。譬如一日與人生[九四]，能有幾多好底時節！」廣。

予欲無言章

先生問林擇之：「『天何言哉？四時行焉，百物生焉』，此三句何句較好？」對曰：「『四時行，百物生』二句好。」先生因説：「擇之看得是。只『四時行，百物生』，所謂『天何言哉』者已在其中矣。」德明。

孺悲欲見孔子章無[九五]

宰我問三年之喪章

問「鑽燧改火」。直卿曰：「若不理會細碎，便無以盡精微之義。若一向瑣碎去，又無以致廣大之理。」曰：「須是大細兼舉。」淳。

寓[九六]問：「『宰我問三年之喪』，爲自居喪時問，或爲大綱問也？」曰：「必是他居喪時。」

問「成布」。曰：「成布，是稍細成布，初來未成布也。」問「縓緣」。曰：「縓，今淺絳色。小祥以縓爲緣。看古人小祥，縓緣者一入，謂縓禮有『四入』之説，亦是漸漸加深色耳。然古人亦不專把素色爲凶[九七]。蓋古人常用皮弁，皮弁純白，自今言之，則爲大凶矣。」劉問布升數。曰：「八十縷爲一升。古尺一幅只闊二尺二寸，算來斬衰三[九八]升，如今網一般。」又云：「如今漆布一般，所以未爲成布也。如深衣十五升布，似如今極細絹一般。這處升數又曉未得。古尺又短於今尺，若盡一千二百縷，須是一幅闊不止二尺二寸方得如此。所謂『布帛精粗不中數，不粥於市』，又如何自要闊得？這處亦不可曉。」[九九]

或問：「哀慕之情易得間斷，如何？」曰：「孝[一〇〇]子之[一〇一]喪親，哀慕之情自是心有所不能已，豈待抑勒，亦豈待問人？[一〇二]所以説『祭思敬，喪思哀』。只是思著，自是敬哀[一〇三]。若是不哀，如何抑勒得他！」因舉：「『宰我問三年之喪』，聖人答他也只是從心上説，[一〇四]教他自感悟。」僩。[一〇五]

亞夫問此章。曰：「聖人言『予之不仁』。聖人尋常未嘗輕許人以仁，亦未嘗絶人以不仁。今言『予之不仁』，乃予良心死了也。」植。[一〇六]

亞夫問宰我問短喪處。先生曰：「此處聖人責之至嚴。[一〇七]所謂『予之不仁』者，便謂他之良心已死了也。前輩多以他無隱於聖人而取之。蓋無隱於聖人，固是他好處，然却不可以此而掩其不仁之罪也。」時舉。

子曰〔一〇八〕飽食終日章

賀孫〔一〇九〕問：「『飽食終日，無所用心，難矣哉。』心體本是運動不息，若頃刻間無所用之，則邪僻之念便生。聖人以爲『難矣哉』，言其至危而難安也。」曰：「心若有用，則心有所主。只看如今纔讀書，心便主於讀書；纔寫字，心便主於寫字。若是悠悠蕩蕩，未有不入於邪僻。」賀孫。

「無適之謂一」，「無適」只〔一一〇〕是個不走作。且如在這裏坐只在這裏坐，莫思量出門前去；在門前立莫思量别處去。聖人説「不有博弈者乎？爲之猶賢乎已」，博弈豈是好事？與其營營擾擾，不若但將此心殺在博弈上。道夫。〔一一一〕

子路曰〔一一二〕君子尚勇乎章

讀伯豐答問，曰：「子路之勇，夫子尋常不住規責之，畢竟其勇亦有未是處，若是勇於義，必不仕季氏。『樂正子，二之中，四之下』，未必皆實有諸己者，故不免有失錯處。」䪢。〔一一三〕

子路之勇，夫子屢箴誨之，是其勇多有未是處。若知勇於義，知大勇，則不如此矣。又其勇

有見得到處便行將去，如事孔悝一事却是見不到，蓋不以出公之立爲非，觀其謂正名爲迂，斯可見矣。人傑。[一一四]

子貢曰[一一五]君子亦有惡乎章

時舉[一一六]問：「『惡勇而無禮者，惡果敢而窒者。』勇與果敢如何分？」曰：「勇是以氣加人，故易至於無禮。果敢是率然敢爲。蓋果敢而不窒，則所爲之事必當於理。窒而不果敢，則於理雖不通，然亦未敢輕爲。惟果敢而窒者，則不論是非而率然妄作，此聖人所以惡之也。」時舉。

惟女子與小人爲難養也章[一一七]

年四十而見惡焉章[一一八]

【校勘記】

[一]陽貨　成化本此上有「或問」。

〔二〕人傑　成化本爲「去僞」。

〔三〕性相近也與惟上智下愚不移章　成化本爲「性相近章」。

〔四〕節　成化本無。

〔五〕夫子言　成化本無。

〔六〕正如如今　成化本作「正如今」。

〔七〕木之　成化本無。

〔八〕上智下愚不移　成化本無。

〔九〕之類　成化本無。

〔一〇〕所謂　成化本無。

〔一一〕如今　成化本無。

〔一二〕般　成化本無。

〔一三〕去　成化本無。

〔一四〕成化本此下注有「木之」。

〔一五〕尹叔　成化本爲「楊尹叔」。

〔一六〕性相近一章……所稟之性才也又曰　成化本爲「伊川曰」。

〔一七〕也　成化本無。

［一八］克嶷　成化本爲「岐嶷」。考詩生民謂后稷「誕實匍匐，克岐克嶷」，朱熹集傳：「岐嶷，峻茂之狀。」後多以「岐嶷」形容幼年聰慧。

［一九］楚子　成化本無。考韓愈原性：「越椒之生也，子文以爲大戚，知若敖氏之鬼不食也。」楚子似指楚令尹。若敖氏後因越椒叛楚，被滅絶。

［二〇］起　成化本此下有「處有所謂氣稟各不同，後人看不出」。

［二一］推　成化本此上有「二程因其説」。

［二二］裏　成化本此下注曰：「以手指心。」

［二三］動　成化本作「用」。

［二四］這事有人做得……這處可見其才　成化本爲「同這一事有人會發揮得有不會發揮得同這一物有人會做得有人不會做得此可見其才」。

［二五］恁地陰沉黯淡便是不好底氣　成化本爲「稟得這般氣豈不好到陰沉黯淡時便是不好底氣稟得這般氣如何會好」。

［二六］會　成化本此下有「有清而薄者，有濁而厚者」。

［二七］他是甚次第　成化本爲「又稟得極厚」。

［二八］成化本此下注有「寓同」，且此條淳録載於卷五十九。

［二九］子曰性相近也……是如此否　成化本爲「問此章」。

[三〇] 之爾　成化本無。
[三一] 而　成化本無。
[三二] 爲　成化本無。
[三三] 性　成化本此上有「問」。
[三四] 若如此　成化本無。
[三五] 上　原脱，據成化本補。
[三六] 如　成化本無。
[三七] 祖道　成化本爲「去僞」。
[三八] 成化本此目下載一條燾録，參成化本卷四十七「問君子學道則愛人……故易使也」條。
[三九] 以費畔　成化本無。
[四〇] 雲　成化本作「重」。
[四一] 成化本此下注曰：「賀孫録詳，别出。」
[四二] 視　朱本作「是」。
[四三] 此條道夫録成化本無。
[四四] 吾其爲東周乎　成化本無。
[四五] 小人中庸……小人反中庸　成化本爲「小人中庸做小人自爲中庸」。

〔四六〕淳同　成化本作「寓」。

〔四七〕却　成化本無。

〔四八〕當來　成化本無。

〔四九〕諸葛　成化本無。

〔五〇〕猶　朱本作「而」。

〔五一〕更　成化本作「便」。

〔五二〕那邊　成化本無。

〔五三〕佛肸　成化本爲「公山」。

〔五四〕姬　成化本無。

〔五五〕咎　朱本作「舅」。

〔五六〕時舉　成化本無。

〔五七〕子張問仁……恭寬信敏惠　成化本無。

〔五八〕竊意　成化本無。

〔五九〕信則人任焉　成化本無。

〔六〇〕地　成化本無。

〔六一〕若説道之不行已知之矣　原脱，據成化本補。

［六二］都　成化本空缺。

［六三］個　成化本無。

［六四］是自好　成化本爲「自是好」。

［六五］女聞六言六蔽矣乎　成化本無。

［六六］問　成化本爲「楊問」。

［六七］君子　成化本無。

［六八］物　成化本此下注曰：「李謂：『亦有自賊之理。』」

［六九］道夫録略□□　「略」下有兩字缺，似爲「今附」。成化本爲「道夫録云」。

［七〇］昔劉忠定公……幾希矣　成化本爲「昔劉忠定公云云」。

［七一］此條廣録成化本無。

［七二］然皆不是聖人言語　成化本爲「然皆不與聖人常時言語一樣」。

［七三］大抵論語後十篇不似前十篇　成化本爲「大抵論語後數篇間不類以前諸篇」。

［七四］子曰　成化本無。

［七五］閎祖　成化本無。此條底本卷八十重複載録。

［七六］人而不爲周南召南章　成化本爲「子謂伯魚章」。

［七七］一節　成化本無。

〔七八〕自是　成化本無。

〔七九〕禮云無　成化本無。

〔八〇〕子曰色厲而内荏章　成化本爲「色厲内荏章」。

〔八一〕子曰　成化本無。

〔八二〕道聽而塗説章　成化本無。

〔八三〕鄙夫可與事君章　成化本無。

〔八四〕子曰　成化本無。

〔八五〕巧言令色章無　成化本無。

〔八六〕子曰　成化本無。

〔八七〕時舉　成化本無。

〔八八〕慮　朱本作「患」。

〔八九〕潘仁同　成化本無。

〔九〇〕更　朱本作「便」。

〔九一〕做　成化本此下有「朱」。

〔九二〕是　成化本無。

〔九三〕那　成化本此下有「雅」。

［九四］人生　成化本爲「人一生」。
［九五］無　成化本無，且「孺悲欲見孔子章」目下載一條閎祖録，參成化本卷四十七「先生云南康一士人……小人之無忌憚」條。
［九六］寓　成化本無。
［九七］爲凶　底本闕，據成化本補。
［九八］三　成化本作「二」。
［九九］成化本此下注有「寓」。
［一〇〇］孝　成化本此上有「此如何問得人」。
［一〇一］之　成化本無。
［一〇二］人　成化本此下有「只是時時思慕，自哀感」。
［一〇三］自是敬哀　成化本爲「自是敬自是哀」。
［一〇四］因舉宰我問三年之喪聖人答他也只是從心上説　成化本爲「因舉宰我問三年之喪云云曰女安則爲之聖人也只得如此説不當抑勒他教他須用哀只是從心上説」。
［一〇五］僩　成化本爲「僩録略」，且此條載於卷八十九。
［一〇六］此條植録成化本以部分内容爲注，夾於時舉録中，參底本下條。
［一〇七］嚴　成化本此下注曰：「植録云：『聖人尋常未嘗輕許人以仁，亦未嘗絶人以不仁。』」

［一〇八］子曰　成化本無。

［一〇九］賀孫　成化本無。

［一一〇］只　成化本無。

［一一一］道夫　成化本作「驤」，且此條載於卷九十六，而底本卷九十六重複載録。

［一一二］子路曰　成化本無。

［一一三］此條當録成化本無，但以部分内容爲注，分别附於兩條人傑録後，參成化本卷四十七人傑録「子路之勇……斯可見矣」條（按，即底本下條），及成化本卷六十一人傑録「樂正子……子敖之失」條。

［一一四］成化本此下注曰：「當録云：『若是勇於義，必不仕季氏。』」

［一一五］子貢曰　成化本無。

［一一六］時舉　成化本無。

［一一七］惟女子與小人爲難養也章　成化本無。

［一一八］年四十而見惡焉章　成化本無。

晦庵先生朱文公語類卷第四十八

論語三十

微子篇

子曰殷有三仁章[一]

問："『商有三仁焉』，[二]如[三]或去，或奴，或諫，皆有[四]不同，如何同歸於仁？"曰："三子皆詣其至理，故謂之仁。如箕子亦是諫，諫至於極有所不行，故若此也。"一之。

賀孫[五]問："『三仁』，不知易地而施，皆能遂其本心否？"曰："都自各就他分上做。自今觀之，『微子去之』，去之，[六]尚在活地上；如箕子之囚、比干之死，便是在死地上了，較之尤難。箕子雖不死，然便死却又倒[七]了，唯是被囚、不死不活，這地位如何處？直是難！看『三仁』惓惓憂國之心，直是念念不斷。若如避世之徒，一齊割斷，高舉遠引，這却無難。故曰[八]：

『果哉！末之難矣。』若果於忘世是不難。」賀孫。

木之[九]問：「『三仁』之事必不可偏廢否？」曰：「也不必如此看。只是微子是商之元子，商亡在旦暮，必着去之以存宗祀。若箕子、比干，則自當諫。其死與奴，特適然耳。」木之[一〇]又問：「當時若只有微子一人，當如何？」曰：「亦自着去。」吴仁甫問：「夷齊之事，如伯夷已逃去，叔齊以父命與宗社之重，亦自可立否？」曰：「叔齊却難處。」子升問：「使當時無中子可立，國祀當如何？」曰：「亦須自有宗室等人。」子升問：「令尹子文、陳文子之事，集注云『未知其心果出於天理而無人欲之私』。又其他行事多悖於道理，但許其忠清，而不許其仁。若其心果出於天理之公，而行事又不悖於道，則可以謂之仁否？」曰：「若果能如此，亦可以謂之仁。」子升又問：「令尹子文、陳文子之事，則原其心而不與其仁。至管仲則以其功而許其仁，若有可疑。」曰：「管仲之功自不可泯没，聖人自許其有仁者之功。且聖人論人，功過自不相掩，功自還功，過自還過。所謂『彼善於此，則有之矣』。若以管仲比伊周，固不可同日語；若以當時大夫比之，則在所當取。當是之時，楚之勢駸駸可畏，治之少緩，則中國皆爲夷狄，故曰：『微管仲，吾其被髮左衽矣！』如本朝趙韓王，若論他自身，煞有不是處；只輔佐太祖區處天下，收許多藩鎮之權，立國家二百年之安，豈不是仁者之功！使聖人當時説管仲無克、伐、怨、欲，而一純於天理之仁，則不可；今亦不過稱其『九合諸侯，一正天下』之事耳。」因説：「看文字，不要般遞來說。方說這一事未了，又取那一事來比並說。般來愈多愈理會不得，少間便撰出新奇說話來說將去，元不是眞實道理，最不要如此。」木之。

問：「箕子當時何必佯狂？」曰：「他已爲囚奴，做人不成了，故只得佯狂受辱。」又問：「若箕子地位尚可以諫，想亦未肯住在。必是既已爲囚奴，則不復可諫矣。」曰：「既已爲囚奴，如何更可以諫！」廣。

問：「『三仁』皆出於至誠惻怛之公。若箕子不死而爲之奴，何以見惻怛之心？」曰：「箕子與比干心只一般。箕子也嘗諫紂，偶不逢紂大怒，不殺他。也不是要爲奴，只被紂囚繫在此，因佯狂爲奴。然亦不須必死於事，蓋比干既死，若更死諫也無益，適足長紂殺諫臣之罪，故因得佯狂。然他處此最難，微子去却易，比干則速迅[一一]死，他在半上半下處最是難。所以易中特說『箕子之明夷』，『利艱貞，晦其明也。內難而能正其志』。外雖佯狂，而心却守得定。」淳。寓録同，今附於下。云：[一二]「寓問：『「商有三仁」，[一三]集注[一四]言：「三子之行不同，而同出於至誠惻怛之意。」微子之去欲存宗祀，比干之死欲紂改行，可見其至誠惻怛處。不知箕子至誠惻怛何以見？』曰：『箕子、比干都是一樣心。箕子偶然不衝着紂之怒，自不殺他。然他見比干恁地死，若更死諫，無益於國，徒使人君有殺諫臣之名。就他處此最難，微子去却易，比干一向諫死，又却索性。箕子在半上落下，最是難處。被他監繫在那裏，不免佯狂。所以易中特說「箕子之明夷」，可見其難處。故曰：「利艱貞，晦其明也。內難而能正其志，箕子以之。」外雖狂，心則定也。』」觀鳳一羽，則知五色之備。「三仁」。僩。

柳下惠爲士師章

亞夫問柳下惠三黜。曰：「柳下惠瑩然處皆與伯夷一般。伯夷如一顆寶珠，只常要在水裏。柳下惠亦如一寶珠，在水裏也得，在泥裏也得。」時舉。植同。〔一五〕

問：「柳下惠『直道而事人，焉往而不三黜；枉道而事人，何必去父母之邦』，雖可以見其『必以其道而不失焉』者，然亦便有個不恭底意思，故記者以孔子兩事序於其後。觀孔子之事，則知柳下惠之事亦未得爲中道。」曰：「也是如此。惟是孟子説得好，曰：『聖人之行，或遠或近，或去或不去，歸潔其身而已矣。』下惠之行雖不比聖人合於中道，然『歸潔其身』則有餘矣。」

問：「『或遠或近』是相去之遠近否？」曰：「不然，謂其去人有遠近。若伯夷則直是去人遠矣。」廣。

齊景公待孔子章

䕫問：「齊景公待孔子雖欲『以季孟之間』，乃以虛禮待之，非舉國以聽孔子，故曰『吾老矣，不能用也』，遂行。如齊人欲以孟子爲矜式，亦是虛禮，非舉國以聽孟子。」曰：「固是。」植。

子升問孔子仕季氏之義。曰：「此亦自可疑，有難説處。」因言：「三家後來亦被陪臣撓，也要得夫子來整頓，孔子却因其機而爲之。如墮邑之事，若漸漸掃除得去，其勢亦自削弱，可復正也。孟氏不肯墮成，遂不能成功。」因説：「如今且據史傳所載，亦多可疑處。如魯國司徒、司馬、司空之官乃是三家世爲之，不知聖人如何得做司寇。」又問：「群弟子皆仕家臣，聖人亦不甚責之。」曰：「當時列國諸臣皆世其官，無插手處，故諸子不擇地而爲之耳。」木之。〔一六〕

齊人歸女樂章

問：「史記載『魯今且郊，如致膰于大夫則吾可以止』，設若致膰，則夫子果止否？」曰：「也須去。只是不若此之速，必須别討一個事故去。且如致膰，亦不是大段失禮處，聖人但因此且求去爾。」淳。寓録同。〔一七〕

孔子〔一八〕於受女樂之後而遂行，則言之似顯君相之過，不言則己爲苟去。故因膰〔一九〕肉不至而行，則吾之去國以其不致膰爲得罪於君耳。人傑。〔二〇〕

植因〔二一〕問：「『齊人歸女樂』，季桓子饋受，孔子不安，便行。孔子向來相定公，做得許多事業，亦是季桓子聽孔子之所爲，方且做得。」曰：「固是。」又曰：「當時若致膰胙，孔子去得更從容。惟其不致，故孔子便行。」植。

問：「今欲出來作事，亦須成敗有命，無必成之理。」曰：「固是，但[二二]如孔子所作，亦須見有必成處。但有小人沮之則不可，乃是天。孔子當時在魯，全屬季桓子。其墮三都也[二三]乃是乘其機而爲之，亦是難。女樂事，論語所載與史記異。若如論語所載，似太匆遽。魯是父母之國，君、大夫豈得不且[二四]告之？告之不從而行，亦未晚，今乃去得如此其急。此事未易輕議，當闕。」可學。

楚狂接輿歌而過孔子[二五]章

問：「楚狂接輿等，伊川謂荷蓧稍高。」曰：「以其尚可告語。若接輿，則全不可曉。」問：「當亂世，必如孔子之才可以救世而後可以出，其他亦何必出？」曰：「亦不必如此執定。『君子之仕，行其義也』，亦不可一向滅迹山林。然仕而道不行，則當去耳。」可學。

長沮桀溺耦而耕章[二六]

子路從而後章

「君子之仕也，行其義也。」義，便有進退去就在裏。如丈人，直是截斷，只見一邊。閎祖。

亞夫問子路曰〔二七〕「君子之仕也，行其義也。道之不行，已知之矣〔二八〕」。曰：「這時雖大綱做行不得，亦自有小小從違處，所謂義也，如孟子『迎之致敬以有禮則就之，禮貌衰則去之』之意。不如長沮桀溺之徒，纔見大綱行不得，便去了。」植。

賀孫〔二九〕問：「集注云：『仕所以行君臣之義，故雖知道之不行，而不可廢。』末云：『亦非忘義徇禄也。』此『義』字似有兩意。」曰：「如何是有兩意？只是一意。纔説義，便是總去就都説。道合則從，不合則去，即此是義，非但只説要出仕爲義。然道合則從，不合則去，唯是出仕方見得。『不仕無義』，纔説不仕，便都無了這義。聖人憂世之心，固是急欲得君行道。到得靈公問陳，『明日遂行』；景公『以季孟之間待之，曰「吾老矣，不能用也」』，『孔子行』；季桓子受女樂，『孔子行』，無一而非義。」賀孫。

亞夫問集注云「謂之義，則事之可否、身之去就，誠有不苟然者」。曰：「舊時人説此段，只説道合出仕纔出仕便是義。殊不知所謂仕，不是埋頭一向只要仕。如孟子説『所就三，所去三』，與『孔子有見行可之仕，有際可之仕，有公養之仕』，雖是未嘗不欲仕，亦未嘗不顧其義之如何。」賀孫。

木之〔三〇〕問：「看聖人汲汲皇皇，不肯没身逃世，只是急於救世，不能廢君臣之義。至於可與不可，臨時依舊裁之以義。」曰：「固是，但未須説急於救世，自不可不仕。」又問：「若據『危邦不入，亂邦不居』、『有道則見，無道則隱』等語，却似長沮、桀溺之徒做得是？」曰：「此爲學者言之。聖人做作又自不同。」又問：「聖人亦明知世之不可爲否？」曰：「也不是明知不可，但天下無不可爲之時，苟可以仕則仕，至不可處便止。如今時節，臺諫固不可做，州縣也自做得。到得居位守職』却教自家枉道廢法，雖一簿尉也做不得，便着去位。」木之。〔三一〕

逸民章

孔子論逸民，先伯夷。道夫。

太師摯適齊章下並無〔三二〕

周公謂魯公章〔三三〕

周有八十章〔三四〕

【校勘記】

［一］子曰殷有三仁章　成化本爲「微子去之章」。

［二］商有三仁焉　成化本無。

［三］如　成化本無。

［四］皆有　成化本無。

［五］賀孫　成化本無。

［六］去之　成化本無。

［七］倒　成化本作「到」。

［八］曰　成化本此上有「孔子」。

［九］木之　成化本無。

［一〇］木之　成化本無。

［一一］速迅　成化本爲「索性」。

［一二］寓録同今附於下云　成化本爲「寓録云」。

［一三］商有三仁　成化本無。

［一四］集注　成化本作「注」。

〔一五〕植同　成化本無。

〔一六〕此條木之録成化本載於卷五十八。

〔一七〕淳寓録同　成化本作「寓」。

〔一八〕孔子　成化本此上有「『乃孔子則欲以微罪行，不欲爲苟去』，謂」

〔一九〕膰　成化本作「燔」，下一同。

〔二〇〕此條人傑録成化本載於卷五十九。

〔二一〕植因　成化本無。

〔二二〕但　成化本作「且」。

〔二三〕也　成化本無。

〔二四〕且　朱本作「直」。

〔二五〕歌而過孔子　成化本無。

〔二六〕長沮桀溺耦而耕章　成化本無。

〔二七〕子路曰　成化本無。

〔二八〕道之不行已知之矣　成化本無。

〔二九〕賀孫　成化本無。

〔三〇〕木之　成化本無。

[三一] 此條木之録成化本載於卷九十三。

[三二] 太師摯適齊章下並無 成化本無。

[三三] 周公謂魯公章 成化本無。

[三四] 周有八十章 成化本無。

晦庵先生朱文公語類卷第四十九

論語三十一

子張篇

士見危致命章[二]

執德不弘章

亞夫問：「如何是『執德不弘』底樣子？」曰：「子貢若只執『貧而無諂，富而無驕』之德，而不聞夫子樂與好禮之說；子路若只執不恥緼袍之德，而不聞夫子『何足以臧』之說，則其志皆未免止於此。蓋義理無窮，心體無限。」賀孫。

「執德不弘」，弘是深潛玩味之意，不弘是著不得。明道云：「所貴者資，便儇皎厲兮，去道遠而！」此說甚好。明道語見程都公墓誌。[二]可學。

執德須弘，不可道已得此道理，不信更有道理。須是既下工夫又下工夫，已理會又理會。若只理會得三二分，便以[三]謂只消恁地也得。如此者非是無，只是不弘。故子張云「焉能爲有，焉能爲亡」。弘便知道理儘有，自家心下儘有地步寬闊著得他[四]在。𥼶。

舜功問「執德不弘」。曰：「言其不廣也。纔狹隘則容受不得。不特是不能容人，自家亦自不能容。故纔有片善必自矜，見人之善必不喜，人告之以過亦不受。從狹隘上生萬般病痛。」

問：「子張以爲『焉能爲有，焉能爲亡』，世間莫更有不好人？」曰：「渠德亦自執，道亦自信，只是不弘不篤，不足倚靠耳。」通老云：「亦有人將此二句於道德上說。」曰：「不然。先儒說『弘』字，多只說一偏。」可學。

時舉[五]問：「『執德不弘，信道不篤』一章，還合看得否？」曰：「各自是一個病。世間[六]有自執其小善者，然不害其爲信道之篤；亦有信道不篤，然却有兼取衆善之意者，自不相害也。」時舉。

問：「焉能爲有，焉能爲亡？」曰：「有此人亦不當去聲。得是有，無此人亦不當得是無，言皆不足爲輕重。」淳。

子夏之門人問交於子張章

汎交而不擇，取禍之道。故子張之言泛交，亦未嘗不擇。蓋初無拒人之心，但其間自有親疏厚薄爾。和靖非以子張爲不擇也。鎬。

雖小道必有可觀章

小道不是異端。小道亦是道理，只是小。如農圃、醫卜、百工之類，却有道理在，只一向上面求道理便不通了。若異端則是邪道，雖至近亦行不得。淳。

小道而行易見效。漢文帝[七]尚黄老，而[八]本朝李文靖便是以釋氏之教致治也[九]。孔孟之道規模大，若有理會得者，其致治又當如何？椿。[一〇]

日知其所亡章

問「日知其所亡，月無忘其所能」。先生曰：「『知其所亡』，便是一日之間知得所未知；『月無忘其所能』，便是長遠後也記得在這裏。而今學者今日知得，過幾日又忘了，便是不長在此做工夫，[一一]如何會到一月後記得！」希遜。

周問：「『月無忘其所能』，還是温故否？」曰：「此事〔一二〕與『温故知新』意却不同。『温故知新』是温故之中而得新底道理，此却是因新知而帶得温故。」雉。

節〔一三〕問：「『月無忘其所能』，積累多則如何温習？」曰：「也須漸漸温習。如『得一善則拳拳服膺，而勿〔一四〕失之矣』，『子路有聞，未之能行，惟恐有聞』。若是如此，則子路只做得一件事，顔子只着得一件事。」節復〔一五〕問：「既恁地，却如何？」曰：「且思量。」節。

子夏學煞高，自曾子外説他。看他答問處，如「博學而篤志，切問而近思」，如「日知其所亡，月無忘其所能」等處可見。泳。

博學而篤志章

問：「篤志是如何？」曰：「篤志是至誠懇切以求之，不是理會不得又掉了。」因舉横渠言：「『讀書以維持此心。一時放下，則一時德性有懈』，若只管泛泛地外面去博學，更無懇切之志，反看這裏，便是放而不知求底心，便成頑麻不仁底死漢了，那得仁！惟篤志，又切問近思，便有歸宿處，志不泛濫，心不走作，便只在這坎窠裏。」〔一六〕

問：「博學而篤志，切問而近思，仁在其中矣。」先生曰：「此全未是説仁處，方是尋討個求仁門路。當從此去，漸見效在其中，謂有此理耳。」問：「明道言：『學者須先識仁。識得仁，以敬養，不須防檢。』」曰：「未要看此，不如且就『博學篤志，切問近思』做去。」寓。

問：「『博學而篤志，切問而近思，仁在其中矣〔一七〕』，如何謂之仁？」先生曰：「非是便爲仁。大抵聖人説『在其中矣』之辭，如『禄在其中』，〔一八〕意曰：〔一九〕『言行寡尤悔，非所以干禄，而禄在其中』；父子相爲隱，非所以爲直，而直在其中。』『博學而篤志，切問而近思』，雖非所以爲仁，然學者用力於此，仁亦在其中矣。」祖道。謨同。〔二〇〕

元昭問：「『博學而篤志，切問而近思』，何以言『仁在其中』矣？」先生曰：「只是爲學工夫反求之己。必如『克己復禮』乃正言爲仁。論語言『在其中』，只是言其可至耳。明道云『學要鞭辟近裏』。」可學。

問：「『「博學而篤志，切問而近思，仁在其中矣」，了此便是徹上徹下道理。』此是深説也恁地，淺説也恁地否？」先生首肯，曰：「是。徹上徹下只是這個道理，深説淺説都恁地。」淳。

問：「『博學篤志，切問近思，仁在其中』，〔二一〕明道謂『學者須當思而得之，了此便是徹上徹下底道理』，莫便是先生所謂『從事於此則心不外馳，而所存自熟』之意乎？」曰：「然。於是四者中見得個仁底道理，便是徹上徹下之道也。」廣。

蜚卿問伊川謂「近思，只是以類推去」。曰：「程子説得『推』字極好。」問：「『以〔二二〕類』莫是比這一個意思推去否？」曰：「固是。如爲子則當止於孝，爲臣當止於忠，自此節節推去。然只一『愛』字，雖出於孝，畢竟千頭萬緒皆當推去須得。」驤曰：[二三]「如何『切問近思』，則仁便在其中？」曰：「這有四字[二四]：博學、篤志、切問、近思。四者俱至，本止是講學，未是如『克己復禮』，斷然爲仁而仁在其中。[二五]凡論語言『在其中』皆是反説。如『耕也』則『餒在其中』，耕非能餒也，然有旱乾水溢則餒在其中。『學也，禄在其中』，學非干禄也，然學則禄在其中。『父爲子隱，子爲父隱』，本非直也，而直已在其中。若此類皆是反説。」道夫。[二六]

雉問：「『近思』，程子謂『以類而推』，何也？」先生曰：「是節節推去。」雉。[二七]

有問伊川曰：「如何是近思？」曰：「以類而推。」今人不曾以類而推，蓋謂不曾先理會得一件却理會一件。若理會得一件，逐件件推將去，相次亦不難，須是劈初頭要理會，教直得理會得[二八]分曉透徹。且如煮物事，合下便用慢火養，便似煮肉，却煮得頑了，越不能得軟。政如義理只理會得三二分，便道只恁地得了，却不知前面撞頭搕腦。人心裏若是思索得到時，遇事自不難。須是將心來一如鏖戰一番，見了行陳便自然向前得去，如何不教心經履這辛苦！經[二九]一番，便自知得許多道路，方透徹。僩。

問：「『以類而推』是如何？」曰：「只是就近推將去。」曰：「如何是就近推去？」曰：「且如十五志學至四十不惑，學者尚可以意會。若自知命以上，則雖苦思力索，終摸索不著。縱然説得，亦只是臆度。除是自近而推，漸漸看將去，則自然見得矣。」廣。

尹叔問：「『近思』是『以類而推』？」曰：「孟子所謂『親親而仁民，仁民而愛物』，文王之『刑于寡妻，至于兄弟，以御于家邦』，便是以類而推。」道夫。〔三〇〕

楊問：「程子曰『近思，以類而推』。何謂類推？」曰：「此語道得好。不要跳越望遠，亦不是縱横陡頓，只是就這裏近傍那曉得處挨將去。如這一件事理會得透了，又因這件事推去做那一件事，知得亦是恁地。如識得這般〔三一〕有許多光，便可因這燈光〔三二〕識得那燭亦恁地光。如升階，升第一級了，便因了第一級〔三三〕進到第二級，又因第二級進到第三級。只管恁地挨將去，只管見易，不見其難，前面遠處只管會近。若第一級便要跳到第三級，舉步闊了便費力，只管見難，只管見遠。如要去建寧，須從第一鋪便推類〔三四〕去到柳營江，柳營江便推類〔三五〕去到魚埔驛。只管恁地節節推〔三六〕去，這處進得一程，那處又減得一程。如此，雖長安亦可到矣。不然，只要一程如何便到得！〔三七〕如讀書，讀第一段了，便推第一段之類去讀第二段；到第二段了，又推第二段之類去讀第三段。〔三八〕只管恁地去〔三九〕，次第都能理會得。若開卷便要獵一過，如何得！」直卿問：「是理會得孝，便推去理會得弟否？」曰：「只是傍易曉底挨將去。如理會得親親，便推類去仁民，仁民是親親之類。理會得仁民，便推類去愛物，愛物是仁民之類。如『刑于寡妻』，便推類去『至于兄弟』；『至于兄弟』，便推類去『御于家邦』。如修身便推類〔四〇〕去齊家，齊家便推類[四一]去治國。只是一步了又一步。學記謂：『善待[四二]問者，如攻堅木，先其易者，後其節目。』此說甚好。且如中央一塊堅硬，四邊軟，不先就四邊攻其軟，便要去中央攻那硬處，[四三]如何攻得？枉費了氣力，堅底[四四]又只在。須是先就四邊旋旋抉了軟處，中央硬底自走不得。兵書所謂『攻瑕則堅者瑕，攻堅則瑕者堅』，亦是此意。」[四五]問：「博學與近思，亦不相妨否？」曰：「博學是都要理會過，近思是注心着力處。博學是個大規模，近思是漸進工夫。如『明明德於天下』是個[四六]大規模，其中格物、致知、誠意、正心、修身、齊家等便是次第處[四七]。如博學，亦豈一日便都學得了？亦是漸漸學去。」問：「篤志，未說到行處否？」曰：「篤志，只是至誠懇切以求之，不是理會不得又掉了。若只管泛泛外面博學[四八]，更不懇切其志[四九]反在[五〇]這裏，便成放不知求底心，便成頑麻不仁底人[五一]，那得仁？惟篤志，又切問近思，便有歸宿處，這心便不泛濫走作，只在這坎窠裏。不放了，仁便在其中。橫渠云：『讀書以維持此心。一時放下，則一時德性有懈。』」淳。道夫、寓錄同。[五二]

百工居肆章

問：「『百工居肆』，二說合如何看？」曰：「『君子不學，固不足以致道，然亦有學而不知道者多矣。此二說要合爲一，又不欲掩先輩之名，故姑載尹氏之本文。』」雉。

小人之過也必文章[五三]

君子有三變章[五四]

君子信而後勞其民章[五五]

大德不踰閑章

「大德不踰閑，小德出入可也。」大節是當，小節無不可者。若大節未是，小節何緣都是。謨。

「小德出入可也」，此自是「可與權」之事。謂之「出入」則似有不得已之意，非德盛者不能。如「嫂溺不援，是豺狼也」，嫂溺是所當援也，更着「可也」字不得，所以吳氏謂此章有弊。道夫。

問：「『大德』、『小德』解不同，而『踰閑』、『出入』亦所未達。中庸之旨與子夏之言似無異意。夫有大德以存主於中，則凡出入卷舒而見於外者無不可焉，故曰『出入可也』。不知如何？」[五六]曰：「『大德』、『小德』猶言『大節』、『小節』。大節既定，小節有差亦所不免。然吳氏謂此章不能無弊，學者正不可以此自恕。一以小差爲無害，則於大節必將有枉尋而直尺者矣。」謨。

問：「伊川謂小德如援溺之事更推廣之，吴氏謂此章不能無弊。如何？」曰：「恁地推廣援溺事却是大處。『嫂溺不援是豺狼』，這處是當做，更有甚麽出入！隨他門説，如湯武征伐，『三分天下有其二』，都將做可以出入。恁地却是大處，非聖人不能爲，豈得謂之小德？乃是道之權也。子夏之意，只爲大節既是了，小小處雖未盡美[五七]亦不妨。然小處放過，只是力做不徹，不當道是『可也』。」寓。陳淳録同。[五八]

子夏[五九]「大德不踰閑，小德出入可也」，如横渠之説「時中」，却是一串説。如「小德出入」亦把做好了，若是「時中」却是合當如此，如何却只云「可也」？只是且恁地也得之意。且如「嫂溺援之以手」，亦是合當如此，却説道「可也」不得。大抵子夏之説自有病，只是他力量有行不及處。然既是有力不及處，不免有些子小小事[六〇]放過者，已是不是，豈可謂之「可也」？却是垂訓於人，教人如此則甚不可耳。蓋子夏爲人不及，其質亦弱，夫子亦每提他，如「汝爲君子儒，無爲小人儒」、「無欲速，無見小利」之類。子夏亦自知之，故每常[六一]亦要做夾細工夫，只這子細便是他病處。徐彦章以子夏爲狷介，只是把論交處説。子夏豈是狷介？却只是弱耳。㽦。

洒掃應對章[六二]

君子之道，孰以末爲先而可傳？孰以本爲後而倦教？蓋學者之質不同，如草木之區别耳。

德明。

問「子夏門人洒掃應對進退」一段。答曰：「人只是將上達意思壓在頭上，故不明子夏之意。但云君子之道孰爲當先而可傳？孰爲可後而倦不傳？『譬諸草木，區以別矣』，只是分別其小大耳。小子之學但當如此，非無本末之辨。」祖道。

古人初學只是教他「洒掃應對進退」而已，未便説到天理處。子夏之教門人專以此，子游便要插一本在裏面。「民可使由之，不可使知之」，只是要他行矣而著，習矣而察，自理會得。須是「匡之直之，輔之翼之，使自得之，然後從而振德之」。今教小兒，若不匡不直，不輔不翼，便要振德，只是撮那尖利底教人，非教人之法。淳。

孔門除曾子外，只有子夏守得規矩定，故教門人皆先「洒掃應對進退」，所以孟子説：「孟施舍似曾子，北宮黝似子夏。」文蔚。

「洒掃應對」，「精義入神」，事有大小而理無大小。〔六三〕事有大小，故其教有等而不可躐；理無大小，故隨所處而皆不可不盡。〔六四〕謝氏所謂「不着此心如何做得」者，失之矣。道夫。此録又自注云：「先生親筆以示諸生。」〔六五〕

問「洒掃應對章」程子四條。曰：「此最難看。少年只管不理會得『理無大小』是如何。此句與上條教人有序都相反了。多問之前輩，亦只似謝氏説得高妙，更無捉摸處。因在同安時，一日差入山中檢視，夜間忽思量得不如此。其曰『理無小大』，無乎不在，本末精粗皆要從頭做去，不可揀擇。此所以爲教人有序也。非是謂『洒掃應對』便是『精義入神』，更不用做其他事也。」雉。

「子夏[六六]之門人小子洒掃應對進退[六七]，某[六八]少時都看不出，將謂無本末，無大小。雖如此看，又自疑文義不是如此。後來在同安作簿時，因睡不着，忽然思得，乃知却是有本末小大。然若[六九]不得明道説『君子教人有序』四五句，也無緣看得出。聖人『有始有卒』者，不是自始做到終，乃是合下『洒掃應對』、『精義入神』，便都在這裏了，始終皆備。[七〇]若學者便須從始做去方得，聖人則不待如此做也。」時舉。

亞夫問：「『孰先傳焉，孰後倦焉』一章，[七一]伊川云：『「洒掃應對」便是形而上者，理無大小故也。故君子只在謹獨。』又曰：『聖人之道，更無精粗。從「洒掃應對」與「精義入神」，貫通只一理。雖「洒掃應對」，只看所以然如何。』」曰：「某向來費無限思量理會此段不得。如伊川門人都説差了，當初[七二]且是不敢把他底做不是，只管就他底解説。解來解去，但[七三]只見與子夏之説相反，常以爲疑。子夏正説有本有末，如何諸公都説成個[七四]末即是本？後在同安，出在外道[七五]定驗公事，路上只管思量，方思量得透。當時説與同官某人，某人亦正思量此話起，頗同所疑。今看伊川許多説話時復又説錯了。所謂『「洒掃應對」與「精義入神」，貫通只一理。雖「洒掃應對」，只看所以然如何」，此言『洒掃應對』與『精義入神』是一樣道理。『洒掃應對』必有所以然，『精義入神』亦必有所以然。其曰『通貫只一理』，言二者之理只一般，非謂『洒掃應對』便是『精義入神』。固是『精義入神』有形而上之理，即『洒掃應對』亦有形而上之理。」

亞夫問：「集注云：『始終本末，一以貫之，惟聖人爲然。』此解得已分明，但聖人事是甚麼樣子？」曰：「如云『下學而上達』，當其下學時便上達天理，是也。」賀孫。

齊卿問：「『子夏之門人小子當洒掃應對』一章，[七六]程子云云『故君子只在謹獨』，何也？」曰：「事有小大，理却無小大。合當理會處便用與他理會，故君子只在謹獨。不問大事小事，精粗巨細，盡用照管，盡用理會。不可説個是粗底事不理會，只理會那精底，既是合當[七七]做底事便用做去。又不可説『洒掃應對』便是『精義入神』。『洒掃應對』只是粗底，『精義入神』自是精底。然道理都一般，須是從粗底小底理會起，方漸而至於精者大者。所以明道曰：『君子教人有序，先傳以近者小者，而後教以大者遠者。非先傳以近小，而後不教以遠大也。』」或云：「『洒掃應對』非道之全體，只是道中之一節。」曰：「合起來便是道之全體，非大底是全體，小底不是全體也。」問伊川言「凡物有本末，不可分作兩段」。曰：「須是就事上理會道理，非事何以識理？『洒掃應對』，末也；『精義入神』，本也。不可説這個是末，不足理會，只理會那本，這便不得。又不可説這末便是本，但學其末，則本便在此也。」僩。

問：「程子曰：『「灑掃應對」便是形而上者。理無小大[七八]，故君子只在謹獨。』此只是獨處少有不謹，則形而上下便相間斷否？」曰：「亦是。蓋不能謹獨，只管理會大處，小小底事便照管不到。理無小大，大處小處都是理。小處不到，理便不周匝。」淳。

義剛呈問目云：「子游知有本，而欲棄其末。子夏則以本末有先後之序。程子則合本末以爲一而言之。詳味先生之説，則所謂『灑掃應對』固是[七九]便是『精義入神』事。只知於『灑掃應對』上做工夫，而不復深究『精義入神』底事，則亦不能通貫而至於渾融也。惟是下學之既至，而上達益加審焉，則本末透徹而無遺矣。不審如此説得否？[八〇]」曰：「這是説灑掃應對也是這道理。若要精義入神，須是從這裏理會將去。如公説，則似理會了『灑掃應對』了，又須是去理會『精義入神』，却不得。程子説又便是子夏之説。」義剛。

問：「『「灑掃應對」即是「精義入神」之理』，此句如何？」曰：「皆是此理，其爲上下大小不同，而其理則一也。」問：「莫只是盡此心而推之，自小以至大否？」曰：「謝顯道却説要着心。此自是説理之大小不同，未可以心言也。『灑掃應對』是此理，而其『精義入神』亦是此理。『灑掃應對』是小學事，『精義入神』是大學事。精究其義以入神，正大學用功以至于極致處也。若子夏之門人，止當爲『灑掃應對』而已，以上又未暇也。」[八一]

問：[八二]「『「灑掃應對」是其然，必有所以然』，『所以然者』[八三]如何？」曰：「『所以然者』亦只是理也，惟窮理則自知其皆一致。此理惟延平先生之説在或問「格物」中。與伊川合[八四]，雖不顯言其窮理，而皆體此意。」後先生一番説：「伊川『是其然』，爲伊川只舉得一邊在此，『是其然』。『洒掃應對』與『精義入神』皆是『是其然，必有所以然』，『洒掃應對』與『精義入神』皆有所以然。」[八五]

節[八六]問：「伊川曰『「洒掃應對」是其然，必有所以然』者是如何？[八七]」曰：「若無誠意，如何『洒掃應對』？」節。

「是其然，必有所以然。」治心修身是本，「洒掃應對」是末，皆「其然」之事也。至於「所以然」，則理也，理無精粗本末，皆是一貫。升卿。

「先傳後倦」，明道説最好。伊川與上蔡説，須先理會得子夏意方看得。閎祖。[八八]

問：「『洒掃應對』與『盡性至命』，是一統底事，無有本末精粗。在理固無本末精粗，而事須有本末精粗否？」曰：「是。」淳。

伯豐問：「程子曰『「洒掃應對」與佛家默然處合』，何也？」曰：「默然處，只是都無作用。非是取其説，但借彼明此。『洒掃應對』即『無聲無臭』之理也。」㽦。

仕而優則學章

又問：「『仕而優則學，學而優則仕』，如何仕而復學？」曰：「如古者，世族子弟有少年便仕者，到職事了辨後也着去[八九]讀書。須要將聖賢言語體之於身。如『克己復禮』與『出門如見大賓』，須就自家身上體看我實能克己與主敬行恕否，件件如此，方始有益。」又因希遜問「克己復禮」，曰：「人之私意，有知得便克去者，有忘記去克他者，有不獨是忘記去克他，却反與他爲用[九〇]者。」時舉。[九一]

問「仕而優則學，學而優則仕[九二]」。先生曰：「此爲世族子弟而設。有少年而仕者，元不曾大故學，故職事之暇可以學。[九三]『學而優則仕』，無可説者。」希遜。

問「仕而優則學」。曰：「有一鄉人作縣尉，請教於太守沈公云：『某欲修學，先讀何書？』沈答云：『公且去做了縣尉，歸家去款款讀書。』此説亂道！居官豈無閑暇時可讀書？且如轎中亦可看册子，但不可以讀書而廢居官[九四]事耳。」雉。

問「仕而優則學」。曰：「某嘗見一親戚説得好，謂子夏此語，蓋爲仕而不問學者設爾。『優』，當作『暇』字解。」祖道。謨同。[九五]

喪致乎哀而止章無[九六]

堂堂乎張也章無[九七]

處。

必也親喪乎章無[九八]

孟莊子之孝章

時舉[九九]問：「孟莊子不改父官與父之政[一〇〇]，何以謂之『難能』？」曰：「這個便是難能處，自行不得。人固有用父官[一〇一]者，然稍拂他私意，便自容不得。亦有行父之政者，於私欲稍有不便處，自行不得。古今似此者甚多，如唐太宗爲高宗擇許多人，如長孫無忌、褚遂良之徒，高宗因立武昭儀事，便不能用。又，季文子相三君，無衣帛之妾，無食粟之馬，到季武子便不如此，便是不能行父之政。以此知孟莊子豈不爲難能！」和之因問：「唐太宗當初若立魏王泰時如何？魏王泰當時也自英武。」曰：「他當初却有心傾太子承乾，只此心便不好，然亦未知果是賢與不賢。且看隋煬帝劈初如何？下梢又如何？」問：「『爲天下得人謂之仁』，又有嫡長之説，此事不知如何[一〇二]。」曰：「所謂『可與立，未可與權』，此事最要權輕重，若是聖賢便處得。須是見他嫡長真是不賢，庶真賢，方得。大賢以上方了得此事，如王季立文王之事是也。如他人見不到，不如且守嫡長之説。如晉獻公溺於驪姬，要去申生；漢高祖溺於戚姬，要立趙王如意。是[一〇三]真見得他賢否！」[一〇四]又云：「兩漢而下，多有英武之資爲用事者所忌，如清河王是也。」時舉。謂

漢清河王蒜爲梁冀所忌。〔一〇五〕

陽膚爲士師章無〔一〇六〕

紂之不善章無〔一〇七〕

君子之過如日月章無〔一〇八〕

仲尼焉學章〔一〇九〕

或問：「『文武之道未墜於地』，是掃地否？」曰：「未墜地，非掃地，掃地則無餘矣。此只是説未墜落於地，而猶在人耳〔一一〇〕。賢者則能記其道之大者，不賢者則能記其道之小者，皆有文武之道，夫子皆師之也。」大雅。

子貢賢於仲尼章〔一一一〕

「子貢賢於仲尼。」聖人固自難知。如子貢在當時，想是大段明辨果斷，通曉事務，歆動得人。孔子自言：「達不如賜，勇不如由。」賀孫。

或問：「『夫子之墻數仞，不得其門而入』，夫子之道高遠，故不得其門而入也。」曰：「不然。顏子得入，故能『仰之彌高，鑽之彌堅』，至于『在前在後，如有所立，卓爾』。曾子得入，故能言『夫子之道忠恕』。子貢得入，故能言『性與天道不可得聞，文章可得而聞』。他人自不能入耳，非高遠也。七十子之徒，幾人入得？譬如與兩人説話，一人理會得，一人理會不得。理會[一一二]得者便是入得，不理會得者[一一三]便是入不得。且孔子之教衆人與教顏子何異？顏子自入得，衆人自入不得，多少分明！」大雅。

叔孫武叔毀仲尼章無[一一四]

夫子得邦家章[一一五]

問：「『夫子得邦家』章，集注『立』謂『植其生』，何也？」曰：「『五畝之宅，樹之以桑』，百畝之田，勿奪其時』是也。」問：「『動』謂『鼓舞之』，何也？」曰：「『又從而振德之，惟動丕應徯志』，是使只管欣喜踴躍去，遷善遠罪而不自知。」問：「伊川謂『言性與天道是聖人之聰明，此處是聖人之德性』。何也？」曰：「言性與天道是聖人見處恁地高，人自摸不著；此處言德性是自本原處説，根基深厚便能如此，即『所過者化，所存者神』。意皆由德盛仁熟而然。」淳。[一一六]按楊道夫、徐寓録同而各少異，今附于下。[一一七]道夫録云：[一一八]「『「立之斯立」，如「五畝之宅，樹之以桑」之類。蓋此有以立之，便自立得住也。「動之斯和」如「又從而振德之」，振德有鼓舞之意。[一一九]如舜之從欲以治，「惟動丕應傒志」，徙是動而和處。此言德盛仁熟，本領深厚，纔做出便自恁地。[一二〇]』問：『伊川云：「『夫子之言性與天道，不可得而聞』，是就聖人聰明上説；『立斯立，綏斯來』，是就德性上説。」如何？』曰：『聰明是言聖人見處高，常人所不能測識。德性是言其精粹純一，本領深厚，其用[一二一]自如此。』」寓録云：「又問：『「立之斯立」，集注謂「立，謂植其生也」，那處見得？』曰：『「五畝之宅，樹之以桑；百畝之田，勿奪其時」便是。』問：『「動和，謂鼓舞之也」，那處見得鼓舞？』曰：『放勳曰「勞之來之，又從而振德之」，振德處便是鼓舞，使之歡喜踴躍，遷善改過[一二二]而不自知，如書之「俾予從欲以治，惟動丕應傒志」，皆是「動之斯和」意思。』問：『程子言「性與天道，以夫子之聰明而言；如云綏之斯來，動之斯和，以夫子德性而言」，不知將聰明、德性分別兩段是如何？』[一二三]曰：[一二四]『「言性與天道」，是所見直恁地高，人自描模他不着，見得是聰明。言德性，是就本原處説。根基深厚，德盛仁熟，便能如此，便是「所過者化」。』」

【校勘記】

[一] 士見危致命章　成化本無。

[二] 明道語見程都公墓誌　成化本無。

［三］以　成化本無。

［四］他　成化本無。

［五］時舉　成化本無。

［六］間　成化本作「固」。

［七］帝　成化本無。

［八］而　成化本無。

［九］也　成化本無。

［一〇］椿　成化本作「廣」。且此條底本卷一百二十九重複載録，注爲元壽所録。按朱子語録姓氏：「魏椿，字元壽。」

［一一］便是不長在此做工夫　成化本爲「若不真在此做工夫」。

［一二］事　成化本作「章」。

［一三］節　成化本無。

［一四］勿　成化本作「弗」。

［一五］復　成化本無。

［一六］此條成化本無，但卷四十九載淳録與此相似。參底本本卷淳録「楊問程子曰近思……則一時德性有懈」條。

［一七］仁在其中矣　成化本無。
［一八］中　成化本此下有「直在其中」。
［一九］曰　成化本無。
［二〇］祖道謨同　成化本爲「去僞」。
［二一］博學篤志切問近思仁在其中　成化本無。
［二二］以　成化本作「比」。
［二三］驤曰　成化本作「問」。
［二四］字　成化本作「事」。
［二五］斷然爲仁而仁在其中　成化本爲「然求仁而仁已在其中」。
［二六］道夫　成化本作「驤」，且此條分爲兩條，皆注爲驤所録。其中「蜚卿問伊川謂近思……皆當推去須得」爲一條；「問如何切問近思……若此類皆是反説」另爲一條。
［二七］此條雉録成化本無。
［二八］直得理會得　成化本無。
［二九］經　成化本此上有「若是」。
［三〇］此條道夫録成化本無。
［三一］般　成化本作「燈」。

［三二］便可因這燈光　成化本爲「便因這燈推將去」。

［三三］因了第一級　成化本爲「因這一級」。

［三四］推類　成化本無。

［三五］推類　成化本無。

［三六］節節推　成化本無。

［三七］只要一程如何便到得　成化本爲「只要一日便到如何得」。

［三八］讀第一段了……去讀第三段　成化本爲「讀第一段了便到第二段第二段了便到第三段」。

［三九］恁地去　成化本爲「挨將去」。

［四〇］類　成化本無。

［四一］類　成化本無。

［四二］待　成化本無。

［四三］處　成化本此下注曰：「寓録云：『其中堅硬被那軟處抨在這裏。』」

［四四］堅底　成化本爲「那堅硬底」。

［四五］意　成化本此下注曰：「寓録云：『不會問底人，先去節目處理會。枉費了工夫，這個堅又只在。』」

［四六］個　成化本無。

［四七］次第處　成化本爲「次序」，且其下注曰：「寓録云：『格物、正心、修身、齊家等，循次序都著學。豈可

道是理會得一件，其他皆不去理會？然亦須理會一件了又去理會一件。博學亦豈是一旦硬要都學得了？』」

〔四八〕泛泛外面博學　成化本爲「泛泛地外面去博學」

〔四九〕更不懇切其志　成化本爲「更無懇切之志」。

〔五〇〕在　成化本作「看」。

〔五一〕人　成化本爲「死漢了」。

〔五二〕道夫寓録同　成化本爲「寓録同道夫録略」。

〔五三〕小人之過也必文章　成化本無。

〔五四〕君子有三變章　成化本無。

〔五五〕君子信而後勞其民章　成化本無。

〔五六〕大德小德解不同……不知如何　成化本爲「大德小德」。

〔五七〕美　成化本作「善」。

〔五八〕陳淳録同　成化本無。

〔五九〕子夏　成化本無。

〔六〇〕有些子小小事　成化本爲「有些小事」。

〔六一〕常　成化本無。

〔六二〕洒掃應對章　成化本爲「子夏之門人小子章」。

〔六三〕小　成化本此下注曰：「池録作『精粗』，下同。」
〔六四〕盡　成化本此下注曰：「池録作『故唯其所在，而皆不可不用其極』。」
〔六五〕此録又自注云先生親筆以示諸生　成化本無。
〔六六〕子夏　成化本此上有「問」。
〔六七〕退　成化本此下有「章」。
〔六八〕某　成化本此上有「曰」。
〔六九〕若　成化本無。
〔七〇〕乃是合下……始終皆備　成化本爲「乃是合下便始終皆備洒掃應對精義入神便都在這裏了」。
〔七一〕孰先傳焉孰後倦焉一章　成化本無。
〔七二〕當初　成化本無。
〔七三〕但　成化本無。
〔七四〕個　成化本無。
〔七五〕出在外道　成化本爲「出往外邑」。
〔七六〕子夏之門人小子當洒掃應對一章　成化本無。
〔七七〕合當　成化本爲「合用」。
〔七八〕小大　成化本爲「大小」。

［七九］是　成化本無。
［八〇］不審如此説得否　成化本無。
［八一］此條與下條成化本合爲一條。
［八二］問　成化本爲「因問」。
［八三］所以然者　成化本無。
［八四］合　成化本爲「差合」。
［八五］成化本此下注有「寓」。
［八六］節　成化本無。
［八七］伊川曰洒掃應對是其然必有所以然者是如何　成化本爲「洒掃應對是其然必有所以然所以然是如何」。
［八八］成化本此下注有「集義」。
［八九］又問仁而優則學……了辨後也着去　成化本無。
［九〇］用　成化本作「朋」。
［九一］此條時舉録成化本載於卷四十二。
［九二］學而優則仕　成化本無。
［九三］學　成化本此下注曰：「時舉録云：『到職事了辨後，也着去學。』」

[九四] 官　成化本此下有「之」。

[九五] 祖道謨同　成化本爲「去僞」。

[九六] 喪致乎哀而止章無　成化本無。

[九七] 堂堂乎張也章無　成化本無。

[九八] 必也親喪乎章無　成化本無。

[九九] 時舉　成化本無。

[一〇〇] 不改父官與父之政　成化本無。

[一〇一] 父官　成化本爲「父之臣」。

[一〇二] 何　成化本此下有「處」。

[一〇三] 是　成化本爲「豈是」。

[一〇四] 否　成化本此下注曰：「僩録云：『僩曰：「若嫡長不賢，便只得付之命。」先生曰：「是。」』」

[一〇五] 謂漢清河王蒜爲梁冀所忌　成化本爲「僩同」。

[一〇六] 陽膚爲士師章無　成化本無。

[一〇七] 紂之不善章無　成化本無。

[一〇八] 君子之過如日月章無　成化本無。

[一〇九] 仲尼焉學章　成化本爲「衛公孫朝問於子貢章」。

［一一〇］耳　成化本作「且」，屬下讀。

［一一一］子貢賢於仲尼章　成化本爲「叔孫武叔語大夫章」。

［一一二］理會　成化本作「會」。

［一一三］不理會得者　成化本爲「會不得者」。

［一一四］叔孫武叔毀仲尼章無　成化本無。

［一一五］夫子得邦家章　成化本爲「陳子禽謂子貢章」。

［一一六］此條淳録成化本無，但以部分寓録爲注，附於卷四十九載道夫録。參底本此條淳録下所附道夫録與寓録。

［一一七］按楊道夫徐寓録同而各少異今附於下　成化本無。

［一一八］道夫録云　成化本無。

［一一九］意　成化本此下注曰：「寓録云：『使之歡喜踴躍，遷義遠罪而不自知。』」

［一二〇］此言德盛仁熟本領深厚纔做得出便自恁地　成化本無。

［一二一］用　成化本作「問」。

［一二二］改過　成化本爲「遠罪」。

［一二三］寓録云……分别兩段是如何　成化本無。

［一二四］曰　成化本無。

晦庵先生朱文公語類卷第五十

論語三十二

堯曰篇

堯曰咨汝[一]舜章

楊問：「『簡在帝心』，何謂簡？」曰：「如天檢點數過一般。善與罪，天皆知之。爾之有善也在帝心，我之有罪也在帝心。」淳。寓録同。[二]

寓[三]問：「『雖有周親』，注：『紂之至親雖多。』他衆叛親離，那裏有至親？」曰：「紂之至親豈不多？唯其衆叛親離，所以不濟事。故書謂『紂有億兆夷人，離心離德』，是也。」寓。淳録同。[四]

子張問從政[五]章

問：「『欲仁得仁，又焉貪』，如何？」曰：「仁是我所固有，而我得之，何貪之有？若是外物，欲之則爲貪。此正與『當仁不讓於師』同意。」「於[六]問政及之，何也？」曰：「治己治人，其理一也。」廣。

問：「『猶之與人也，出納之吝』，何以在四惡之數？」曰：「此一惡比上三惡似輕，然亦極害事。蓋此人乃是個多猜嫌疑慮之人，賞不賞，罰不罰，疑吝不決，正如唐德宗是也。」大雅。

「『猶之』，猶均之也。均之，猶言一等是如此。史家多有此般字。」問：「『出納之吝』是不好，所以謂之惡。」曰：「此『吝』字説得來又廣，只是戒[七]人遲疑怠忽底意思。當賞便用賞，當做便用做。若遲疑怠忽之間，澁縮靳惜，便誤事機。如李絳勸唐憲宗速賞魏博將士，曰：『若待其來請而後賞之，則恩不歸上矣。』正是此意。如唐家藩鎮之患，新帥當立，朝廷不即命之，却待軍中自請而後命之，故人不懷恩，反致敗事。若是有司出納之間，吝惜而不敢自專，却是本職當然。只是人君爲政大體，則凡事皆不可如此，當爲處便果決爲之。」僩。

不知命章

論語首云：「學而時習之，不亦説乎！有朋自遠方來，不亦樂乎！人不知而不愠，不亦君子乎！」終云：「不知命，無以爲君子也。」此深有意。蓋學者所以學爲君子，若不知命，則做君子不成。死生自有定命，若合死於水火，須在水火裏死；合死於刀兵，須在刀兵裏死，看如何逃不得。此説雖甚粗，然所謂知命者不過如此。若這裏信不及，纔見利便趍，見害便避，如何得成君子！閎祖。

「論語[八]首章言『人不知而不愠，不亦君子乎』，斷章言『不知命，無以爲君子』，[九]今人開口亦解説一飲一啄自有定分，及遇小小利害，便生趍避計較之心。古人刀鋸在前、鼎鑊在後，視之如無物者，[一〇]蓋緣只見得這道理，不[一一]見那刀鋸、鼎鑊。」又曰：「『死生有命』，如合在水底[一二]死，須是溺殺。此猶不是深奥底事、難曉底話，如今朋友都信不及，覺見此道日孤，令人意思不佳。」元秉。[一三]

論語末篇「不知命，無以爲君子」，首章「人不知而不愠，不亦君子乎」。且以利害禍福言之，此是至粗底。此處人都信不及，便講學得待如何！亦没安頓處。且如俗説「一飲一啄皆前定」，及至小利害便趍利避害。古人「刀鋸在前，鼎鑊在後，視之如履平地」，只緣見得這義理分明。「死生有命，富貴在天」，自是個定分。而今朋友都信不及，覺得此道日孤。賜。[一四]

【校勘記】

［一］汝　成化本作「爾」。

［二］淳寓録同　成化本作「寓」。

［三］寓　成化本無。

［四］淳録同　成化本無。

［五］從政　成化本無。

［六］於　成化本此上有「曰」。

［七］戒　成化本作「如」。

［八］論語　成化本此上有「有一朋友微諷先生云：『先生有「天生德於予」底意思，却無「微服過宋」之意。』先生曰：『某又不曾上書自辨，又不曾作詩謗訕，只是與朋友講習古書，說這道理。更不教做，却做何事！』因曰」。

［九］子　成化本此下注曰：「賜録云：『且以利害禍福言之，此是至粗底。此處人只信不及，便講學得待如何？亦没安頓處。』」

［一〇］者　成化本此下注曰：「賜録作『如履平地』。」

［一一］不　成化本爲「都不」。

〔一二〕底　成化本作「裹」。

〔一三〕元秉　成化本爲「人傑」，且此條載於卷一百七。參底本卷一百七人傑録「有一朋友微諷先生……令人意思不佳」條。

〔一四〕此條賜録成化本無，但以部分賜録夾注於卷一百七所載人傑録中。參底本卷一百七人傑録「有一朋友微諷先生……令人意思不佳」條。

晦庵先生朱文公語類卷第五十一

孟子一

題辭

陳丈言：「孟子，趙岐所記者，却做得好。」曰：「做得絮氣悶人。東漢文章皆如此。」卓。

趙岐避難處夾壁中注解一部孟子。題辭中説「息肩濟岱，詭姓道身」，謂是也。德明。〔一〕

解書難得分曉。趙岐孟子，拙而不明；王弼周易，巧而不明。辛。〔二〕

梁惠王章句〔三〕上

孟子見梁惠王〔四〕

希真説孟子對梁惠王以仁義章。曰：「凡事不可先有個利心，纔説着利，必害於義。聖人做處只向義邊做，然義未嘗不利，但不可先説道利，不可先有求利之心。蓋緣本來道理只有一個仁義，更無别物事。義是事事要合宜。」賀孫。

説義利處，曰：「聖賢之言，所以要辨别教分明，但只要向義邊一直做[五]去，更不通思量着[六]第二着。纔説義乃所以爲利，固是義有大利存焉，若行義時便説道有利，則此心只傾[七]邪向那邊去。固是道[八]『未有仁而遺其親，未有義而後其君』，纔於爲仁時便説要不遺其親，爲義時便説要不後其君，則是先有心於利[九]。聖賢直[一〇]要人止向一路做去，不要做這一邊又思量那一邊。仲舒所以分明説『不謀其利，不計其功』。」賀孫。

孟子大綱都剖析得分明。如説義利等處，如答宋牼處，見得事只有個是非，不通去説利害。看得[一一]來惟是孟子説得斬釘截鐵。賀孫。

潘子善問：「孟子説與時君都是一反一正。如首章説『上下交征利』，其害便至『不奪不饜』。説仁義，便云未有『遺其親』『後其君』。説賢者便樂此，不賢者便不能樂此。言其效驗如此，亦欲人君少知恐懼之意。」曰：「不是要人君知恐懼，但其效自必至此。」植。[一二]

至問：「孟子解中説：『仁者，心之德，愛之理；義者，心之制，事之宜。』[一三]至謂：[一四]『心之德』，是就專言之統體上説；『愛之理』，是就偏言之一體上説，雖言其體，而用未嘗不包在其中。『心之制』，是説義之主於中；『事之宜』，是説義之形於外，合内外而言之也。如此看是否？[一五]」曰：「『心之制』，亦是就義之全體處説。『事之宜』，是就千條萬緒各有所宜處説。『事之宜』，亦非是就在外之事説，看甚麽事來這裏面便有個宜處，這便是義。」又舉伊川曰：「在物爲理，處物爲義。」又曰：「義似一柄利刀，看甚物來皆割得去。非是刀之割物處是義，只這刀便是義。」伯羽。[一六]

仁對義爲體用，仁自有仁之體用，義又有義之體用。[一七]「仁，人心也」，是就心上言；「義，人路也」，是就事上言。伯羽。[一八]

正淳問：「『仁者，心之德，愛之理；義者，心之制，事之宜。』是[一九]德與理俱以體言，制與宜俱以用言否？」曰：「『心之德』是渾淪説，『愛之理』方説到親切處。『心之制』却是説義之體，程子所謂『處物爲義』是也。揚雄言『義以宜之』，韓愈言『行而宜之之謂義』。若以[二〇]義爲宜，則義有在外意思[二一]。須如程子言『處物爲義』，則是處物者在心，而非外也。」又云：「大概説道理只渾淪説，又使人無捉摸處；若要説得親切，又却局促有病。如伊川説『仁者，天下之公，善之本也』，説得渾淪開闊無病。知言説理是要親切，所以多病。」賀孫。胡子知言，五峰先生所著也。[二二]

或問：「孟子首章解曰：『仁者，心之德，愛之理也。義者，心之制，事之宜也。』此是以仁義分爲體用也。[二三]『仁之德，愛之理』，以體言也；『心之制，事之宜』，以用言也？」曰：「也不是如此。義亦只得如此説。『事之宜』雖若在外，然所以制其義，則在心也。程子曰：『處物爲義。』非此一句，則後來[二四]人恐未免有義外之見。如『義者事之宜』、『事得其宜之謂義』，皆説得未分曉在[二五]。蓋物之宜雖在外，而所以處之使得其宜者，則在内也。」曰：「仁言『心之德』，便見得可包四者。義言『心之制』，却只是説義而已。」曰：「然。程子説『仁者，天下之公，善之本也』固是好，然説得太渾淪，只恐人理會不得。大抵説得寬廣自然，不受指點，若説得親切，又覺得意思局促，不免有病。知言則是要得親切，而不免有病者也。」又曰：「也須説教親切。」因言：「漢唐諸人説義理，只與説夢相似，至程先生兄弟，方始説得分明。唐人只有退之説得近旁，然也只似説夢，但不知所謂劉迅者如何。」曰：「迅是知幾之子。據本傳説，迅嘗注釋六經，以爲舉世無可語者，故盡焚之。」曰：「想只是他理會不得。若是理會得，自是著説與人。」廣。

問：「集注謂『義者，天理之所宜』，仁[二六]説又謂『義者，宜之理』，意有異否？」曰：「只宜處便是義。宜之理、理之宜都一般，但做文恁地變。只如冷底水、熱底水，水底冷、水底熱[二七]一般。」淳。[二八]

「義者，心之制，事之宜。」所謂事之宜，方是指那事物當然之理，未説到處置合宜處也。僩。

「義者，心之制，事之宜。」如刀相似，要他深割。泳。[二九]

節[三〇]問：「『心之制』，是裁制？」曰：「是裁制。」節[三一]問：「莫是以制其心？」曰：「心自有這制。心自是有制，制如快利刀斧，事來劈將去，可底從這一邊去，不可底從那一邊去。」節。

梁惠王問利國，便是爲己，只管自家國，不管他人國。義利之分，其爭毫釐。范氏只爲說不到聖賢地位上，蓋「義者，利之和也」。謨。[三二]

孟子見梁惠王[三三]王立於沼上章

德修說「孟子見梁惠王[三四]王立於沼上」一章，引「齊宣王見孟子於雪宮」事，云：「梁惠王其辭遜，齊宣王其辭誇。」先生曰：「此說好。」又說「寡人願安承教」一章，有「和氣致祥，乖氣致異」之說。曰：「恐孟子之意未到此。」文蔚。閎祖同而略，今附。云：「王丈解『梁惠王王立於沼上曰：「賢者亦樂此乎？」齊宣王見孟子於雪宮曰：「賢者亦有此樂乎」』，曰：『梁之辭遜，齊之辭侈。』先生曰：『分得好。』」[三五]

梁惠王曰晉國天下莫强焉章[三六]

問：「孟子告梁王，省刑罰，薄稅斂，修孝弟忠信，[三七]便可以制挺[三八]撻秦楚堅甲利兵[三九]。夫魏地迫近於秦，無時不受兵，割地求城無虛日。孟子之言似太容易否？」曰：「自是

嚮應如此。當時之人焦熬已甚，率歡欣鼓舞之民而征之，自是見效速。後來公子無忌縞素，一舉直擣至函谷關可見。」人傑。[四〇]

孟子亦是作爲底人。如云：「彼陷溺其民，王往而征之，夫誰與王敵！」非不用兵也，特其用兵不若當時戰國之無義理耳。如「五畝之宅，樹之以桑」而下，爲政之實行之既至，則夫[四一]視當時無道之國，豈可但已哉！人傑。

孟子見梁襄王章

問：「『望之不似人君』，此語孔子還道否？」曰：「孔子不説，孟子忍不住便説。安卿煞不易，他會看文字，疑得都是合疑處。若近思，固不能疑。蜚卿又疑得曲折，多無事生出事。」又曰：「公疑得太過，都落從小路去了。」伯羽。

齊宣王問曰[四二]齊桓晉文之事章

「無道桓文之事。」事者，營霸之事，儒者未嘗講求。如桓公霸諸侯，一匡天下，則誰不知！至於經營霸業之事，儒者未嘗言也。謨。

或問：「『仁術』字當何訓？」曰：「此是齊王見牛觳觫，而不忍之心萌，故以羊易之。孟子所謂『無傷』，蓋能獲得齊王仁心發見處。『術』，猶方便也。」履孫。

陳希周問「是乃仁術也」一句[四三]。先生曰：「『術』字，本非不好底字。只緣後人[四四]把做變詐看了，便道是不好。却不知天下事有難處處，須着有個巧底道理始得。當齊宣王[四五]見牛，一時[四六]惻隱之心已發乎中。又見釁鍾事大，似住不得，只得以所不見者而易之。乃是他既周旋得那事，又不抑遏了這個[四七]不忍之心，則此心乃得流行。若當此之時[四八]無個措置，便抑遏了這個[四九]不忍之心，遂不得而流行矣。此乃所謂術也。」時舉。

陳晞周問「仁術」。曰：「術未必便是全不好。且如仁術：見牛之觳觫，是仁心到這裏；處置不得，無術以處之，是自家這仁心抑遏，不得流行；故以羊易之，這是用術處，有此術，方得自家仁之[五〇]流行。」植。[五一]

問：「先生解『物皆然，心爲甚』，曰：『人心應物，其輕重長短之難齊，而不可不度以本然之權度，又有甚於物者。』不知如何是本然之權度？」曰：「本然之權度，亦只如[五二]此心。[五三]本然萬理皆具，應物之時須是子細看合如何，便是本然之權度也。如齊宣王見牛而不忍之心見，此是合權度處。及至『興甲兵，危士臣，構怨於諸侯』，又却忍爲之，便是不合權度，失其本心。」又問：「『莫亦[五四]只是無所爲而發者便是本心？』」曰：「固然是人又多是忘了。[五五]」問：「如何忘了？」曰：「當惻隱時却不惻隱是也。」問：「此莫是養之未至否？」曰：「亦是察之未精。」廣。

黄先之問「物皆然，心爲甚，王請度之〔五六〕」。曰：「物之輕重長短之差易見，心之輕重長短之差難見；物之差無害，心之差有害，故曰『心爲甚』。」又曰：「以理度心。〔五七〕」又曰：「以本然之權度度心。」又曰：「愛物宜輕，仁民宜重，此是權度。以此去度。」節。

問：「孟子論齊王事，考之史記，後來無一不效。」曰：「雖是如此，已是見得遲了。須看他一部書，見得句句的確，有必然之效方是。」德明。

至云：「看孟子已看到七八章。見孟子於義利之辨、王霸之辨，其剖判爲甚嚴。至於顧鴻雁麋鹿之樂與好世俗之樂，此亦是人情之常，故孟子順而導之以與民同樂之意。至於誤認移民移粟以爲盡心，而不能制民之産以行仁政；徒有愛牛之心，而不能推廣以行仁政，則〔五八〕開導誘掖以先王之政，可謂詳明。至皆未見所疑處。只伊川説：『孟子説齊梁之君行王政。王者，天下之義主也。聖賢亦何心哉？視天命之改與未改爾。』於此數句，未甚見得明。」先生却問至云：「天命之改與未改，如何見得？」至云：〔五九〕「莫是周末時禮樂征伐皆不出於天子，生民塗炭而天王不能正其權以救之否？」曰：「如何三晉猶尚請命於周？」至云：〔六〇〕「三晉請命既不是，而周王與之亦不是。如温公所云云，便是天王已不能正其權。」曰：「如何周王與之不是，便以爲天命之改？」至云：〔六一〕「至見得未甚明。舊曾記得程先生説，譬如一株花，可以栽培則須栽培。莫是那時已是栽培不得否？」曰：「大勢已去了。三晉請命於周，亦不是知尊周，謾假其虛聲耳，大抵人心已不復有愛戴之實了。自入春秋以來，二百四十年間，那時猶自可整頓。不知周之子孫，何故都無一人能明目張膽出來整頓？到孟子時，人心都已去。」至云：〔六二〕「程子說『天命之改』，莫是大勢已去？」曰：「然。」至。〔六三〕

梁惠王章句〔六四〕下

莊暴見孟子章

孟子開導時君，故曰「今之樂猶古之樂」。至於言百姓聞樂音欣欣然有喜色處，則閉闔〔六五〕得甚密。如「好色」、「好貨」，亦此類也。謨。

齊宣王問曰文王之囿章〔六六〕

「孟子言文王由百里興，亦未必然。」問：「孟子謂『文王之囿，方七十里』，先生以爲『三分天下有其二，以服事殷〔六七〕』。若只百里，如何有七十里之囿！然孟子所謂『傳有之』者，如何？」曰：「想他須有據，但孟子此說，其意亦只主在風齊宣王爾。若文王之囿，果然縱一切人往，則雖七十里之大，不過幾時亦爲赤地矣，又焉得有林木鳥獸之長茂乎？周之盛時，雖天下山林猶有厲禁，豈有君之苑囿反縱芻獵恣往而不禁之[六八]乎！亦無是理。漢武帝規上林苑只有二三十里，當時諸臣已皆以爲言，豈有文王之囿反如是之大。」廣。[六九]

齊宣王問曰交鄰國有道乎章[七〇]

「湯事葛，文王事昆夷。」昆夷不可考。大抵湯之事葛，文王事昆夷，其本心所以事之之時，猶望其有悔惡[七一]之心。必待伐之，豈得已哉？亦所當然耳。謨。

至[七二]問：「『仁者爲能以大事小』，是仁者之心寬洪惻怛，便是小國不恭，亦撓他不動。『智者爲能以小事大』，蓋知者見得利害甚明，故祇得事大。」曰：「也不特是見得利害明，道理自合恁地。小之事大、弱之事强，皆是道理合恁地。」至問「樂天者保天下，畏天者保其國」。曰：「只是説其規摹氣象如此。」[七三]

「樂[七四]天畏天者。」答曰：「樂天是聖人氣象，[七五]孟子只是説大概聖賢氣象如此。使智者當以大事小時，也必以大事小；使仁者當以小事大處，也必以小事大。不可將太王、文王互立説，便失了聖賢氣象。此自是兩層事。孟子之説是前面一層，又須是看得後面一層。所以貴乎『不以文害辭』者，正是此類。人須見得言外之意好。」謨。去僞、人傑同。[七六]

齊宣王問曰[七七]人皆謂我毀明堂章

問：「孟子以公劉、太王之事告其君，恐亦是委曲誘掖之意。」曰：「這兩事却不是告以好色好貨，乃是告以公劉、太王之事如此。兩事看來却似易，待去做時多少難！大凡文字須將心體認看。這個子細看來甚是難。如孟子又說：『子服堯之服，誦堯之言，行堯之行，是堯而已矣。』看來也似易，這如何便得相似！又如說：『後[七八]行後長者謂之弟，疾行先長者謂之不弟。堯舜之道，孝弟而已矣。』看來也似易。」賀孫。

問：「孟子語好貨好色事，使孔子肯如此答否？」曰：「孔子不如此答，但不知作如何答。」問：「孟子答梁王問利，直掃除之，此處又怕[七九]却如此引導之。」曰：「此處亦自分義、利，特人不察耳。」可學。

齊宣王問曰[八〇]湯放桀章

「賊仁」者，無愛心而殘忍之謂也。「賊義」者，無羞惡之心之謂也。節。

先生舉「賊仁者謂之賊，賊義者謂之殘」，問在坐此何以別。[八一]王近思[八二]云：「賊仁，是害心之理；賊義，是見於所行處傷其理。」曰：「以義爲見於所行，便是告子義外矣。義在內，不在外。義所以度事，亦是心度之。然此果何以别？蓋賊之罪重，殘之罪輕。仁、義皆是心。仁是天理根本處，賊仁則大倫大法虧滅了，便是殺人底人一般。義是就一節事[八三]上言，一事上不合宜，便是傷義；似手足上損傷一般，所傷者[八四]尚可以補。」淳。[八五]

淳[八六]問：「賊仁是『絶滅天理』，賊義是『傷敗彝倫』。如臣弑君、子弑父，及齊襄公鳥獸之行等事，皆人倫大惡，不審是絶滅天理？是傷敗彝倫？」曰：「傷敗彝倫只是小小傷敗常理。若此等，乃是切害天理了。[八七]丹書『怠勝敬者滅』，即『賊仁者謂之賊』意；『欲勝義者凶』，即『賊義者謂之殘』意。賊義是就一事上説，賊仁是就心上説。其實賊義便即是賊那仁底，但分而言之則如此。」淳。[八八]

問：「孟子言『賊仁』、『賊義』，如何？」力行曰：「譬之伐木，賊仁乃是伐其本根，賊義只是殘害其一枝一葉。人心[八九]賊仁則害了本心。」曰：「賊仁便是將三綱五常、天敍之典、天秩之理一齊壞了。義隨事制宜；賊義，只是於此一事不是，更有他事在。」力行。

孟子謂齊宣王曰[九〇]爲巨室章

至[九一]問：「『今有璞玉於此，雖萬鎰必使玉人彫琢之。至於治國家，則曰「姑舍女所學而從我」，則何以異於教玉人彫琢玉哉』，[九二]集注云：『不敢自治而付之能者，愛之甚也。治國家則不能用賢而徇私欲，是愛國家不如玉也。』此莫是餘意否？」曰：「正意是如何？」至云：[九三]「正意只是説玉人自會琢玉，何消教他？賢者自有所學，何用教他舍其所學？後譬只是申解前譬。」曰：「兩譬又似不相似，不知如何做得恁地嵯峨。」至。[九四]

齊人伐燕勝之章

齊人伐燕，孟子以爲齊宣，史記以爲湣王。温公平生不喜孟子，及作通鑑，却不取史記而獨取孟子，皆不可曉。荀子亦云「『湣王伐燕』，然則非宣王明矣」。問：「孟子必不誤？」曰：「想得湣王後來做得不好，門人爲孟子諱，故改爲宣王爾。」問：「湣王若此之暴，豈能慚於孟子？」曰：「既做得不是，説得他底是，他亦豈不愧也！温公通鑑中自移了十年。據史記，湣王十年伐燕。今温公信孟子，改爲宣王，遂硬移進前十年。温公硬拗如此。」又云：「史記，魏王[九五]三十六年，惠王死，襄王立。襄王死，哀王立。今汲冢竹書不如此，以爲魏惠王先未稱王時爲侯，三十六年乃稱王。遂爲後元年，又十六年而惠王卒。即無哀王，惠王三十六年了便是襄王。史記誤以後元年爲哀王立，故又多了此[九六]一哀王。汲冢是魏安釐王冢，竹書記其本國事，必不會錯。温公取竹書，不信史記此一段，却是。」僩。[九七]

居之問：「『取之而燕民悦則取之，古之人有行之者，武王是也；取之而燕民不悦則勿取，古之人有行之者，文王是也。』[九八]却疑文王大聖人，於君臣之義、尊卑之等，豈不洞見？而容有革商之念哉？[九九]」曰：「此等處[一〇〇]難説。孔子謂『可與立，未可與權』，到那時事勢自是要住不得。後來[一〇一]人把文王説得忒恁地，却做一個道行看着，不做聲，不做色[一〇二]。如此形容文王，都没情理。以詩書考之，全不是如此。如詩自從太王王季説來，如云：『至于太王，實始翦商。』如下武之詩、文王有聲之詩，都説文王做事。且如伐崇一事，是做甚麽？這[一〇三]又不是一項小小侵掠，乃是大征伐。『詢爾仇方，同爾兄弟，以爾鉤援，與爾臨衝，以伐崇墉』，此見大段動衆。岐山之下與崇相去自是多少里[一〇四]，因甚如此？這般處要做文王無意取天下，[一〇五]都不得。又如説『侵自阮疆，陟我高岡。無失我陵，我陵我阿；無飲我泉，我泉我池』，這裏見都自據有其土地，這[一〇六]自是大段施張了。」或云：「紂命文王得專征伐。紂不得已命之，文王不得已受之。横渠云：『不以聲色爲政，不以革命有中國。默順帝則而天下歸焉，其惟文王乎！』若如此説，恰似内無純臣之義，外亦不屬於商。」「這也未必如此，只是事勢自是不可已。只當商之季七顛八倒、上下崩頹，忽於岐山下突出許多人，也是誰當得？文王之事，惟孟子識之。故七篇之中，所以告列國之君，莫非勉之以王道。」賀孫。

滕文公問曰[一〇七]　滕小國也章

時舉[一〇八]問：「孟子答滕文公問『滕，小國也，間於齊楚以下』[一〇九]三段，皆是無可奈何，只得勉之爲善之辭。想見滕國至弱，都主張不起，故如此也。」曰：「只得[一一〇]如此。只是『吾得正而斃焉』之意。蓋滕是必亡，無可疑矣。況王政不是一日行得底事。他又界在齊楚之間，二國視之，猶太山之壓雞卵耳。若教他粗成次第，此二國亦必不見容也。當時湯與文王之興，皆在空閑之地，無人來覷他，故日漸盛大。若滕，則實是難保也。」立之云：「若教他能舉國以聽孟子，如何？」曰：「他若能用得孟子至二三十年，使『鄰國之民仰之若父母』，則大國亦想不能動他，但世間事直是難得恰好耳。齊梁之國甚彊，可以有爲，而孟子與其君言，恬然不恤。滕文公却有善意，又以國小主張不起，以此知機會真不易得也。」時舉。植同。[一一一]

魯平公將出章

魯平公極是個衰弱底人，不知孟子要去見他是如何。孟子平生大機會，只可惜齊宣一節。這個不相遇，其他也應是無可成之理。如見滕文公説許多井田，也是一場踈脱。云「有王者起，必來取法」，孟子也只是説得在這裏，滕也只是做不得。賀孫。

【校勘記】

［一］此條德明録成化本無。

［二］辛　成化本無。

［三］章句　成化本無。

［四］梁惠王　成化本此下有「章」。

［五］做　成化本無。

［六］着　成化本無。

［七］傾　成化本無。

［八］道　成化本無。

［九］利　成化本爲「爲利」。

［一〇］直　成化本無。

［一一］得　成化本無。

［一二］此條植録成化本無，但卷一百五載時舉同聞所録。參成化本該卷「問孟子首章……也知作文之法」條。

［一三］孟子解中説……事之宜　成化本無。

[一四] 至謂　成化本無。
[一五] 如此看是否　成化本無。
[一六] 伯羽　成化本爲「時舉録略，别出」。按，成化本下條載時舉録「至之問義者……初未嘗相離也」條。
[一七] 仁對義爲體用……有義之體用　成化本無。
[一八] 此條伯羽録成化本載於卷五十九。
[一九] 是　成化本無。
[二〇] 以　成化本此上有「只」。
[二一] 思　成化本無。
[二二] 胡子知言五峰先生所著也　成化本爲「廣録詳，别出。集注」，且其下條爲廣録。參底本下條。
[二三] 孟子首章解曰……分爲體用也　成化本無。
[二四] 來　成化本無。
[二五] 在　成化本無。
[二六] 仁　王本作「一」。
[二七] 水底冷水底熱　成化本爲「水冷底水熱底」。
[二八] 此條淳録成化本載於卷二十七。
[二九] 此條泳録成化本無。

〔三〇〕節　成化本無。

〔三一〕節　成化本無。

〔三二〕謨　成化本此下注有「集義」。

〔三三〕孟子見梁惠王　成化本無。

〔三四〕孟子見梁惠王　成化本無。

〔三五〕閎祖同而略……分得好　成化本無。

〔三六〕梁惠王曰晉國天下莫強焉章　成化本爲「晉國天下莫強焉章」，且「晉國天下莫強焉章」目上有「寡人之於國章」目，此目下載有一節燾録，曰：「移民移粟，荒政之所不廢也。」

〔三七〕修孝弟忠信　成化本無。

〔三八〕制挺　成化本無。

〔三九〕秦楚堅甲利兵　成化本爲「秦楚之甲兵」。

〔四〇〕人傑　成化本爲「德明」。

〔四一〕夫　成化本無。

〔四二〕曰　成化本無。

〔四三〕希　王本作「晞」。是乃仁術也一句　成化本爲「仁術」。

〔四四〕人　成化本作「來」。

〔四五〕齊宣王　成化本爲「齊王」。
〔四六〕一時　成化本爲「之時」。
〔四七〕個　成化本無。
〔四八〕當此之時　成化本爲「當時」。
〔四九〕個　成化本無。
〔五〇〕之　成化本作「心」。
〔五一〕成化本此下注有「時舉録詳」。
〔五二〕如　成化本作「是」。
〔五三〕心　成化本此下有「此心」。
〔五四〕亦　成化本無。
〔五五〕固然是人又多是忘了　成化本爲「固是然人又多是忘了」。
〔五六〕王請度之　成化本無。
〔五七〕以理度心　成化本爲「物易見心無形度物之輕重長短易度心之輕重長短難度物差了只是一事差心差了時萬事差所以心爲甚」。
〔五八〕則　成化本作「以」。
〔五九〕至云　成化本作「曰」。

〔六〇〕至云　成化本作「曰」。
〔六一〕至云　成化本作「曰」。
〔六二〕至云　成化本作「曰」。
〔六三〕成化本此下注有「集義」。
〔六四〕章句　成化本無。
〔六五〕閉關　成化本爲「關閉」。
〔六六〕齊宣王問曰文王之囿章　成化本爲「齊宣王問文王囿章」。
〔六七〕以服事殷　成化本爲「以後事」。
〔六八〕之　成化本無。
〔六九〕廣　成化本無。
〔七〇〕齊宣王問曰交鄰國有道乎章　成化本爲「問交鄰國有道章」。
〔七一〕惡　朱本作「悟」。
〔七二〕至　成化本無。
〔七三〕成化本此下注曰：「時舉録作：『有大小耳。』至。」
〔七四〕樂　成化本此上有「問」。
〔七五〕象　成化本此下有「畏天是賢人氣象」。

〔七六〕謨去僞人傑同　成化本爲「去僞」。

〔七七〕齊宣王問曰　成化本作「問」。

〔七八〕後　成化本作「徐」。

〔七九〕怕　成化本無。

〔八〇〕齊宣王問曰　成化本作「問」。

〔八一〕問在坐此何以别　成化本爲「問何以别」。

〔八二〕王近思　成化本爲「近思」。

〔八三〕一節事　成化本爲「一節一事」。

〔八四〕者　成化本此下有「小」。

〔八五〕成化本此下注曰：「寓録同。」

〔八六〕淳　成化本無。

〔八七〕了　成化本此下注曰：「義剛録云：『傷敗彝倫，只是小小傷敗常理，如「不以禮食」、「不親迎」之類。若「紾兄之臂」、「踰東家墻」底，便是絶滅天理。』」

〔八八〕成化本此下注曰：「義剛録同。」

〔八九〕心　成化本作「而」。

〔九〇〕孟子謂齊宣王曰　成化本無。

［九一］至　成化本無。

［九二］今有璞玉於此……教玉人彫琢玉哉　成化本爲「教玉人彫琢玉」。

［九三］至云　成化本作「曰」。

［九四］至　成化本無。

［九五］魏王　成化本爲「魏惠王」。

［九六］此　成化本無。

［九七］成化本此下注曰：「此條有誤。當從春秋解後序。」

［九八］取之而燕民悦……文王是也　成化本爲「取之而燕民悦則取之至文王是也」。

［九九］却疑文王大聖人……有革商之念哉　成化本爲「竊疑文王豈有革商之念」。

［一〇〇］處　成化本無。

［一〇一］來　成化本無。

［一〇二］色　成化本作「氣」。

［一〇三］這　成化本無。

［一〇四］里　成化本無。

［一〇五］下　成化本注曰：「他録作『出做事』。」

［一〇六］這　成化本無。

〔一〇七〕曰　成化本無。

〔一〇八〕時舉　成化本無。

〔一〇九〕問滕小國也間於齊楚以下　成化本無。

〔一一〇〕得　成化本作「是」。

〔一一一〕植同　成化本無。

晦庵先生朱文公語類卷第五十二

孟子二

公孫丑章句[一]上

公孫丑問曰章夫子當路於齊[二]

「『以齊王，猶反手』，不知置周王於何地？」曰：「此難言，可以意會。如湯武之事是也。春秋定哀間周室猶得，至孟子時，天命人心已離矣。」謨。[三]

公孫丑問曰章浩然之氣[四]

或問：「『雖由此霸王不異矣』，如何分句？」曰：「只是『雖由此霸王不異矣』，言從此爲霸爲王不是差異。蓋布衣之權重於當時，如財用兵甲之類盡付與他。」樂毅統六國之師，長驅入齊。蓋卿。

自「加齊卿相」止「四十不動心」。

公孫丑問孟子「動心否乎」，非謂以卿相富貴動其心。謂伯王事大，恐孟子擔當不過，有所疑懼而動其心也。閎祖。

孟子之不動心非如揚雄之説。「霸王不異矣」，蓋言由此可以行霸王之事。公孫丑見其重大，恐孟子或懼而動心。德明。

德修説：「公孫丑問不動心，是以富貴而動其心？」先生曰：「公孫丑雖不知孟子，必不謂以富貴動其心，但謂霸王事大，恐孟子了這事不得，便謂孟子『動心』。不知霸王當甚閑事！」因論「知言」、「養氣」。德修謂：「養氣爲急，知言爲緩。」先生曰：「孟子須先説『我知言』，然後説『我善養吾浩然之氣』。公孫丑先問浩然之氣、次問知言者，因上面説氣來，故接續如此問。不知言，如何養得氣？」德修云：「先須養。有尺便量見天下長短。」曰：「須要識這尺。」文蔚。

問：〔五〕「『四十不動心』，恐只是『三十而立』，未到不惑處？」曰：「這便是不惑。知言處可見孟子是義精理明，天下之物不足以動其心，不是把捉得定。」〔六〕榦。〔七〕

先生問趙丞：「看『不動心』章如何？」云：「已略見得分明。」先生曰：「公孫丑初問不動心，只道加以卿相重任，怕孟子心下怯懾了，故有動心之問。其意謂必須〔八〕有勇力擔當得起，方敢不動其心，故孟子下歷言所以不動心之故。」問趙丞：〔九〕「公道那處是一章緊要處？」趙舉

「持其志，無暴其氣」爲對。先生曰：「不如此。」趙舉「集義所生」以爲對。先生曰：「然。」因言：「欲養浩然之氣則在於直，要得直則在於集義。集義者，事事要得合義也。事事合義則仰不愧，俯不怍。」趙丞[一〇]又問：「『夫有所受之也』，意思[一一]是如何？」曰：「公如此看文字不得。且須逐項理會，理會這一項時全不知有那一項始得。讀大學時心只在大學上，讀論語時心只在論語上，更不可又去思量別項。這裏一字理會未得且理會這一字，這裏[一二]一句理會未得且理會這一句。如『不動心』一段，更着子細去看，看着方知更有未曉處。須待十分曉得，無一句一字窒礙，方可看別處去。」因云：「橫渠語録有一段說：『讀書須是成誦，不成誦則思不起。』直須成誦得，[一三]少間思量起，便要曉得。這方是浹洽。」賀孫。

先生又問周看「公孫丑不動心」章。答云云。先生曰：「公孫丑初問謂仕[一四]此重事還動心不動心？孟子答以不動心極容易底事，我從四十已不動了，告子又先我不動心。公孫丑又問不動心有道理無道理，孟子又告以有。於是又舉北宮黝、孟施舍之勇也是不動。然彼之所以不動者，皆强制於外，不是存養之致[一五]，故又舉曾子之言云自反縮與不縮，所以不動與動[一六]只在方寸之間。若仰不愧，俯不怍，看如何大利害皆不足以易之。若有一毫不直，則此心便索然。公孫丑又問孟子所以不動者如何，孟子遂答以『我知言，我善養吾浩然之氣』。若依序問，當先問知言。公孫丑只承孟子之言，便且先[一七]問浩然之氣。」賀孫。

裕之[一八]問「不動心」一條。曰：「此一段爲被他轉换問，所以答得亦周匝。然止就前段看語脉氣象，雖無後截，亦自可見，前一截已自見得後面許多意足。」賀孫。

問：「告子之不動心是否？」曰：「告子之不動心是粗法。或强制不動，[一九]不可知；或臨大事而[二〇]能不動，亦未可知。非若孟子酬酢萬變而不動也。」又問：「此正如北宫黝之勇[二一]否？」曰：「然。」謨。[二二]

告子不動心是硬把定。閎祖。

北宫黝、孟施舍只是粗，更[二三]不動心。德明。

問：「集注解孟施舍[二四]云『施是發語聲』，何也？」曰：「此是古注説。後面只稱『舍』字可見。」問：「有何例可按？」曰：「如孟之反、舟之僑、尹公之他之類。」德明。

孟施舍、北宫黝是不畏死而不動心，告子是不認義理而不動心。告子惟恐動[二五]他心。德明。

問：「『孟施舍似曾子，北宫黝似子夏。』集注：『子夏篤信聖人，曾子反求諸己。』『曾子反求諸己』固有可見處，『子夏篤信聖人』，何以言之？」曰：「此因孟子説處文義推究，亦無事實可指，但將其平日所言詳味之，有篤信聖人氣象。」元秉。

「子夏篤信聖人」，但看他言語，如「博學篤志、切問近思」之類，便見得他有個緊把定底意

思。閎祖。〔二六〕

問：「孟施舍量敵慮勝，似有懼也，孟子乃曰『能無懼』，其言不同，〔二七〕如何？」曰：「『量敵而後進，慮勝而後會，是畏三軍者也。』〔二八〕此孟施舍譏他人之言。舍自云：『我則能無懼而已。』」問〔二九〕孟施舍守約處。曰：「孟施舍本與北宮黝皆只是勇夫，比曾子不同。如北宮黝、孟施舍、孟賁只是就勇上言，如子襄、曾子、告子就義理上言。」去僞。

問：「如何是孟施舍守約處？」曰：「北宮黝便勝人，孟施舍却只是能無懼而已矣。如曰『視不勝，猶勝也』，此是孟施舍自言其勇如此。若他人，則『量敵而進，慮勝而會，是畏三軍者』爾。『豈能爲必勝哉？能無懼而已矣。』」去僞。

先生曰：「尋常人說『守約』二字極未穩當〔三〇〕。如云『守氣不如守約』，分明將『約』字做一物了，遂以『約』字對『氣』字。所謂『守約』者，所守者約耳。」謨。〔三一〕

引曾子謂子襄之言，以明不動心之由在於自反而縮。下文詳之。閎祖。

孟子說「曾子謂子襄」一段已自盡了，只爲公孫丑問得無了期，故有後面許多說話。自修。

今人把「守氣不如守約」做題目，此不成題目。「氣」是實物，「約」是半虛半實字，對不得。「守約」只是所守之約。言北宮黝之守氣不似孟施舍守氣之約，孟施舍之守氣又不如曾子所守之約也。孟施舍就氣上做工夫，曾子就理上做工夫。淳。

「不得於言」，只是不曉這説話。「言」，只似「道理」字。淳。

「不得於言，勿求於心」；不得於心，勿求於氣」，此告子不動心之法。告子只就心上理會，堅持其心，言與氣皆不理會。「不得」謂失也，有失於其言則曰無害於心。但心不動，言雖失，不必問也。惟失之於心則就心上整理，不復更求於氣。德明。

「不得於言，勿求於心」，是心與言不相干。「不得於心，勿求於氣」，是心與氣不相貫。此告子説也。告子只去守個心得定，都不管外面是亦得，非亦得。〔三二〕孟子之意是心有所失則見於言，如肝病見於目相似。陸子靜説：「告子亦有好處，今人非但不識孟子，亦不識告子，只去言語上討不着。」陸子靜却説告子只靠外面語言，更不去管内面。以某看，告子只是守着内面，更不管外面。泳。

問：「告子謂『不得於言，勿求於心』，是自己之言耶，是他人之言耶？若要得後面知言處相貫，則是他人之言。」曰：「這一段前後都相貫，即是一樣言語。告子於此不達，則不復反求其理於心。嘗見陸子靜説這一段，大段稱告子所見高。告子固是高，亦是陸子之學與告子相似，故主張他。然陸氏之學更鶻突似告子。」至云：「陸氏之學不甚教人讀書看文字，與告子相似否？」先生曰：「便是。」先生又謂：「養氣一段緊要處是『自反而縮』、『以直養而無害』、『是集義所生者』，緊要處在此三句上看。」〔三三〕

林直學[三四]問「不得於言，勿求於心」。先生曰：「此章文義節節相承，須逐節次第理會。此一節只言告子所以『先我不動心』者，皆是以義爲外，故就告子所言以辯其是非爾。」又問：「浩然之氣便是西銘意思否？」曰：「考論文義，且只據所讀本文逐句逐字理會教分明；不須旁引外説，枝蔓游衍，反爲無益。如論浩然之氣，便直看公孫丑所問意思如何，孟子所答如何，一徑理會去。使當時問答之意一一明白了，然後却更理會四旁餘意未晚。今於孟子之意未能曉得，又却轉從别處去，末梢都只恁休去。」又問：「詖、邪、淫、遁[三五]之意如何辨别？」先生曰：「詖、淫、邪、遁雖是四般，然纔有一般，則其餘牽連而生，大概多從詖上起。詖只是偏，才偏便自是一邊高一邊低，不得其正。如楊氏爲我則蔽於仁，墨氏兼愛則蔽於義。由其蔽，故多爲蔓衍，推之愈闊。如爛物相似，只管浸淫，陷在一處，都轉動不得。如墨者夷之，所謂『愛無差等，施由親始』。『愛無差等』是其本説，又却假托『施由親始』之言，栽接以文其説是也。淫辭如此，自不知其爲邪。如莊子[三六]達生之論，反以好色飲酒爲喜事，而不覺其離於道也。及其説不行，又走作逃遁，轉從别處去。釋氏毁人倫，去四大。人謂其不可行，則曰：『雖不毁棄人倫，亦可以行吾説。』此其所以必窮也。」又問：「性善之論與浩然之氣如何？」曰：「性善[三七]何與於此？方理會浩然之氣，未有一些涯際，又却説性善，又如適來西銘之問也。譬如往一處所，在路留連濡滯，正所要往之地愈不能達。何如且一徑直截去到此處了，却往他所，何害？此爲學者之大病。」謨。

問「志至焉，氣次焉」。曰：「志最緊，氣亦不可緩。『志至焉』則氣便在這裏，是氣亦至了。」卓。

李問：「『志至焉，氣次焉』，此是説志氣之小大，抑志氣之先後？」曰：「也不是先後，也不是以大小，只是一個緩急底意思。志雖爲至，然氣亦次那志，氣所爭亦不多。蓋爲被〔三八〕告子將氣忒放低説了，故説出此話。」淳。

鄭大錫問「志至焉，氣次焉」。曰：「志最緊要，氣亦不可緩，故曰『志至焉，氣次焉』。『持其志，毋暴其氣』，是兩邊做工夫。志只是心之所向。而今欲做一件事，這便是志。持其志便是養心，不是持志外别有個養心。」問：「志與氣如何分别？」曰：「且以喜怒言之：有一件事，這裏便合當審處是當喜，是當怒？若當喜也須喜，若當怒也須怒，這便是持其志。若喜得過分，一向喜；怒得過分，一向怒，則氣便粗暴了，便是『暴其氣』，志却反爲所動。『今夫蹶者趍者是氣也』，他心本不曾動，只是忽然喫一跌，氣打一暴，則其心便動了。」賀孫。

「『志至氣次』只是先後。志在此，氣亦隨之。公孫丑疑只就志理會，理會得志，氣自隨之，不必更問氣也，故云。」又曰：「『持其志，無暴其氣』，何也？孟子下文專説氣，云蹶趍之氣亦能動心。」德明。

既「持其志」，不必言「無暴其氣」可也。然所以言者，聖賢有這物便做這事。公孫丑猶疑而問曰：「既曰『志至焉』，又曰『氣次焉』，又曰『持其志，無暴其氣』者，何也？」「持其志」只是輕輕地做得去。「無暴其氣」只是不縱喜怒哀樂，凡人縱之。節。

時舉[三九]問：「『持其志，無暴其氣』處，古人在車聞鸞和，行則有佩玉，凡此皆所以無暴其氣。今人既無此，不知如何而爲無暴？」曰：「凡人多動作，多語笑，做力所不及底事，皆是暴其氣。且如只行得五十里却硬要行百里，只舉得五十斤重却硬要舉百斤，凡此類皆能動其氣。今學者要須事事節約，莫教過當，此便是養氣之道也。」時舉。

先生問：「公每讀『毋暴其氣』，如何？」鄭云：「只是喜樂之時，持之不使暴戾。」曰：「此乃是『持其志』。志者，心之所向。持志即是養心也，不是持志之外別有個養心。持者，犯捉[四〇]教定。當喜時也須喜，當怒時也須怒，當哀時也須哀，當樂時也須樂。審定後發，[四一]發必中節，這是持志。若『毋暴其氣』，又是下面一截事。若不當喜而喜與喜之過分，不當怒而怒與怒之過分，不當哀樂而哀樂與哀樂□[四二]其節者，皆是暴其氣。暴其氣者，乃大段粗也。」卓。

「遺書曰『志一動則動氣，氣一動則動志』，外書曰『志專一則動氣，氣專一則動志』。二說孰是？」曰：「此必一日之語，學者同聽之，而所記各有淺深，類多如此。『志一動則動氣，氣一動則動志』，此言未說『動氣動志』而先言『志動氣動』，又添入一『動』字了，故[四三]不若後說所記得其本旨。蓋曰志專一則固可以動氣，而氣專一亦可以動其志也。」謨。

先生曰：「『今夫蹶者、趨者，是氣也，而反動其心。』今人奔走而來，偶喫一跌，其氣必逆而心不定，是氣之能動其心。如人於忙急之中理會甚事，亦是氣未定也。」卓。

問：「蹶趨反動其心。若是志養得堅定，莫須蹶趨亦不能動得否？」曰：「蹶趨自是動其心。人之奔走，如何心不動得？」曰：「蹶趍多過於猝然不可支梧之際，所以易動得心。」曰：「是。」淳。

知言，知理也。節。

孟子論浩然之氣一段，緊要全在「知言」上。所以大學許多工夫全在格物、致知。僩。

知言，然後能養氣。閎祖。

孟子説養氣，先説知言。先知得許多説話，是非邪正[四四]都無疑後，方能養此氣也。㽦。[四五]

知言、養氣，雖是兩事，其實相關，正如致知、格物，正心、誠意之類。若知言便見得是非邪正，義理昭然，則浩然之氣自生。人傑。[四六]

問：「養氣要做工夫，知言自[四七]無工夫得做？」曰：「豈不做工夫！知言便是窮理。不先窮理見得是非，如何養得氣？須是道理一一審處得是，其氣方充大。」德明。

問：「知言在養氣之先，如何？」曰：「知是知得此理。告子便不理會，故以義爲外。如云

『不得於言，勿求於心』，雖言亦謂是在外事，更不管着，只强制其心。」問：「向看此段，以告子『不得於言』是偶然失言，非謂他人言也。」曰：「某向來亦如此說，然與知言之義不同。此是告子聞他人之言不得其義理，又如讀古人之書有不得其言之義，皆以爲無害事，但心不動足矣。不知言便不知義，所以外義也。如詖、淫、邪、遁，亦只是他人言，故曰『生於其心』。『其』字便是謂他人也。」又言：「聖門以言語次於德行，言語亦大難。若非燭理洞徹，胸次坦然，即酬酢應對，蹉失多矣。」因論奏事而言。問：「此須要記問熟，方臨時一一舉得出？」曰：「亦未說記問。如沙中之事，張良只云『陛下不知乎？此乃謀反耳。』何嘗別有援引？至借著[四八]發八難，方是援引古今。」問：「伊川、龜山皆言張良有儒者氣象，先生却以良爲任數。」曰：「全是術數。」問：「養虎自遺患等事，竊謂機不可失。」曰：「此時便了却項羽却較容易。然項羽已是無能爲，終必就禽也。」德明。[四九]

「浩然是廣大流行之意，剛是堅勁，直是無委曲。」問：「浩然之氣便是元氣否？」曰：「不須如此說，只是此個氣，至大至剛，以直是此氣之體。」德明。[五〇]

厚之問：「浩然之氣迫於患難方失。」曰：「是氣先歉，故臨事不能支梧。浩然之氣與清明之氣自不同。浩然，猶江海浩浩。」可學。

先生曰：「浩然之氣，清明不足以言之。纔說浩然，便有個廣大剛果意思，如長江大河浩浩然而來也。富貴、貧賤、威武不能移屈之類皆低，不可以語此。公孫丑本意只是設問孟子能擔當得此様大事否，故孟子所答只説許多剛勇，故能出浩然之氣。只就問答本文看之，便見得子細。」謨。

問：「浩然之氣是禀得底否？」曰：「只是這個氣。若不曾養得，剛底便粗暴，弱底便衰怯。」又曰：「氣魄大底，雖金石也透過了。」夔孫。

或問：「浩然之氣是天地正氣，不是粗厲底氣。」曰：「孟子正意，只説人生在這裏便有這氣，能集義以養之，便可以充塞宇宙。不是論其粗與細、正與不正。如所謂『惻隱之心，人皆有之』，只是理如此。若論盜跖，便幾於無此心矣，不成孟子又説個『有惻隱之心，無惻隱之心』。」

或問：「孟子説浩然之氣，却不分禀賦清濁説。」曰：「文字須逐項看。此章孟子之意不是説氣禀，只因説不動心衮説到這處，似今人説氣魄相似。有這氣魄便做得這事，無氣魄便做不得。」

問：「浩然之氣即是人所受於天地之正氣否？」曰：「然。」又問：「與血氣如何？」曰：「只是一氣。義理附于其中，則爲浩然之氣；若不由義而發，則只是血氣。然人所禀氣亦自不同：有禀得盛者則爲人壯强[五一]，隨分亦有立作，使之做事亦隨分做得出；若禀得衰[五二]者則委靡巽儒，都不解有所立作。唯是養成浩然之氣，則却與天地爲一，更無限量。」廣。

浩然之氣乃是於剛果處見。以前諸儒於此却不甚説，只上蔡云「浩然，是無虧欠處」。因舉屏山喜孫寶一段。可學。

問「浩然之氣」。曰：「這個孟子本説得來粗。只看他一章本意是説個不動心。所謂『浩然之氣』只似個粗豪之氣。他做工夫處雖細膩，然其成也却只似個粗豪之氣，但非世俗所謂粗豪者耳。」僩。

鄭文振[五三]説孟子浩然之氣。先生曰：「不須多言，這只是個有氣魄、無氣魄而已。人若有氣魄方做得事成，於世間禍福得喪利害方敵得去，不被他恐動。若無氣魄，便做人衰颯懾怯，於世間禍福利害易得恐動。只是如此。他本只是答公孫丑『不動心』，纏來纏去，説出許多『養氣』、『知言』、『集義』，其實只是個『不動心』。人若能不動心，何事不可爲？然其所謂『不動心』不在他求，只在自家知言、集義，則此氣自然發生於中。不是只行一兩事合義，便謂可以掩襲於外而得之也。孔子曰：『不得中行而與之，必也狂狷乎！』看來這道理須是剛硬，立得脚住，方能有所成。只觀孔子晚年方得個曾子，曾子得子思，子思得孟子，看來[五四]此諸聖賢都是如此剛果決烈，方能傳得這個道理。若慈善柔弱底終不濟事。如曾子之爲人，語孟中諸語可見。子思亦是如此。如云：『摽使者出諸大門之外。』又云：『以德，則子事我者也，奚可以與我友！』孟子亦是如此，所以皆做得成。學聖人之道者，須是有膽志。其決烈勇猛，於世間禍福利害得喪不足以動其心，方能立得脚住。若不如此，都靠不得。况當世衰道微之時，尤用硬着脊梁，無所屈撓方得。然其工夫只在自反常直，仰不愧天，俯不怍人，則自然如此，不在他求也。」又曰：「如今人多將顔子做個柔善底人看。殊不知顔子乃是大勇，反是他剛果得來細密，不發露。如個有大氣力底人都不使出，只是無人抵得他。孟子則攘臂扼腕，尽發於外。論其氣象，則孟子粗似顔子，顔子較小如孔子。孔子則渾然無迹，顔子微有迹，孟子其迹尽見。然學者則須自粗以入細，須先剛硬有所卓立，然後漸漸加功，如顔子、聖人也。」僩。

「浩然之氣」一章説得稍粗。大意只是要「仰不愧於天，俯不怍於人」，氣便浩然。如「彼以其爵[五五]，我以吾仁；彼以其富[五六]，我以吾義，吾何慊乎哉」，如「在彼者皆我所不爲也，在我者皆古之制也，吾何畏彼哉」。自家有道理對着他没道理，何畏之有！閎祖。

問：「浩然之氣如何看？」曰：「仁義禮智充溢於中，睟然見面盎背，心廣體胖處，便自有一般浩然之氣象。」曰：「此説甚細膩，然非孟子本意。此段須從頭看來，方見得孟子本意。孟子當初便如何當大任而不動心？如何便『過孟賁遠矣』？如何便『自反而縮，千萬人吾往矣』？只此便是有浩然之氣，只是勇爲不懼，便是有浩然之氣。[五七]然[五八]此説似粗而實精。以程子説細考之，當初不是説不及此，只門人記録緊要處脱一兩字，便和全意失了。浩然之氣只是這血氣之『氣』，不可分作兩氣。人之語言動作所以充滿於一身之中者，即是此氣。只是集義積累到充盛處，仰不愧，俯不怍，這氣便能浩然。」曰：[五九]「『配義』之『配』，何謂『合而有助』之意？」曰：「此語已精。如有正將，又立個副將以配他，乃所以助他。天下莫强於道[六〇]義。當然是義，總名是道。以道義爲主，有此浩然之氣去助他，方始[六一]勇敢果决以進。如這一事合當恁地做，是義也。自家勇敢果决去做，便是有這浩然之氣去助他。有人分明知得合當恁地做，又却[六二]恧縮不敢去做，便是餒，無此浩然之氣。如君有過，臣諫之，是義也。然有[六三]冒死而不顧者，便是有浩然之氣去助此義。如合説此話却恧縮不對，便是氣餒，便是欿然之氣。只此一氣餒了，便成欿然，不調和便成忿厲之氣。所以古人車則有和鸞，行則有佩玉，貴於養其氣。」問：「『氣一則動志』，這『氣』字是厲氣否？」曰：「亦不必把作厲氣，但動志則已是不好底氣了。『志動氣者十九，氣動志者十一』，須是以志爲主，自作一條，[六四]無暴其氣。孟子當初乃剩説此一句，所以公孫丑復辯。」問：「集義到成這浩然之氣，則氣與義爲一矣，及配助義道，則又恐成二物否？」曰：「氣與義自是二物。只是集義到充盛處則强壯，此氣便自浩然，所以又反來助這道義。無是氣，便餒而不充了。」又[六五]問：「配者，助也。是氣助道義而行。下文[六六]又曰『集義所生』，是氣又因義集而後生。莫是氣與道義兩相爲用否？」曰：「兩相助底意。初下工夫時便因[六七]集義，然後生那浩然之氣，及氣已養成，又却助道義而行。」淳。

「孟子『養氣』一章，大綱是説個『仰不愧於天，俯不怍於地』。上面從北宮黝、孟施舍説將來只是個不怕，但二子不怕得粗，孟子不怕得細。」或問：「『合而有助』，『助』字之訓如何？」曰：「道義是虛底物，本自孤單，得這氣帖起來，便自張主皆去聲。無所不達。如今人非不爲善，亦有合於道義者，若無此氣便只是一個衰底人。李先生曰：『「配」是襯貼起來。』又曰：『若説道「襯貼」，却是兩物。氣與道義只是一衮發出來，思之。』『一衮發出來』，説得道理好。『襯貼』字説『配』字極親切。」從周。若無氣以配之，則道義無助。方子。道義得這氣襯貼起來方有力量，事可擔當。蓋卿。[六八]

吕與叔謂養氣可以爲養心之助。程先生以爲不然，養心只是養心，又何必助？如爲孝只是爲孝，又何必以一事助之？某看得來又不止此，蓋纔養氣則其心便在氣上了，此所以爲不可也。廣。[六九]

吕與叔言養氣可以爲養心之助，程先生大以爲不然。某初亦疑之，近春來方信。心死在養氣上，氣雖得其養，却不是養心了。公晦。[七〇]

道夫[七一]問：「向在書堂看大學『誠意』章，[七二]或問云：『孟子所論浩然之氣，其原蓋出於此。』道夫因誦其所謂浩然之説。先生謂：『也是恁地，只是不要忙。』不知此語是爲始學者言養氣之理，如何[七三]？」曰：「不是恁地。這工夫是忙不得，他所以有『勿助長』[七四]之論。」道夫。

信州刊李復潏水集有一段説：「浩然之氣只是要仰不愧，俯不怍，便自然無怯懼。」其言雖粗，却盡此章之意。前輩説得太高，如龜山爲某人作養浩堂記，都説從別處去。閎祖。

問：「他書不説養氣，只孟子言之，何故？」曰：「這源流便在那個[七五]『心廣體胖』、『内省不疚，夫何憂何懼』處來。大抵只是這一個氣，又不是別將個甚底去養他。但集義便是養氣，知言便是知得這義。人能仰不愧、俯不怍時，看這氣自是浩然塞乎天地之間。」榦。

又曰：[七六]「『浩然之氣』，[七七]孔子兩句説盡了，曰『内省不疚，夫何憂何懼』。」僩。卓同。[七八]

浩然之氣須是識得分明，自會養得成。若不見得直是是，直是非，欲説不説，只恁地含含胡胡，依違鶻突，要説又怕不是，這如何得會浩然！人自從生時受天地許多氣，自恁地周足。只緣少間見得没分曉，漸漸衰颯了。又不然，便是「行有不慊於心」，氣便餒了。若見得道理明白，遇事打併净潔，又仰不愧，俯不怍，這氣自浩然。如猪胞相似，有許多氣在裏面便恁地飽滿周遍，若無許多氣便厭了，只有許多筋膜。這氣只論個浩然與餒。又不然，只是驕吝。有些善只是我自會，更不肯向人説。恁地包含，這也只會餒。天地吾身之氣非二。賀孫。

問：「『養氣』一章皆自大學『誠意』一章來。」曰：「不必説自那裏來，只是此一個道理，説來説去，自相凑着。」道夫。

孟子「養氣」一段，某説得字字甚子細，請子細看。

兩個「其爲氣也」，前個是説氣之體段如此，後個是説這氣可將如此用。僩。

「至大至剛，以直養而無害。」不必以「直方大」爲證。[七九]

程子點「至大至剛以直」爲一句。要之，不須如此，只讀「至大至剛」則爲句自好。自修。[八〇]

問：「伊川以『至大至剛以直』爲絶句，如何？」曰：「此是趙岐説，伊川從之。以某觀之，只將『至大至剛』爲絶句，亦自意義分明。」煇曰：「如此却不費力。」曰：「未可如此説，更宜將伊川之説思之。」晦夫。[八一]

問：「『至大至剛，以直養而無害』，[八二]程子以『直』字爲句，先生以『以直』字屬下句。」曰：「文勢當如此説。若以『直』字爲句，當言『至大至剛至直』。又此章前後相應皆是此意，先言『自反而縮』，後言『配義與道』，所謂『以直養而無害』，乃『自反而縮』之意。大抵某之解經只是順聖賢語意，看其血脈通貫處爲之解釋，不敢自以己意説道理也。」人傑。

「『浩然之氣』，[八三]古注及程氏皆將『至大至剛以直』做一句。據某所見，欲將『至大至剛』爲一句，『以直養而無害』爲一句。今人説養氣，皆謂在『必有事焉，而勿正心，勿忘，勿助長』四句上。要緊未必在此。藥頭只在那『以直養而無害』及『集義』上。這四句却是個炮炙煅煉之法。『直』只是無私曲，『集義』只是事事皆直，『仰不愧於天，俯不怍於人』便是浩然之氣。而今只將自家心體驗[八四]到那無私曲處，自然有此氣象。」文蔚云：「所以上蔡説『於心得其正時識取』。」曰：「是。」文蔚問：「塞天地莫只是一個無虧欠否？」曰：「他本自無虧欠，只爲人有私曲，便欠却他底。且如『萬物皆備於我，反身而誠，樂莫大焉』，亦只是個無虧欠。君仁臣忠，父慈子孝，自家欠却他底便不快活。『反身而誠，樂莫大焉』，無欠闕也。以此見浩然之氣只是一個『仰不愧於天，俯不怍於人』。」王德修云：「伊川却將『至大至剛以直』，與坤卦『直方大』同說。」曰：「便是不必如此。且只將孟子自看，便見孟子說得甚粗，易却說得細。」文蔚。

伯豐問「至大至剛以直」字絶句。曰：「古注如此，程氏從之。然自上下文推之，故知『以直』字屬下句，不是言氣體，正是說用功處。若只作『養而無害』，却似禿筆寫字，其話没頭。觀此語脉自前章『縮』、『不縮』來。下章又云『是集義所生』，『義』亦是直意。若『行有不慊於心，則餒矣』，故知是道用工夫處。『必有事焉，而勿正心』[八五]字連上句亦得，但避大學『正心』字，故[八六]連下句。然初不相干，各自取義。古注『正』字作『望』字解。如將『心勿忘』屬上文，『勿助長』屬下文，亦不須如此。只是浩然之氣養之未至而望有之便是『正』，如在『正』之際[八七]只是望之而已。至於助長則是强揠[八八]力取，氣未能養，遽欲加人力之私，是爲揠苗而已。」㽦。[八九]

時舉[九〇]問：「伊川作『以直』點如何？」曰：「氣之體段若自剛大外更着一兩字形容也得，然工夫却不在上面。須要自家自反而直，然後能養而無害也。」又問詖辭、淫辭一節[九一]。

先生云：「詖不[九二]是偏，詖如人足跛相似，斷行不得。且楊墨説『爲我』、『兼愛』，豈有人在天地間孑然自立、都不涉着外人得！又豈有視人如親一例兼愛得！此二者皆偏而不正，斷行不得，便是蔽於此了。至淫辭則是説得愈泛濫，陷溺於中，只知有此而不知有他也。邪辭則是陷溺愈深，便一向雜[九三]了正道。遁辭則是説得窮後，其理既屈，自知去不得，便別又換了一個話頭去[九四]。如夷之説『施由親始』之類，這一句本非他本意，只臨時撰出來也。」先生又云：「『生於其心，害於其政』者，是纔有此心便大綱已壞了。至『發於其政，害於其事』，則是小底節目都以次第而壞矣。」因云：「孟子是甚麼底資質！甚麼底力量！却纖悉委曲都去理會，直是要這道理無些子虧欠。以此知學問豈是執一個小小底見識便了得！直是要無不周匝，方是道理。要須整頓精神、硬着脊骨，也須與他做將去始得。」時舉。[九五]

天地之氣，雖至堅如金石，無所不透，故人之氣亦至剛，蓋其本相如此。[九六]

氣雖有清濁厚薄之不齊，然論其本，則未嘗異也。所謂「至大至剛」者，乃氣之本體如此，但人不能養之而反害之，故其大者小、剛者弱耳。閎祖。

或疑氣何以能動志。曰：「志動氣是源頭濁者，故下流亦濁也。氣動志者却是下流壅而不泄，反濁了上面也。」公晦。襲蓋卿同。[九七]

「遺書首卷[九八]以李籲端伯所録最精，故以冠之篇首。然『浩然之氣』一條[九九]，端伯載明道先生所言，以『至大至剛』爲句絶，以『直養』二字屬下句，爲『以直養而無害』。[一〇〇]及楊遵道所[一〇一]録伊川先生之言，則曰『先兄無此語』[一〇二]，斷然以『至大至剛以直』爲一句。二説正相抵牾。此學者工夫最切處，今並載之，不知何所適從。[一〇三]」曰：「『至大至剛以直』，趙臺卿已如此解『直養』之説，伊川嫌其以一物養一物，故欲[一〇四]從趙注。舊嘗用之，後來反覆推究，是却是『至大至剛』作一句，『以直養而無害』作一句者，爲得孟子之意。蓋聖賢立言，首尾必相應。如云『自反而縮』便有『直養』意思，『集義』之説亦然。端伯所記明道語未必不親切，但恐伊川又自主張得到，故有此議論。今欲只從明道之説。」[一〇五]

王德修説：「浩然之氣大、剛、直，是氣之體段。實養處是『必有事焉』以下。」答曰：「孟子浩然之氣，要處只在集義。集義是浩然之氣生處。大、剛、直，伊川須要説是三個，何也？」大雅云：「欲配『直』、『方』、『大』三德。」答曰：「坤『直方』自是要『敬以直内，義以方外』，『大』自是『敬義立而德不孤』。孔子説或三或五，豈有定例？據某看得，孟子只説浩然之氣『至大至剛』，養此剛大須是直。『行有不慊於心』是不直也，便非所以集義，浩然從何而生？彼[一〇六]曾子説『自反而縮，自反而不縮』，亦此類也。如『必有事焉』是事此集義也，『而勿正』是勿必此浩然之生也。正，待也，有期必之意。公羊曰：『師出不正戰，戰不正反。』[一〇七]古語有然。『心勿忘』是勿忘此義也，『勿助長』是勿助此氣也。四句是籠頭説。若論浩然之氣，只是剛大，養之須是直。蓋『以直』只是無私曲之心，仰不愧，俯不怍。如此養則成剛大之實而充塞天地之間不難也，所以必要集義方能直也。龜山謂『嫌是以一物養一物』，及他說又自作『直養』。某所以不敢從伊川之說。」大雅。

「以直養而無害」，謂「自反而縮」，俯仰不愧，故能養此氣也。與大學「自慊」之意不同。自慊者，「如好好色，如惡惡臭」，皆要自己慊足，非爲人也。謨。

「以直養」是「自反而縮」，「集義」是「直養」。然此工夫須積漸集義，自能生此浩然之氣，不是行一二件合義底事能搏取浩然之氣也。集義是歲月之功，襲取是一朝一夕之事。從而掩取，終非己有也。德明。

「『至大至剛』氣之本體，『以直養而無害』是用功處，『塞乎天地』乃其效也。」問：「『塞乎天地』，氣之體段本如此。充養得[一〇八]浩然處，然後全得個體段，故曰『塞乎天地』。如但能之，[一〇九]所謂『推之天地之間，無往而不利』，恐不然。」曰：「至『塞乎天地』，便無往不可。」德明。今按，「如但能之」恐有誤字。[一一〇]

問：「浩然之氣如何塞乎天地？」曰：「塞乎天地之間是天地之正氣。人之血氣有限，能養之則[一一一]天地正氣亦同。」又問：「塞莫是充塞否？」曰：「是遍滿之意也。」去僞。塞天地只是氣魄大，如所謂氣蓋世。文蔚。[一一二]

問「塞乎天地之間」。曰：「天地之氣無處不到，無處不透，是他氣剛，雖金石也透過。人便是稟得這個氣無欠闕，所以程子曰：『天人一也，更不分別。浩然之氣乃吾氣也，養而無害則塞乎天地，一爲私意所蔽則欿然而餒，却甚小也。』」又云：「浩然之氣只是氣大敢做。而今一樣人畏避退怯〔一一三〕，事事不敢做，只是氣小。有一樣人未必識道理，然事事敢做，是他氣大。如項羽『力拔山兮氣蓋世』，便是這樣氣。人須是有蓋世之氣方得。」〔一一四〕又云：「如古人臨之以死生禍福而不畏〔一一五〕，敢去罵賊，敢去徇國，是他養得這氣大了，不怕他，義〔一一六〕也。是他識道理，故能如此。」

問：「『塞乎天地之間』，是元氣體段合下如此。或又言『只是不疑其行，無往不利』，何也？」曰：「只爲有此體段，所以無往不利。不然，須有礙處。」問：「程子『有物始言養，無物養個甚』，此只要識得浩氣體段否？」曰：「只是説個大意如此。」問：「先生解西銘『天地之塞』作『窒塞』之『塞』，如何？」曰：「後來已改了，只作『充養』〔一一七〕。横渠不妄下字，各有來處。其曰『天地之塞』是用孟子『塞乎天地』，其曰『天地之帥』是用『志，氣之帥也』。」德明。

問：「『配義與道』，集注謂『合而有助之意』，其意如何？」〔一一八〕曰：「若無氣以配之，則道義無助。」公晦。

義剛〔一一九〕問：「浩然之氣，此氣〔一二〇〕人人有之，但不養則不浩然爾。是否？」〔一二一〕先生曰：「是。」又問：「『配』字從前只訓作『合』，先生以『助』意釋之，有據否？何以見得？」〔一一二〕先生曰：「非謂『配』便是『助』，但養得那氣充便不餒，氣充方合得那道義，所以說有『助』之意。」義剛。

上章既說浩然如此，又言「其爲氣也，配義與道」，謂養成浩然之氣，以配道義，方襯貼得起。不然，雖有道義，其氣懾怯，安能有爲！「無是，餒也」，謂無浩氣，即如饑人之不飲食而餒者也。德明。

「其爲氣也，配義與道。無是，餒也。」有一様人非不知道理，但爲氣怯，更貼襯義理不起。閎祖。

「配義與道」只是說氣會來助道義。若輕易開口，胡使性命〔一一三〕，却只助得客氣。人纔養得純粹，便助從道義好處去。賜。

問「其爲氣也，〔一二四〕配義與道」。先生曰：「道義是公共無形影底物事，是〔一二五〕自家身上底物。道義無情，若自家無這氣，則道義自道義，氣自氣，如何能助得他？」又曰：「只有氣魄，便做得出。」〔一二六〕夔孫。

氣配道義。有此氣，道義便做得有力。淳。

鄭又問：「『配義與道，無是，餒也〔一二七〕。』『配』是合否？」曰：「『配』是〔一二八〕合底意思。

看來[一二九]須是養得這氣方[一三〇]做得出，方合得道義。蓋人之氣當於平時存養有素，故遇事之際以氣助其道義而行之。配，合也。與，[一三一]助也。若於氣上存養有所不足，遇事之際便有十分道理，亦畏怯而不敢爲。」鄭云：「莫是『見義而不爲，無勇也』底意思否？」先生云：「亦是這個道理。」先生又云：「所謂『氣』者，非干他事。只是自家平時仰不愧，俯不怍，存養於中，其氣已充足飽滿，以之遇事自然敢爲而無畏怯。若平時存養少有不足，則遇事之際自是索然而無餘矣。」卓。賀孫同。

「配義與道，無是，餒也。」將這氣去助道義方能行得去。若平時不得養，此氣自衰颯了，合當做底事也畏縮不敢去做。如朝廷欲去這一小人，我道理直了，有甚怕！他不敢動着。知他是小人，不敢去他，只是有這氣自衰了，其氣如此便是合下無工夫。所謂「是集義所生者」，須是平時有集義工夫始得。到行這道義時氣自去助他。集義是平時積累工夫，「配義與道」是卒然臨事配[一三二]道義行將去。此兩項各自有頓放處，但將粗處去看便分曉。春秋時欲攻這敵國，須先遣問罪之詞。我這裏直了，將這個去摧他勢，他雖有些小勢力亦且消沮去了。漢高祖爲義帝發喪，用董公言：「明其爲賊，敵乃可服。」我這個直了，行去自不怕得它！寓。

先生曰：「『養氣』章，直[一三三]道義與氣不可偏廢。雖有此道義，苟氣不足以充其體，則歉然自餒，道氣亦不可行矣。如人能實[一三四]於有爲，莫非此氣。苟非道義，則亦强猛悍戾而已。

道義而非此義氣以行之，又如人要舉事而終於委靡不振者，皆氣之餒也。『必有事焉而勿正』，趙氏以希望之意解『正』字，看來正是如此，但說得不甚分明。今以爲期待之意則文理不重複。蓋必有事於此然後心不忘於此，正之不已然後有助長之患。言意先後，各有重輕。『孟施舍似曾子，北宮黝似子夏。』數子所爲本不相侔，只論養勇，借彼喻此，明其所養之不同爾。正如公孫丑謂『夫子過孟賁遠矣』，孟賁豈孟子之流！只是言其勇爾。」謨。

「配義與道。」道是體。一事有一理是體，到隨事區處便是義。士毅。

氣、義互相資。可學。

「配義與道」如云「人能弘道」。可學。

氣，只是一個氣，但從義理中出來者即浩然之氣，從血肉身中出來者爲血氣之氣耳。閎祖。

問：「氣之所配者廣矣，何故只說義與道？」曰：「道是體，義是用。程子曰『在物爲理，處物爲義』，道則是物我公共自然之理；義則吾心之能斷制者，所用以處此理者也。」廣。

問：「横渠集注云『配者，合而有助』之意，如何？」〔一三五〕先生曰：「氣自氣，道義自道義。若無此氣，則道義亦不可見。世之理直而不能自明者，正爲無其氣耳。譬如利刀可以〔一三六〕斬割，須有力者乃能用之。若自無力，利刀〔一三七〕何爲？」力行。

問：「明道說浩然之氣，曰『一爲私意所蔽，則欿然而餒，知其小矣』。據孟子後面說『行有不慊於心則餒』，先生解曰：『所行一有不合於義而自反不直，則不足於心，而體自有所不充。』只是説緣〔一三八〕所行不義則欿然而餒。今説『蔽』字則是説知之意。不知如何？」曰：「蔽是遮隔之意。氣自流通不息，一爲私意所遮隔，則便去不得。今且以粗言之，如項羽一個意氣如此，纔被漢王數其十罪，〔一三九〕便覺沮屈去不得了。」廣。

李問：「『無是，餒也』，是指義，是指氣？」曰：「這是説氣。」曰：「下面如何便説『集義所生』？」曰：「上截説須養這氣，下再起説所生此氣。每一件事做得合義便會生這氣，生得這氣便自會行這義。伊川云：『既生得此氣，語其體則與道合，語其用則莫不是義。譬之以金爲器，及其器成方命得此是金器。』『生』正與『取』字相對説，生是自裏面生出，取是自外面取來。且如今人有氣魄，合做事便做得去。若無氣魄，雖自見得合做事却做不去。氣只是身中底氣，道義是衆人公共底。天地浩然之氣，到人得之便自有不全了，所以須着將道理養到浩然處。」賀孫。

問：「前賢云『譬如以金爲器，器成方得命爲金器』。舊聞此説，遂謂『無是，餒也』，『是』字指道義而言？」先生曰：「不知當時如何作如此説。」力行。

方集義以生此氣則須要勉强。及到配義與道，〔一四〇〕則道義之行愈覺剛果，更無凝滯，尚何恐懼之有！謨。

孟子許多論氣處只在「集義所生」一句上。謨。去僞同。〔一四一〕

或問「集義」。曰：「只是無事〔一四二〕不求個是而已矣。」恪。

或問「集義」。曰：「集義只是件件事要合宜，自然積得多。」蓋卿。

或問：「『是集義所生，非義襲而取之』，如何是『集義』？」〔一四三〕曰：「事事都要合道理。纔有些子不合道理，心下便不足。纔事事合道理，便仰不愧，俯不怍。」因云：「如此一事〔一四四〕，初看道如何得許多頭緒恁地多？後來看得却無些子窒礙。」賀孫。

問：「無浩然之氣固是襯貼他義不起。然義有欠闕即氣亦餒然〔一四五〕，故曰『行有不慊于心，則餒矣』。竊謂氣與義必相須。」曰：「無義即〔一四六〕做浩然之氣不成，須是集義方成得浩然之氣。」德明。

淳〔一四七〕問：「此氣是當初稟得天地底來便自浩然，抑〔一四八〕是後來集義方生？」曰：「本是浩然，被人自少時壞了，今當集義方能生。」曰：「有人不因集義，合下來便恁地剛勇，如何？」曰：「此只是粗氣。便是北宮黝、孟施舍之勇底，亦終有餒時。此章須從頭節節看來看去，首尾貫通，見得活方是，不可只略獵涉，說得去便是了。」淳。

浩然要事事合義，一事餒，便行不得。可學。

「集義故能生浩然之氣。」問：「何以不言仁？」曰：「浩然氣無他，只是仰不愧，俯不怍，無一毫不快於心，自生浩然之氣。只合說得義。義便事事合宜。」德明。

先生[一四九]問一之：「看浩然之氣處如何？」曰：「見集義意思是要得安穩。如講究書中道理，便也要見得安穩。」曰：「此又是窮理，不是集義。集義是行底工夫，只是事事都要合義。窮理則在知言之前。窮理是做知言工夫，能窮理然後能知言。」淳。

問：「浩然之氣，集義是用功夫處不？」曰：「須是先知言。知言則義精而理明，所以能養浩然之氣。知言正是格物、致知，苟不知言，則不能辨天下許多淫、邪、詖、遁。將以爲仁，不知其非仁；將以爲義，不知其非義，則將何以集義而生此浩然之氣也？氣只是充乎體之氣，充與天地相流通，只是仰不愧，俯不怍，自然無恐無懼，塞乎天地也。今人心中纔有歉愧，則此氣自然消餒，作事更無勇鋭。『配義與道』者，相[一五〇]合而有助。譬如與人鬭敵，又得一人在後相助，自然愈覺氣勝。告子『不得於言，勿求於心；不得於心，勿求於氣』，只是一味勃然不顧義理，如此養氣則應事接物皆去不得。孟子是活底不動心，告子是死底不動心。如孟子自是沉潛積養，自反而縮，只是理會得道理是當。雖加齊卿相，是甚做不得？此章正要反覆子細看公孫丑如何問、孟子如何答。孟子纔説『志至焉，氣次焉，持其志，無暴其氣』，公孫丑便以爲志至[一五一]，以氣爲第一等事，故又問何故又要無暴其氣，孟子方告之以不特志能動氣而氣亦能動志也。氣能動志，須是尋常體察。如飲酒固能動志，然苟能持其志，則亦不能動矣。」侍坐者有於此便問：「直、方、大如何？」曰：「議論一事未分明，如何隔向別處去！下梢此處未明，彼又不曉，一切泛然無入頭處。讀書理會義理，須是勇猛徑直理會將去。正如關羽擒顏良，只知有此人。[一五二]又要斫那人，非惟力不給，而其所得者不可得矣。又如行路，欲往一處所，却在道邊閑處留滯，則所欲到處何緣便達！看此一章便須反覆讀誦，逐句逐節互相發明。如此三二十過而曰不曉其義者，吾不信也。」謨。

「『養氣』一段，緊要只在『以直養而無害』、『是集義所生』、『自反而縮』等處。」又曰：「『非義襲而取之』，其語勢如『人之有是四端，猶其有四體』，却不是說有無四體底人。言此氣須是集義方生始[一五三]得，不是一旦用義緣外面去[一五四]襲取得那氣來，教恁地浩然。」植。

「非義襲而取之」，謂積集於義自然生得此氣。非以浩然爲一物，可以義襲取之也。德明。

問：「『浩然之氣是「集義所生，非義襲而取之也」』，如何？」曰：「此是反復說，正如所謂『仁義禮智非由外鑠我也，我固有之也』。是積集衆義所生，非是行一事偶然合義便可掩襲於外而得之。浩然之氣，我所固有者也。」廣。

或問「是集義所生者」一句。曰：「『是集義』者，言是此心中分別這是義了，方做出來，便配合得道義而行之，非是自外面襲得來也。『生』字便是對『取』字而言。」卓。

「是集義所生者，非義襲而取之也。」須是積習持養則氣自然生，非謂一事合宜便可掩取其氣以歸於己也。閎祖。

道夫[一五五]問：「孟子養浩然之氣，如所謂『集義』、『勿忘勿助』、『持其志，無暴其氣』，似乎皆是等級。」曰：「他衹是集義。合當做底便做將去，自然塞乎天地之間。今若謂我要養氣，便是正，便是助長。大抵看聖賢文字，須要會得他這意，若陷在言語中，便做病來。」道夫。

問「是集義所生者，非義襲而取之也」。先生云：「今說『集義』如學者工夫，須是於平日所爲之事，求其合於義者而行之。積習既久，浩氣自生。說『義襲』則於一事之義勇而爲之，以壯吾氣耳。『襲』如用兵掩襲之『襲』，猶曰於一事一行之義勇而爲之，以襲其氣也。」[一五六]

「養浩然之氣」只在「集義所生」一句上。氣，不是平常之氣，集義以生之者。義者，宜也。凡日用所爲所行一合所[一五七]宜，今日合宜，明日合宜，集得宜多，自覺胸中慊足，無不滿之意。不然，則餒矣。「非義襲而取之」，非義[一五八]外取其義以養氣也。「配義與道」者，大抵以坤配乾必以乾爲主，以妻配夫必夫爲主。配，作隨底意思。以氣配道義，必竟以道義爲主而氣隨之，是氣常隨着道義。謨。

問：「『集義』是以義爲内，『義襲』是以義爲外否？」曰：「不必如此說。此兩句是掉轉說，如云『我固有之也，非由外鑠我也』。蓋義本於心，不自外至，積集此義而生此氣，則此氣實生於中。如北宮黝、孟施舍之勇，亦自心生。」又問：「集注云：『非由只行一事偶合於義，便可以掩襲於外而得之。』人傑讀至『只行一事』處，不能無疑。[一五九]」曰：「集義是集衆義，故與『只行一事』相對說。襲，猶兵家掩襲之『襲』，出其不意，如劫寨相似。非順理而行，有積集工夫者也。」人傑。

正淳問：「『非義襲而取之』，如何？」曰：「所謂『義襲而取之』者，襲如用兵去襲奪之意，〔一六〇〕如掩人不備而攻襲之。謂如所行之事以爲義而行之，〔一六一〕纔行得一件事合義，便〔一六二〕以爲浩然之氣可以攫拏而來，夫是之謂襲。若集義者，自非生知，須是一一見得合義而行。若是本初清明，自然行之無非是義，此舜『由仁義行』者，其他須用學知。凡事有義有不義，便於義行之。今日行一義，明日行一義，積累既久，行之事事合義，然後浩然之氣自然而生。如金溪之學，向來包子只管說『集義』、『襲義』。某嘗謂之曰：如此說孟子，孟子初無『襲義』。今言『襲義』，却是包子矣。其徒如今只是將行得一事合義，便指準將來長得多少精神，乃是告子之意。但其徒禁錮着，不說出來。」僴。

韓退之詩：「强懷張不滿，弱念闕易盈。」「强懷張不滿」是助長弱念，「闕易盈」便是歉。賜。〔一六三〕

韓退之詩云：「强懷張不滿，弱念闕易盈。」「無是，餒也」，雖强支撐起來，亦支撐不得，所謂「揠苗」者也。閎祖。〔一六四〕

問集注云「告子外義，蓋外之而不求，非欲求之於外也」。曰：「告子直是將義屏除去，只就心上理會。」因説：「陸子静云『讀書講求義理，正是告子義外工夫』。某以爲不然。如子静不讀書，不求義理，只静坐澄心，却似告子外義。」德明。[一六五]

「必有事焉」是須把做事做。如主敬也須是把做事去主，如求放心也須是把做事去求，如窮理也須是把做事去窮。僩。

鄭天禧問：「『必有事焉而勿正』，當作絶句否？」曰：「元舊是恁地讀。」[一六六]

「必有事焉而勿正心」，此言「正心」，自與大學「欲修其身，必先正其心」[一六七]語脉自[一六八]不同，此「正」字是期待其效之意。「仁者先難而後獲」，正心却[一六九]似先獲意思，先獲是先有求獲之心。古人自有這般語。如「正」字，[一七〇]公羊傳自[一七一]云「師出不正反，戰不正勝」，此「正」字與孟子説「正心」之「正」一般。彼[一七二]言師出不可必期其反，戰不可必期其勝也。賀孫。

問：「『必有事焉而勿正』字之義如何？」[一七三]曰：「正猶等待之意。趙岐解云『不可望其福』，雖説意粗了，其文義却不錯。此正如『師出不正反，戰不正勝』之『正』。古人用字之意如此，言但當從事於此而勿便等待其效之意。」坐間有問：[一七四]「此便是助長否？」曰：「『正』未是助長，待其效而不得，則漸漸助之長矣。譬之栽木，初栽即便[一七五]望其長，望之之久而不如意，則揠苗矣。明道曰『下言之漸重』，此言却是。」後因論「仁者先難而後獲」，某[一七六]曰：「先生解『勿正』字頗有後獲之意。」先生曰：「然，頗有此意。」某曰：「如此解則於用工處儘有條理。」先生曰：「聖人〔一七七〕之言條理精密，往往如此。但看得不切，錯認了他文義，則并與其意而失之耳。」洽。

或問：「『必有事焉而勿正』，如何是正？」先生曰：「『正』有期待之意。」蓋卿。〔一七八〕

「『必有事焉而勿正』却似『鳶飛魚躍』之言。此莫是順天理自然之意否？」曰：「孟子之説只是就養氣上説。程子説得又高。須是看孟子了又看程先生説，便見得孟子只説『勿忘，勿助長』。程先生之言，於其中却有一個自然底氣象。」謨。去僞同。〔一七九〕

問：「『必有事焉而勿正心，勿忘，勿助長』。據孟子，只是養氣節次若此〔一八〇〕。近世諸儒之説把來作一段工夫，莫無妨否？」曰：「無妨。只看大意如何。」曰：「諸儒如此説雖無害，只是孟子意已走作。先生解此却好。」曰：「此一段，趙岐注乃是就孟子説，只是頗緩慢。」可學。

「必有事焉而勿正心」，〔一八一〕「勿正心」，勿期其浩然也。「勿忘」者，勿忘其下工夫也。「助長」者，無不畏之心而强爲不畏之形。節。

「必有事焉」謂集義，「正」是期望，「忘」是不把做事，「助長」是作弄意思。世有此等之〔一八二〕人。孟子之意只是如此㨿言之。要之，四者初無與養氣事，只是立此界至，如東至某，〔一八三〕其中間一段方是浩然處也。伯豐。

問「必有事焉而勿正」章。先生云：「『必有事焉』，孟子正説工夫處。且從上面集義處看來便見得『必有事焉』者云云[一八四]，言養之末[一八五]當必以集義爲事；『勿正』者，勿待也；『勿忘』者，勿忘其以集義爲事也；『助長』者，是待之不得而拔之使長也。言人能集義以養其浩然之氣，故事物之來自有以應之。不可萌一期待之心，少間待之不得，則必出於私意有所作爲而逆其天理矣，是助之長也。今人之於物，苟施種植之功，至於日至之時則自然成熟。若方種而待其必長，不長則從而拔之，其逆天害物也甚矣。」又云：「集義是養氣底丹頭，必有事便是集義底方法[一八六]。言必有事者，是養氣之法度也。養得這氣在此，便得這個自重那個自輕。如公孫丑言『加齊卿相，得行道焉』，以爲孟子動心於此。不知孟子所養在此，見於外者，皆由這裏做出來。」又曰：「孔子與顏淵『用之則行，舍之則藏，唯我與爾有是夫』，言[一八七]我有這個道理在，不是言有用舍行藏也。」又云：「心有所主宰則氣之所向者無前，所謂『氣蓋世』之類是也。存[一八八]其心而無其氣，則雖十分道理底事亦有不敢爲者，氣不充也。」卓。

「『必有事焉』，只消此一句，這事都了。下面『而勿正心，勿忘，勿助長』恰似剩語，却被這三句撑拄夾持得不活轉、不自在。然活轉自在人，却因此三句而生。只是纔喚醒，這物事便在這裏，點着便動。只此便是天命流行處，便是『天命之謂性，率性之謂道』，便是仁義之心，便是『惟皇上帝降衷于下民』。謝氏所謂『活潑潑地』只是這些子，更不待想象尋求，分明在這裏，觸着便應。通書中『元亨誠之通，利貞誠之復』一章，便是這意思。見得這個物事了，動也如此，靜也如此，自然虛靜純一。不待更去求虛靜，不待體認，只喚着便在這裏。」或云：「吾儒所以與佛氏異者，吾儒則有條理、有準則，佛氏則無此爾。」曰：「吾儒見得個道理如此了，又要事事都如此。佛氏則說：『便如此做也不妨。』其失正在此。」僩。

侯師聖說「而勿正心」，明道〔一八九〕舉禪語爲況〔一九〇〕曰「事則不無，擬心則差」。當時於此言下便有省悟〔一九一〕，某甚疑此語引得不相似。「必有事」是須有事於此，「勿正心」是不須恁地等待。今說「擬心則差」是如何？言須擬之而後言，行須擬之而後動，方可中節。不成不擬不議只恁地去！此語似禪，某不敢編入精義。義剛。陳淳同。〔一九二〕

明道云：「『勿忘，勿助長』之間，正當處也。」「當處」二字並去聲。〔一九三〕此等語更宜玩味。大凡觀書從東頭直築着西頭，南頭築着北頭，七穿八透，皆是一理，方是貫通。古人所以貴一貫也。伯豐。

「勿忘，勿助長」上連上文「集義」而言，故「勿忘」謂勿忘集義也。一言一動之間皆要合義，故勿忘。「助長」謂不待其充而强作之使然也。如今人未能無懼却强作之，要道我不懼；未能無惑却强作之，要道我不惑：是助長也。「有事」，有事於集義也。「勿正」，謂勿預期〔一九四〕等待他，聽其自充也。升卿。

「集義」如藥頭，「必有事，勿正心，勿忘，勿助長」如製度。閎祖。

事、正、忘、助相因。無所事必忘，正必助長。閎祖。

「必有事焉而勿正心，勿忘，勿助長」，是養氣中一節目，[一九五]不要等待，不要催促。淳。銖同。[一九六]

問：「預期其效如何？」曰：「集義於此自生浩然之氣，不必期待他。如種木焉，自是生長，不必日日看覷他。若助長，直是拔起令長。如人[一九七]説不怕鬼，本有懼心，强云不懼。又云言不畏三軍者，出門聞金鼓之聲乃震怖而死。先生云：「不畏三軍，[一九八]事見孟子注中。」須積習之功至則自然長，不可助長也。」德明。

「詖辭知其所蔽。」詖是偏詖，只是見得一邊。此理本平正，他只説得一邊，那一邊看不見，便是爲物蔽了。字凡從「皮」，皆是一邊意，如跛是脚一長一短，坡是山一邊斜。淳。

「淫辭知其所陷。」陷是身溺在那裏。如陷溺於水，只是見水而不見岸了。夔孫。

陳正己問：「『詖、淫、邪、遁』之説[一九九]，如何是遁底模樣？」曰：「如墨者夷之之説窮，遂又牽引『古之人若保赤子』之説爲問。如佛家初説剃除髭髮、絶滅世事後，其説窮，又道置生産業自無妨礙。」賀孫。

孟子説「知言」處只有詖、淫、邪、遁四者。知言是幾多工夫，何故只説此四字？蓋天下之理不過是與非而已，既知得個非，便識個是矣。且如十句言語，四句是有詖、淫、邪、遁之病，那六句便是矣。僩。

或問孟子言「詖辭，知其所蔽；淫辭，知其所陷；邪辭，知其所離；遁辭，知其所窮」[二〇〇]。曰：「詖辭，偏詖之辭也。見詖辭則知其人之蔽於一偏，如楊氏則[二〇一]蔽於『爲我』，墨氏則蔽於『兼愛』，皆偏也。淫辭，淫[二〇二]蕩之辭也。見淫辭，則知其人之陷於不正而莫加省悟[二〇三]也。見邪辭則知其人之離於道，見遁辭則知其人之說窮而去[二〇四]也。」去僞。謨同。[二〇五]

問：「孟子知言[二〇六]此四辭如何分別？」曰：「詖辭乃是偏於一邊，如楊氏之仁、墨氏之義。蔽者，蔽於一而不見其二。淫者，廣大無涯，陷於其中而不自知。邪則已離於正道而自立一個門庭。遁辭，辭窮無可說，又却自爲一說。如佛家言治產業皆實相。既如此說，怎生不出來治產業？如楊朱云：『一毫何以利天下？』此是且分解其說。你且不拔一毫，況其他乎？大抵吾儒一句言語，佛家只管說不休。如莊周末篇說話亦此類。今人與佛辨最不得便宜，他却知吾說而用之。如橫渠正蒙，乃是將無頭事與人作言語。」可學。

詖辭是一邊長一邊短，如人之跛倚。緣他只是見這一邊，都不見那一邊，是以蔽。少間說得這一邊闊大了，其辭放蕩，便知他心陷在這裏。邪說是一向遠了。遁辭是走脚底語[二〇七]，如墨者夷之，他來說「愛無差等」，却又說「施由親始」。楊朱不肯「拔一毛以利天下」，及遁處却說

天下非拔一毛所能利，若人人拔一毛，則天下利矣。如佛氏，他本無父母，却説父母經，這是他遁了。〔二〇八〕賜。〔二〇九〕

詖是偏詖，説得來一邊長一邊短，其辭如此則知其心有所蔽矣。淫是放蕩，既有所蔽，説得來漸次夸張，其辭如此則知其所陷〔二一〇〕矣。邪辭是既陷後一向邪僻離叛將去。遁詞是既離後走脚底話。如楊氏本自不「拔一毛而利天下」，却説天下非一毛之所利〔二一一〕。夷子本説「愛無差等」，却説「施由親始」；佛氏本無父母，却説父母經。皆是遁辭。儒用。人傑同。〔二一二〕

詖是險詖不可行，故蔽塞。淫是説得虚大，故有陷溺。邪則離正道。遁則窮，惟窮故遁。如儀、秦、楊、墨、莊、列之説，皆具四者。德明。

沈莊仲問詖、淫、邪、遁之辭。文蔚云：「如莊周放浪之言，所謂『淫辭』。」曰：「如此分不得。只是心術不正，便自節次生此四者。如楊墨自有楊墨底詖、淫、邪、遁，佛老自有佛老底詖、淫、邪、遁，申韓自有申韓底詖、淫、邪、遁。如近世言功利者，又自有一種詖、淫、邪、遁。不特是如此，有一樣苟且底人議論不正，亦能使是非反覆。張安道説：『本朝風俗淳厚，自范文正公一變，遂爲崖異刻薄。』後來安道門人和其言者甚衆，至今士大夫莫能辨明，豈可不畏！」文蔚。

問：「詖、淫、邪、遁之辭，楊墨似詖，莊列似淫，儀秦似邪，佛似遁。」曰：「不必如此分別，有則四者俱有，其序自如此。詖是偏詖不平，譬似路一邊高一邊低，便不可行，便是蔽塞了一邊。既蔽塞則其勢必至於放蕩而陷溺。淫而陷溺必至於邪僻而叛道。纔問着便遁而窮。且如楊墨『爲我』、『兼愛』之説，可謂是偏頗。至於『摩頂放踵』、『拔一毛利天下不爲』，便是不可行。夷之云『愛無差等，施由親始』不是他本意，只爲被孟子勘破，其詞窮，遂爲此説，是遁也。如佛學者初有『下[二一三]一宿』之説，及行不得，乃云『種種營生，無非善法』，皆是遁也。」德明。

先之問：「詖辭、淫辭、邪辭、遁辭[二一四]『四者相因』之説如何？」曰：「詖辭初間只是偏了。所以偏者，止緣他蔽了一邊，如被物隔了，只見一邊。初間是如此，後來只管陷入裏面去，漸漸只管説得闊了，支蔓淫溢，纔恁地陷入深了。於是一向背却正路，遂與正路相離了。既離去[二一五]了正路，他那物事不成物事，畢竟用不得，其説必至於窮。爲是他説窮了，又爲一説以自遁。[二一六]」

問：「孟子知言處，『生於其心，害於其政，發於其政，害於其事[二一七]』，先政而後事；闢楊墨處説『作於其心，害於其事，作於其事，害於其政[二一八]』，先事而後政。」曰：「先事而後政，是自微而至著；先政而後事，是自大綱而至節目。」雉。

淫、邪辭相互。可學。

孟子知言一段，明道所謂「如人在堂上便能辨堂下人曲直」。[二一九]只緣高於衆人了便見得衆人。與人一般低，立在堂下，[二二〇]如何辨得人長短！士毅。[二二一]

問：「程子說：『孟子知言，譬如人在堂上，方能辨堂下人曲直。若猶未免雜於堂下衆人之中，則不能辨決矣。〔二二二〕』所謂『在堂上』者，莫只是喻那〔二二三〕心通於道者否？」曰：「此只是言見識高似他，方能辨他是非得失。若見識與他一般，如何解辨得他！」廣。〔二二四〕

「孟子說〔二二五〕養氣處止是到『聖人復起不易〔二二六〕吾言矣』住。自此以下，只是公孫丑問，〔二二七〕蓋〔二二八〕公孫丑疑孟子說知言養氣擔當見得大〔二二九〕，故引『我於辭命則不能』以詰孟子。孟子對以『於，〔二三〇〕是何言也』。公孫丑〔二三一〕又問『昔者子夏、子游、子張皆得聖人之一體』，公孫丑〔二三二〕意欲以孟子比聖人。故孟子推尊聖人，以爲己不敢當，遂云『姑舍是』。」謨。去僞同。〔二三三〕

寓〔二三四〕問：「顏子『具體而微』，微是『微小』或『隱微』之『微』？」曰：「微只是小，然文意不在『小』字上，只是說體全與不全。」寓。淳同。〔二三五〕

問「浩然之氣」後面說伯夷、伊尹、孔子「是則同」處。曰：「後面自是散說出去，不須更回引前頭。這裏地位極高，浩然之氣又不足言，不須更說氣了。有百里之地則足以有天下，然『行一不義，殺一不辜』則有所不爲，此是甚麼樣氣象！大段是極至處了。雖使可以得天下，然定不肯將一毫之私來壞了這全體。古之聖人其大根脚同處皆在此，如伊尹『非其義也，非其道也，一介不以與人，一介不以取諸人，繫馬千駟，禄之以天下，弗視弗顧』，與此所論一般。聖人同處大概皆在於此，而不同則不足以言聖人矣。某舊説，孟子先説知言而公孫丑先問養氣者，承上文方論志氣而言也。今看來，他問得却自有意思。蓋知言是那後面合尖末梢頭處，合當留在後面問，如大學所論，自修身、正心却説到致知、格物。蓋致知、格物是末梢尖處，須用自上説下來，方爲有序也。」又曰：「公孫丑善問，問得愈密，盛水不漏。若論他會恁地問，則不當云『軻之死不得其傳』，不知後來怎生不可曉。或是孟子自作此書，潤飾過，不可知。」僩。

問：「夷惠〔二三六〕得百里之地，果能朝諸侯有天下否？」曰：「孟子如此説，想是如此。然二子必不肯爲。」問：「孟子比顏子如何？」「孟子不如顏子，顏子較細。」問：「孟子亦有任底意思否？」曰：「然。孟子似伊尹。」〔二三七〕

問夷惠。曰：「伯夷格局更高，似柳下惠。」道夫曰：「看他伯夷有壁立萬仞之氣。」曰：「然。」道夫。

根本節目不容不問。「得百里之地而朝諸侯，有天下」，此是甚次第！「人行一不義，殺一不辜，而得天下，不爲」，直是守得定也！閎祖。

或問「宰我、子貢、有若智足以知聖人，汙不至阿其所好」。曰：「汙是汙下不平處。或當時方言，未可知。當屬上文讀。」去僞。人傑、謨同。〔二三八〕

伯豐問：「『見其禮而知其政，聞其樂而知其德』，是謂夫子，是謂他人？」曰：「只是大概如此説。子貢之意蓋言見人之禮便可知其政，聞人之樂便可知其德。所以『由百世之後，等百世之王』莫有能違我之見者，所以斷然謂『自生民以來，未有孔子』，此子貢以其所見而知夫子之聖如此也。一説夫子見人之禮而知其政，聞人之樂而知其德，『由百世之後，等百世之王』莫有能逃夫子之見者，此子貢所以知其爲生民以來未有也。然不如前説之順。」

【校勘記】

［一］章句　成化本無。

［二］公孫丑問曰章夫子當路於齊　成化本爲「問夫子當路與齊章」。

［三］謨　成化本爲「去僞」。

［四］公孫丑問曰章浩然之氣　成化本爲「問夫子加齊之卿相章」。

［五］問　成化本此上有「問十五志于學……孟子盡心知性説」，此部分内容底本另作一條載於卷二十三，參底本該卷「問子曰十五志于學……孟子盡心知性説」條。

［六］定　成化本此下有「問横渠説不踰矩……更没理會」條，此部分内容底本另作一條載於卷二十三，可參。

［七］此條榦録成化本載於卷二十三。

〔八〕須　成化本無。
〔九〕問趙丞　成化本無。
〔一〇〕趙丞　成化本作「趙」。
〔一一〕意思　成化本無。
〔一二〕這裏　成化本無。
〔一三〕得　成化本無。
〔一四〕仕　成化本作「任」。
〔一五〕致　成化本作「政」，朱本作「功」。
〔一六〕與動　成化本無。
〔一七〕先　成化本無。
〔一八〕裕之　成化本爲「器之」。
〔一九〕動　成化本此下注曰：「金録作『修身不能不動』。」
〔二〇〕而　成化本此下注曰：「金録作『不』。」
〔二一〕勇　成化本此下注曰：「一作『養勇』。」
〔二二〕謨　成化本此下注有「去僞同」。
〔二三〕更　成化本作「勇」。

［二四］解孟施舍　成化本無。

［二五］動　成化本此下有「着」。

［二六］此條閎祖録及上條元秉録成化本皆無，但卷五十二皆以其部分内容爲注，夾於夔孫録中（其中元秉録，成化本注爲儒用録）。參成化本該卷「問集注云子夏篤信聖人……篤信聖人處」條。

［二七］其言不同　成化本無。

［二八］量敵而後進……畏三軍者也　成化本無。

［二九］問　成化本此下有「那是」。

［三〇］當　成化本無。

［三一］成化本此下注有「去僞同」。

［三二］都不管外面是亦得非亦得　成化本爲「都不管外面事外面是亦得不是亦得」。

［三三］成化本此下注有「至」。

［三四］林直學　成化本作「林」。

［三五］詖邪淫遁　成化本爲「詖淫邪遁」。

［三六］莊子　成化本爲「列子」。

［三七］善　成化本此下有「自是性善」。

［三八］被　成化本無。

〔三九〕時舉　成化本無。
〔四〇〕犯捉　成化本爲「把提」。
〔四一〕審定後發　成化本爲「審教定後」。
〔四二〕□　此字原缺，成化本爲「之過」。
〔四三〕故　成化本無。
〔四四〕正　成化本此下注有：「人傑録作『得失』。」
〔四五〕成化本此下注有「人傑同」。
〔四六〕成化本此下注有「去僞同」。
〔四七〕自　成化本作「似」。
〔四八〕著　成化本作「箸」。
〔四九〕成化本此下注曰：「今按，『聞他人言』之説，與集注異。」
〔五〇〕此條德明録成化本無。
〔五一〕壯强　成化本爲「强壯」。
〔五二〕衰　朱本作「弱」。
〔五三〕鄭文振　成化本爲「文振」。
〔五四〕看來　成化本無。

〔五五〕爵　成化本作「富」。

〔五六〕富　成化本作「爵」。

〔五七〕只此便是有……有浩然之氣　成化本爲「只此勇爲不懼便是有浩然之氣」。

〔五八〕然　成化本無。

〔五九〕曰　成化本作「問」。

〔六〇〕道　成化本作「理」。

〔六一〕始　成化本無。

〔六二〕却　成化本無。

〔六三〕然有　成化本爲「有到」。

〔六四〕自作一條　成化本無。

〔六五〕又　成化本無。

〔六六〕下文　成化本無。

〔六七〕因　成化本作「自」。

〔六八〕若無氣以配之……蓋卿　成化本爲：「蓋卿録云：『先生因舉延平之言曰：「『配』是襯帖起來。若道個「襯帖」，却是兩物。道義與氣只是一衮發出來，思之。」『一衮發出來』，説得道理好。『襯帖』字却説得『配』字親切。孟子分明説『配義與道』，只是襯帖，不是兩物相襯貼，只是一衮發出來。但道義得此浩然之氣襯貼起方有力量，事可擔當。若無是，則餒矣。」又曰：「義與道若無浩然之氣襯帖起，縱有一二合於道義，未免孤單。」後蓋卿録、震録記黎季成所問兩條，疑同聞而有詳略』。」

〔六九〕此條廣録成化本載於卷九十七。

〔七〇〕公晦　成化本爲「方子」，且此條載於卷九十七。

〔七一〕道夫　成化本無。

〔七二〕向在書堂看大學誠意章　成化本爲「向看誠意章」。

〔七三〕如何　成化本爲「如此」。

〔七四〕勿助長　成化本爲「勿忘勿助長」。

〔七五〕個　成化本無。

〔七六〕又曰　成化本無。

〔七七〕氣　成化本此下有「一章」。

〔七八〕卓同　成化本無。

〔七九〕此條成化本無。

〔八〇〕此條自修録成化本無。

〔八一〕晦夫　成化本作「煇」。

〔八二〕至大至剛以直養而無害　成化本無。

［八三］浩然之氣　成化本無。

［八四］體聽　成化本爲「體驗」。

［八五］心　成化本此下有「心」。

［八六］故　成化本此下有「將『心』字」。

［八七］如在正之際　成化本爲「如其正時」。

［八八］採　成化本作「探」。

［八九］成化本此下注曰：「饒録云：『至于期望，不得浩然時却未能養，遽欲强加力作弄要教浩然，便是助長也。』」

［九〇］時舉　成化本無。

［九一］詖辭淫辭一節　成化本爲「詖淫邪遁」。

［九二］不　成化本作「只」。

［九三］雜　成化本作「離」。

［九四］去　成化本無。

［九五］成化本此下注有「植同」。

［九六］此條成化本作爲注附於卷八從周録後，並注爲方子所録，參底本卷八從周録「人氣須是剛……如何做得事」條。

〔九七〕公晦襲蓋卿同　成化本爲「蓋卿」。

〔九八〕首卷　成化本無。

〔九九〕浩然之氣一條　成化本無。

〔一〇〇〕爲以直養而無害　成化本無。

〔一〇一〕所　成化本無。

〔一〇二〕語　成化本作「説」。

〔一〇三〕此學者工夫最切處今並載之不知何所適從　成化本無。

〔一〇四〕欲　成化本無。

〔一〇五〕成化本此下注有「謨」。

〔一〇六〕彼　成化本無。

〔一〇七〕師出不正戰戰不正反　成化本爲「師出不正反戰不正勝」。

〔一〇八〕得　成化本作「到」。

〔一〇九〕之　成化本此下注曰：「恐有誤字。」此注底本置於録末。

〔一一〇〕今按如但能之恐有誤字　成化本無。

〔一一一〕則　成化本爲「則與」。

〔一一二〕此條文蔚録成化本夾於「問塞乎天地間……故能如此」間。參底本下條。

［一一三］怯　成化本作「縮」。

［一一四］得　成化本此下注曰：「文蔚録云：『塞天地只是氣魄大，如所謂氣蓋世。』」

［一一五］畏　成化本作「變」。

［一一六］義　成化本作「又」。

［一一七］養　成化本作「塞」。

［一一八］問配義與道……其意如何　成化本爲「問合而有助之意」。

［一一九］義剛　成化本無。

［一二〇］此氣　成化本無。

［一二一］是否　成化本無。

［一二二］何以見得　成化本無。

［一二三］命　成化本作「氣」。

［一二四］其爲氣也　成化本無。

［一二五］是　成化本此上有「氣」。

［一二六］成化本此下有：「問：『氣是合下有否？』曰：『是合下有。若不善養則無理會，無主宰。或消滅，不可知。或使從他處去，亦不可知。』」

［一二七］無是餒也　成化本無。

〔一二八〕是　成化本爲「亦是」。

〔一二九〕看來　成化本無。

〔一三〇〕方　成化本無。

〔一三一〕與　成化本無。

〔一三二〕配　成化本此上有「氣」。

〔一三三〕直　成化本無。

〔一三四〕實　成化本作「勇」。

〔一三五〕横渠集注云配者合而有助之意如何　成化本爲「合而有助之意」。

〔一三六〕可以　成化本爲「不可」。

〔一三七〕刀　成化本作「刃」。

〔一三八〕緣　成化本無。

〔一三九〕十罪　成化本爲「罪十」。

〔一四〇〕配義與道　成化本爲「氣去配義與道」。

〔一四一〕謨去僞同　成化本爲「去僞」。

〔一四二〕事　成化本爲「一事」。

〔一四三〕是集義所生非義襲而取之如何是集義　成化本爲「集義」。

〔一四四〕事　成化本作「章」。

〔一四五〕然　成化本無。

〔一四六〕即　朱本作「則」。

〔一四七〕淳　成化本無。

〔一四八〕抑　此字原缺，據成化本補。

〔一四九〕先生　成化本無。

〔一五〇〕相　成化本此上有「配是」。

〔一五一〕以爲志至　成化本爲「以志爲至」。

〔一五二〕人　成化本此下有「更不知有別人，直取其頭而歸。若使既要斫此人」。

〔一五三〕始　成化本無。

〔一五四〕用義緣外面去　成化本爲「向義外面」。

〔一五五〕道夫　成化本無。

〔一五六〕成化本此下注有「人傑」。

〔一五七〕所　成化本作「於」。

〔一五八〕義　成化本作「是」。

〔一五九〕人傑讀至只行一事處不能無疑　成化本無。

［一六〇］如用兵去襲奪之意　成化本爲「如用兵之襲有襲奪之意」。

［一六一］所行之事以爲義而行之　成化本無。

［一六二］便　成化本此下有「將來壯吾氣」。

［一六三］此條賜録成化本無。

［一六四］成化本此下注曰：「雉録見詩類。」參成化本卷一百四十、底本卷一百三十八雉録「韓退之詩……下句是歉」條。

［一六五］成化本此下注曰：「集注非定本。」

［一六六］成化本此下注有「卓」。

［一六七］欲修其身必先正其心　成化本無。

［一六八］自　成化本無。

［一六九］却　成化本無。

［一七〇］如正字　成化本無。

［一七一］自　成化本無。

［一七二］彼　成化本無。

［一七三］字之義如何　成化本爲「之義」。

［一七四］坐間有問　成化本爲「或問」。

［一七五］便　成化本作「是」。

［一七六］某　成化本作「洽」。

［一七七］聖人　成化本爲「聖賢」。

［一七八］此條蓋卿録成化本無。

［一七九］謨去僞同　成化本爲「去僞」。

［一八〇］若此　成化本無。

［一八一］必有事焉而勿正心　成化本無。

［一八二］之　成化本無。

［一八三］某　成化本此下有「西至某」。

［一八四］云云　成化本無。

［一八五］之未　成化本無。

［一八六］方法　成化本爲「火法」。

［一八七］言　成化本此上有「這『有是夫』」。

［一八八］存　成化本作「有」。

［一八九］而勿正心　成化本爲「必有事焉而勿正心」。　明道　成化本爲「伊川」。

［一九〇］况　真德秀四書集編引作「説」。

［一九一］便有省悟　成化本爲「有省」。
［一九二］陳淳同　成化本爲「可學録云擬心則差是借語」。
［一九三］當處二字並去聲　成化本無。
［一九四］期　成化本無。
［一九五］節目　成化本此下注曰：「饒本作『集義中小節目』。」
［一九六］銖同　成化本無。
［一九七］人　成化本作「今」。
［一九八］先生云不畏三軍　成化本無。
［一九九］之説　成化本無。
［二〇〇］孟子言……知其所窮　成化本爲「詖淫邪遁」。
［二〇一］則　成化本無。
［二〇二］淫　成化本作「放」。
［二〇三］悟　此字原缺，據成化本補。
［二〇四］去　成化本作「走」。
［二〇五］謨同　成化本無。
［二〇六］孟子知言　成化本無。

［二〇七］語　朱本作「話」。

［二〇八］他來説愛無差等……這是他遁了　成化本爲「云云」。

［二〇九］此條賜録成化本作爲注，附於人傑録後。參底本下條。

［二一〇］所陷　成化本爲「心有所陷」。

［二一一］所利　成化本爲「所能利」。

［二一二］儒用人傑同　成化本爲「人傑」。

［二一三］下　成化本爲「桑下」。

［二一四］詖辭淫辭邪辭遁辭　成化本爲「詖淫邪遁」。

［二一五］去　成化本無。

［二一六］遁　成化本此下有「如佛家之説」，且録尾注有「賀孫」。

［二一七］發於其政害於其事　成化本無。

［二一八］作於其事害於其政　成化本無。

［二一九］孟子知言……堂下人曲直　成化本無。

［二二〇］只緣高於衆人……立在堂下　成化本爲「緣高於衆人了方見得與衆人一般低立在堂下」。

［二二一］此條士毅録成化本作爲注，附於廣録後。參下條。

［二二二］若猶未免雜於堂下衆人之中則不能辨决矣　成化本無。

〔二二三〕那　成化本無。
〔二二四〕成化本此下注有「士毅録」。參上條。
〔二二五〕説　成化本此下有「知言」。
〔二二六〕不易　成化本爲「必從」。
〔二二七〕自此以下只是公孫丑問　成化本無。
〔二二八〕蓋　成化本無。
〔二二九〕擔當見得大　成化本爲「忒擔當得大」。
〔二三〇〕於　成化本作「惡」。
〔二三一〕公孫丑　成化本作「丑」。
〔二三二〕公孫丑　成化本無。
〔二三三〕謨去僞同　成化本爲「去僞」。
〔二三四〕寓　成化本無。
〔二三五〕淳同　成化本無。
〔二三六〕惠　朱本及孟子公孫丑上作「尹」。
〔二三七〕成化本此下注有「僩」。
〔二三八〕人傑謨同　成化本無。

晦庵先生朱文公語類卷第五十三

孟子三

公孫丑上之下

孟子曰以德行仁者王章[一]

「以德行仁者王。」所謂德者，非止謂有救民於水火之誠心。這「德」字又説得來[二]闊，是自己身上事都做得來[三]，是無一不備了，所以行出去便是仁。僩。

彛叟問：「『行仁』與『假仁』如何？」先生云：「公且道如何是『行仁』、『假仁』？」江兄[四]云：「莫是誠與不誠否？」先生曰：「這個自分曉，不須問得。如『由仁義行，非行仁義』處却好問。如行仁，便自仁中行出皆仁之德。若假仁，便是恃其甲兵之强、財賦之多，足以欺人，是假仁之名以欺其衆，非有仁之實也。故下文言『伯必有大國』，其言可見。」又曰：「成湯東面而征西夷怨，南面而征北狄怨[五]，皆是拯民於水火之中，此是行仁也。齊威公之在當時[六]，周室微弱，夷狄强大，而[七]威公攘夷狄，爲[八]王室『九合諸侯，不以兵車』，這只是仁之功，終無拯民塗炭之心，謂之『行仁』則不可。」卓。

王不待大言，不待大國而可以王，如湯以七十里、文王以百里伯者，則須有如是資力，方可以服人。僩。[九]

問「以力假仁」、「以德行仁」。先生曰：「『以力假仁』，仁與力是兩個；『以德行仁』，仁便是德，德便是仁。」問「霸」字之義。曰：「霸即伯也，漢書引『哉生魄』作『哉生霸』，古者『霸』、『伯』、『魄』三字通用。」夔孫。

孟子曰[一〇]仁則榮章

「仁則榮，不仁則辱。」此亦只是爲下等人言。若是上等人，他豈以榮辱之故而後行仁哉？伊川易傳比卦[一一]彖辭有云：「以聖人之心言之，固至誠求天下之比以安民也。以後王之私言之，不求下民之附則危亡至矣。」蓋且得他畏危亡之禍而求所以比附其民，猶勝於全不顧者，政此謂也。僩。

孟子曰[一二]尊賢使能章

「市廛而不征。」問：「此市在何處？」曰：「此都邑之市。人君國都如井田樣，畫爲九區：面朝背市，左祖右社，中間一區則君之宮室。宮室前一區爲外朝，凡朝會藏庫之屬皆在焉。後一區爲市，市四面有門，每日市門開則商賈百物皆入焉。賦其廛者，謂收其市地錢，如今民間之鋪面錢。蓋逐末者多則賦其廛以抑之，少則不廛而但治以市官之法，所以招徠之也。市官之法如周禮司市平物價、治争訟、譏察[一三]異言之類。市中惟民乃得入，凡公卿大夫有爵位者及士者皆不得入，入則有罰。如『國君過市則刑人赦，夫人過市則罰一幕，世子過市則罰一帟，命夫、命婦過市則罰一蓋帷』之類。左右各三區，皆民所居。而外朝一區，左則宗廟，右則社稷在焉。此國君都邑規模之大概也。」僩。

或問：「『法而不廛』，先生謂治以市官之法而不賦其廛，[一四]如何是市官之法？」曰：「周禮自有，如司市之屬平價、治争訟、謹權量等事，皆其法也。」又問：「『市，廛而不征』、『法而不廛』是如何[一五]？」曰：「『市，廛而不征』，謂使居市之廛者各出廛賦若干，如今人賃鋪面相似，更不征稅其所貨之物。『法而不廛』則但治之以市官之法而已，雖廛賦亦不取之也。」又問：「『古之爲市者，以其所有易其所無者，有司者治之耳』，此便是市官之法否？」曰：「如[一六]漢之獄市、軍市之數，皆是古之遺制。蓋自有一個所在以爲類[一七]，其中自有許多事。」廣。

「『市，廛而不征，法而不廛』，如伊川之說如何？」曰：「伊川之說不可曉。横渠作二法，其說却似分明。」謨。

至問：「『廛無夫里之布。』周禮：『宅不毛者有里布，民無職事，出夫家之征。』鄭氏謂宅不種桑麻者，罰之，使出一里二十五家之布。不知一里二十五家之布是如何？」曰：「亦不可考。」又問：「鄭氏謂民無常業者，罰之，使出一夫百畝之稅，一家力役之征。如何罰得恁地重？」曰：「後世之法與此正相反，農民賦稅丁錢却重，而游手浮浪之民，泰然都不管他。」因說：「浙間農民丁錢之重，民之彫困，不可開眼。」[一八]

孟子曰[一九]人皆有不忍人之心章

「人皆有不忍人之心。」人皆自和氣中生。天地生人物，須是和氣方生。要生這人，便是氣和然後能生。人自和氣中出，所以有不忍人之心。僩。[二〇]

「『天地以生物爲心。』譬如甑蒸飯，氣從下面衮到上面，又衮下，只管在裏面衮，便蒸得熟。天地只是包許多氣在這裏，無出處，衮一番便生一番物。他別無勾當，只是生物，不似人便有許多應接。所謂爲心者，豈是切切然去做，如云『天命之，豈諄諄然命之』也？但如磨子相似，只管磨出這物事。人便是小胞，天地便[二一一]是大胞。人首圓象天，足方象地，中間虛包許多生氣，自是惻隱，不是爲見人我一理後方有此惻隱。而今便教單獨只有一個人，也自是有這惻隱。若謂見人我一理而後有之，便是兩人相夾在這裏方有惻隱，則是仁在外，非由內也。且如乍見孺子入井時有惻隱，若見他人入井時，也須自有惻隱在。」[二一二]又問：「怵惕惻隱，莫是因怵惕處動而後見惻隱否？」[二一三]曰：「不知孟子怎生尋得這四個字，恁地好！」夔孫。

「天地以生物爲心。」天包着地，別無所作爲，只是生物而已。亘古亘今，生生不窮。人物則得此生物之心以爲心，所以個個肖他。本不須說以生物爲心，緣做今語句難，故[二一四]着個以生物爲心。僩。

問「仁者天地生物之心」。曰：「天地之心只是個生，凡物皆是生方有此物。如草木之萌芽、枝葉、條幹，皆是生方有之。人物所以生生不窮者，以其生也，纔不生便乾枯死了。這個是統論一個仁之體。其中又自有節目界限，如義禮智又有細分處也。」問「偏言則一事，專言則包四者」。曰：「以專言言之，則一者包四者；以偏言言之，則四者不離乎一者。」僩。卓同。[二一五]

問：「『非惡其聲而然也』，集注云『聲，名也』，是惡其被不救之名否？」曰：「然。」人傑。[二一六]

問：「如何是『發之人心而不可已』？」曰：「見孺子將入井，惻隱之心便發出來，如何已得！此樣説話，孟子説得極分明。世間事若出於人力安排底便已得，若已不得底便是自然底。」祖道。

方其乍見孺子入井時也着腳手不得。縱有許多私意，要譽鄉黨之類，也未暇思量到。但更遲霎時則了不得也。是非、辭遜、羞惡雖是與惻隱並説，但此三者皆是自惻隱中發出來，因有那惻隱後方有此三者，惻隱比三者又較大得些子。義剛。

或問：「非納[二七]交、要譽、惡其聲而怵惕惻隱形焉，是其中心不忍之實也。若納交、要譽、惡其聲之類一毫萌焉，則爲私欲蔽其本心矣。舉南軒如此説，先生集注却不如此説。」曰：「這當作兩截看。初且將大界限看，且分別一個義利了，却細看。初看惻隱便是仁，若恁地殘賊便是不仁；羞惡是義，若無廉耻便是不義；辭遜是禮，若恁地争奪便是無禮；是非是知，若恁地顛顛倒倒便是不知。且恁地看了又却於惻隱、羞惡上面看，有是出於至誠如此底，有不是出於本來善心底。」賀孫。

先生問節曰：「孺子入井如何不推得羞惡之類出來，只推得惻隱出來？」節[二八]以爲當他出來。曰：「是從這一路子去感得他出來。」節。

如孺子入井如何不推得其他底出來，只推得惻隱之心出來？蓋理各有路。如做得穿窬底事，如何令人不羞惡！偶遇一人衣冠而揖我，我便亦揖他，如何不恭敬！事有是非，必辨別其是非。試看是甚麼去感得他何處一般出來。節。

孟子論「乍見孺子將入於井，怵惕惻隱」一段，如何說得如此好？只是平平地說去自是好，而今人做作地[二九]說一片只是不如他。又曰：「怵惕、惻隱、羞惡，都是道理自然如此，不是安排。合下制這『仁』字，纔是那傷害底事便自然惻隱。合下制這『義』字，纔見那不好底事便自然羞惡。這仁與義都在那惻隱、羞惡之先，未有那惻隱底事時已先有那愛底心了，未有那羞惡底事時已先有那斷制裁割底心了。」又曰：「日用應接動靜之間，這個道理從這裏迸將出去。如個寶塔，那毫光都從四面迸出去。」僩。

問：「伊川言『滿腔子是惻隱之心』，如何？[三〇]」曰：「此身軀殼謂之腔子。能於此身知覺痛處，見於應接，[三一]方知有個是與不是。」季札。

或問程子謂[三二]「滿腔子是惻隱之心」。先生曰：「此身軀殼謂之腔子。而今人滿身知痛處可見。」銖。[三三]

賀孫[三四]問：「『滿腔子是惻隱之心』，只是此心常存，纔有一分私意便闕了他一分。」曰：「只是滿這個軀殼都是惻隱之心。纔築着便是這個物事出來，大感則大應，小感則小應。恰似大段痛傷固是痛，只如針子略挑血也出也便痛。故日用所當應接更無些子間隔，癢痾疾痛莫不相關，纔是有些子不通，便是被些私意隔了。」賀孫。

問：「『滿腔子是惻隱之心』，或以爲京師市語『食飽時心動』。吕子約云。」曰：「不然。此是爲『動』字所拘。腔子，身裏也，言滿身裏皆惻隱之心。心在腔子裏亦如云心只在身裏。」問：「心所發處不一，便說惻隱，如何？」曰：「惻隱之心渾身皆是，無處不發。如見赤子有惻隱之心，見一蟻子亦豈無此心！」可學。

問：「如何是『滿腔子皆惻隱之心』？」曰：「腔，只是此身裏虚處。」問曰：「莫是人生來惻隱之心具足否？」曰：「如今也恁地看。事有個不穩處便自覺不穩，這便是惻隱之心。林擇之嘗說：『人七尺之軀，一個針劄着便痛。』」問曰：「吾身固如此，處事物亦然否？」曰：「此心應物不窮。若事事物物常是這個心便是仁，若有一事不如此，便是這一處不仁了。」問曰：「本心依舊在否？」曰：「如今未要理會在不在。論着理來他自是在那裏，只是這一處不恁地便是這一處不在了。如『率土之濱，莫非王臣』，忽然有一鄉人自不服化、稱王稱伯，便是這一處無，君臣[三五]也只在那裏，然而他靠不得。不可道是天理只在那裏，自家這私欲放行不妨。王信伯在館中，范伯達問：『人須是天下物物皆歸吾仁？』王指牕欞問范曰：『此牕還歸仁否？』范默然。某見之，當[三六]答曰：『此牕不歸仁，何故不打壞了？』如人處事，但個個處得是，便是事事歸仁。且如牕也要糊得在那裏教好，不成没巴鼻打壞了！」問：「『仁者以萬物爲一體』，如事至物來，皆有以處之。如事物未至，不可得而體者，如何？」曰：「只是不來[三七]這裏，然此理也在這

裹，若來時便以此處之。」直卿。〔三八〕

問：「『滿腔子是惻隱之心』，如何是滿腔子？」曰：「滿腔子是只在這軀殼裹，『腔子』乃洛中俗語。」又問：「惻隱之心固是人心之懿，因物感而發見處。前輩令以此操而存之，充而達之。不知如何要常存得此心？」曰：「此心因物方感得出來，如何强要尋討出？此心常存在這裹，只是因感時識得此體，平時敬以存之，久久會熟。善端發處益見得分曉，則存養之功益有所施矣。」又問：「要惻隱之心常存，莫只是要得此心常有發生意否？」曰：「四端中，羞惡、辭讓、是非亦因事而發爾。此心未當起羞惡之時而强要憎惡那人，便不可。如惻隱，亦因有感而始見，欲强安排教如此也不得。如天之四時亦因發見處見得，欲於冬時要尋討個春出來，不知如何尋，到那陽氣發生萬物處方見得是春耳。學者但要識得此心，存主在敬，四端漸會廣充矣。」居仁。〔三九〕

「滿腔子是惻隱之心。」不特是惻隱之心，滿腔子是羞惡之心，滿腔子是辭遜之心，滿腔子是是非之心。彌滿充實，都無空闕處。「滿腔子是惻隱之心」，如將刀割著固是痛，若將針劄著也痛。如爛打一頓固是痛，便輕掐一下也痛。此類可見。僩。

仁是根，惻隱是萌芽。親親、仁民、愛物便是推廣到枝葉處。夔孫。〔四〇〕

惻隱、羞惡也有中節、不中節。若不當惻隱而惻隱，不當羞惡而羞惡，便是不中節。淳。

既仁矣，合惻隱則惻隱，合羞惡則羞惡。節。

不成只管惻隱。須有斷制。德明。

先生云：「『義』便作『宜』字看。」洽。[四一]

「尋常人施恩惠底心便發得易，當刑殺，爲[四二]此心便疑。可見仁屬陽屬剛，義屬陰屬柔。」直卿云：「只將『舒斂』二字看，便見喜則舒，怒則斂。」公晦。[四三]

仁義是發出來嫩底，禮智是堅硬底。公晦。[四四]

仁義是柔軟底，禮智是堅硬[四五]底。仁義是頭，禮智是尾。一似説春秋冬夏[四六]，仁禮[四七]是陽底一截，義智[四八]是陰底一截。淵。[四九]

問：「孟子以惻隱爲仁之端，羞惡爲義之端。周子云『愛曰仁，宜曰義』。然以其存於心者而言，則惻隱與愛固爲仁心之發。然羞惡乃就耻不義上反説，而非直指義之端也。『宜』字又[五〇]是就事物上説。不知義在心上，其體段如何？」曰：「義之在心，乃決裂果斷是[五一]也。」柄。[五二]

或問孟子[五三]「四端」。曰：「看道理也有兩般，看得細時却見得義理精處，看得粗時却且見得大概處。四端未見精細時且見得惻隱便是仁，不惻隱而殘忍便是不仁；羞惡便是義，貪利無廉耻便是不義；辭遜便是禮，攘奪便是非禮；是非便是智，大段無知顛倒錯謬則爲[五四]

不智。若見得細時，雖有惻隱之心而意在於内交、要譽，亦是不仁了。然孟子之意本初不如此，只是言此四端皆是心中本有之物，隨觸而發。方孺子將入於井之時，而怵惕惻隱之心便形於外，初無許多涯涘。」卓。

「伊川嘗説：『如今人説力行是淺近事，惟知爲上，知最爲要緊。』中庸説『知仁勇』，把知做擗初頭説，可見知是要緊。」賀孫問：「孟子『四端』何爲以知爲後？」曰：「孟子只循環説。智本來是藏仁禮義，惟是知恁地了方恁地，是仁禮義都藏在智裏面。如元亨利貞，貞是智，貞却藏元亨利意思在裏面。如春夏秋冬，冬是智，冬却藏春生、夏長、秋成意思在裏面。且如冬伏藏，都似不見，到一陽初動，這生意方從中出，也未發露，十二月也未盡發露，只管養在這裏，到春方發生，到夏一齊都長，秋漸成漸藏，冬依舊都收藏了。只是『大明終始』，亦見得無終安得有始！所以易言『先王以至日閉關，商旅不行，后不省方』。」賀孫。

惻隱、羞惡、辭讓、是非，情也。仁、義、禮、智，性也。心，統性情者也。端，緒也。因情之發露而後性之本然者可得而見。季札。

四端本諸人心，皆因所寓而後發見。〔五五〕

問：「『四端』之『端』，集解以爲端緒。向見蔡丈〔五六〕季通説『端乃尾』，如何？」曰：「以體、用言之，有體而後有用，故端亦可謂之尾。若以終言之，則四端是始發處，故亦可以端緒言之。二說各有所指，自不相礙也。」廣。

「四端未是盡，所以只謂之端。然四端八個字，每字是一意：『惻』是惻然有此念起；『隱』是惻然之後隱痛，比惻是深；『羞』者，羞己之非；『惡』者，惡人之惡；『辭』者，辭己之物；『讓』者，讓與他人；『是』、『非』自是兩樣分明。但『仁』是總名。若說仁義便如陰陽，若說四端便如四時，若分四端，八字便如八節。」又曰：「天地只是一氣，便自分陰陽，緣有陰陽二氣相感，化生萬物，故事物未嘗無對。天便對地，生便對死，語默動靜皆然，以其種如此故也。所以四端只舉仁義言，亦如陰陽。故曰：『立天之道曰陰與陽，立人之道曰仁與義。』」明作。

王丈說：「孟子『惻隱之心』一段論心不論性。」曰：「心性只是一個物事，離不得。孟子說四端處最好看。惻隱是情，惻隱之心是心，仁是性，三者相因。橫渠云『心統性情』，此說極好。」閎祖。

仁義禮智，性也。且言有此理。至惻隱、羞惡、辭遜、是非，始謂之心。德明。

「四端是理之發，七情是氣之發。」問：「看得來，如喜怒愛惡欲，却似近仁義。」曰：「固有相似處。」廣。

王德修解四端，謂和靖言：「此只言心不言性。如『操則存，舍則亡，出入無時，莫知其鄉』，亦只是言心。」曰：「固是言心。畢竟那仁、義、禮、智是甚物？仁、義、禮、智是性，端便是情。纔説一個『心』字，便是着性情。果判然是二截，如何？〔五七〕」德修曰：「固是『心統性情』，孟子於此只是説心。」文蔚。

道夫〔五八〕問：「『人皆有不忍人之心』一章，〔五九〕前面專説不忍之心，後面兼説四端，亦是仁包四者否？」曰：「然。」道夫。

問：「仁得之最先，蓋言仁具禮智義〔六〇〕。」曰：「先有是生理，三者由是〔六一〕推之。」可學。〔六二〕

問：「仁是天地之生氣，義禮智又於其中分别。然其初只有〔六三〕生氣，故爲全體。」曰：「然。」問：「肅殺之氣亦只是生氣？」曰：「不是二物，只是斂些。春夏秋冬亦只是一氣。」可學。〔六四〕

蜚卿問：「仁恐是生生不已之意。人唯爲私意所汩，故生意不得流行。克去己私則全體大用，無往〔六五〕而不流行矣。」曰：「此是衆人公共説底，畢竟緊要處不知如何。今要見『仁』字意思，須將仁、義、禮、智四者共看，便見『仁』字分明。如何是義，如何是禮，如何是智，如何是仁，便『仁』字自分明。若只看『仁』字，越看越不出。」曰：「『仁』字恐只是生意，故其發而爲惻隱，爲羞惡，爲辭遜，爲是非。」先生曰：「且只得就『惻隱』字上看。」道夫問：「先生嘗説『仁』字就初處看，只是乍見孺子入井，而怵惕惻隱之心蓋有不期然而然，便是初處否？」曰：「恁地靠着也不得。大抵人之德性上有此四者意思，仁便是個温和底意思，義便是慘烈剛斷底意思，禮便是宣著發揮底意思，智便是個收斂無痕迹意思。性中有此四者，聖門却只以求仁爲急者，緣仁却是四者之先。若常存得温厚底意思在這裏，到宣著發揮時便自然會宣著發揮，到剛斷時便自然會剛斷，到收斂時便自然會收斂。若將別個做主，便都對副不着了。此仁之所以包四者也。」問：「仁即性，則『性』字可以言仁否？」曰：「性純是性，[六六]如[六七]人身，仁是左手，禮是右手，義是左脚，智是右脚。」蜚卿問：「仁包得四者，謂手能包四支可乎？」曰：「且是譬喻如此。手固不能包四支，然人言手足亦須先手而後足，言左右亦須先左而後右。」直卿問：「此恐如五行之木，若不是先有個木，便亦自生下面四個不得。」曰：「若無木便無火，無火便無土，無土便無金，無金便無水。」道夫問：「向聞先生語學者『五行不是相生[六八]，合下有時都有』，如何？」曰：「此難説，若會得底便自然不相悖，唤做一齊有也得，唤做相生也得。便雖不是相生，他氣亦自相灌注。如人五臟，固不曾有先後，但其灌注時自有次序。」久之，又曰：「『仁』字如人釀酒，酒方微發時帶些温氣便是仁，到發得極熱時便是禮，到得熟時便是義，到得成酒後却只與水一般便是智。又如一日之間，早間天氣清明便是仁，午間極熱時便是禮，晚下漸凉便是義，到夜半全然收斂無些形迹時便是智。只如此看，甚分明。」道夫。[六九]

惻隱是個腦子，羞惡、辭遜、是非須從這裏發來。若非惻隱，三者俱是死物了。惻隱之心通貫此三者。賜。

得此生意以有生，然後有禮、義、智、信[七〇]。以先後言之則仁爲先，以大小言之則仁爲大。閎祖。[七一]

問：「元亨利貞有次第，仁義禮智因發而感則無次第。」曰：「發時無次第，生時有次第。」公晦。[七二]

問：「向蒙戒喻，説仁意思云：『義禮智信上著不得，又須見義禮智信上少不得，方見得仁統五常之意。』大雅今以樹爲喻：夫樹之根固有生氣，然貫徹首尾，豈可謂榦與枝、花與葉無生氣也？」曰：「固然。只如四時，春爲仁，有個生意在。夏則見其有個亨通意在，秋則見其有個成實意在，冬則見其有個貞固意在。夏秋冬，生意何嘗息！木雖彫零，生意如[七三]常存。大抵天地間只一理，隨其到處分許多名字出來。四者於五行各有配，惟信配土，以見仁義禮智實有此理，不是虛説。又如乾四德，元最重，其次貞亦重，以明終始之義。非元則無以生，非貞則無以終，非終則無以爲始，不始則不能成終矣。如此循環無窮，此所謂『大明終始』也。」大雅。[七四]

直卿云：「聖賢言仁有敷[七五]體而言者，有包體、用而言者。」先生曰：「仁對義、禮、智言之則爲體，專言之則兼體、用。此等處須人人自看，如何一一説得。日日將來看，久後須會見得。」公晦。[七六]

因說仁、義、智之別，曰：「譬如一個物，自然有四界，而仁則又周貫。且[七七]以四端言之，其間又自有小界限，各各是兩件事。惻是惻然發動處，隱是漸漸及着隱痛處，羞是羞己之非，惡是惡己之入惡[七八]，辭是辭之於己，遜是遜之於人，是、非固是兩端。」雉。

四端、[七九]四德。逐一言之則各自爲界限，分言之則仁義又是一大界限，故曰：「仁，人心也；義，人路也。」如乾文言既曰「四德」，又曰：「乾元者，始而亨者也；利貞者，性情也。」文蔚。[八〇]

賀孫[八一]問：「四端之根於心，覺得一者纔動，三者亦自次第而見。」曰：「這四個界限自分明。然亦有隨事相連而見者，如事親孝是愛之理，纔孝便能敬兄，便是義。」問：「有節文便是禮，知其所以然便是智。」曰：「然。」問：「據看來多是相連而至者，如惻隱於所傷，便惡於其所以傷，這是仁帶義意思；惡於其所以傷，便須惜其本來之未嘗傷，這是義帶仁意思。」曰：「也是如此。嘗思之，孟子發明『四端』乃孔子所未發。人只道孟子有闢楊墨之功，殊不知他就人心上發明大功如此。看來此說那時若行，楊墨亦不攻而自退。闢楊墨是扞邊境之功，發明『四端』是安社稷之功。若常體認得來，所謂活潑潑地真個是活潑潑地！」賀孫。

「仁有兩般，有作爲底，有自然底。看來人之生便自然如此，不待作爲。如說父子欲其親，君臣欲其義，是他自會如此，不待欲也。父子自會親，君臣自會義，既自會恁地便活潑潑地，便是仁。」因舉手中扇云：「只如摇扇，熱時人自會〔八二〕摇，不是欲其〔八三〕摇。孟子説『乍見孺子入井時皆有怵惕惻隱之心』，最親切。人心自是會如此，不是内交、要譽方如此。大凡人心中皆有仁、義、禮、智，然元只是一物，發用出來自然成四派。如破梨相似，破開成四片。如東對着西便有南北相對，仁對着義便是〔八四〕禮、智相對。以一歲言之便有寒暑，以氣言之便有春夏秋冬，以五行言之便有金木水火土。且如陰陽之間儘有次第。大寒後不成便熱，須是且做個春温，漸次到熱田地。大熱後不成便寒，須是且做個秋凉，漸次到寒底田地。所以仁、義、禮、智自成四派，各有界限。仁流行到那田地時，義處便成義，禮、智處便成禮、智。且如萬物收藏，何嘗休了，都有生意在裏面。如穀種、桃仁、杏仁之類，種着便生，不是死物，所以名之曰『仁』，見得都是生意。如春之生物，夏是生物之盛，秋是生意漸漸收斂，冬是生意收藏。」又曰：「春夏是行進去，秋冬〔八五〕退後去。正如人呵氣，呵出時便熱，吸入時便冷。」明作。〔八六〕

萬正純〔八七〕言：「性之四端迭爲賓主。然仁智，其總統也。『恭而無禮則勞』是以禮爲主也，『君子義以爲質』是以義爲主也。蓋四德未嘗相離，遇事則迭見層出，要在人默而識之。」答曰：「説得是。」大雅。〔八八〕

問：「仁、義、禮、智四者皆一理。舉仁則義禮在其中，舉義與禮則亦然。如中庸言『舜其大智也歟』，其下乃云『好〔八九〕察邇言，隱惡而揚善』，謂之仁亦可；『執其兩端，用其中於民』，謂之義亦可。然統言之，只是發明『智』字。故〔九〇〕理只是一理，聖人特於盛處發明之爾。」曰：「理固是一貫，謂之一理則又必疑其多。自一理散爲萬事，則燦然有條而不可亂，逐事自有一理，逐物自有一名，各有攸當，但當觀當理與不當理耳。既當理後又何必就上更生疑！」大雅。〔九一〕

問：「孟子説仁義禮智，義在第二。太極圖以義配利，則在第三。」曰：〔九二〕「仁義禮智猶言東西南北，元亨利貞猶言東南西北。一個是對説，一個是從一邊説起。」夔孫。〔九三〕

「仁與義相拗，禮與智相拗。」問云：「須是『仁之至，義之盡』方無一偏之病。」曰：「雖然如此，仁之至自是仁之至，義之盡自是義之盡。舜之於象便能如此，『封之有庳，富貴之也』便是仁之至，『使吏治其國而納其貢賦』便是義之盡。後世如景帝之於梁王，始則縱之太過，不得謂之仁；後又窘治之甚峻，義又失之。皆不足道。唐明皇於諸王爲長枕大衾，雖甚親愛，亦是無以限制之，無足觀者。」〔九四〕

劉居之問「人皆有不忍人之心」一節。曰：「『惻隱之心，仁之端也。』乍見孺子入井，此只是一件事。仁之端只是仁萌芽處，如羞惡、辭遜、是非方是義、禮、智之萌芽處。要得〔九五〕推廣充滿得自家本然之量，不特是孺子入井便恁地，其他事皆恁地。如羞惡、辭遜、是非，不特於一件事上恁地，要事事皆然，方是充滿慊足、無少欠闕也。『知皆廣而充之矣』，『知』方且是知得如此。至説到『苟能充之足以保四海』即掉了『廣』字，只説『充』字。蓋『知』字與『始燃』、『始達』字相應，『充』字與『保四海』相應。纔知得便自不能已，若火始燃便不可遏，泉纔達便涓涓流而不絶。」時舉。

至問：「『凡有四端於我者，知皆擴而充之矣』，莫是知得了方能廣而充之否？」曰：「『知皆廣而充之』，即是苟能知去廣充，則此道漸漸生長，『如火之始燃，泉之始達』。中間『矣』字，文意不斷。『充』是滿其本然之量，却就上有『廣』字，則是方知去推廣，要充滿他，所以『如火之始然，泉之始達』。」

問：「『知皆廣而充之矣』，『知』字是重字還是輕字？」曰：「不能廣充者正爲不知，都只是冷過了。若能知而廣充，其勢甚順，如乘快馬、放下水船相似。」〔九六〕

「知皆廣而充之」，南軒把「知」做重，文勢未有此意。「知」字只帶「廣充」説。「知皆廣而充之」與「苟能充之」句相應，上句是方知去充，下句是真能恁地充。淳。

時舉〔九七〕問「知皆廣而充之」。先生云：「上面言『廣而充之』是方知要廣充，到下面『苟能充之』便掉了個『廣』字。蓋『充』字是充滿得了，如已到地頭相似。『廣』字是方在個路裏相似。」時舉。潘植録。〔九八〕

問：〔九九〕「『知皆廣而充之』章兩説『充』字，某切〔一〇〇〕未曉。」曰：「上只説『知皆廣而充之』，只說知得了要推廣以充滿此心之量。下云『苟能充之足以保四海』，是能充滿此心之量。上帶『知皆廣』字說，下就能充滿說。惟廣而後能充，能充則不必說廣也。」賀孫。

子武問：「『四端』須着逐處廣充之？」曰：「固是。纔常常如此推廣，少間便自會密、自會闊。到得無間斷，少間却自打合作一片去。」木之。

問：「如何廣充之？」曰：「這事恭敬，那事也恭敬，事事恭敬方是。」節。

人於仁、義、禮、智，惻隱、羞惡、辭遜、是非此四者，須當日夕體究，令分曉精確。此四者皆我所固有，其初發時毫毛如也，及推廣將去，充滿其量，則廣大無窮，故孟子曰「知皆廣而充之」。且如人有當惻隱而不惻隱，有當羞而不羞、當惡而不惡，有當辭而不辭、當遜而不遜，是其所非、非其所是者，皆是失其本心。此處皆當體察，必有所以然也。此是[一〇一]日用間做工夫處。廣。

「繼之者善，是大哉乾元，萬物資始。成之者性，是乾道變化，各正性命。[一〇二]人只有個仁、義、禮、智，四者是一身關紐[一〇三]，其他更無當。於其發處體驗廣充將去，惻隱、羞惡、是非、辭遜日間時時發動，特人自不廣充之耳[一〇四]。」又言：「四者時時發動，特看[一〇五]正與不正耳。如暴戾愚狠便是發錯了惻隱之心，如苟且無耻便是發錯了羞惡之心，[一〇六]含糊不分曉便是發錯了是非之心，如一種不遜便是發錯了辭遜之心。日間一正一反，無往而非四端之發。」公謹。[一〇七]

周先生季儼同過考亭。[一〇八]周[一〇九]云：「在興化攝學事，因與諸生説得一部孟子。」先生因問：「孟子裏面大綱目是如何？」答云：「要得人充廣。惻隱、羞惡，許多固要充廣。如説無欲害人，無穿窬之心，亦要充廣。」先生曰：「人生本來合有許多好底，到得被物遮蔽了，却只[一一〇]把不好處做合着做底事。」周云：「看孟子説性只是道順底是，纔逆便不是。」先生曰：「止緣今人做不好事却順。」因問：「孟子以下諸人言性，誰説得庶幾？」周云：「似乎荀子以爲惡，却索性。只荀子有意於救世，故爲此説。」先生久之曰：「韓公之意，人多看不出。他初便説：『所以爲性者五，曰仁、義、禮、知、信；所以爲情者七，曰喜、怒、哀、樂、[一一一]愛、惡、欲。』下方説『三品』。看其初語，豈不知得性善？他只欠數字便説得出。」黄嵩老云：「韓子欠説一個氣禀不同。」先生曰：「然。他道仁、義、禮、知、信自是了。只説到『三品』，不知是氣禀使然，所以説得不盡。」賀孫因云：「自孟子説已是欠了下意，所以費無限言語。」先生即舉程子之言：「『論性不論氣，不備；論氣不論性，不明。』若如説『性惡』、『性善惡混』，都只説得氣。如孟子、韓子之言便是不論氣，所以不全。」賀孫。

賀孫[一一二]問：「前日承教，令於日用間體認仁義禮知意思。且如朋友皆異鄉人，一旦[一一三]會聚恩意便自相親，這可見得愛之理形見處。同門中或有做不好底事，或有不好底人，便自使人惡之，這可見得羞惡之理形見處。每時升堂，尊卑序齒，秩然有序而不亂，這可見得恭敬之理形見處。聽先生教誨而能辨別得其是非[一一四]，這可見得是非之理形見處。凡此四端，時時體認，不使少有間斷，便是所謂廣充之意否？」曰：「如此看得好，這便是尋得路，踏着了。」賀孫。

賀孫問：「體認四端廣充之意，如朋友相親，充之而無間斷，則貧病必相恤，患難必相死，至於仁民愛物，莫不皆然，則仁之理得矣。如朋友責善，充之而無間斷，則見惡如[一一五]惡惡臭，以至於除殘去穢，戢暴禁亂，莫不皆然，則義之理得矣。如尊卑秩序，充之而無間斷，則不肯一時安於不正，以至於正天下之大倫，定天下之大分，莫不皆然，則禮之理得矣。如是是非非，充之而無間斷，則善惡義利公私之別，截然而不可亂，以至於分別忠佞，親君子遠小人，莫不皆然，則智之理得矣。」曰：「只要常常恁地體認。若常常恁地體認，則日用之間匝匝都滿，密拶拶地。」問：「人心陷溺之久，四端蔽於利欲之私，初用工亦未免間斷。」曰：「固是。然義理之心纔勝，則利欲之念便消。且如惻隱之心勝，則殘虐之意自消；羞惡之心勝，則貪冒無恥之意自消；恭敬之心勝，則驕惰之意自消；是非之心勝，則含糊苟且頑冥昏謬之意自消。」賀孫。

胡問「廣充」之義。曰：「『廣』是張開，『充』是放滿。惻隱之心不是只見孺子時有，事事都如此。今日就一件事上推將去，明日又就第二件事上推將去，漸漸放開，自家及國，自國及天下，至足以保四海處，便是充得盡。」問：「廣充亦是盡己、推己否？」曰：「只是廣而充之，那曾有界限處！如手把筆落紙便自成字，不可道手是一樣，字又是一樣。孺子入井在彼，惻隱之心在我，只是一個物事。不可道孺子入井是他底，惻隱之心是我底。」淳。義剛同。〔一一六〕

問「推」字與「充」字。曰：「『推』是從這裏推將去，如『老吾老以及人之老，幼吾幼以及人之幼』，到得『充』〔一一七〕則填得來滿了。如〔一一八〕注水相似，推是注下水去，充則注得這一器滿了。蓋仁義之性本自充塞天地，若自家不能廣充，則無緣得這個殼子滿，只是個空殼子。」又曰：「充是占得這地位滿，推是推〔一一九〕向前去。」僩。

問：「推四端而行，亦無欠闕。」答曰：「無欠闕。只恐交加了，合惻隱底不惻隱，合羞惡底不羞惡，是是非非交加了。四端本是對着他後流出來，恐不對窠臼子。」節〔一二〇〕問：「不對窠臼子，莫是爲私意隔了？」答曰：「也是私意，也是不曉。」節又問：「恭敬却無當不當？」答曰：「此人不當拜他，自家也去拜他，便不是。」節。

四端皆是〔一二一〕人心發出。惻隱是説本愛，愛則是説仁。如見孺子將入井而救之，此心只是愛這孺子。惻隱元在這心裏面，被外面事觸起。羞惡、辭遜、是非亦然。移物便是從此四者推將去，要知在〔一二二〕裏面甚底物事。賜。

問：「推四端，無出乎守。」曰：「學者須見得守底是甚底物事。人只是一個心，識得個心卓然在這裏無走作，雖不守亦自在，學者且恁地守將去。」賜。

問孟子[一二三]「知皆廣而充之矣，若火之始燃」至「以事父母」。曰：「此心之量本足以包括天地、兼利萬物。只是人自不去推之於一國，[一二四]或能推之於一國而不足以及天下，此皆是未盡其本然之量。須是充滿其量，自然足以保四海。」僩。

或問：「性中只有四端，信是如何？」曰：「且如惻隱、羞惡實是惻隱、羞惡，便信在其中。」祖道。

問：「四端不言信，周子謂『五性動而善惡分』，如信之未發時如何，已發時如何？」曰：「如惻隱真個惻隱，羞惡真個羞惡，此便是信。」曰：「此却是已發時方有這信。」曰：「其中真個實[一二五]有此理。」[一二六]

節[一二七]問：「四端便是明德？」曰：「此是大者節目。」問：「『明明德』只是廣充得他去？」曰：「不昏着他。」節。

孟子四端處極好思索玩味，只反身而自驗其明昧深淺如何。升卿。

子細看孟子說四端處兩段，未發明一段處意思便與發明底同，又不是安排，須是本源有方發得出來。着實見得皆是當爲底道理，又不是外面事如此。知得果性善便有賓有主有輕有重，又要心爲主，把[一二八]得定，人欲自然没安頓處。孟子言「仁人心也」一段，兩句下只說心。祖道。

「惻隱、羞惡是仁義之端。惻隱自是情，仁自是性，即[一二九]是這道理。仁本難說，中間却是愛之理，發出來方有惻隱；義却是羞惡之理，發出來方有羞惡；禮却是辭遜之理，發出來方有辭遜；智却是是非之理，發出來方有是非。仁、義、禮、智是未發底道理，惻隱、羞惡、辭遜、是非是已發底端倪。如桃仁、杏仁是仁，到得萌芽却是惻隱。」又曰：「分別得界限了，更須日用常自體認，看仁、義、禮、智意思是如何。」又曰：「如今只因孟子所説惻隱之端可以識得仁意思，因説羞惡之端可以識得義意思，因説恭敬之端可以識得禮意思，因説是非之端可以識得智意思。緣是仁義禮智本體自無形影，要捉摸不著，一作「得」。只得將他發動處看，却自見得。恰如有這般兒子便知得是這樣母。程子云『以其惻隱，知其有仁』，此八字説得最親切分明。也不道惻隱便是仁，不[一三〇]道掉了惻隱別取一個物事説仁。譬如草木之萌芽，可以因萌芽知得他下面有根。也不道萌芽便是根，又不道掉了萌芽別取一個根。」又曰：「孟子説性不曾説着情[一三一]，只説『乃若其情則可以爲善』，看得情善則性之善可知。」又曰：「惻隱羞惡多是因逆其理而見。爲其所可傷，[一三二]這裏惻隱之端便動；惟有所可惡，這裏羞惡之端便動。若是事親從兄，又是自然順處見之。」又曰：「人須廣而充之。人誰無惻隱，只是不能常如此。能常如此，便似孟子説『火之始燃，泉之始達，苟能充之足以保四海』。若不能常如此，恰似[一三三]水相似，自去淤塞了；如草木之萌芽相似，自去踏折了，便死了，更無生意。」又曰：「孟子云『仁義禮智根於心』，『心統性情』，故説心亦得。」賀孫。以下集義。[一三四]

孟子曰[一三五]「凡有四端於我者，知皆廣而充之」，只是要廣而充之。而今四端之發甚有不整齊處，有惻隱處，有合惻隱而不惻隱處；有羞惡處，又有合羞惡而不羞惡處。且如齊宣不忍於一牛而却不愛百姓；嘑爾之食則知惡而弗受，至於萬鍾之祿，則不辨禮義而受之。而今只要就這處理會。夔孫。

問：「孟子以四端屬諸心，二程以四端屬諸情，何也？」曰：「心包性情者也。自其動者言之，雖謂之情亦可也。」人傑。〔一三六〕

四端，伊川云「聖人無端，故不見其心」。今按：書〔一三七〕中止云：「復非天地心，復則見天地心。聖人無復，故未嘗見其心。」今云「無端」，義亦不通。恐誤。閎祖。

黃景申嵩老問：「仁兼四端意思理會不透。」曰：「謝上蔡見明道先生，舉史文成誦，明道謂其『玩物喪志』。上蔡汗流浹背，面發赤色，明道云：『此便見得惻隱之心。』公且道上蔡聞得過失，恁地慚皇，自是羞惡之心，如何却說道『見得惻隱之心』？公試思。」久之，先生曰：「惟是有惻隱之心方會動，若無惻隱之心却不會動。惟是先動方始有羞惡，方始有恭敬，方始有是非。動處便是惻隱。若不會動却不成人。若不從動處發出，所謂羞惡者非羞惡，所謂恭敬者非恭敬，所謂是非者非是非。天地生生之理，這些動意未嘗止息，看如何梏亡亦未嘗盡消滅，自是有時而動。學者只怕間斷了。」賀孫。

節〔一三八〕問：「何謂惻隱？」答曰：「惻，惻然也。隱，痛也。」節〔一三九〕又問：「明道先生以上蔡面赤爲惻隱之心，何也？」答曰：「指其動處而言之只是羞惡之心，然惻隱之心必須動則方有羞惡之心。如肅然恭敬，其中必動。羞惡、恭敬、是非之心皆自仁中出，故仁專言則包四者，是個蔕子。無仁則痺麻死了，安有羞惡、恭敬、是非之心！仁則有知覺，痒痛則覺得，〔一四〇〕痛痒雖不同，其覺則一也。」節又問：「若指動言仁則近禪。」曰：「這個如何占得斷。是天下公共底。釋氏也窺見些子，只是他只知得這個，合惻隱底不惻隱，合羞惡底不羞惡，合恭敬底不恭敬。」節〔一四一〕又問曰：「他却無惻隱、羞惡、恭敬、是非？」曰：「然。」節。

仁言惻隱之端，程云「端如水之動處」。蓋水平靜而流〔一四二〕則不見其動，流〔一四三〕愛〔一四四〕親敬兄皆是此心本然，初無可見。及其發而接物，有所感動，此心惻然，所以可見。如怵惕於孺子入井之類是也。卓。按，集義不見程說。〔一四五〕

孟子曰〔一四六〕矢人豈不仁於函人章

問：「『仁，天之尊爵。』先生曰解『仁者，天地生物之心，得之最先而兼統四者，所謂元者善之長也〔一四七〕』。如何是得之最先？」曰：「人得那生底道理，所謂『心，生道』也。有是形，斯與是形以生也。〔一四八〕」廣。

孟子曰〔一四九〕子路人告之有過則喜章

道夫〔一五〇〕問：「『是與人爲善』，當其取人之際莫未有助之之意否？」曰：「然。」曰：「三者本意似只是取人，但有淺深。而『與人爲善』，乃是孟子再疊一意以發明之否？」曰：「然。」〔一五一〕

「與人爲善」，蓋舜不私己，如爲人爲此善一般。升卿。

孟子曰〔一五二〕伯夷非其君不事章

至問：「『進不隱賢，必以其道』，〔一五三〕集注云『「進不隱賢」，不枉道也』，似少字。」曰：「『進不隱賢』便是『必以其道』。人有所見，不肯盡發出，尚有所藏，便是枉道。」至云：「尋常看此二句，只云進雖不敢自隱其賢，凡有所藴皆樂於發用，然而却不妄進。二句做兩意看。」曰：「恁地看也得。」

問「進不隱賢，必以其道」。曰：「『不隱賢』謂不隱避其賢，如己當廉却以利自污，己當勇却以怯自處之類，乃〔一五四〕是枉道也。」又問：「所以不解作『不〔一五五〕蔽賢』，謂其下文『必以其道』。若作不蔽賢説，則下文不同矣。」曰：「然。」人傑。

伯夷「不屑就已」，注云：「屑，潔也，潔猶美也。苟以其辭命禮意之美而就之，是切切於是也。」然伯夷「雖有善其辭命而至者」亦不肯就，而況不道而無禮者，固速去之矣。世之所謂清者，不就惡人耳。若［一五六］辭令而來者，固有時而就之。惟伯夷不然，此其所以爲聖之清也。柳下惠不屑之意亦然。夷隘，惠不恭，不必言效之而不至者，其弊乃如此。只二子所爲已有此弊矣。僩。

問：「『柳下惠不恭』，是待人不恭否？」曰：「是他玩世，不把人做人看，如『袒裼裸裎於我側』是已。邵堯夫正是這意思，如皇極經世書成，封做一卷，題云：『文字上呈堯夫。』『不屑去』，説文説『屑』字作：『動作切切。』只是不汲汲於就，不汲汲於去。『屑』字却是重。」畨。［一五七］

問：「『伯夷隘，柳下惠不恭』，莫是後來之弊至此否？」曰：「伯夷自是有隘處，柳下惠自是有不恭處。且如『雖袒裼裸裎於我側』，分明是不將做人看了。」去僞。人傑同。［一五八］

或問：「『孟子曰『伯夷隘，柳下惠不恭，隘與不恭，君子不由也』。［一五九］明道云：『此非瑕疵夷惠之語，言其弊必至於此。』今觀伯夷與惡人處，『如以朝衣朝冠坐於塗炭』，則伯夷果似隘者。柳下惠『雖袒裼裸裎於我側，爾焉能浼我哉』，柳下惠果似不恭者。豈得謂其弊必至於此哉？」曰：「伯夷既清，必有隘處；柳下惠既和，必有不恭處。道理自是如此。孟子恐後人以隘爲清，以不恭處爲和，故曰『隘與不恭，君子不由也』。」去僞。周公謹同。［一六〇］

【校勘記】

〔一〕孟子曰以德行仁者王章　成化本爲「以力假仁章」。

〔二〕來　成化本無。

〔三〕來　成化本無。

〔四〕江兄　成化本無。

〔五〕東面而征西夷怨南面而征北狄怨　成化本爲「東征西怨南征北怨」。

〔六〕之在當時　成化本作「時」。

〔七〕而　成化本無。

〔八〕爲　成化本作「尊」。

〔九〕此條僩録成化本無。

〔一〇〕孟子曰　成化本無。

〔一一〕卦　成化本無。

〔一二〕孟子曰　成化本無。

〔一三〕察　成化本此下有「異服」。

〔一四〕先生謂治以市官之法而不賦其廛　成化本爲「謂治以市官之法」。

［一五］是如何　成化本無。

［一六］如　成化本此上有「然」。

［一七］數　成化本作「類」。類　即「類」，成化本作「市」。

［一八］成化本此下注有「至」。

［一九］孟子曰　成化本無。

［二〇］出　成化本作「生」。傅　成化本無。

［二一］便　成化本無。

［二二］在　成化本此下注曰：「池録作：『若未見孺子入井，亦自是惻隱。』」

［二三］怵惕惻隱莫是因怵惕處動而後見惻隱否　成化本爲「怵惕莫是動處因怵惕而後惻隱否」。

［二四］故　朱本作「做」。

［二五］卓同　成化本無，且此條僩録載於卷一百五。

［二六］此條人傑録成化本無。

［二七］納　成化本作「内」。

［二八］節　成化本此上有「節應曰」。

［二九］地　成化本無。

［三〇］伊川言滿腔子是惻隱之心如何　成化本爲「滿腔子是惻隱之心」。

〔三一〕能於此身知覺痛處見於應接　成化本爲「能於此身知有痛便見於應接」。
〔三二〕程子謂　成化本無。
〔三三〕成化本此下注曰：「池録作：『疾痛疴癢，舉切吾身，何處不有！』」
〔三四〕賀孫　成化本無。
〔三五〕臣　成化本作「君」。
〔三六〕當　此字原缺，據成化本補。
〔三七〕來　成化本作「在」。
〔三八〕直卿　成化本作「榦」。
〔三九〕居仁　成化本作「寓」。
〔四〇〕此條夔孫録成化本載於卷六。
〔四一〕此條治録成化本載於卷六。
〔四二〕爲　成化本作「時」。
〔四三〕此條成化本載於卷六。
〔四四〕此條成化本作爲注，附載於卷六淵録後，參下條。
〔四五〕硬　成化本作「實」。
〔四六〕夏　成化本此下有「相似」。

〔四七〕礼　成化本無，但另有注曰：「一作『禮』。」

〔四八〕義智　成化本爲「禮智」，且其下有注曰：「一作『義智』。」

〔四九〕成化本此下附有方子録，參上條。又，此條成化本載於卷六。

〔五〇〕又　成化本作「乃」。

〔五一〕是　成化本作「者」。

〔五二〕此條柄録成化本載於卷六。

〔五三〕孟子　成化本無。

〔五四〕則爲　成化本爲「便是」。

〔五五〕成化本此下注有「季札」。

〔五六〕蔡丈　成化本無。

〔五七〕何　成化本此下注曰：「此處疑有闕誤。」

〔五八〕道夫　成化本無。

〔五九〕人皆有不忍人之心一章　成化本無。

〔六〇〕禮智義　成化本爲「義禮智」。

〔六一〕是　成化本作「此」。

〔六二〕此條可學録成化本載於卷六。

〔六三〕有　成化本作「是」。

〔六四〕此條可學録成化本載於卷六。

〔六五〕往　成化本作「時」。

〔六六〕性純是性　成化本爲「性是統言」。

〔六七〕如　成化本此上有「性」。

〔六八〕生　此字原缺，據成化本補。

〔六九〕此條道夫録成化本載於卷六。

〔七〇〕禮義智信　成化本爲「禮智義信」。

〔七一〕此條閎祖録成化本載於卷六。

〔七二〕公晦　成化本作「佐」，且此條載於卷六。

〔七三〕如　成化本作「則」。

〔七四〕此條大雅録成化本載於卷六。

〔七五〕敷　成化本爲「專指」。

〔七六〕公晦　成化本作「佐」，且此條載於卷六。

〔七七〕且　成化本爲「其中」。

〔七八〕惡己之入惡　成化本爲「惡人之惡」。

［七九］端　成化本此下有「猶」。
［八〇］此條文蔚録成化本載於卷六。
［八一］賀孫　成化本無。
［八二］會　成化本此下有「恁地」。
［八三］其　成化本作「他」。
［八四］是　成化本作「有」。
［八五］冬　成化本此下有「是」。
［八六］此條明作録成化本載於卷六。
［八七］萬正純　成化本作「正淳」。
［八八］此條大雅録成化本載於卷六。
［八九］好　成化本此上有「好問」。
［九〇］故　成化本此下有「知」。
［九一］此條大雅録成化本載於卷六。
［九二］曰　成化本爲「仁禮是陽，故曰亨」。
［九三］此條夔孫録成化本載於卷六。
［九四］此條成化本載於卷五十八。

〔九五〕得　成化本無。
〔九六〕成化本此下注有「文蔚」。
〔九七〕時舉　成化本無。
〔九八〕潘植録　成化本無。
〔九九〕問　成化本此上有「劉居之」。
〔一〇〇〕某切　成化本爲「寬夫」。
〔一〇一〕此是　成化本爲「只此便是」。
〔一〇二〕繼之者善……各正性命　成化本無。
〔一〇三〕關紐　成化本爲「綱紐」。
〔一〇四〕不廣充之耳　成化本爲「不能廣充耳」。
〔一〇五〕看　成化本作「有」。
〔一〇六〕如暴戾愚狠……羞惡之心　成化本爲「如暴戾愚狠便是發錯了羞惡之心」。
〔一〇七〕公謹　成化本爲「方子」。按李公謹，字文子，方子之弟。
〔一〇八〕周先生季儼同過考亭　成化本無。
〔一〇九〕周　成化本爲「周季儼」。
〔一一〇〕只　成化本無。

〔一一一〕樂　成化本作「懼」。

〔一一二〕賀孫　成化本無。

〔一一三〕旦　成化本作「日」。

〔一一四〕其是非　成化本爲「真是真非」。

〔一一五〕如　成化本爲「必如」。

〔一一六〕淳義剛同　成化本爲「義剛」。

〔一一七〕充　成化本此上有「此」。

〔一一八〕如　成化本無。

〔一一九〕推　成化本此下注曰：「吐雷反。」

〔一二〇〕節　成化本無。

〔一二一〕是　成化本此下有「自」。

〔一二二〕知在　成化本作「見」。

〔一二三〕孟子　成化本無。

〔一二四〕只是人自不去推之於一國　成化本爲「只是人自不能充滿其量所以推不去或能推之於一家而不能推之於一國」。

〔一二五〕實　成化本無。

〔一二六〕成化本此下注有「賜」。
〔一二七〕節　成化本無。
〔一二八〕把　成化本此上有「心」。
〔一二九〕即　成化本此上有「性」。
〔一三〇〕不　成化本此上有「又」。
〔一三一〕情　成化本作「性」。
〔一三二〕爲其所可傷　成化本爲「惟有所可傷」。
〔一三三〕恰似　成化本此下有「火相似，自去打滅了」。
〔一三四〕以下集義　成化本無。
〔一三五〕孟子曰　成化本無。
〔一三六〕此條人傑録成化本無。
〔一三七〕書　成化本爲「遺書」。
〔一三八〕節　成化本無。
〔一三九〕節　成化本無。
〔一四〇〕痒痛則覺得　成化本爲「痒則覺得痒痛則覺得痛」。
〔一四一〕節　成化本無。

〔一四二〕而流　此二字原缺，據成化本補。

〔一四三〕流　成化本此下有「到灘石之地，有以觸之則其勢必動，動則有可見之端。如仁之體存之於心」。

〔一四四〕愛　成化本此上有「若」。

〔一四五〕此條卓録成化本卷五十三重複收録，但文字稍有差異，參成化本該卷「仁言惻隱之端……孺子入井之類是也」條。

〔一四六〕孟子曰　成化本無。

〔一四七〕而兼統四者所謂元者善之長也　成化本無。

〔一四八〕有是形斯與是形以生也　成化本爲「有是心斯具是形以生也」。

〔一四九〕孟子曰　成化本無。

〔一五〇〕道夫　成化本無。

〔一五一〕成化本此下注有「道夫」。

〔一五二〕孟子曰　成化本無。

〔一五三〕進不隱賢必以其道　成化本無。

〔一五四〕乃　成化本此下有「是隱賢」。

〔一五五〕不　成化本無。

〔一五六〕若　成化本此下有「善」。

〔一五七〕此條嚳録成化本分爲兩條，其中「問柳下惠不恭……文字上呈堯夫」爲一條，「不屑去……屑字却是重」另爲一條。

〔一五八〕人傑同　成化本無。

〔一五九〕孟子曰……君子不由也　成化本無。

〔一六〇〕周公謹同　成化本無。

晦庵先生朱文公語類卷第五十四

孟子四

公孫丑下

孟子曰[一]天時不如地利章

「孤虛」以方位言，如俗言向某方利、某方不利之類。「王相」指日時。孟子注。[二]僩。

孟子將朝王章

「孟子[三]亦辭以疾，莫是以齊王不合託疾否？」曰：「未論齊王託疾，看孟子意只說他不合來召。蓋在他國時，諸侯無越境之理，只得[四]以幣來聘，故賢者受其幣而往見之，所謂答禮行義是也。如見梁是也，是惠王先來聘之。既至其國，或爲賓師，有事則王自來見，或自往見王，但召之則不可。召之則有自尊之意，故不往見也。答陳代『如不待其招而往，何哉』，此以在他國而言；答萬章『天子不召師』，[五] 此以在其國而言。」僩。

「夫豈不義而曾子言之」，文勢似「使管子而愚人也，則可」。若是義理不是，則曾子豈肯恁地説！

孟子之平陸章

「左傳[六]『邑有先君之主[七]曰「都」』。看得來古之王者嘗爲都處便自有廟。[八] 如周時[九]太王廟在岐，文王廟在豐是也[一〇]。如[一一]武王祭太王則於岐，祭文王則於豐。[一二]『王朝步自周至于豐』，是自鎬至豐以告文王廟也。又如晉獻公使申生祭于曲沃，武公雖自曲沃入晉，而其先君之廟則仍在曲沃而不徙也。又如魯祖文王，鄭祖厲王，則諸侯祖天子矣。三威祖威公，則大夫祖諸侯矣。故禮運曰：『諸侯不得祖天子，大夫不得祖諸侯。公廟之設私家，非禮也，自三桓始也。』是三桓各立桓公廟於其邑也。」又問：「漢原廟如何？」曰：「原，再也，如『原蠶』之『原』。謂既有廟而再立一廟也。如本朝既有太祖廟[一三]又有景靈宮也。」又問：「此於禮當否？」曰：「非禮也。[一四] 然以洛邑有文武廟言之，則似周亦有兩廟。」又問：「原廟之制如何？」曰：「史記『月出衣冠遊之』，[一五] 謂藏高帝之衣冠於其中，月一取其衣冠出遊於國中也。古之廟制，前廟後寢，寢所以藏亡者之衣冠。故周禮：『守祧，掌守先王、先公之廟；祧，其遺衣服藏焉。』到漢時又[一六]却移寢於陵下[一七]，所謂『陵寢』也，故漢明帝[一八]於原陵見太后鏡奩中物而悲哀也。蔡邕因明帝之事[一九]謂：『上陵亦古之[二〇]禮，明[二一]猶有古之餘意。』然此等議論，皆是他講學不明之故，他只是偶見明帝之事，故爲是説。然何不使人君移此意於宗廟中耶？」又曰：「『王之爲都』又恐是周禮所謂『都鄙』之『都』。周禮『四縣爲都』。」廣。按賀孫録同，有詳略。今附云：「正淳問：『「凡邑有先君之廟曰都」，春秋之國，其都不一，則是其廟亦不一。如何？』曰：『古人之廟不遷。如太王之廟在岐，文王之廟在豐，武王之廟在鎬。如武王祭太王則於岐祭之，祭文王則於豐祭之。鎬京却無二王之廟。又如晉獻公遣申生祭齊姜於曲沃，則自其始封，其廟猶不徙也。』」[二二]

孟子爲卿於齊章

問：「孟子賓師之禮如何？」曰：「當時有所謂客卿者是也。大概尊禮之而不居職任事，召之則不往，又却爲使出弔於滕。」木之。

沈同以其私問章

孟子答沈同伐燕一章誠爲未盡。「何以異於是」之下，合更説是弔民伐罪、不行殘虐之主方可以伐之，如此乃善。又孟子居齊許久，伐燕之事必親見之，齊王乃無一語謀於孟子，而孟子亦無一語諫之，何也？想得孟子亦必以伐之爲是，但不意齊師之暴虐耳。不然，齊有一大事如此而齊王不相謀，孟子豈可更居齊耶！史記云：「鄒人孟軻勸齊王伐燕云：『此湯武之舉也。』」想承此誤，然亦有不可曉者。僩。

「勸齊伐燕如何？」曰：「孟子言伐燕處有四〔二三〕，須合而觀之。燕之父子君臣如此，固有可伐之理。然孟子不曾教齊不伐，亦不曾教齊必伐，但曰『爲天吏則可以伐之』。」又曰：「『若殺其父兄，係累其子弟』，則非孟子意也。」謨。去僞同。〔二四〕

燕人畔章

淳問：「周公誅管蔡，自公義言之，其心固正大直截；自私恩言之，其情終有不自滿處。所以孟子謂『周公之過，不亦宜乎』者以此〔二五〕。」先生曰：「是也〔二六〕。他豈得已爲此〔二七〕哉！莫到恁地較好。看周公當初做這一事也大段疏脱，〔二八〕本是怕武庚叛，所以〔二九〕遣管叔、蔡叔、〔三〇〕霍叔去監他，爲其至親可恃，不知他反去與那〔三一〕武庚同作一黨。周公當時亦看兄弟不過，又被武庚日夜來搔他，謂周公欲篡爲天子，汝是兄，今只恁地。武庚亦是狡猾。管叔爲他説摇動，性急便發。〔三二〕」李文卿〔三三〕問：「是時可調護莫殺否？」先生曰：「他已叛，只得殺，如何謂護得！蔡叔、霍叔性較慢，罪較輕，所以只因於郭鄰，降於[三四]庶人。想見當時被管叔做出這事來後[三五]，騷動許多百姓，想見也怕人。『鴟鴞鴟鴞，既取我子，無[三六]毁我室』，便是[三七]當時也被他害得猛。如常棣一詩，乃[三八]後來制禮作樂時作，[三九]故其辭獨哀，却[四〇]不似諸詩恁地[四一]和平。」黄問：[四二]「周公也豈不知管叔恁地狡猾[四三]？但當時於義也[四四]不得不封他。」先生曰：「而今看時但不是[四五]狡獪，只是獃了[四六]。」淳。黄義剛同。[四七]

孟子去齊章

陳希真問：「孟子去齊處，集注引李氏説『「憂則違之」，而荷蕢所以爲果』，如何？」曰：「孟子與荷蕢皆是『憂則違之』。但荷蕢果於去，不若孟子『遲遲吾行』。蓋得時行道者，聖人之本心；不遇而去者，聖人之不得已。此與孔子去魯之心同。蓋聖賢憂世濟時之心，誠非若荷蕢之果於去也。」銖。[四八]

孟子去齊章充虞[四九]

敬之問：「『夫天未欲平治天下』，[五〇]明道云[五一]：『是[五二]有所受命之辭。「天之未喪斯文也，[五三]匡人其如予何」是聖人自做了天事[五四]。孟子是論世之盛衰、己之去就，故聽之於天。孔子云[五五]道之興[五六]喪自應以己任之。』未審程[五七]說如何？」曰：「不消如此看。明道這說話固是說未盡。如孔子云『天之將喪斯文』、『天之未喪斯文』，看此語也只看天如何。只是要緊不在此處，要緊是看聖賢所以出處大節。」賀孫。[五八]

孟子去齊居休章

沙隨謂：「『繼而有師命』，乃師友之『師』，非師旅也。正齊王欲『授孟子室，養弟子以萬鍾，使諸大夫國人皆有所矜式』時事。」先生曰：「舊已有此說。但欲受[五九]孟子室乃孟子辭去時事，所謂『於崇吾得見王』，則初見齊王時事。以此考之，則師旅爲當。」道夫。

【校勘記】

[一] 孟子曰　成化本無。

[二] 孟子注　成化本爲「集注」。

[三] 孟子　成化本此上有「問：『「孟子將朝王」，齊王託疾召孟子』」。

[四] 得　朱本作「因」。

[五] 師　成化本此下有「而況諸侯乎」。

[六] 左傳　成化本此上有「王之爲都」。

[七] 主　成化本作「廟」。

[八] 廟　成化本此下注曰：「賀孫録云：『古人之廟不遷。』」

[九] 周時　成化本無。

[一〇] 是也　成化本無。

[一一] 如　成化本無。

[一二] 成化本此下注曰：「賀孫云：『鎬京却無二王之廟。』」

[一三] 太祖廟　成化本爲「太廟」。

[一四] 非禮也　成化本此下注曰：「賀孫云：『問：「郡國有原廟否？」曰：「行幸處有之，然皆非禮也。」』」

[一五] 月出衣冠遊之　成化本此下注曰：「賀孫云：『漢之原廟是藏衣冠之所。』」

[一六] 又　成化本無。

[一七] 下　成化本無。

[一八] 漢明帝　成化本爲「明帝」。

[一九] 明帝之事　成化本無。

〔二〇〕之　成化本無。

〔二一〕明　成化本爲「明帝」。

〔二二〕按賀孫録同……其廟猶不徙也　成化本爲「賀孫録同」。

〔二三〕有四　此二字原缺，據成化本補。

〔二四〕謨去僞同　成化本爲「去僞」。

〔二五〕者以此　成化本無。

〔二六〕也　成化本無。

〔二七〕爲此　成化本無。

〔二八〕脱　成化本此下有「他也看那兄弟不過」。

〔二九〕所以　成化本作「故」。

〔三〇〕管叔蔡叔　成化本爲「管蔡」。

〔三一〕那　成化本無。

〔三二〕周公當時亦看兄弟不過……性急便發　成化本爲「不知如何紂出得個兒子也恁地狡猾想見他當時日夜去炒那管叔説道周公是你弟今却欲篡爲天子汝是兄今却只恁地管叔被他炒得心熱他性又急所以便發出這件事來」。

〔三三〕李文卿　成化本爲「堯卿」。

〔三四〕於　成化本作「爲」。

〔三五〕後　成化本無。

〔三六〕無　成化本作「毋」。

〔三七〕便是　成化本無。

〔三八〕乃　成化本作「是」。

〔三九〕作　成化本此下有「這是先被他害，所以當天下平定後更作此詩」。

〔四〇〕却　成化本作「切」，屬上讀。

〔四一〕恁地　成化本無。

〔四二〕黄問　成化本爲「義剛曰」。

〔四三〕恁地狡猾　成化本爲「狡獪」。

〔四四〕也　成化本無。

〔四五〕而今看時但不是　成化本爲「看來不是」。

〔四六〕了　成化本作「子」。

〔四七〕淳黄義剛同　成化本爲「義剛」。

〔四八〕銖　成化本爲「時舉」。

〔四九〕孟子去齊章充虞　成化本無。

［五〇］夫天天未欲平治天下　成化本無。

［五一］云　成化本無。

［五二］是　成化本此上有「舍我其誰」。

［五三］天之未喪斯文也　成化本無。

［五四］做了天事　成化本爲「做了天裏」。

［五五］云　成化本作「言」。

［五六］興　成化本作「盛」。

［五七］程　成化本作「此」。

［五八］此條賀孫録成化本載於卷三十六，而底本卷三十六重複載録。

［五九］受　成化本作「授」。

晦庵先生朱文公語類卷第五十五

孟子五

滕文公上下[一]

滕文公爲世子章

「孟子道性善」，其發於外也必善無惡。惡非性也，性不惡矣。節。

問：「孟子言性，何必於其已發處言之？」曰：「未發是性，已發是善。」可學。

問：「『孟子道性善』，不曾説氣稟去。」曰：「孟子也不曾量到這裏，但説本性善，失却這一節。」又問氣稟。[二] 曰：「是偶然相值着，非是有安排等待。」又問：「性[三] 天生聰明，又似不偶然。」先生曰：「便是先來説主宰底一般。忽生得個人恁地，便是要他出來作君、作師。書中多説『聰明』，蓋一個説白，一個説黑，若不是聰明底，如何遏伏得他衆人？所以中庸亦云：『惟天下之[四]至聖，爲能聰明睿智，足以有臨。』且莫説聖賢，只如漢之[五]高祖、光武，唐之[六]憲宗、武宗，他更自了得。某嘗説韓退之可憐，憲宗也自知他，只因佛骨一事忤意，未一年而憲宗死亦便休了，蓋只有憲宗會用得他。」[七]或曰：「用李絳亦如此。」先生曰：「憲宗初年許多伎倆是李絳教他，絳本傳説得詳。然絳自有一書名論事記，記得更詳，如李德裕獻替録之類。」夔孫。

問：「孟子只言『性善』，繫辭却言『一陰一陽之謂道，繼之者善，成之者性也』。如此則性與善却是二事？」曰：「一陰一陽是總名。『繼之者善』是二氣五行事，『成之者性』是氣化後事。」謨。[八]

黄仁卿問：「『性善』之『善』[九]與『堯舜性之』之『性』，如何？」曰：「『性善』之『性』字實，『性之』之『性』字虚。『性之』只是合下稟得，合下便把來受用。」又曰：「『反之』，是先失着了，反之而後得。『身之』是把來身上做起。」節。[一〇]

人性無不善。雖桀、紂之爲窮凶極惡，也知此事是惡。[一一]恁地做不奈何，此便是人欲奪了。銖。[一二]

可學[一三]問：「反其性如何？」曰：「只吾友會道個反時，此便是天性，只就此充之，别無道理。」滕文公纔問孟子，孟子便道『性善』。自今觀之，豈不躐等？不知此乃是自家屋裏物，有甚過當！既立得性了，則每事點檢，視事之來，是者從之，非者違之。此下文甚長，且於根本上用工夫，既尚留此，更宜審觀自見。」可學。〔一四〕

性善，故人皆可爲堯舜。「必稱堯舜」，所以驗性善之實。德明。

「孟子道性善，言必稱堯舜」，須看因何理會個性善作甚底？賜。

劉棟問：「『孟子道性善，言必稱堯舜』，〔一五〕人未能便至於〔一六〕堯舜也，而孟子言必稱之，何也？」曰：「『道性善』與『稱堯舜』，二句正相表裏。蓋人之所以不至於堯舜者，是他力量不至，固無可奈何。然人須當以堯舜爲法也〔一七〕，射者之於的，箭箭皆欲其中。其不中者，其技藝未精也。人到得堯舜地位，方做得一個人無所欠闕，然也只是本分事，這便是『止於至善』。」道夫。

李仲實問：「『性善』，〔一八〕注云：『惟堯舜爲能無物欲之蔽而充其性。』人蓋有恬於嗜欲而不能充其性者，何故？」曰：「不蔽於彼則蔽於此，不蔽於此則蔽於彼，畢竟須有蔽處。物欲亦有多少般！如白日須是雲遮方不見，若無雲，豈應不見耶！此等處緊要在『性』字上，今且合思量如何是性？在我爲何物？反求吾心有蔽無蔽？能充不能充？不必論堯如何、舜又如何，如此方是讀書。」閎祖。

符舜功問：「滕世子從孟子言，何故後來不濟事？」曰：「亦是信不篤。如自宋〔一九〕反，復問孟子，孟子已知之，曰：『世子疑吾言乎？』則是知性不的。他當時地步狹，本難做；又識見卑，未嘗立定得志。且如許行之術至淺下，且延之，舉此可見。」可學。

問「世子自楚反，復見孟子」章集注。〔二〇〕曰：「大概是如此。孟子七篇論性處，只此一處較〔二一〕說得盡。須是日日認一過，只是要熟。」又曰：「程子說才與孟子說才自不同，然不相妨。須是子細看始得。」賀孫。

道夫〔二二〕問：「『滕世子見孟子，孟子道性善』一章集注已詳盡，但中間所載三子之事，〔二三〕成覸則若參較彼己，顏子則知聖〔二四〕學之必可至，公明儀則篤信好學者也。三者雖有淺深，要之皆是尚志。」曰：「也略有個淺深。恁地看文字且須看他大意。」又曰：「大抵看文字，不恁地子細分別出來，又却鶻突；到恁地細碎分別得出來後，不曾看得大節目處，又只是在落草處尋。」道夫曰：「這般緊要節目其初在『道性善』，其中在『夫道一而已矣』，其終在『若藥不瞑眩，厥疾弗瘳』。」先生曰：「然。」道夫。

今學者思「文王我師也，周公豈欺我哉」，閎祖云：「上一句恐是周公之言，公明儀舉之而曰『周公豈欺我哉』，言文王真我師也。」先生曰：「某亦疑是如此。」遂更集注云。閎祖。〔二五〕

問：〔二六〕「孟子初教滕文公如此似好。後來便〔二七〕只恁休了，是如何？」曰：「滕國小，絶長補短止五十里，不過如今之一鄉。然孟子與他說時也只說『猶可以爲善國』而已，終不成以所告齊梁之君者告之也。兼又不多時便爲宋所滅了。」因言程先生説：「孔子爲乘田則爲乘田，爲委吏則爲委吏，爲司寇則爲司寇，無不可者。至孟子則必得賓師之位方能行道，此便是他能大而不能小處。惟聖人則無不遍，大小方圓，無所不可。」又曰：「如孟子説『諸侯之禮，吾未之學也』，此亦是講學之有闕。蓋他心量不及聖人之大，故於天下事有包括不盡處。天下道理儘無窮，人要去做又做不辦，極力做得一兩件又困了。唯是聖人便事事窮到徹底，包括浄盡，無有或遺者。」正淳曰：「如夏商之禮，孔子皆能言之，却是當時杞宋之國文獻不足，不足取以證聖人之言耳。至孟子則曰『吾未之聞〔二八〕也』而已，『吾聞其略也』而已。」廣。

滕定公薨章

古宗法，如周公兄弟之爲諸侯者，則皆以魯國爲宗。故孟子載滕之父兄百官語曰：「吾宗國魯，先君亦莫之行。」〔二九〕至戰國時滕猶稱魯爲「宗國」也。廣。

滕文公問爲國章井田

問：「周制，都鄙用助法，八家同井；鄉遂用貢法，十夫有溝。鄉遂所以不爲井者何故？」先生曰：「都鄙以四起數，五六家始出一人，故甸出甲士三人、步卒七十二人。鄉遂以五起數，家出一人爲兵以守衛王畿，役次必簡。故周禮惟挽匶則用之，此役之最輕者。」近郊之民，王之内地也。共輦之事職無虛月，追胥之比無時無之，其受廛爲民者固與畿外之民異也。七尺之征、六十之舍，王非姑息於邇民也。遠郊之民，王之外地也。其溝洫之治各有司存，野役之起不及其羨，其受廛爲氓者固與内地之民異也。六尺之征、六十五之舍，王非荼毒於遐民也。園廛二十而一，若輕於近郊也，而草木之毓、夫家之聚不可以擾，擾則不能以寧居，是故二十而稅一。漆林二十而五，若重於遠郊也，而器用之末作、商賈之資利不可以輕[三〇]，輕則必至於忘本，是故二十而五。係近郊、遠郊勞逸所繫。[三一]

貢、助、徹可疑。德明。[三二]

因説今日田賦利害，曰：「某嘗疑孟子所謂『夏后氏五十而貢，殷人七十而助，周人百畝而徹』，恐不解如此。先王疆理天下之初做許多畎溝澮洫之類，大段是[三三]費人力了。若是[三四]自五十而增爲七十，自七十而增爲百畝，則田間許多疆理都合更改，恐無是理。孟子當時未必親見，只是傳聞如此，恐亦難盡信也。」廣。

孟子説「夏后五十而貢，殷人七十而助，周人百畝而徹」[三五]，亦有可疑者。若夏后氏既定「五十而貢」之制，不成商周再分其田，遞相增補，豈不大擾！聖人舉事恐不如此。如王莽之封國，割某地屬某國，至於淮陽太守無民可治，來歸京師，此尤可笑。正義引劉氏、皇氏、熊氏説，皆是臆度，迂僻之甚！人傑。

「世禄，是食公田之人。」問：「鄰長、比長之屬有禄否？」曰：「恐未必有。」問：「士者之學如何？」曰：「亦農隙而學。」「孰與教之？」曰：「鄉[三六]大夫有德行而致其仕者俾教之。」德明。

「孟子只把『雨我公田』證周亦有公田，讀書亦不必究盡細微。」[三七]公謹。[三八]

「孟子説『湯以七十里，文王以百里』，及其語滕文公，又却只説『有王者起必來取法，是爲王者師』，不曾説便可以王。是亦要國大方做得，小底亦不奈何。今且説將百里教爾行王政，爾做從何處起？便是古時聖賢易做，後世聖賢難做。古時只是順那自然做將去，今大故費力。漢高祖與項羽紛争，五年之間可謂甚窘，欲殺他不能，欲住又不得，費多少心力！想不似當初做亭長時較快活。」顧謂諸公曰：「當劉、項紛争時，使湯、武居之當如何？是戰好，是不戰好？」淳曰：「湯、武是仁義素孚於民，人自歸服，不待戰。」先生曰：「秦并天下，尺地一民，皆爲己有，何處討他來行仁政？如何得素孚於民？如高祖皆是起於田里。若使湯、武居此，當如何勝得秦？」淳曰：「『以至仁伐不仁』，以至義伐不義，自是勝。」先生曰：「如秦可謂不仁不義。當時所謂『更遣長者扶義而西』，亦是倣此意思做，但當時諸侯入關皆被章邯敗了。及高祖又設許多詭計誘秦，漢方入得。設使湯、武居之，還亦如此做否？今且做秦是不仁不義可以勝。如項羽紛争許多時，却如何對他？若不與相殺，便被他殺了，若與他相殺，還能不殺人否？當此時是天理，是人欲？湯、武在那時亦須思量個道理與他區處。」淳。[三九]

問：「滕文公爲善，如何行王道不得，只可爲後法？」曰：「他當時大故展拓不去，只有五十里，如何做得事？看得來渠國亦不甚久便亡。」問：「所謂『小國七年』者，非是封建小國，恐是燕韓之類。」曰：「然。」可學。

「『請野九一而助，國中什一使自賦』，如古注之説如何？」曰：「若將周禮一一求合其説則[四〇]難。此二句大率有周禮制度。野，謂甸、稍、縣、都，行九一法。國中什一，以在王城，豐凶易察。」謨。去僞同。[四一]

問：「圭田，餘夫之田，是在公田私田之外否？」先生曰：「卿受田六十邑，乃當三百四十井，此外又有『圭田五十畝』也。『餘夫二十五畝』乃是十六歲以前所受，在一夫百畝之外也。孟子亦是言大概耳，未必曾見周禮也。」時舉。銖同。[四二]

有爲神農之言章

德修解君民並耕，以爲「有體無用」。先生曰：「如何是有體無用？這個連體都不是。」德修曰：「食豈可無？但以君民並耕而食則不可。因[四三]君民不可並耕却不耕。耕食自不可無，此是體。以君民並耕，則無用。」先生曰：「『有大人之事，有小人之事』，若是以君民並耕，畢竟體已不是。」文蔚。

「排淮泗而注之江。」淮自不與江通，大綱如此說去。謨。

問：「『又從而振德之』[四四]是施惠之意否？」曰：「是。然不是財惠之惠，只是施之以教化，上文匡、直、輔、翼等事是也。彼既自得之，復從而教之。『放勛曰』，『曰』字不當音馹。」㽦。

墨者夷之章

「夷子以謂『愛無差等，施由親始』，似知所先後者，其說如何？」曰：「人多疑其知所先後，而不知此正是夷子錯處。人之有愛本由親立，推而及物，自有等級。今夷子則[四五]以爲『愛無差等』而施之則由親始，此夷子所以二本矣。夷子但以此解厚葬其親之言，而不知『愛無差等』之爲二本也。」謨。去僞同。[四六]

亞夫問：「『愛無差等，施由親始』，與『親親而仁民，仁民而愛物』相類否？」先生曰：「既是『愛無差等』，何故又『施由親始』？這便是有差等了。然『施由親始』一句，乃是夷之臨時譔出來湊孟子意，却不知『愛無差等』一句已是不是了。他所謂『施由親始』，便是把『愛無差等』之心施之，然把愛人之心推來愛親是甚道理！」時舉。

問：「愛有差等，此所謂一本，蓋親親、仁民、愛物是[四七]有本末也。所謂『二本』是如何？」曰：「『愛無差等』，何止二本？蓋千萬本也。」退與彥忠論此。彥忠云：「愛吾親又兼愛他人之親，是二愛並立，故曰『二本』。」德明。

至[四八]問：「『天之生物一本，而夷子二本。』[四九]人只是一父母所生，如木只是一根株。夷子却視他人之親猶己之親，如牽彼樹根强合此樹根。」先生曰：「『愛無差等』便是二本。」至曰：「『命之矣』，『之』字作夷子名看方成句法，若作虛字看則不成句法。」先生曰：「是。」至。

尹氏曰：「何以有是差等，一本故也，無僞也。」既是一本，其中便自然有許多差等。二本則二者並立，無差等矣。墨子是也。僩。

滕文公下

陳代問[五〇]不見諸侯章

問「枉尺直尋」。曰：「援天下以道。若枉己便已枉道，則是已失是[五一]援天下之具矣，更說甚事！自家身既已壞了，如何直人！」恪。

天下事不可顧利害。凡人做事多要趨利避害，不知纔有利必有害。吾雖處得十分利，有害隨在背後，不如且就理上求之。孟子曰「如以利言，則枉尺直尋，利[五二]亦可爲歟」。且如臨難致死，義也。若不明其理而顧利害，則見危死事者[五三]反不如偷生苟免之人。「可憐石頭城，寧

爲袁粲死，不作褚淵生」，「民之秉彝」不免磨滅如此，豈不是自然！可學。[五四]

「齊景公田，[五五]招虞人以旌，不至將殺之。」刀鋸在前而不避，非其氣不餒，如何强得！閎祖。

「詭遇」是做人不當做底，「行險」是做人不敢做底。[五六]

公孫衍張儀豈不誠大丈夫章[五七]

居者，心之所存。廣居，無私意也。纔有私意，則一分爲二，二分爲四，四分爲八，只見分小著。立者，身之所處。正位者，當爲此官則爲此官，當在此則在此。行者，事之所由。大道者，非偏旁之徑，荆棘之場。人生只是此三事。節。

敬之問「居天下之廣居，立天下之正位，行天下之大道」。曰：「大概只是無些子偏曲。且如此心廓然無一毫私意，直與天地同量，這個便是『居天下之廣居』，便是『居仁』。到得自家立身更無些子不當於理，這個[五八]便是『立天下之正位』，便是『守禮』。及推而見於事，更無些子不合於義，這個便是行天下之大道，便是『由義』。論上面[五九]兩句則居廣居是體，立正位是用；論下面[六〇]兩句則立正位是體，行大道是用。要知能『居天下之廣居』，自然能『立天下之正位，行天下之大道』。」恪。

居之問「居天下之廣居，立天下之正位，行天下之大道」[六一]。曰：「『廣居』是廓然大公無私欲之蔽，『正位』是所立處都無差過，『大道』是事事做得合宜。『居』字是就心上説，[六二]『立』字是就身上説，『行』字是就施爲上説。」賀孫。

先生答劉居之所問孟子「居天下之廣居，立天下之正位，行天下之大道」，[六三]云：「『廣居』是不狹隘，以天下爲一家，中國爲一人，何廣如之！『正位』、『大道』只不是僻曲。『正位』就處身上説，『大道』就處事上説。」擇之續云「廣居」。[六四]植。

「居天下之廣居，立天下之正位，行天下之大道」，唯集義、養氣方到此地位。「富貴不能淫，貧賤不能移，威武不能屈」，以浩然之氣對著他便能如此。「彼以其爵[六五]，我以吾仁；彼以其富[六六]，我以吾義」，「在彼者皆我之所不爲也，在我者皆古之制也。吾何畏彼哉」。閎祖。

問：「『居廣居，立正位，行大道』，是浩然之氣否？」答曰：「然。浩然之氣須是養，有下工夫處。『居廣居』以下，是既有浩然之氣方能如此。」大雅。

公孫丑問曰不見諸侯何義章[六七]

問：「公孫丑言孟子不見諸侯，何故千里來見梁惠王？」曰：「以史記考之，此是梁惠王招之而至。其曰『千里而來』者，亦是勞慰之辭爾。孟子出處必不錯了。如平日在諸侯國内，雖不爲臣，亦有時去見他，若言[六八]諸侯來召，則他[六九]便不去。蓋孟子以賓師自處，諸侯有謀則就之。如孟子一日將見王，王不合使人來道：『我本就見，緣有疾，不可以風，不知可以來見否？』孟子纔聞此語，便不肯去。」時坐間有楊方縣丞者，云：「公孫丑，孟子弟子也。[七〇]弟子稱其師不見諸侯，必是其師尋常如此，所以[七一]其見梁惠王亦須有說。但今人不肯便信他說話，只管信後人言語，所以疑得孟子如此。」謨。

孟子之時，君重士，爲士者不得不自重，故必待時君致敬盡禮而後見。自是當時做得個規摹如此定了，如史記中列國之君擁篲先迎之類。却非是當世輕士而孟子有意於矯之以自高也。因說孟子不見諸侯及此。僩。

至云：「看孟子，[七二]見[七三]得孟子於辭受取舍進退去就，莫非天理時中之妙，無一毫人欲之私，無一毫過不及之病。如謂『段干木踰垣而避之，泄柳閉門而不納，是皆已甚迫，斯可以見矣』，『充仲子之操則蚓而後可』，『謂非其有而取之者盜也，充類至義之盡』。辭曰『聞戒』、『餽贐』，可受則受之，皆無一毫過[七四]不及，無一毫私意。」先生曰：「道理固是恁地。而今有此事到面前，這道理又却那裏安頓？」[七五]

「『孟子不見諸侯』何義？」曰：「孟子入他國中亦有時可見諸侯，只是諸侯召之則不往見之爾。且如孟子將朝王，王使人來曰：『寡人如就見者也，有寒疾不可以風，朝將視朝，不識可使寡人得見乎？』孟子又便對曰：『不幸而有疾，不能造朝。』孟子本待要去見他，纔來喚召，便稱疾不肯往，蓋孟子以師賓自處，不可召之也。故曰『古者不爲臣不見』，又曰『欲有謀焉則就之』，又曰『迫斯可以見矣』。皆此意也。」謨。[七六]

公都子曰外人皆稱夫子好辯章[七七]

居之問孟子「豈好辯」章。先生令看大意，曰：「此段最好看。看見諸聖賢遭時之變各行其道是這般時節，其所以正救之者是這般樣子，這見得聖賢是甚麽樣大力量！恰似天地有闕齾處，得聖賢出來補得教周全。補得周全後，過得稍似[七八]又不免有闕，又得聖賢出來補，這見得聖賢是甚力量，直有闔闢乾坤之功。」賀孫。

孟子苦死要與楊朱、墨翟[七九]辯，是如何？與他有甚冤惡所以闢之，渾[八〇]如不共戴天之讎？「能言距楊墨者，聖人之徒也」，纔説道要距楊墨也[八一]，便是聖人之徒。如人逐賊，有人見了自不與捉，這便喚做是賊之黨。賊是人情之所當惡，若説道賊當捉當誅，這便是主人邊人；若説道賊也可捉也可恕，這只喚做賊邊人。賀孫。

時舉[八二]問孟子「好辯」一節。先生云：「當時如縱横[八三]刑名之徒，孟子却不管他，蓋他只壞得個粗底。若楊墨則害了人心，須著與之辯也。」時舉謂：「當孟子之時[八四]人心不正，趨向不一，非孟子力起而闢之，則聖人之道無自而明。是時真個少孟子不得。」先生曰：「孟子於當時只在私下恁地說，所謂楊墨之徒也未怕他。到後世却因其言而知聖人之道爲是，知異端之學爲非，乃是孟子有功於後世耳。」時舉。

因居之看孟子「公都子：人皆稱夫子好辯」[八五]一章，曰：「墨氏『愛無差等』，故視其父如路人。楊氏只理會自己，所謂『修其身而外天下國家』者，故至於無君。要之，楊墨即是逆理，不循理耳。如一株木，順生向上去是順理，今一枝乃逆下生來，是逆理也。如水本潤下，今洪水乃横流，是逆理也。禹掘地而注之海，乃順水之性，使之潤下而已。暴君『壞宮室以爲污池，棄田以爲園囿』，民有屋可居，有地可種桑麻，今乃壞而棄之，是逆理也。湯武之舉乃是順理。此三句即推先生意，非全語。[八六]如楊墨逆理，無父無君，邪說誣民，仁義充塞，便至於『率獸食人，人相食』。此孟子極力闢之，亦只是順理而已。」此一段多推本先生意，非當時[八七]全語。植。

黄敬之[八八]問楊墨。曰：「楊墨只是差了些子，其末流遂至於無父無君。是[八九]楊氏見世間人營營於名利，埋没其身而不自知，故獨潔其身以高[九〇]，如荷蕢、接輿之徒是也。然使人皆如此潔身而自爲，則天下事教誰理會？此便是無君也。墨氏見世間人自私自利不能及人，故欲兼天下之人而盡愛之。然不知或有一患難，在君親則當先救之，在他人則後救之。若君親與他人不分先後，則[九一]待君親猶他人也，便是無父。此二者之所以爲禽獸也。孟子之辯，只緣是放過不得。今人見佛老家説[九二]者，或以爲其説是勝吾儒之説，或又以爲彼雖説得不是，不用管他。此皆是看他不破，故不能與之辯。若真個見得是害人心、亂吾道，豈容不與之辯！所謂孟子好辯者，非好辯也，自是住不得也。」南昇。時舉録少異。[九三]

問：「墨氏兼愛，何遽至於無父？」曰：「人也只孝得一個父母，那有七手八脚愛得許多！能養其父無闕，則已難矣。想得他之所以養父母者，粗衣糲食必不能堪。蓋他既欲兼愛則其愛父母也必疏，其孝也不周至，非無父而何哉！墨子尚儉惡樂，所以説『里號朝歌，墨子回車』。想得是個淡泊枯槁底人，其事父母也可想見。」又問：「『率獸食人』，亦深探[九四]其弊而極言之，非真有此事也。」曰：「不然。即它之道，便能如此。楊氏自是個退步愛身、不理會事底人了，墨氏兼愛又弄得没合殺，使天下倀倀然，必至於大亂而後已，非『率獸食人』而何？如東晉之尚清談，此便是楊氏之學。楊氏即老莊之道，少間百事廢弛，遂啓夷狄亂華，其禍豈不慘於洪水猛獸之害！又如梁武帝事佛至於社稷丘墟，亦其驗也。如近世王介甫，其學問高妙，出入於老佛之間，其政事欲與堯舜三代爭衡。然所用者盡是小人，聚天下輕薄無賴小人不會假借得許多，須真有個人坯模如此方粧點得成，假使懸空自譔得一人如此，則能譔之人亦自大有見識，非凡人矣。[九五]」僩。

問：「墨氏兼愛疑於仁，此易見。楊氏爲我，何以疑於義？」曰：「楊朱看來不似義，他全是

老子之學，只是個逍遥物外、僅足其身、不屑世務之人。只是他自愛其身、界限齊整、不相侵越，微似義耳，然終不似也。」[九六]

「楊朱乃老子弟子，其學專爲己。列子云：『伯成子羔拔一毛而利天下不爲。其言曰：「一毛安能利天下？使人人不拔一毛、不利天下，則天下自治矣。」』」問：「老子似不與楊朱同。」曰：「老子窺見天下之事，却討便宜置身於安閑之地，云『清静自治』，豈不是與朱同？」又問：「伊川説老子，謂先語大道，後却涉些姦詐。如云『知其雄，守其雌；知其白，守其黑』之類。」曰：「孔孟亦知天下有許多事，何故不厭他？」曰：「孔孟見實理，把作合做底看。他不見實理，把做無故不肯爲。」問：「孔子曾見他書否？」曰：「未必見。」厚之問：「孔子何爲問禮於他？」曰：「他本周家史官，自知禮，只是以爲不足道，故一切掃除了。曾子問中自見孔子問他處。邵康節亦有些小似他。」問：「録[九七]中何故有康節？」曰：「書坊自增耳。」可學。

問：「『墨氏兼愛，楊氏爲我。』夫兼愛雖無差等，不合聖人之正道，乃是割己爲人，滅去己私，猶足立教。若爲我，乃小己自私之事，果何足以立教耶？」先生云：「莊子數稱楊子居之爲人，恐楊氏之學如今道流修煉之士。其保嗇神氣，雖一句話也不妄與人説，正孟子所謂『拔一毫而利天下不爲』是也。」柄。

楊朱之學出於老子，蓋是楊朱曾就老子學來，故莊、列之書皆説楊朱。孟子闢楊朱，便是闢莊、老了。釋氏有一種低底，如梁武帝是時其低底被初入，其中國也未在。[九八] 後來到中國却竊取老、莊之徒許多説話，見得儘高。[九九]

問：「楊朱似老子，頃見先生如此説。看來楊朱較放退，老子又[一〇〇]要以此治國，以此取天下。」曰：「大概氣象相似。如云『致虛極，守静篤』之類，老子初間亦只是要放退，未要放出那無狀來在。[一〇一] 及至反一反，方説『以無事取天下』，如云『反者道之動，弱者道之用』之類。」僩。[一〇二]

列、莊本楊朱之學，故其書多引其語。莊子説「子之於親也，命也，不可解於心」，至臣之於君，則曰「義也，無所逃於天地之間」，是他看得那君臣之義却似是逃不得，不奈何，須着臣服他，更無一個自然相肯[一〇三]爲一體處，可怪！故孟子以爲無君，此類是也。大雅。[一〇四]

【校勘記】

［一］ 滕文公上下　成化本爲「滕文公篇上」。

［二］ 稟　成化本此下有「是偶然否」。

［三］ 性　成化本無。

［四］之　成化本無。

［五］之　成化本無。

［六］之　成化本無。

［七］他　成化本此下注曰：「池録作『憲宗也會用人』。」

［八］謨　成化本爲「去僞」，且此條載於卷七十四，而底本卷七十四重複載録。

［九］善　底本及成化本皆作「善」，但據下文朱子答「『性善』之『性』字實，『性之』之『性』字虚」，疑「善」爲「性」字之訛。

［一〇］此條節録成化本載於卷六十。

［一一］惡　成化本卷九十五此下有「但則是我要」。

［一二］此條銖録成化本分别重複載於卷五十九、卷九十五。

［一三］可學　成化本無。

［一四］可學　成化本無，且此條載於卷一百十八。

［一五］孟子道性善言必稱堯舜　成化本無。

［一六］於　成化本無。

［一七］也　成化本作「如」，屬下讀。

［一八］性善　成化本無。

〔一九〕宋　成化本作「楚」。
〔二〇〕問世子自楚反復見孟子章集注　成化本爲「問集注云云」。
〔二一〕較　成化本作「已」。
〔二二〕道夫　成化本無。
〔二三〕滕世子見孟子……三子之事　成化本爲「三子之事」。
〔二四〕聖　成化本爲「聖人」。
〔二五〕此條閎祖録成化本無。
〔二六〕問　成化本爲「或問」。
〔二七〕便　成化本無。
〔二八〕聞　成化本作「學」。
〔二九〕故孟子載滕之父兄百官語曰吾宗國魯先君亦莫之行　成化本無。
〔三〇〕輕　此字原缺，成化本亦缺，據上下文及賀本補。下一同。
〔三一〕此條成化本載於卷八十六。
〔三二〕此條德明録成化本無。
〔三三〕是　成化本無。
〔三四〕是　成化本無。

［三五］夏后五十而貢……百畝而徹　成化本爲「貢助徹」。

［三六］鄉　成化本此下注曰：「池録作『卿』。」

［三七］微　成化本此下注曰：「因論永嘉之學於制度名物上致詳。」

［三八］公謹　成化本爲「方子」。

［三九］此條淳録成化本以部分内容爲注，夾於卷九十義剛録中，參成化本該卷「堯卿問高爲穆之義……看他如何地」條。且成化本於録尾注有「淳録少異，作數條」，檢底本，淳録分爲五條，除此條外，其他四條分載各卷，參卷八十四「禮經難考……行之則大不然」條，卷八十六「向來君舉進制度説……與逐項破其説」條，卷八十六「淳問山林川澤三分去一……又如何三分去一」條，卷一百三十五「高祖初入關……定須做得好」條。

［四〇］則　朱本作「亦」。

［四一］謨去僞同　成化本爲「去僞」。

［四二］銖同　成化本無。

［四三］因　成化本此上有「不成」。

［四四］又從而振德之　成化本爲「振德」。

［四五］則　成化本作「先」。

［四六］謨去僞同　成化本爲「去僞」。

［四七］是　成化本作「具」。
［四八］至　成化本無。
［四九］天之生物一本而夷子二本　成化本無。
［五〇］問　成化本作「曰」。
［五一］是　成化本無。
［五二］枉尺直尋利　成化本爲「枉尋直尺而利」。
［五三］危死事者　成化本爲「危致命者」。
［五四］此條可學録成化本作爲注，附於卷八十三璘録後，參成化本該卷「因舉陳君舉説左傳……自然發出來處」條。
［五五］齊景公田　成化本無。
［五六］成化本此條下注「方子」。
［五七］公孫衍張儀豈不誠大丈夫章　成化本爲「景春曰公孫衍張儀章」。
［五八］這個　成化本爲「這」，下文同。
［五九］面　成化本無。
［六〇］面　成化本無。
［六一］居天下之廣居……行天下之大道　成化本爲「廣居正位大道」。

［六二］說　成化本此下注曰：「擇之云：『廣居就存心上說。』先生曰：『是。』」

［六三］先生答劉居之……行天下之大道　成化本爲「居之問廣居正位大道」。

［六四］擇之續云廣居　成化本無。

［六五］爵　成化本作「富」。

［六六］富　成化本作「爵」。

［六七］公孫丑問曰不見諸侯何義章　成化本爲「公孫丑問不見諸侯章」。

［六八］言　成化本無。

［六九］他　成化本無。

［七〇］公孫丑孟子弟子也　成化本無。

［七一］所以　成化本無。

［七二］看孟子　成化本無。

［七三］見　成化本作「看」。

［七四］毫過　此二字原缺，據成化本補。

［七五］成化本此下注有「至」。

［七六］此條謨録成化本無。

［七七］公都子曰外人皆稱夫子好辯章　成化本爲「公都子問好辯章」。

〔七八〕似　成化本作「久」。

〔七九〕楊朱墨翟　成化本爲「楊墨」。

〔八〇〕渾　成化本無。

〔八一〕也　成化本無。

〔八二〕時舉　成化本無。

〔八三〕縱横　此二字原缺，據成化本補。

〔八四〕當孟子之時　成化本爲「當時」。

〔八五〕孟子人皆稱夫子好辯　成化本爲「好辯」。

〔八六〕此三句即推先生意非全語　成化本無。

〔八七〕當時　成化本無。

〔八八〕黄敬之　成化本爲「敬之」。

〔八九〕是　成化本作「蓋」。

〔九〇〕高　成化本爲「自高」。

〔九一〕則　成化本爲「則是」。

〔九二〕説　成化本此上有「之」。

〔九三〕時舉録少異　成化本無。

［九四］探　成化本無。

［九五］不會假借得許多……非凡人矣　成化本爲「作一處以至遺禍至今他初間也何嘗有啓狄亂華率獸食人之意只是本原不正義理不明其終必至於是耳或云若論其修身行己人所不及曰此亦是他一節好其他很厲偏僻招合小人皆其資質學問之差亦安得以一節之好而蓋其大節之惡哉吁可畏可畏」。按，據其上下文，底本此條或有脱文，或此部分内容出自他條。

［九六］成化本此下注曰：「僩。論楊墨餘見盡心上及異端類。」

［九七］録　成化本爲「淵源録」。

［九八］如梁武帝是時其低底被初入其中國也未在　成化本爲「如梁武帝是得其低底彼初入中國也未在」。

［九九］高　成化本此下有「新唐書贊李蔚説得好」，又於「好」下注有「南昇」，且此條載於卷一百二十五。

［一〇〇］又　成化本作「反」。

［一〇一］老子初間……那無狀來在　原爲「老子初間亦只是要放出那無狀來在」，「退未要放」四字原脱，據上下文及成化本補。

［一〇二］此條僩録成化本載於卷一百二十五。

［一〇三］肯　成化本作「胥」。

［一〇四］此條大雅録成化本載於卷一百二十五。

晦庵先生朱文公語類卷第五十六

孟子六

離婁上

孟子曰[一]離婁之明章

「『道揆』、『法守』。[二]儻『上無道揆』，則下雖有奉法守在[三]官者，亦將不能用而去之矣。『朝不信道，工不信度。』信，如憑信之『信』。這個道理只是要[四]人信得及，若信得及[五]自然依那個行，不敢逾越。惟其不信，所以妄作。如胥吏輩[六]，他[七]分明知得條法，只是他冒法以爲教，[八]便是不信度也。」因歎[九]云：「看得道理熟[一〇]，見世間事纔是苟且底，鮮有不害事。雖至小之事，以苟且行之必亦有害，而況大事乎！只是信不及，所以苟且。凡云且如此作，且如此過去，皆其弊也。凡見人説某人做得事好，做得事無病，這便是循理。若見人説某人做得有害，其中必有病。如今人所以苟且者，只爲見理不明，故苟且之心多。若是見得道理熟，自然有所分別而不肯爲惡矣。」卓。僩同。[一一]

「上無禮，下無學」，此學謂國之俊秀者。前面「工」是百官守法度，此「學」字是責學者之事。惟上無教、下無學，所以不好之人並起而居高位，執進退黜陟之權，盡做出不好事來，則國之喪亡無日矣，所以謂之「賊民」。蠹國害民，非賊而何！然其要只在於「仁者宜在高位」，所謂「一正君而國定」也。僩。卓同。[一二]

問：「責難於君謂[一三]之恭，陳善閉邪謂之敬，恭與敬[一四]何以別？」曰：「大概也一般，只恭意思較闊大，敬意思較細密。如以堯舜三代望其君，不敢謂其不能，便是責難於君，便是恭。陳善閉邪是就事上説，蓋不徒責以難，凡事有善則陳之，邪則閉之，使其君不陷於惡，便是敬。責難之恭是尊君之詞，先立個大志，以先王之道爲可必信、可必行。陳善閉邪是子細著工夫去照管，務引其君於當道。陳善閉邪便是即[一五]那責難底工夫，不特事君爲然，爲學之道亦如此，大立志向而細密著工夫。如立志以古聖賢遠大自期，便是責難。然聖賢爲法於天下，『我猶未免爲鄉人』，其何以到？須是擇其善者而從之，其非者而去之。如日用間凡一事須有個是、有個非，去其非便爲是，克去己私便復禮。如此，雖未便到聖賢地位，已是入聖賢路了。」淳。

「『責難於君謂之恭』，以堯舜望之而不敢以中才常主責之，非尊之而何？『陳善閉邪謂之敬』，此是尊君中細密工夫。」問：「人臣固當望君以堯舜。若度其君不足與[一六]爲善而不之諫，或謂君爲中才可以致小康而不足以致大治，或導之以功利而不輔之以仁義，此皆是賊其君否？」曰：「然。人臣之道但當以極等之事望其君。責他十分事，臨了只做得二三分；若只責他二三分，少間做不得一分矣。若論才質之優劣、志趣之高下，固有不同。然吾之所以導之者，則不可問其才志之高下優劣，但當以堯舜之道望他。如飯必用喫，衣必用著，脾胃壯者喫得來多，弱者喫得來少，然不可不喫那飯也。人君資質，縱説卑近不足與有爲，然不修身得否？不講學得否？不明[一七]德得否？此皆是必然[一八]用做底。到得隨他資質做得出來，自有高下大小，然不可不如此做也。孔子曰：『敬事而信，節用而愛人，使民以時。』這般言語是鐵定底條法，更改易不得。如此做則成，不如此做則敗，豈可謂吾君不能而遂不以此望之也！」僩。[一九]卓同。[二〇]

孟子曰規矩方圓之至也章[二一]

問：「『欲爲君』至『堯舜而已矣』。昨因看近思録，如看二典便當『求堯所以治民，舜所以事君』。某謂堯所以治民，修己而已；舜所以事君，誠身以獲乎上而已。」曰：「便是不如此看。此只是大概説讀書之法而已，如何恁地硬要椿定一句去包括他得！若論堯所以治民，舜所以事君，是事事做得盡。且如看堯典，自『聰[一二二]明文思安安』以至終篇，都是治民底事。自『欽明文思』至『格于上下』是一段，自『克明俊德』至『於變時雍』又是一段，自『乃命羲、和』至『庶績咸熙』又自是一段，後面又説禪舜事，無非是治民之事。舜典自『濬哲文明』以至終篇，無非事君之事，然亦是治民之事，不成説只是事君了便了，只是大概言觀書之法如此。」或曰：「若論堯所以治民，舜所以事君，二典亦不足以盡之。」曰：「也大概可見。」僩。

或問：「『道二：仁與不仁而已矣。』不仁何以亦曰道？」曰：「此譬如説有小路有大路，何疑之有！」去僞。謨同。[一二三]

「『道二：仁與不仁而已矣』，猶言好底道理、不好底道理也。若論正當道理只有一個，更無第二個，所謂『夫道一而已矣』者也。」因言：「胡季隨主其家學，[一二四]説性不可以善言。本然之性是上面一個，其尊無對。善是下面底，纔説善時便與那惡對，非本然之性矣。孟子『道性善』非是説性之善，只是贊嘆之辭，説好個性，如佛言『善哉善哉』之類。此胡文定公之説。某嘗辨之，本然之性固渾然至善，無惡可對，此天之賦予我者然也。然行之在人，則有善有惡。行得善者，即本然之性。豈可謂善者非本然之性！若如其言，有本然之性，又有善惡相對之性，則是有兩性矣。方其得於天者，此性也；及其行得善者，亦此性也。只是纔有個行得善底便有個不善底，所以善惡須著對説。不是元有個惡在那裏等待他來與之爲對，只是行得錯底便流入於惡爾。自致堂五峰以來，其説益差，遂成有兩性：本然者是一性，善惡相對者又是一性。他只説本然者是性，善惡相對者不是性，豈有是理！然文定之説又得於龜山，龜山得之東林揔老，總極聰明，龜山嘗問：『「孟子道性善」，是否？』總曰：『是。』又問：『性豈可以善惡言？』總曰：『本然之性不與惡對。』此語流傳自他。然總之言本亦未有病。蓋本然之性是本無惡。及至文定，遂以『性善』爲贊歎之辭，到得致堂五峰遂分成兩截，説善底不是性。若善底非本然之性，却那處得這善來？既以善爲贊歎之詞，便是性本善矣。若非性善，何贊歎之有？如佛氏曰『善哉，善哉』，亦是説這道理好，所以贊歎之也。二蘇論性亦是如此，嘗言孟子『道性善』猶云火之能熟物也，荀卿言『性惡』猶云火之能焚物也。龜山反其説而辨之曰：『火之所以能熟物者，以其能焚故耳。若火不能焚，物何從熟？』蘇氏論性『自堯、舜至孔子不得已而命之，且寄之曰中，未嘗分善、惡言也。自孟子「道性善」而一與中始支矣』，他更不看道理，只認我説得行底便是。諸胡之説亦然，季隨至今守其家説。」〔一二五〕僩。

孟子曰愛人不親反其仁章〔一二六〕

「聖人説話是𨇠上去，更無退後來。孟子説：『愛人不親反其仁，治人不治反其智，禮人不答反其敬，行有不得者皆反求諸己，其身正而天下歸之。』這都是𨇠向上去，更無退下來。如今人愛人不親，更不反求諸己，教你不親也休；　治人不治，更不反求諸己，教你不治也休；　禮人不答，更不反求諸己，教你不答也休，我也不解恁地得。你也不仁不義、無禮無智，我也不仁不義、無禮無智，大家做個鶻突没理會底人。范忠宣公[二七]所説『以恕己之心恕人』，且如自家不孝，也教天下人不消得事其親；　自家不忠，也教天下人不消事其君；　自家不弟，也教天下人不消事其兄；　自家不信，也教天下人不消信其友。恁地得不得？還有這個道理否？」又曰：「張子韶説中庸『所求乎子以事父未能也』，到『事父』下點做一句。看他説『以聖人之所難克』，這正是聖人因責人而點檢自家有未盡處，如何恁地説了？而今人多説章句之學爲陋，某看見人多因章句看不成句却壞了道理。」又曰：「明道言『忠恕二字，要除一個更除不得，須是忠方可以行其恕』。若自家不穿窬便教你不穿窬，方唤做恕。若自家穿窬却教別人不穿窬，這便不是恕。若自家穿窬也教大家穿窬，這也不是恕。雖然聖人之責人也輕，如所謂『以人治人，改而止』，教他且存得這道理也得。『小人革面』，教他且革面也得。又不成只恁地，也須有漸。」又曰：「『堯舜其猶病諸』，聖人終是不足。」賀孫。

孟子曰天下有道章[二八]

孟子曰「天下有道，小德役大德」章，後注云：[二九]「不能自强則聽天所命，修德行仁則天命在我。」曰：〔三〇〕「今之爲國者論爲治，則曰：『不消得〔三一〕十分底事，只如此〔三二〕隨風俗做便得；不必須欲如堯舜〔三三〕，只恁地做，天下也治。』爲學〔三四〕者則曰：『做人也不須做得孔孟十分事，且做得一二分也得。』盡是這樣苟且之學，所謂『聽天所命』者也。」卓。僩同。〔三五〕

鄭問：「『天下無道，〔三六〕小役大，弱役强』亦曰『天』，何也？」曰：「到那時不得不然，亦是理當如此。」淳。

孟子曰自暴者不可與有言章〔三七〕

自暴是非毀道理底，自棄是自放棄底。賜。

時舉問「自暴」、「自棄」者之別。〔三八〕曰：「孟子說得已分明。看來自暴者便是剛惡之所爲，自棄者便是柔惡之所爲也。」時舉。

「言非禮義」，以禮義爲非而拒之以不信；「自暴」，自賊害也。「吾身不能居仁由義」，自謂不能而絕之以不爲；「自棄」，自棄絕也。閎祖。

先生問淵：「自暴、自棄如何？」淵未答。先生云：「『言非禮義，謂之自暴〔三九〕』，『非』如言〔四〇〕『則〔四一〕非先王之道』之『非』，謂所言必非詆禮義之說爲非道，是失之暴戾。我雖言而彼必不肯聽，是不足與有言也。自棄者，謂其意氣卑弱，志趣凡陋，甘心自絕以爲不能。我雖言其仁義之美，而彼以爲我必不能『居仁由義』，是不足有爲也。故自暴者强，自棄者弱。伊川云：『自暴者，拒之以不信；自棄者，絶之以不爲。』」梁云平日大爲科舉累。曰：「便是科舉不能爲累。」卓。

賀孫[四二]問：「向所説『自暴』、『自棄』[四三]，『自暴』[四四]作『自粗暴』，與今集注『暴，害也』不同。」曰：「也只是害底是。如『暴其民甚』，『言非禮義謂之自暴』，要去非議這禮義，如今人要駡道學一般。只説道這許多做好事之人自做許多模様，不知這道理是人人合有底。他自恁地非議，是他自害了道理。」賀孫。

「仁，人之安宅；義，人之正路。」自人身言之則有動静，自理言之則是仁義。祖道。

孟子曰居下位不獲乎上章[四五]

時舉[四六]問：「『至誠而不動者，未之有也；不誠，未有能動者也。』此是以實理見之於用，故便有感通底道理？」曰：「不是以實理去見之於用，只是既有其實便自能感動得人也。」因言：「孟子於義利間辯得毫釐不差，見一事來便劈做兩片，便分個是與不是，這便是集義處。義是一柄刀相似，纔見事到面前，便與他割制了。」時舉。

孟子曰〔四七〕伯夷辟紂章

陳才卿〔四八〕問：「伯夷是『中立而不倚』，下惠是『和而不流』否？」先生曰：「柳下惠和而不流之事易見，伯夷中立不倚之事何以驗之？」陳曰：「扣馬之諫，餓而死，此是不倚。」先生曰：「此謂之偏倚，亦何可以見其不倚？」〔四九〕劉用之曰：「伯夷於是〔五〇〕居北海之濱，若將終身焉，及聞西伯善養老，遂來歸之，此可見其不倚否？」先生曰：「此下更有一轉，方是不倚。蓋初聞文王而歸之，及武王伐紂而去之，遂不食周粟，此可以見其不倚也。」僩。〔五一〕

孟子曰〔五二〕求也爲季氏宰章

至之問：「『辟草萊任土地者次之。』〔五三〕若〔五四〕『如李悝盡地力』之類，不過欲教民而已，孟子何以謂任土地者亦次於刑？」曰：「只爲他是欲富國，不是欲爲民，但强占土地開墾將去欲爲己物耳，皆爲君聚斂之徒也。」時舉。

「辟草萊任土地者次之」，「如李悝盡地力，商鞅開阡陌」。他欲致富强而已，無教化仁愛之本，所以爲可罪也。僩。

孟子曰〔五五〕恭者不侮人章

聖人但顧義理之是非，不問利害之當否，衆人則反是。且如恭儉，聖人但知恭儉之不可不爲爾，衆人則以爲我不侮人則人亦不侮我，我不奪人則人亦不奪我，便是計較利害之私。要之，聖人與衆人做處，便是五峰所謂「天理人欲，同行而異情」者也。道夫。

淳于髡問男女授受不親章〔五六〕

有言：「世界無人管，久將脱去。凡事未到手，則姑且晦之，俟到手然後爲。」有詰之者〔五七〕：「若不幸未及爲而死，吾志不白，則如之何？」曰：「此亦不可奈何，吾輩蓋是折本做也。」曰：〔五八〕「如此則是一部孟子無一句可用也。嘗愛孟子答淳于髡之言曰『嫂溺援之以手，天下溺援之以道。子欲以〔五九〕手援天下乎』，吾人所以救世者，以其有道也。既自放倒矣，天下豈一手可援哉！觀其説，緣飾得來不好，安得似陸子靜堂堂自在説成一個物事乎！」方子。〔六〇〕

「事有緩急，理有大小，這樣處皆須以權稱之。」或問：「『執中無權』之『權』，與『嫂溺援之以手』之『權』，微不同否？」曰：「『執中無權』之『權』稍輕，『嫂溺援之以手』之『權』較重，亦有深淺也。」僩。

孟子曰人不足與適也章[六一]

「格其非心」與「格君心之非」，「格」如「合格」之「格」，謂使之歸于正也。[六二]

或[六三]問：「『格其非心』之『格』訓正，恐是如『格式』之『格』，以律此人之不正者？」先生曰：「今人如言[六四]合格，只[六五]是將此一物格其不正者。[六六]如『繩愆糾繆』，[六七]格其非心』是説得深者，『大人[六八]格君心之非』是説得淺者。」子善因問：「温公以『格物』爲扞格之『格』，不知『格』字有訓扞[六九]否？」曰：「亦有之，如格鬭之『格』是也。」[七〇]銖。[七一]

「『大人格君心之非』，此謂精神意氣自有感格處，然亦須有個開導底道理，不但默默而已。伊川解『遇主于巷』，所謂『至誠以感動之，盡力以扶持之，明義理以致其知，杜蔽惑以誠其意』，正此意也。」問[七二]曰：「設遇暗君，將如何而格之？」曰：「孔子不能格魯哀，孟子不能格齊宣。諸葛孔明之於後主，國事皆出於一己，將出師，先自排布宮中府中許多人。後主雖能聽從，然以資質之庸難以變化，孔明雖親寫許多文字與之，亦終不能格之。凡此皆是雖有格君之理，而終不可以致格君之效者也。」謨。[七三]

問：「『大人格君心之非』，有不好君，如何格？」曰：「其精神動作之間亦須有以格之，但亦須有説話。」因舉易傳「遇主於巷」。問：「蜀後主，諸葛孔明如何？」曰：「他當時事皆自爲。」曰：

「孔明亦何不能格之？設更有大人，能格之否？」曰：「孔子不能格定哀，孟子不能格齊宣，如季桓子，孔子亦須與之説話，只是奈何他不下。要之，有此理在我，而在人者不可必。」可學。[七四]

「政[七五]不足與適」至「格君心之非」，三句當作一句讀。某嘗説，此處與「言不必信，行不必果，惟義所在」，皆須急忙連下句讀。偶然脱去下句，豈不害事！方子。

孟子謂樂正子曰章[七六]

德修謂：「樂正子從子敖之齊，未必徒餔啜。」曰：「無此事，豈可遽然加以此罪！」文蔚。

孟子曰[七七]仁之實章

「仁之實，事親是也；義之實，從兄是也。」此數句，某煞曾入思慮來。嘗與伯恭説，「實」字有對名而言者，謂名實之「實」；有對理而言者，謂事實之「實」；有對華而言者，謂華實之「實」。今這「實」字不是名實、事實之「實」，正是華實之「實」。「仁之實」本只是事親，推廣之，愛人利物無非是仁。「義之實」本只是從兄，推廣之，忠君弟長無非是義。事親從兄便是仁義之實，推廣出去者，乃是仁義底華采。文蔚。

「事親是孝，從兄是弟，『堯舜之道，孝弟而已』。今人將孝弟低看了。『孝弟之至，通于神明，光于四海』，直是如此。」寶問：「『仁之實，事親是也』，切謂實者是事親得其歡心，當此時直是和悦，此是實否？」曰：「不然，此乃『樂之實，樂斯二者』之事。但事親、從兄是仁義之根實處，最初發得來分曉。向亦曾理會此『實』字，却對得一個『華』字。親親，仁也。仁民、愛物亦仁也。事親是實，仁民、愛物乃華也。」德明。

問：「孟子言『義之實，從兄是也』，中庸却言『義者，宜也，尊賢爲大』，甚不同，如何？」曰：「義謂得宜，苟賢之尊，[七八]道理宜如此。」曰：「父子兄弟皆是恩合，今以從兄爲義，何也？」曰：「以兄弟比父子，已是争得些。」問：「五典之常，義主於君臣。今曰『從兄』，又曰『尊賢』，豈以隨事立言不同，其實則一否？」曰：「然。」德明。

問「義之實，從兄是也」。曰：「義是那良知良能底發端處。雖小兒子莫不愛父母，到長大方是[七九]理會得從兄。所謂『及其長也，無不知敬其兄』，此義發端處。」問「王者必世而後仁」。「自一身之仁而言之，這個道理浸灌透徹。自天下言之，舉一世之仁皆是這個道理浸灌透徹。」[八〇]植。

問：「孟子云『仁之實，事親是也；義之實，從兄是也』，[八一]柄謂[八二]凡事之當爲者皆義也，如何專以從兄言之？」曰：「從兄乃事之當爲而最先者。」又問：「事親豈非事之當爲，而不歸之義，何也？」曰：「己與親乃是一體，豈可論當爲不當爲！」柄。

節[八三]問：「事親、從兄有何分別？」曰：「事親有愛底意思，從[八四]兄有嚴底意思。」又曰：「有敬底意思。」問：「從兄如何爲義之實？」曰：「言從兄則有可否。」問所以同處[八五]。曰：「不當論同。」問：「伊川以爲須自一理中別出，此意如何？」曰：「只是一個道理，發出來偏於愛底些子便是仁，偏於嚴底些子便是義。」又曰：「某怕人便説『理一』。」節。方子同。[八六]

節[八七]問：「孟子言『禮之實，節文斯二者』，知之實，知斯二者而弗去』，如此則[八八]禮、知似無專位。今以四德言，却成有四個物事？」曰：「也只是一處如此説。有言四個底，有言兩個底，有言三個底。不成説道他只説得三個，遺了一個，不説四個。言兩個，如扇一面青一面白，一個説這一邊，謂之青扇；一個説那一邊，謂之白扇。不成道説青扇底是，説白扇底不是。」節。

節[八九]問：「『仁之實，事親是也』一段，似無四者，只有兩個。以禮爲『節文斯二者』，智是『知斯二者』。只是兩個生出禮、智來。」答曰：「太極初生亦只生陰陽，然後方有其他底。」節。

問：「性中雖具四端五常，其實只是一理。故孟子獨以仁、義二者爲主，而以禮爲『節文斯二者』，智爲『知斯二者』。柄謂仁、義二者之中又當以仁爲主。蓋仁者愛之理，愛之得其當則義也。」曰：「義却是當愛不當愛。」柄。

朱飛卿問「樂則生矣，生則惡可已也」。曰：「如今恁地勉强安排，如何得樂！到得常常做得熟，自然浹洽通快，周流不息，油然而生，不能自已。只是要到這樂處實是難在。若只恁地把捉安排，纔忘記又斷了，這如何得樂，如何得生！」問：「如今也且着恁地把捉。」曰：「固是且着恁地。須知道未是到處，須知道『樂則生』處是當到這地頭。恰似春月，草木許多芽蘖一齊爆出來，更止遏不得。」賀孫問：「如『孩提之童無不知愛其親，及其長也無不知敬其兄』，這個不是旋安排，這只就他初發上説。」曰：「只如今不能常會如此。孩提知愛其親，如今自失了愛其親意思；及其長也知敬其兄，如今自失了敬其兄意思。須着理會孟子所以説『大人者，不失其赤子之心』，須要常常恁地。要之，須是知得這二者，使常常見這意思，方會到得『樂則生矣』處。要緊却在『知斯二者，弗去是也』二句上，須是知得二者是自家合有底，不可暫時失了。到得『禮之實，節文斯二者』，既知了，又須着檢點教詳密子細，節節應拍，方始會不間斷，方始樂，方始生。孟子又云『知皆廣而充之，若火之始然，泉之始達。苟能充之足以保四海，苟不充之不足以事父母』，與『知斯二者，節文斯二者』一段，語勢有不同，一則説得緊急，一則説得有許多節次，次序詳密。」又曰：「『樂則生』，如水之流，撥盡許多擁塞之物，只恁底滔滔流將去。」賀孫。

孟子曰天下大悦而將歸已章[九〇]

「不得乎親不可以爲人，不順乎親不可以爲子。」得者，曲爲承順以得其親之悦。順則有以喻之於道。[九一]曰：[九二]「『得乎親』者，不問事之是非，但能曲爲承順，則可以得其親之悦。苟父母有做得不是處，我且從之，苟有孝心者皆可然也。「順乎親」則和那道理也順了，非特得親之悦，又使之不陷於非義，此所以爲尤難也。卓。[九三]

恭父問：「『不得乎親不可以爲人，不順乎親不可以爲子。』[九四]『不得乎親』以心言，『不順乎親』以道言，道謂喻父母於道。恐如此看得『不可爲人』、『不可爲子』兩字出。」曰：「『人』字只説大綱，『子』字却説得重。不得乎親之心，固有人承顔[九五]順色，看父母做甚麽事，不問是非，一向不逆其志。這也是得親之心，然猶是淺事。惟順乎親則親之心皆順乎理，必如此而後可以爲子。所以又説『烝烝乂，不格姦』，『瞽叟底豫而天下化，瞽叟底豫而天下之爲父子者定』。」賀孫。

「舜盡事親之道而瞽瞍底豫，瞽瞍底豫而天下化，瞽瞍底豫而天下之爲父子者定」，此之謂「盡性」。人傑。

【校勘記】

[一] 孟子曰　成化本無。

[二] 道揆法守　成化本爲「上無道揆則下無法守」。

〔三〕在　成化本作「一」。

〔四〕這個道理只是要　成化本爲「此理只要」。

〔五〕若信得及　成化本無。

〔六〕輩　成化本無。

〔七〕他　成化本無。

〔八〕教　成化本作「姦」。

〔九〕歎　此字原缺，據成化本補。

〔一〇〕熟　成化本作「然」。

〔一一〕僩同　成化本爲「僩録略」。

〔一二〕卓同　成化本無。

〔一三〕於君謂　成化本無。

〔一四〕恭與敬　成化本無。

〔一五〕即　成化本作「做」。

〔一六〕與　朱本作「以」。

〔一七〕明　此字原缺，據成化本補。

〔一八〕然　成化本無。

［一九］倜　此字原缺，據成化本補。
［二〇］卓同　成化本無。
［二一］孟子曰規矩方圓之至也章　成化本爲「規矩方圓之至章」。
［二二］聰　朱本及尚書堯典作「欽」。
［二三］謨同　成化本無。
［二四］學　成化本此下注曰：「云云。已下見胡仁仲類。」
［二五］説性不可以善言……季隨至今守其家説　成化本無。按，據成化本所注「已下見胡仁仲類」，此部分內容作爲注，夾於卷一百一卓録中。參成化本該卷「因言久不得胡季隨諸人書……誠如其言」條、底本卷一百三「道二仁與不仁而已矣……誠如其言」條。
［二六］孟子曰愛人不親反其仁章　成化本爲「愛人不親章」。
［二七］范忠宣公　成化本爲「范忠宣」。
［二八］孟子曰天下有道章　成化本爲「天下有道章」，且此上有「爲政不難章」，並載佐録一條曰：「吴伯英問『不得罪於巨室』。曰：『只是服得他心。』」
［二九］孟子曰天下有道小德役大德章後注云　成化本無。
［三〇］曰　成化本無。
［三一］得　成化本作「做」。

〔三二〕如此　成化本無。

〔三三〕舜　成化本此下有「三代」。

〔三四〕學　朱本作「非」。

〔三五〕之學　成化本爲「見識」。卓僩同　成化本爲「僩」。

〔三六〕天下無道　成化本無。

〔三七〕孟子曰自暴者不可與有言章　成化本爲「自暴者章」。

〔三八〕時舉問自暴自棄者之别　成化本爲「問自暴自棄之别」。

〔三九〕謂之自暴　成化本無。

〔四〇〕言　成化本無。

〔四一〕則　成化本無。

〔四二〕賀孫　成化本無。按，「賀」原作「説」，據録末所注「賀孫」改。

〔四三〕自棄　成化本無。

〔四四〕自暴　成化本無。

〔四五〕孟子曰居下位不獲乎上章　成化本爲「居下位章」。

〔四六〕時舉　成化本無。

〔四七〕孟子曰　成化本無。

［四八］陳才卿　成化本爲「才卿」。

［四九］倚　成化本此下注曰：「文蔚録云：『「如此却是倚做一邊去。」文蔚曰：「他雖如此，又却不念舊惡。」曰：「亦不相似。」』」

［五〇］於是　成化本無。

［五一］成化本此下注曰：「文蔚録意同。」

［五二］孟子曰　成化本無。

［五三］辟草萊任土地者次之　成化本無。

［五四］若　成化本無。

［五五］孟子曰　成化本無。

［五六］淳于髡問男女授受不親章　成化本爲「淳于髡曰章」。

［五七］者　成化本此下有「曰」。

［五八］曰　成化本爲「先生曰」。

［五九］以　成化本無。

［六〇］此條方子録成化本載於卷一百八，而底本卷一百八重複載録。

［六一］孟子曰人不足與適也章　成化本爲「人不足與適章」。

［六二］此條成化本以部分内容爲注，夾於卷七十九銖録中，並注爲人傑録，參下條。

〔六三〕或　成化本無。
〔六四〕今人如言　成化本爲「如今人言」。
〔六五〕只　成化本無。
〔六六〕者　成化本此下注曰：「人傑録云：『如合格之「格」，謂使之歸于正也。』」
〔六七〕如繩愆糾繆　成化本無。
〔六八〕大人　成化本無。
〔六九〕扞　成化本爲「扞義」。
〔七〇〕也　成化本此下注曰：「深淺之説未詳。」
〔七一〕此條銖録成化本載於卷七十九。
〔七二〕問　成化本作「或」。
〔七三〕成化本此下注曰：「可學録云：『問：「有不好君，如何格？」曰：「其精神動作之間亦須有以格之。要之，有此理在我，而在人者不可必。」』」底本以可學録另作一條，參底本下條。
〔七四〕此條可學録成化本以部分内容爲注，附於謨録後。參上條。
〔七五〕政　成化本作「人」。
〔七六〕孟子謂樂正子曰章　成化本此上有「人之患章」，並收一條語録曰：「孟子一句者，如『人之患在好爲人師』之類，當時議論須多。今其所記者，乃其要語爾。」

〔七七〕孟子曰　成化本無。

〔七八〕苟賢之尊　成化本爲「尊賢之等」。

〔七九〕是　成化本無。

〔八〇〕問王者必世而後仁……這個道理浸灌透徹　成化本無。

〔八一〕孟子云……從兄是也　成化本無。

〔八二〕柄謂　成化本無。

〔八三〕節　成化本無。

〔八四〕從　朱本作「事」。

〔八五〕處　成化本此下有「如何」。

〔八六〕方子同　成化本無。

〔八七〕節　成化本無。

〔八八〕而弗去如此則　成化本無。

〔八九〕節　成化本無。

〔九〇〕孟子曰天下大悅而將歸已章　成化本爲「天下大悅章」。

〔九一〕得者……喻之於道　成化本無。

〔九二〕曰　成化本無。

〔九三〕卓　成化本作「倜」。

〔九四〕不得乎親不可以爲人不順乎親不可以爲子　成化本無。

〔九五〕顔　朱本作「親」。

晦庵先生朱文公語類卷第五十七

孟子七

離婁下

孟子曰[一]舜生於諸馮章

「若合符節」，「以玉爲之，篆刻文字而中分之，彼此各藏其半。有故則左右相合以爲信」。先生曰：「古人符節多以玉爲之，如『牙璋以起軍旅』。周禮中有以玉爲符節，又有竹符，又有英蕩符。蕩，小節竹，今使者謂之『蕩節』也，刻之爲符。漢有銅虎符、竹使符。銅虎以起兵，竹使郡守用之。凡符節，右留君所，左以與其人。有故則君以其右合其左以爲信也。曲禮曰『獻田地者，執右契』，右者，取物之券也。如發兵取物徵召，皆以右取之也。」卓。[二]

子産聽鄭國之政章

鄭之虎牢即漢之成皋也。虎牢之下即溱洧之水，後又名爲汜水關，子産以乘輿濟人之所也。聞人務德以爲孟子之言非是。其説以爲溱洧之水其深不可以施梁柱，其淺不可以涉，豈可以濟乘輿！蓋溱洧之水底皆是沙，故不可以施梁柱，但可用舟渡而已。李先生以爲疑，或是偶然橋梁壞故。養者，非速使之中、使之才，「漸民以仁，摩民以義」之謂也。下「以善養人」同，此解「中也養不中」之「養」字。節。[三]

子産因用其車以渡人。然此類亦何必深考。孟子之意，但言爲政者當務民之宜，而不徒以小惠耳。僩。[四]

孟子曰言人之不善章[五]

「言人之不善，當如後患何」，恐是孟子因事而言之。人傑。

仲尼不爲已甚章

「仲尼不爲已甚」，言聖人所爲，本分之外不加毫末。如人合喫八棒只打八棒，不可説這人可惡，更添一棒。稱人之善不可有心於溢美，稱人之惡不可溢惡，皆不爲已甚之事也。或上龜山書云：「徐行後長，得堯舜之道；不爲已甚，知仲尼之心。」龜山讀之甚喜，蓋龜山平日喜説此兩句也。僩。

道夫[六]問：「『仲尼不爲已甚』，此言本分之外無所增加爾。」曰：「『已』訓太。」又問：「切嘗因此以攷[七]『非其君不仕，非其民不使』，『治亦進，亂亦進，不羞汙君，不辭小官』，氣象可謂已甚矣，而目之曰聖人之清、和，似頗難會。」頃之，乃曰：「雖是聖，終有過當處。」又問：「伯夷『不念舊惡，求仁得仁』，似是清中之和。下惠『不以三公易其介』，似亦是和中之清。」曰：「然。凡所謂聖者，以其渾然天理無一毫私意。若所謂『得百里之地而君之，皆能朝諸侯，有天下；行一不義，殺一不辜，而得天下者，皆不爲也』，這便是聖人同處，便是無私意處。但只是氣質有偏，比之夫子[八]終有不中節處。所以易中[九]説『中正』，伊川謂『正重於中，中不必正也』，言中則正已在其中，蓋無正則做中不出來，而單言正則未必能中也。夷惠諸子，其正與夫子同，而夫子之中則非諸子所及也。」又問：「夷惠皆言『風』，而不以言伊尹，何哉？」曰：「或者以伊尹爲得行其道，而夷惠不得施其志，故有此論。似不必然，亦偶然爾。」道夫曰：「以意揣之，切恐伊尹勝似夷惠得些。」曰：「也是伊尹體用較全。」頃之，復曰：「夷惠高似伊尹，伊尹大似夷惠。」道夫。

孟子曰大人者不失其赤子之心者也章〔一〇〕

問「大人不失赤子之心」。曰：〔一一〕「大人事事理會得，只是無許多巧僞曲折，便是赤子之心。」時舉。〔一二〕

敬之問「大人不失赤子之心」。答曰：「這須着兩頭看，大人無不知無不能，赤子無所知無所能。大人者是不失其無所知無所能之心，若失了此心，使些子機關，計些子利害，便成個小底人，不成個大底人了。大人心下没許多事。」時舉。

大人無所不知無所不能，赤子無所知無所能。此兩句相拗。如何無所不知無所不能，却是不失其無所知無所能做出？蓋赤子之心純一無僞，而大人之心亦純一無僞，但赤子是無知覺底純一無僞，大人是有知覺底純一無僞。賀孫。〔一三〕

厚之問「赤子之心」。曰：「止取純一無僞，未發時雖與聖人同，然亦無知，但衆人既發時多邪僻，而赤子尚未然耳。」可學。

「赤子之心」，不可盡謂已發，亦有未發處。謨。〔一四〕

孟子曰養生者不足以當大事章[一五]

王德修云：「親聞和静説『唯送死可以當大事』曰：『親之生也，好惡取舍得以言焉。及其死也，好惡取舍無得而言。當是時，親之心即子之心，子之心即親之心，故曰「唯送死可以當大事」。』」先生云：「亦説得好。」闓祖。

孟子曰[一六]君子深造之以道章

敬之問：「『君子深造之以道』，集注云[一七]『道者，進爲之方』。」曰：「是事事皆要得合道理。『取之左右逢其原』，到得熟了，自然日用之間只見許多道理在眼前。東邊去也是道理，西邊去也是道理，却自湊合得着，故曰『逢其原』。如水之源，流出來，這裏[一八]也撞着水，那邊也撞着水。」賀孫。

問：「孟注云[一九]『道者，進爲之方』，如何？」曰：「此句未甚安，却只是循道以進耳。『道』字在上。」可學。

「君子深造之以道」，語勢稍倒，「道」字合在「深造」之前。趙岐云「道者，進爲之方」，亦不甚親切。道只是進學之具。深造者，從此挨向前去。如「之以」二字，尋常這般去處多將作助語打過了。要之，却緊切。如「夜氣不足以存」與「三代所以直道而行」，「以」字皆不虛設。「既醉以酒，既飽以德」，皆是也。謨。

「深造之以道，欲其自得之。」曰：「只深造以道便是要自得之，此政與淺造[二〇]相對。所謂『深造』者，當知非淺迫所可致。若欲淺迫求之，便是强探力取。只是既下工夫[二一]，直是深造，便有自得處在其中。」又曰：「優游饜飫，都只是深造後自如此，非是深造之外又別欲自得也。與下章『博學而詳說之，將以反說約』之意同。」㽦。

或問「居之安則資之深，資之深則取之左右逢其原」。曰：[二二]「『居之安』，只是人[二三]之居住得那裏安穩。只是從初本原如此，到熟處左右皆逢之。」謙。

「資之深」，資之深藉之意。其所資藉者，深得其力也。人傑。[二四]

「『君子深造之以道，欲其自得之也』，如何？」曰：「『深造』云者，非是急迫遽至，要舒徐涵養，期於自得而已。『自得之』則自信不疑而『居之安』，『居之安』則資之於道也深，『資之深』則凡動静語嘿，一事一物，無非是理，所謂『取之左右逢其原』也。」又問：「『資』字如何說？」答曰：「取也。『資』有資藉之意。『資之深』謂其所資藉者深，言得其力也。」謨。去僞同。[二五]

潘子善[二六]問「君子深造之以道，欲其自得之也」一節。曰：「大要在『深造之以道』，此是做工夫處。『資』是他資助我，資給我，不是我資他。他非人人都資助，我底物事，頭頭都撞着，[二七]左邊也是，右邊也是，都湊着他道理原頭處。源者[二八]便是那天之明命，滔滔汩汩底似那一池有源底水。他那源頭只管來得不絶，取之不禁，用之不竭，來供自家用。似那魚湊活水相似，却似都湊着他源頭。且如[二九]人君便有那仁從那邊來，爲人臣便有那個敬從那邊來，子之孝有那孝從那邊來，父之慈有那慈從那邊來，只是那道理源頭處。莊子説「將源而往」便是説這個。自家靠着他源頭底這個道理，左右前後都見是這道理。莊子説「在谷滿谷，在坑滿坑」，他那資給我底物事深遠，自家這裏頭頭湊着他源頭。」植。[三〇]

子善問：「『君子深造之以道』，造是造道，欲造道又着『以道』，語意似『以道深造』。」曰：「此只是進爲不已，亦無可疑。公將兩個『道』字來説，却不分曉。」賀孫問：「『深造』之『造』字，不可便做已到説，但言進進做將去，又必以其字[三一]。」曰：「然。」賀孫[三二]又問：「『取之左右逢其原』，是既資之深則道理充足，取之至近之處莫非道理。」曰：「『資』字恰似資給、資助一般。資助既深，看是甚事來無不湊着這道理。不待自家將道理去應他，只取之左右便撞着這道理。如有源之水衮衮流出，只管撞着他。若是所資者淺，略用出便枯竭了。莊子説『庖丁手之所觸，肩之所倚，足之所履，膝之所踦，砉然嚮然，奏刀騞然，莫不中音』，正是此意。爲人君便自撞着個仁道理，爲人臣便自撞着個敬道理，爲人子便自撞着個孝道理，爲人父便自撞着個慈道理，與國人交便自撞着個信道理，無適而不然。」賀孫。

孟子曰〔三三〕博學而詳説之章

「博學而詳説之」，將來可以説至約處。節。〔三四〕

「博學而詳説之，將以反説約也。」損〔三五〕先難而後易，凡事皆然。道夫。

問：「『博學而詳説之，將以反説約也』，如何？」曰：「約自博中來。既博學又詳説，講貫得直是精確，將來臨事自有個頭緒。纔有頭緒，便見簡約。若是平日講貫得不詳悉，及至臨事只覺得千頭萬緒，更理會不下，如此則豈得爲約？」周本此下有：「『將以反約説』謂臨事時。」〔三六〕去僞。謨、人傑同。〔三七〕

問「博學詳説，將以反説約也」。曰：「通貫〔三八〕處便是約，不是通貫了又去裏面尋討個約。公説約處，却是通貫了又别去尋討個約，豈有此理！伊川説格物處云：『但積累多後，自然脱然有貫通處。』『積累多後』便是學之博，『脱然有貫通處』便是約。」楊楫通老問：「世間博學之人非不博，却又不知個約處者，何故？」曰：「他合下博得來便不是了，如何會約！他更不窮究這道理是如何，都見不透徹。只是搜求隱僻之事、鉤摘奇異之説以爲博，如此豈能得約！今世博學之士大率類此。不讀正當底書，不看正當注疏，偏揀人所不讀底去讀，欲乘人之所不知以誇人。不問義理如何，只認前人所未説、今人所未道者，則取之以爲博。如此，如何望到約處！」又曰：

「某嘗不喜揚子雲『多聞則守之以約，多見則守之以卓』。『多聞』欲其約也，『多見』欲其卓也。說多聞了又更要一個約去守他，正如公說。這個是所守者約，不是守之以約也。」僩。

仲尼亟稱於水章[三九]

所謂「聲聞過情」，這個大段務大[四〇]郎當。且更就此中間言之，如爲善無真實懇惻之意，爲學而勉強苟且徇人，皆是不實。須就此反躬思量方得。僩。

孟子曰[四一]人之所以異於禽獸者章

問「君子所以異於禽獸者幾希」處。[四二]曰：「人物之所同者，理也；所不同者，心也。人心虛靈，無所不明。禽獸便昏了，只有一兩路子明。人之虛靈皆推得去，禽獸便推不去。人若以私欲蔽了這個虛靈，便是禽獸。人與禽獸只爭這些子，所以謂[四三]『幾希』。」時舉。[四四]

元昭[四五]問：「『庶民去之，君子存之』，如何是『存之』？」曰：「『存』是存所以異於禽獸者。何故至『存之』方問？」因問元昭：「存何物？」元昭云：「有所見。」曰：「不離日用之間。」曰：「何謂日用之間？」曰：「凡周旋運用。」曰：「此乃禽獸所以與人同，須求其所以與人異者。僧問佛：『如何是性？』曰：『耳能聞，目能見。』他便把這個作性，不知這個禽獸皆知。人所以異者，以其有仁、義、禮、智。若爲子而孝，爲弟而悌，禽獸豈能之哉！」元昭又云：「『萬物皆備於我』，此言人能備禽獸之不備。」曰：「觀賢此言，元未嘗究竟。」可學。[四六]

子善問：「舜『明庶物，察人倫』。文勢自上看來，此『物』字恐合作禽獸説。」曰：「不然。『明於庶物』豈止是説禽獸？禽獸乃一物，凡天地之間眼前所接之事皆是物，然有多少不甚要緊底事，舜看來惟是於人倫最緊要。」賀孫。

「『明[四七]於庶物，察於人倫』，明、察之義有淺深否？」曰：「察深於明，『明』只是大概明得這個道理爾。」又問：「與孝經『事天明，事地察』之義如何？」曰：「這個『明』、『察』又別。此『察』字却訓『著』字，『明』字訓『昭』字。事父孝則事天之道昭明，事母孝則事地之道察著。孟子所謂『明』、『察』，與易繫『明於天之道，察於人之故』同。」謨。去僞、人傑同。[四八]

「舜[四九]明於庶物，察於人倫。」「明」、「察」是見得事事物物之理無一毫之未盡。所謂仁義者皆不待求之於外，此身此心便[五〇]渾然都是仁義。賀孫。

守約問：「孟子何以只説『舜明於庶物，察於人倫，由仁義行，非行仁義也』？」曰：「堯自是渾然。舜却是就事物上經歷，一一理會過。」賀孫。

問：「『舜由仁義行，非行仁義。』若學者，須是行仁義方得。」曰：「這便如適來説『三月不違』意。他是平日身常在仁義内，即恁地行出。學者身在外了，且須去求仁義就上行，然又須以

『由仁義行』爲準的方得。」賀孫。

符舜功言：「只是『由仁義行』、好行仁義便是有善、利之分。」曰：「此是江西之學。豈不見上面分明有個『孝』字？惟舜便由仁義行，他人須窮理，知其爲仁爲義，從而行之。且如『仁者安仁，智者利仁』，既未能安仁，亦須是利仁，利仁豈是不好底！知仁之爲利而行之。不然，則以人欲爲利矣。」德明。

孟子曰[五一]禹惡旨酒章

時舉[五二]問：「『湯執中，立賢無方』，莫是執中道以立賢否？」曰：「不然。執中自是執中，立賢自是立賢。只這『執中』却與子莫之『執中』不同。故集注下謂：『執，謂守而不失。』湯只是要事事恰好，無過不及而已。」時舉。

「湯執中，立賢無方。」東晉時所用人才皆中州浮誕者之後，惟顧榮、賀循有人望，不得已而用之。人傑。[五三]

道夫[五四]問：「『禹之[五五]惡旨酒、好善言，湯之[五六]執中，文王之[五七]望道未之見，武王不泄邇、不忘遠，周公之[五八]坐以待旦。』此等氣象，在聖人則謂之『兢兢業業，純亦不已』，在學者則是『任重道遠，死而後已』之意否？」曰：「他本是説聖人。」又曰：「讀此一篇，使人心惕然而常存也。」道夫。

問：「『周公思兼三王，以施四事』，上文既是各舉一事言，四聖人之事亦多，周公如何施之？」曰：「此必是周公曾如此説。大抵所舉四事極好，此一處自舜推之至於孔子。」可學。

先生曰：［五九］「『周公思兼三王，以施四事』，此不可考，恐是周公自有此語。如『文王我師也，周公豈欺我哉？』此直是周公曾如此説，公明儀但舉之爾。四事極説得好。『泄』字有狎底意思。」謨。

孟子曰王者之迹熄而詩亡章［六〇］

沈莊仲［六一］問：「王者之迹熄而詩亡，詩亡然後春秋作。先儒謂自東遷之後，黍離降爲國風而雅亡矣。恐是孔子删詩之時降之。」曰：「亦是他當時自如此。要識此詩，便如周南、召南當初在鎬豐之時，其詩爲二南，後來在洛邑之時，其詩爲黍離。只是自二南進而爲二雅，自二雅退而爲王風。二南之於二雅便如登山，到得黍離時節，便是下坡了。」文蔚。

孟子曰［六二］可以取章

「可以與，可以無與，與傷惠；可以取，可以無取，取傷廉；可以死，可以無死，死傷勇」，〔六三〕此段正與孔子曰「再斯可矣」相似。凡事初看尚未定，再察則已審矣，便用決斷始得。若更加之思焉，則私意起，而非義理之本然矣。僩。

林正卿〔六四〕問：「『可以取，可以無取，取傷廉』，亦下二聯之義？」曰：「看來『可以取』是其初略見得如此；『可以無取』是子細審察見得如此，如夫子言『再思』一般。下二聯放此，庶幾不礙。不然則不取却是過厚，而不與、不死却是過薄也。」處謙。

「可以取，可以無取」，是先見得可以取，後來却見得可以無取，如此而取之則傷廉矣。蓋後來見者較是故也。「與」、「死」亦然。閎祖。

「可以取，可以無取，取傷廉；可以與，可以無與，與傷惠；可以死，可以無死，死傷勇。」〔六五〕夫取爲傷廉，固也。若與者本惠，死者本勇，而乃云「傷惠」「傷勇」者，謂其過予與無益之死耳。學者知所當予而不至於吝嗇，知所當死而不至於偷生，則幾矣。人傑。

孟子曰〔六六〕天下之言性也章

所以然謂之「故」。可學。〔六七〕

時舉〔六八〕問：「『天下之言性也，〔六九〕則故而已矣』，『故』是如何？」曰：「『故』是個已發見了底物事，便分明易見。如公都子問性，孟子却云『乃若其情則可以爲善矣』。蓋性自是個難言底物事，惟惻隱、羞惡之類，却是已發見者，乃可得而言。只看這個便見得性。集注謂『故者是已然之迹也』，是個無[七〇]字得下，故下個『迹』字。」時舉。

問「則故而已矣」。「『性』[七一]是個糊塗不分明底物事，直[七二]只就那『故』上說，『故』却是實有痕迹底。『故』有兩件，如水之有順利者，又有逆行者。畢竟順利底是善，逆行底是惡。所以說『行其所無事』，又說惡於『鑿』，『鑿』則是那逆行底。又說道『乃若其情則可以爲善』，性是糊塗底物事，情却便似實也。如惻隱、羞惡、辭遜、是非，這便是情。」植。

敬之問：「『天下之言性者，則故而已』，[七三]『故』是已然之迹，如水之潤下，火之炎上。『以利爲本』是順而不咈之意。」曰：「『利』是不假人爲而自然者。如水之就下是其性本就下，只得順他。若激之在山，是不順其性而以人爲之也。如『無惻隱之心非人，無羞惡之心非人』，皆是自然而然。惟智者知得此理，不假人爲，順之而行。」南升。[七四]

敬之問：「『天下之言性也者，則故而已矣。[七五]故者以利爲本。』如火之炎上，水之潤下，此是『故』。人不拂他潤下炎上之性是『利』。」曰：「『故』是本然底，『利』是他自然底。如水之潤下，火之炎上，固是他本然之性如此。然水自然潤下，火自然炎上，便是利。到『智者行其所無事』，方是人知得自然底從而順他。」時舉。植[七六]同。

「『天下之言性，則故而已矣。』[七七]『故』是已然之跡，如水之下，火之上，父子之必有親，孟子説『四端』，皆是。然雖有惻隱，亦有殘忍，故當以順爲本。如星辰亦有逆行，大要循躔度者是順。」問：「南軒説『故』作『本然』。」曰：「如此則善外别有本然。孟子説性乃是於發處見其善，荀揚亦於發處説，只是道不著。」問：「既云『於發處見』，伊川云『孟子説性乃拔本塞原之理』，莫是[七八]因發以見其原？」曰：「然。」可學。

器之説：「『故者以利爲本』，如流水相似，有向下，無向上，是順他去。」曰：「『故』是本來底，以順爲本。許多惻隱、羞惡自是順出來，其理自是如此。孟子怕人將不好底做出去，故説此。若將惡者爲利之本，如水『搏而躍之，可使過顙』，這便是將不利者爲本。如伊川説，楚子越椒之生必滅若敖氏，自是生出來便惡了。荀子因此便道人性本惡。據他説『塗之人皆可爲禹』，便是性善了，他只説得氣質之性，自是不覺。」寓。

「天下之言性，則故而已矣。」[七九]「故」只是已然之迹，如水之潤下，火之炎上。潤下炎上便是『故』也。父子之所以親，君臣之所以義，夫婦之别，長幼之序，然皆有個已然之迹，但只順利處便是「故」之本，如水之性固下也。然搏之過顙，激之在山，亦豈不是水哉！但非其性爾。仁、義、禮、智是爲性也。仁之惻隱，義之羞惡，禮之辭遜，智之是非，此即性之故也。若四端則無不順利。然四端皆有相反者，如殘忍[八〇]之非仁，不耻之非義，不遜之非禮，昏惑之非智，即故之不利者也。伊川發明此意最親，謂此一章專主「智」言。「鑿」於智者，非所謂以利爲本也。其初只是性上泛説起，不是專説性，但謂天下之説性者只説得「故」而已。後世如荀卿言「性惡」，揚雄言「善惡混」，但皆説得下面一截，皆不知其所以謂之故者如何，遂不能「以利爲本」而然也。荀卿之言只是横説如此，到底没[八一]這道理不得。只就性惡篇謂「塗之人皆可爲禹」，只此自可見。「故」字若不將已然之迹言之，則下文「苟求其故」之言如何可推？曆象家[八二]自今日推算而上極於太古開闢之時，更無差錯，只爲有此已然之迹可以推測耳。天與星辰間或躔度有少差錯，久之自復其常。「以利爲本」亦猶天與星辰循常度而行。苟不如此，皆「鑿」之謂也。謨。

力行[八三]問「天下之言性，則故而已矣」。先生引程子之言曰：「此章意在『智』字。此章言性，只是從頭説下。性者，渾然不可言也，惟順之則是，逆之則非。天下之事，逆理者如何行得！便是鑿也，鑿則非其本然之理。禹之行水，亦只端的見得須是如此順而行之而已。鯀績之不成，正爲不順耳。」力行。

問：「孟子云『天下之言性者，則故而已矣。故者以利爲本』，[八四]伊川謂：『則，語助也。故者，本如是者也。今言天下萬物之性必求其故者，只是欲順而不害之也。』伊川之説如何？」曰：「『則』字不可做助語看了，『則』有不足之意。性最難名狀，天下之言性者止説得『故』而已矣。『故』字外難爲别下字。如『故』有所以然之意。『利』，順也，順其所以然則不失其本性矣。

水性就下，順而導之，水之性也。『搏而躍之』，固可使之在山矣，然非水之本性。」或問：「『天下之言性』，伊川以爲言天下萬物之性，是否？」曰：「此倒了。他文勢只是云『天下之言性者，止可説故而已矣』。如此則天下萬物之性在其間矣。」又問：「後面『苟求其故』，此『故』字與前面『故』字一般否？」曰：「然。」去僞。謨同。[八五]

孟子曰[八六]君子所以異於人者章

問：「『君子以仁存心，以禮存心』，是我本有此仁此禮，只要常存而不忘否？」曰：「非也。他[八七]這個在存心上説下來，言君子所以異於小人者，以其存心不同耳。君子則以仁以禮而存之於心，小人則以不仁不禮而存之於心。須看他上下文主甚麽説話[八八]始得。」僩。

節[八九]問：「『君子之所以異於人者，以其存心也。君子以仁存心，以禮存心』，此是言存得心。[九〇]先生注下文却[九一]言『存仁、存禮』，何也？」曰：「這個『存心』與『存其心，養其性』底『存心』不同，只是處心。」又問：「如此，則是君子之所以異於人者，以其處心也。」曰：「以其處心與人不同。」[九二]別[九三]集注，非定本。[九四]

又問：「『君子之所以異於人者，以其存心也』，先生前歲以此『存心』二字與『存心養性』之『存心』不同，此『存心』是處心。何謂處心？」曰：「以仁處於心，以禮處於心。」節。

知而不存者有矣，未有不知而能存者也。[九五]僩。

蔡問：「『以仁存心』，如何下『以』字？」曰：「不下『以』字也不得。呂氏[九六]『以此心應萬物[九七]之變』，[九八]不是以此心是如何？」問：「程子謂『以敬直内則不直矣』，何也？」曰：「此處又是解『直方』二字。從上説下來，『敬以直内』方順，『以敬』則不順矣。」淳。

「我必不忠」，恐所以愛敬人者，或有不出於誠實也。人傑。

問孟子[九九]「自反而忠」之「忠」。曰：「忠者，盡己也。盡己者，仁禮無一毫不盡。」節。

「舜亦人也，我亦人也。舜爲法於天下，可傳於後世，我猶未免爲鄉人也，是則可憂也。」此便是知耻。知耻則進學不得不勇！[一〇〇]

禹稷當平世章

問：「『禹稷當平世，三過其門而不入』，似天下之事重乎私家也。若家有父母，豈可不入？」曰：「固是。然事亦須量個[一〇一]緩急。」僩[一〇二]問：「何謂緩急？」曰：「若洪水之患不甚爲害，只是那九年泛泛底水，未便會傾國覆都，過家見父母亦不妨。若洪水之患，其急有傾國溺都、君父危亡之災，也只得且奔君父之急，雖不過見父母亦不妨也。」又問：「『今有同室之人鬭者，救之，被髮纓冠而往救之可也。[一〇三]鄉鄰有鬭者，雖閉户可也』，此便是用權。若鄉鄰之鬭有親戚兄弟在其中，豈可以鄉鄰之鬭而[一〇四]一例不管？須只救得他。[一〇五]」曰：「有兄弟固當救，然事也須量大小。若只是小小鬭毆，救之亦無妨。若是有兵戈殺人之事，也只得閉門不管而已。」卓。僩同。[一〇六]

公都子曰康章通國皆稱不孝章[一〇七]

「孟子之於康章，蓋怜之耳，非取其孝也。故楊氏以爲康章不孝，『孟子非取之也，特哀其志而不與之絶耳』。據章之所爲，因責善於父而不相遇，雖是父不是、己是，然便至如此蕩業，『出妻屏子，終身不養』，則豈得爲孝！故孟子言『父子責善，賊恩之大者』，此便是責之以不孝也。但其不孝之罪未至於可絶之地爾，然當時人則遂以爲不孝而絶之，故孟子舉世之不孝者五以曉之，若如此五者，則誠在所絶爾。後世因孟子不絶之，則又欲盡雪康子之不孝而以爲孝，此皆不公不正，倚於一偏也。必若孟子之所處，然後可以見聖賢至公至仁之心矣。」或云：「看得康章想是個拗强底人，觀其意屬於陳仲子，則可見其爲人耳。」先生甚然之，曰：「兩個都是此樣人，故説得合。」味道云：「『舜不告而娶』，蓋不欲『廢人之大倫以懟父[一〇八]』耳。如康章，則其懟也甚矣！」廣。

【校勘記】

［一］孟子曰　成化本無。

［二］成化本此下注有「僩同」。

［三］據成化本及其上下文，此條底本有錯訛。即「鄭之虎牢即漢之成皐也……或是偶然橋梁壞故」爲僩録，其下當有「故子産因用其車以渡人。然此類亦何必深考。孟子之意但言爲政者當務民之宜，而不徒以小惠耳」。而「養者……養不中之養字」爲節録，當屬「中也養不中章」之目。又，成化本五十七「中也養不中章」一目下所載節録略有不同，參成化本該卷「中也養不中……下以善養人同」條。

［四］此條僩録本當接上條「或是偶然橋梁壞故」後。又，成化本此條録末注曰：「卓録云：『或問：「車輿豈可以涉水？」曰：「想有可涉處。」』聞人，秀州人。」

［五］孟子曰言人之不善章　成化本爲「言人之不善章」，且此上有「中也養不中章」一目。

［六］道夫　成化本無。

［七］切嘗因此以攷　成化本無。

［八］夫子　朱本爲「失故」。

［九］中　成化本無。

［一〇］孟子曰大人者不失其赤子之心者也章　成化本爲「大人者章」。

［一一］曰　成化本無。

［一二］成化本此下注曰：「或録云：『只恁地白直做將去，無許多曲折。』又云：『坦然明白，事事理會得，都無許多奸巧。』」

［一三］成化本此下注曰：「夔孫録云：『大人之所以爲大人者，却緣是它存得那赤子之心。而今不可將大人之心只作通達萬變，赤子只作純一無僞説。蓋大人之心通達萬變而純一無僞，赤子之心未有所知而純一無僞。』」

［一四］此條謨録成化本無。

［一五］孟子曰養生者不足以當大事章　成化本爲「養生者章」。

［一六］孟子曰　成化本無。

［一七］君子深造之以道集注云　成化本無。

［一八］裹　成化本作「邊」。

［一九］孟注云　成化本無。

［二〇］淺造　成化本爲「淺迫」。

［二一］夫　成化本此下有「又下工夫」。

［二二］或問居之安……左右逢其原曰　成化本無。

［二三］人　成化本此上有「如」。

〔二四〕此條人傑録成化本無。

〔二五〕同　成化本作「略」。

〔二六〕潘子善　成化本爲「子善」。

〔二七〕他非人人都資助我底物事頭頭都撞着　成化本爲「他那個都是資助我底物事頭頭撞着」。

〔二八〕源者　成化本爲「原頭」。

〔二九〕如　成化本此下有「爲」。

〔三〇〕成化本此下注曰：「賀孫録疑同，見下。」參底本下條。

〔三一〕字　成化本作「方」。

〔三二〕賀孫　成化本無。

〔三三〕孟子曰　成化本無。

〔三四〕此條節録成化本無。

〔三五〕損　朱本、王本作「惟」。

〔三六〕周本此下有將以反約説謂臨事時　成化本無。按「將以反約説」似當爲「將以反説約」。

〔三七〕謨人傑同　成化本無。

〔三八〕通貫　成化本爲「貫通」。

〔三九〕仲尼亟稱於水章　成化本爲「徐子曰章」。

〔四〇〕大　成化本作「外」。

〔四一〕孟子曰　成化本無。

〔四二〕問君子所以異於禽獸者幾希處　成化本無。

〔四三〕謂　成化本此下有「之」。

〔四四〕此條時舉録成化本作爲注，附於賀孫録後，參成化本卷五十七「敬之問人之所以異於禽獸者……只争這些子」條。

〔四五〕元昭　成化本爲「徐元昭」。

〔四六〕成化本此下注曰：「璘録别出。」且下條載璘録，參成化本卷五十七璘録「元昭問君子存之……元不曾存得」條。

〔四七〕明　成化本此上有「或問」。

〔四八〕謨去僞人傑同　成化本爲「去僞」。

〔四九〕舜　成化本無。

〔五〇〕便　成化本無。

〔五一〕孟子曰　成化本無。

〔五二〕時舉　成化本無。

〔五三〕此條人傑録成化本載於卷一百三十六。

〔五四〕道夫　成化本無。
〔五五〕之　成化本無。
〔五六〕之　成化本無。
〔五七〕之　成化本無。
〔五八〕之　成化本無。
〔五九〕先生曰　成化本無。
〔六〇〕孟子曰王者之迹熄而詩亡章　成化本爲「王者之跡熄章」。
〔六一〕沈莊仲　成化本爲「莊仲」。
〔六二〕孟子曰　成化本無。
〔六三〕可以與……死傷勇　成化本爲「可以取可以無取」。
〔六四〕林正卿　成化本爲「正卿」。
〔六五〕可以取……死傷勇　成化本爲「可以取可以無取云云」。
〔六六〕孟子曰　成化本無。
〔六七〕此條可學録成化本無。
〔六八〕時舉　成化本無。
〔六九〕天下之言性也　成化本無。

［七〇］個無　成化本爲「無個」。
［七一］性　成化本此上有「曰」。
［七二］直　成化本作「且」。
［七三］天下之言性者則故而已矣　成化本無。
［七四］成化本此下注曰：「時舉録别出。」
［七五］天下之言性也者則故而已矣　成化本無。
［七六］植　成化本作「倪」。
［七七］天下之言性則故而已矣　成化本無。
［七八］是　成化本無。
［七九］天下之言性則故而已矣　成化本無。
［八〇］殘忍　成化本此下注曰：「饒録作『忮害』。」
［八一］没　成化本作「滅」。
［八二］曆象家　成化本爲「曆家」。
［八三］力行　成化本無。
［八四］孟子云……以利爲本　成化本無。
［八五］謨同　成化本無。

〔八六〕孟子曰　成化本無。
〔八七〕他　朱本作「便」。
〔八八〕話　成化本無。
〔八九〕節　成化本無。
〔九〇〕君子之所以異於人者……此是言存得心　成化本無。
〔九一〕却　成化本無。
〔九二〕同　成化本此下有「又問：『何謂處心？』曰：『以仁處於心，以禮處於心』」。此部分内容底本另作一條，參下條。
〔九三〕别　成化本無。
〔九四〕成化本此下注有「節」。
〔九五〕成化本此下注曰：「君子存之。」
〔九六〕吕氏　成化本此下有「云」。
〔九七〕成化本作「事」。
〔九八〕變　成化本此下有「亦下一『以』字」。
〔九九〕孟子　成化本無。
〔一〇〇〕成化本此下注有「閎祖」。

〔一〇一〕個　成化本無。

〔一〇二〕倜　成化本無。

〔一〇三〕今有同室之人……往救之可也　成化本無。

〔一〇四〕以鄉鄰之鬬而　成化本無。

〔一〇五〕須只救得他　成化本無。

〔一〇六〕卓倜同　成化本作「倜」。

〔一〇七〕公都子曰康章通國皆稱不孝章　成化本爲「公都子問康章」。康　避宋太祖趙匡胤諱。下同。

〔一〇八〕父　成化本爲「父母」。

晦庵先生朱文公語類卷第五十八

孟子八

萬章上

萬章問曰舜往于田章[一]

黄先之説：「舜事親處見得聖人所以孝其親者，全然都是天理，略無一毫人欲之私。所以舉天下之物皆不足以解憂，惟順於父母可以解憂。」曰：「聖人一身渾然天理，故極天下之至樂不足以動其事親之心，極天下之至苦不足以害其事親之心。一心所慕惟知有親，看是甚麽物事皆是至輕。施於兄弟亦然，但知我是兄，合當友愛其弟，更不問如何。且如父母使之完廩，待上去，又捐階焚廩，到得免死下來，當如何？父母教他去浚井，待他入井，又從而掩之，到得免死出來，又當如何？若是以下等人處此，定是喫不過。非獨以下人，雖平日極知當孝其親者，到父母以此施於己，此心亦喫不過，定是動了。象爲弟，『日以殺舜爲事』。若是別人，如何也須與他理會，也須喫不過。舜只知我是兄，惟知友愛其弟，那許多不好景象都自不見了。這道理非獨舜有之，人〔二〕人皆有之；非獨舜能爲，人人皆可爲。所以大學大要〔三〕只要窮理。舜『明於庶物，察於人倫』，唯是許多道理見得極盡，無有些子未盡。但舜是生知，不待窮索。如今須著窮索教盡。莫說道：『只消做六七分，那兩三分不消做盡也得。』」賀孫。

林子淵說舜事親處。曰：「自古及今，何故衆人都不會恁地，獨有舜恁地？是何故？須就這裏剔抉看出來始得。」默然久之，曰：「聖人做出純是道理，更無些子隔礙。是他合下渾全，都無欠闕，衆人却是已虧損了，須加修治之功。如小學前面許多，恰似勉強使人爲之，又須是恁地勉强，到大學矣方知個天理當然之則。如世上固是無限事，然大要也只是幾項大頭項，如『爲人君止於仁，爲人臣止於敬，爲人子止於孝，爲人父止於慈，與國人交止於信』，須看見定是著如此，不可不如此，自家何故却不如此？意思如何便是天理？意思如何便是私欲？天理發見處是如何却被私欲障蔽了？」賀孫。

胡叔器〔四〕問：「舜不能掩父母之惡，如何是大孝？」曰：「公要如何與他掩？他那個頑嚚已是天知地聞了，如何地掩？公須與他思量得個道理掩得，如此便可以責舜。」義剛。

萬章問曰[五]象日以殺舜爲事章

問：[六]「『仁之至，義之盡』是仁便包義，何如？」曰：「自是兩義。如舜封象於有庳，不藏怒宿怨而富貴之是仁之至，使吏治其國而納其貢稅是義之盡。」因舉明皇長枕大被欲爲仁而非仁云云。[七]

咸丘蒙問曰語云盛德之士[八]章

宿檇州之驛舍，[九]董仁叔問「以意逆志」。曰：「是以自家意去張等他。譬如有一客來，自家去迎他，他來則接之，不來則已。若必去捉他來，則不可。」蓋卿。

董仁叔問「以意逆志」。曰：「此是教人讀書之法。自家虛心在這裏，看他書道理如何。他來，自家便迎接將來。而今人讀書都是去捉他，不是逆志。」學蒙。

萬章問曰人有言至於禹而德衰章[一〇]

沈莊仲[一一]問「莫之致而至者命也」。曰：「命有兩般，『得之不得曰有命』自是一樣，『天命之謂性』又自是一樣。雖是兩樣，却只是一個命。」文蔚問：「『得之不得曰有命』是所賦之分，『天命之謂性』是所賦之理。」曰：「固是。天便如君，命便如命令，性便如職事條貫。君命這個人去做這個職事，其俸禄有厚薄，歲月有遠近，無非是命。天之命人，有命之以厚薄修短，有命之以清濁偏正，無非是命。是[一二]如『舜禹益相去久遠』是命之在外者，『其子之賢不肖』是命之在内者。聖人『窮理盡性以至於命』便能贊化育。堯之子不肖，他便不傳與子，傳與舜。本是個不好底意思，却被他一轉，轉得好。」文蔚。

「『莫之致而至者命也。』如比干之死，以理論之亦可謂之正命，若以氣論之恐非正命。」曰：「如何恁地説得！『盡其道而死者』皆正命也，當死而不死却是失其正命。此等處當活看。如孟子説『桎梏而死者非正命』，須是看得孟子之意如何。且如公冶長『雖在縲紲，非其罪也』，若當時公冶長死於縲紲，不成説他不是正命！有罪無罪在我而已。古人所以殺身以成仁，且身已死矣，又成個甚底！直是要看此處。孟子謂『舍生取義』，又云『志士不忘在溝壑，勇士不忘喪其元』，學者須是於此處見得定，臨利害時便將自家斬剉了，也須壁立萬仞始得。而今人有小利害便生計較，説道恁地死非正命，如何得！」賜。[一三]

問：「孟子[一四]『外丙二年，仲壬四年』，先生兩存趙氏、程氏之説，則康節之説亦未可據耶？」曰：「也怎生便信得他？」又問：「如此則堯即位於甲辰年[一五]亦未可據也。」曰：「此却據諸曆書如此説，恐或有之。然亦未可必。」問：「若如此，則二年、四年亦可推矣。」曰：

「却爲中間年代不可紀，自共和以後方可紀，則湯時自無由可推。此類且當闕之，不必深考。」廣。

萬章問曰人有言[一六]伊尹以割烹要湯章

問竇從周云：「如何是伊尹樂堯舜之道？」竇對以「飢食渴飲，鑿井耕田，自有可樂」。曰：「龜山答胡文定書是如此説。要之不然。須是有所謂『堯舜之道』。如書云『人心惟危，道心惟微，惟精惟一，允執厥中』，此便是堯舜相傳之道。如自[一七]『克明俊德，以親九族』至『協和萬邦，黎民於變時雍』，如『欽明文思，温恭允塞』之類，伊尹在莘郊時須曾一一學來，不是每日只耕鑿食飲過了。」德明問：「看伊尹升陑之事，亦是曾學兵法。」曰：「古人皆如此。如東漢李膺爲渡遼將軍，必是曾親履行陳。」竇問：「傅説版築亦讀書否？」曰：「不曾讀書，如何有説命三篇之文？『舜居深山之中，與木石居，與鹿豕遊』，後來乃能作『股肱元首』之歌。便如顔子，亦大段讀書，其問爲邦，夫子告以『行夏之時，乘殷之輅，服周之冕，樂則韶舞』。顔子平時於四代禮樂、夏小正之類，須一一曾理會來。古人詳於禮樂之事，當時自有一種書，後世不得而見。如孟子説葛伯事，以爲『有童子以黍肉餉，殺而奪之』，便是孟子時有此等書。今書中只有『葛伯仇餉』一句。上古無書可讀，今既有書，亦須是讀，此猶博以反約之義也。」德明。

問：「『伊尹樂堯舜之道』，集注作『誦其詩，讀其書』，乃是指其實事而言。」曰：「然。或謂耕田鑿井便是堯舜之道，此皆不實。不然何以有『豈若吾身親見之哉』一句？若是不着實，只是脱空。今人有一等杜撰學問，皆是脱空狂妄，不濟一錢事。如『天下歸仁』只管自説『天下歸仁』，須是天下説歸仁方是。『非禮勿視，非禮勿聽，非禮勿言，非禮勿動』，只管去説，到念慮起處却又是非禮，此皆是妄論。子韶之學正如此。須是『居處恭，執事敬』、『坐如尸，立如齊』方是禮，不然便不是禮。」履孫。

先知者因事而知，先覺者因理而覺。知者因事因物皆可以知，覺則是自心中有所覺悟。敬仲。

「先覺後覺」之「覺」是自悟之覺，似大學説格物致知豁然貫通處。今人知得此事，講解得這個道理，皆知之之事。及其自悟，則又自有個見解處。「先知覺，覺後覺」，[一八]中央兩個「覺」字皆訓唤醒，是我唤醒他。僩。

行夫問「覺」。曰：「程子云『知是知此事，覺是覺此理』。蓋知是知此一事，覺是忽然自理會得。」又問「思睿」[一九]。曰：「『視曰明』是視而便見之謂明，『聽曰聰』是聽而便聞之謂聰，『思曰睿』是思而便通謂之睿。」道夫。

或[二〇]問龜山曰：「『以先知覺後知』，知與覺如何分？」龜山曰：「知是知此事，覺是覺此理。」且如知得君之仁、臣之敬、子之孝、父之慈，是知此事；又知得君之所以仁、臣之所以敬、父之所以慈、子之所以孝，是覺此理。僩。[二一]

萬章下

孟子曰[二二]伯夷目不視惡色章

原之[二三]問：「三聖事是當初如此，是後來如此？」曰：「是知之不至。三子不惟清不能和，和不能清，但於清處、和處亦皆過。如射者皆中而不中鵠。」某問：「既是如此，何以爲聖人之清和？」曰：「却是天理中流出，無駁雜。雖是過當，直是無纖毫查滓。」曰：「三子是資禀如此否？」曰：「然。」可學。

問：「伯夷、下惠、伊尹，謂之『清』、『和』、『任』。孟子云『皆古聖人』，如何？」曰：「清、和、任已合於聖人。」再[二四]問：「如孟子言，只是得一節。」曰：「此言其所得之極耳。」可學。

夷清、惠和皆得一偏，他人學之，便有隘、不恭處。使懦夫學和愈不恭，鄙夫學清愈隘也。「可爲百世師」，謂能使薄者寬，鄙者敦，懦者立。「君子不由」，不由其隘與不恭。謨。

敬之問伊尹之任。曰：「伊尹之任是『自任以天下之重』，雖云『禄之天下弗受[二五]，繫馬千駟弗視』，然終是任處多。如柳下惠『不以三公易其介』，固是介，然終是和處多。」恪。

敬之問：「『伊尹聖之任』非獨於『自任以天下之重』處看，如所謂『禄之以天下弗受[二六]，繫馬千駟弗顧[二七]，非其義，非其道，一介不以與人，一介不以取諸人』，這般也見得任處。」曰：「不要恁底看。所謂『任』，只説他『治亦進，亂亦進』處，看其『自任以天下之重』如此。若如公説，却又與伯夷之清相類。」問：「聖人若處伊尹之地，也如他任[二八]，如何？」曰：「夫子若處此地自是不同，不如此着意。」或問：「伊尹『治亦進，亂亦進』，『無可無不可』，似亦可以爲聖之時？」曰：「伊尹終是有任底意思在。」賀孫。

問：「伊川云『伊尹終有任底意思在』，謂他有擔當作爲底意思，只這些意思便非夫子氣象否？」曰：「然。然此處極難看，且放那裏，久之看道理熟自見，强説不得。若謂伊尹有這些意思在，爲非聖人之至，則孔孟皇皇汲汲去齊去魯、之梁之魏，非無意者，其所以異伊尹者何也？」僩。

問：「孔子時中，所謂隨時而中否？」曰：「然。」問：「三子之德各偏於一，亦各盡其一德之中否？」曰：「非也。既云偏，則不得謂之中矣。三子之德但各至於一偏之極，不可謂之中。如伯夷『雖有善其辭命而至者，不受也』，此便是偏處。若善其辭命，而吾[二九]受之亦何妨？只觀孔子便不然。」問：「既云一偏，何以謂之聖？」曰：「聖只是做到極至處，自然安行，不待勉强，故謂之聖，非中之謂也。所謂『智譬則巧，聖譬則力。猶射於百步之外，其至，爾力也；其中，非爾力也』，中便是中處。如顔子之學，則已知其[三〇]中處，但力未到耳，若更加之功，則必中矣，蓋渠所知已不差也。如人學射，發矢已直而未中者，人謂之『箭苗』，言其已善發箭，雖未至的而必能中的，若更開拓，則必能中也。」僩云：「顔子則已知中處而力未至，三子力有餘而不知中處否？」曰：「然。」僩。

問孔子集大成。曰：「孔子無所不該，無所不備，非特兼三子之所長而已。但與三子比並説時，亦皆兼其所長。」問：「始終條理，如所謂『始作，翕如也』、『皦如也，繹如也，以成』之類否？言『八音克諧，不相奪倫』，各有條理脉絡也。」曰：「不然。條理脉絡如一把草，從中縛之，上截爲始[三一]，下截爲終條理。若上截少一莖，則下截亦少一莖，上截不少一莖，[三二]則下截亦不少一莖[三三]，此之謂始終條理。」又問：「『始條理者智之事，終條理者聖之事』，功夫緊要處全在『智』字上。三子所以各極於一偏，緣他合下少却致知工夫，看得道理有偏，故其終之成也亦各至於一偏之極。孔子合下盡得致知工夫，看得道理周遍精切，無所不盡，故其德之成也亦兼該畢備，而無一德一行之或闕。故集注云『所以偏者，由其蔽於始以闕於終；所以全者，由其知之至是以行之盡』，『智譬則巧，聖譬則力』，『三子則力有餘而巧不足』。何以見之？只觀其清和之德，行之便到其極，無所勉强，所以謂之聖。使其合下工夫，不倚於一偏，安知不如孔子也？」曰：「然。更子細看。」僩。

時舉[三四]問：「『孔子之謂集大成』一節，云[三五]此一節在『知行』兩字上面。源頭若見得偏了便徹底是偏，源頭若知得周匝便下來十全而無虧。所謂始終條理者，集注謂『條理猶言脈絡』，莫是猶一條路相似，初間下步時纔差，便行得雖力，終久是差否？」曰：「『始條理』猶個絲綫頭相似。孔子是挈得個絲頭，故許多條絲都在這裏。三子者則是各拈得一邊耳。」問：「孟子又以射譬喻，最親切。孔子是射時望得那準的子[三六]正了，又發得正，又射得到，故能中能至。三子者是望得個的不正，又發得不正，故雖射得到，只是不中耳。然不知有望得正、發得正而射不至者否？」曰：「亦有之。如所謂『遵道而行，半塗而廢』者是也。如顏子却是會恁地去，只是天不與之以年，故亦不能到也。」人傑。[三七]

問：「三子之清、和、任，於金聲亦得其一，而玉振亦得其一否？」曰：「金聲玉振只是解集大成。『聲』猶『聲其罪』之『聲』。古人作樂，擊一聲鍾，衆音遂作，又擊一聲鍾，衆音又齊作。金所以發衆音，末則以玉振之，所以收合衆音在裏面。三子亦有金聲玉振，但只[三八]爾不能管攝衆音。蓋伯夷合下只見得清底，其終成就亦只成就得清底；伊尹合下只見得任底，其終成就亦只成就得任底；下惠合下只見得和底，其終成就亦只成就得和底。」[三九]

問：「『金聲玉振』，舊説三子之偏在其初不曾理會得許多洪纖高下，而遽以玉振之。今又却以『金聲玉振』盡爲孔子事而三子無與，如何？」曰：「孟子此一句只是專指孔子而言。若就三子身上説，則三子自是失於其始所以虧於其終。所謂『聖之清』只是就清上聖，所謂『聖之和』只是就和上聖，『聖之任』亦然。蓋合下便就這上面徑行將去，更不回頭，不自覺其爲偏也。所以偏處，亦只是有些私意，却是一種義理上私意。見得這清、和、任是個好道理，只管主張這一邊重了，亦是私意。」謨。

至之問「金聲玉振」。先生因説及樂：「金聲初打聲高，其後漸低，於衆樂之作必以此聲之。玉聲先後一般，初打恁地響，到住時也恁地響。但玉聲住時截然便住，於衆樂之終必以此振之。」賀孫。

始條理是致知，終條理是力行。如中庸説「博學、審問、謹思、明辨」與大學「物格、知至」，這是始條理；如「篤行」與「誠意、正心、修身」以下，這是終條理。賀孫。

問「始終條理」。曰：「集義一段便緊要。如這一段未理會也未害。如今樂之始作先撞鐘，是金聲之也。樂終擊磬，是玉振之也。始終如此，而中間乃大合樂，六律、五聲、八音一齊莫不備舉。孟子以此譬孔子。如『伯夷聖之清，伊尹聖之任，柳下惠聖之和』，都如樂器有一件相似。是金聲底從頭到尾只是金聲，是玉聲底從頭到尾只是玉聲，是絲竹聲底從頭到尾只是絲竹之聲。」賀孫。

問「始終條理」。答曰：「條理，條目件項也。始終條理本是一件事，但是上一截者爲始，下一截者爲終。始是知，終是行。」節。

「金聲玉振。」金聲有洪殺，始震終細。玉聲則始終如一，叩之，其聲詘然而止。僩。

倪寬：［四〇］「金聲者，考其條貫之是非；玉振者，斷而歸一。」節。

「仁不可爲衆也」，毛公注云［四一］「盛德不可爲衆」。「鳶飛戾天」，注亦曰「言其上下察也」。此語必別有個同出處。如「金聲玉振」，倪寬［四二］云「天子建中和之極，兼總條貫，金聲而玉振之」，必亦［四三］是古語。㽦。［四四］

敬之問「智譬則巧，聖譬則力」一章云：［四五］「此一章，智却重。」曰：「以緩急論則智居先，若把輕重論則聖爲重。且如今有一等資質好底人忠信篤實，却於道理上未甚通曉得［四六］。又有一樣資質淺薄底人，却自會曉得道理。這須是還資質忠厚底人做重始得。」賀孫。

問「聖知」。先生曰：「知是知得到，聖是行得到。」蓋卿。

問「巧力」。答曰：「伯夷、伊尹、柳下惠力已至，但射不親［四七］。孔子則既聖且智，巧力兼全。故孔子箭箭中的，三子者皆中垛也。」大雅。

黄子功問：「『其至爾力也，其中非爾力也』，還是三子只有力無智否？」曰：「不是無智。知處偏故至處亦偏。如孔子則箭箭中紅心，三子則每人各中一邊。緣他當初見得偏，故至處亦偏。」問：「如此則三子不可謂之聖。」曰：「不可謂之聖之大成。畢竟那清是聖之清，和是聖之和，雖使聖人清和，亦不過如此。顔子則巧處功夫已至，點點皆可中，但只是力不至耳。使顔子力至，便與孔子一般。」文蔚。

問：「『集大成』章。以智比聖，智固未可以言聖，然孟子以智譬巧，以聖譬力，力既不及於巧，則是聖必由於智也明矣。而尹和靖乃曰：『「始條理者」猶可以用智，「終條理」則智不容於其間矣。』則是以聖智淺深而言，與孟子之意似相戾矣。惟伊川引易『知至至之，知終終之』，其意若曰：『夫子所以能集三子而大成者，由其始焉知之之深也。』蓋知之至，行之必至。三子之智，始焉知之未盡，故其後行之雖各極其至，終未免各失於一偏。非終條理者未到，以其始條理者已差之矣。不知伊川之意是如此否？」曰：「甚好。金聲者，洪纖高下有許多節目；玉振者，其始末如一。」倪寬［四八］亦引金聲、玉振，欲天子自致其知。是時未有孟子之書，此必古曲中有此語，非孟子知德之奧，焉能語此！」謨。去僞同。［四九］

或問：「『玉振金聲』，伊川以喻始終。或者之意，以此有變有不變。其説孰是？」曰：「二説相關，不可偏廢。金聲固是喻其始，然始則有變；玉振固是喻其終，至終則無變也。」謨。去僞同。［五〇］

北宫錡問曰周室班爵禄也［五一］章

問：「孟子所答周室班爵禄，與周禮王制不同。不知孰是？」［五二］曰：「此也難考。然畢竟周禮底是。蓋周禮是個全書，經聖人手作，必不會差。孟子之時，典籍已散亡，想見没理會。何以言之？太公所封，『東至于海，西至于河，南至于穆陵，北至于無棣』。穆陵今近徐州。無棣，今棣州也。這中間多少闊，豈止百里！孟子説『太公之封於齊也，地方百里［五三］而儉於百里』，恐也不然。」又問：「天子六卿，諸侯大國三卿，次國二卿，小國孤卿。一國之土地爲卿、大夫、士分了，國君所得殊不多。」曰：「『君十卿禄』，禄者，猶今之俸禄，蓋君所自謂爲私用者。［五四］至於貢賦賓客，朝覲祭饗，交聘往來，又别有財儲爲公用，非所謂禄也。如今之太守既有料錢，至於貢賦公用，又自别有錢也。」僩。

問：「『百畝之田可食九人，其次八人、七人，又其次六人、五人。此等差别是地有肥瘠耶，抑糞灌之不同耶？』曰：「皆人力之不同耳，然亦大約如此。緣有此五等之禄，故百畝所食有此五等。」問：「府、史、胥、徒，不知皆民爲之，抑别募游手爲之？」曰：「不可曉。想只是民爲之。然府、史、胥、徒各自有禄以代耕，則又似别募游手矣。以周禮考之，人數極多，亦安得許多閑禄給之耶？某嘗疑周禮一書亦是起草，未曾得行。何以知之？［五五］蓋左氏所紀當時官號職位甚詳，而未嘗及於府、史、胥、徒，則疑其方出於周公草定之本而未經施行也。使其有之，人數極多，何不略見於他書？如至没要緊職事亦破[五六]人甚多，不知何故。但嘗觀自漢以來及前代題名碑，所帶人從胥吏亦甚多，又不知如何。皆不可曉。」僩。

孟子論三代制度多與周禮不合。蓋孟子後出，不及見王制之詳，只是大綱約度而説。廣。

萬章問曰敢問交際何心也[五七]章

「殷受夏，周受殷，所不辭也。」言受天下而不辭，則舜受天下不爲泰。「於今爲烈」，是暴烈之「烈」，如「宣王承厲王之烈。」人傑。

「爲之兆也」。兆是事之端，猶縫罅也。僩。

問：「孔子『於季威子，見行可之仕』。孔子仕於定公，而言威子，何也？」曰：「當時威子執國柄，定公亦自做主不起。孔子之相，皆由威子。受女樂，孔子便行矣。」如陳常弑齊君，孔子沐浴而告魯公，又告桓子，事勢可見。問：「墮三都，季氏何以不怨？」曰：「季氏是時自不奈陪臣何，故假孔子之力以去之。及既墮三都而三威之勢遂衰，所以威子甚悔，臨死謂康子曰：『使仲尼之去，而魯不終治者，由我故也。』正如五代羅紹威不奈魏博牙軍何，假朱温之勢以除之。既除牙軍，而魏博之勢大弱，紹威大悔，正此類。孔子是時也失了這機會，不曾做得成。」僩。

孟子曰仕非爲貧也章[五八]

説「位卑而言高，罪也」，曰：「此只是説爲貧而仕。聖賢在當時只要在下位，不當言責之地，亦是聖賢打乖處。若是合言處便須當説，非是教人都不得言耳。若『立乎人之本朝而道不行』則耻矣，故『辭尊居卑，辭富居貧』。」𥴨。

「『位卑而言高，罪也。』以君臣之分言之固是如此。然時可以言而言，亦豈得謂之出位？」曰：「前世固有草茅韋布之士獻言者，然皆有所因，皆有次第，未有無故忽然犯分而言者。縱言之，亦不見聽，徒取辱爾！若是明君，自無壅蔽之患，有言亦見聽。不然，豈可不循分而徒取失言之辱哉！如史記説商鞅、范雎之事，彼雖小人，然言皆有序，不肯妄發。商鞅初説孝公以帝道，次以王道，而後及於霸道。彼非能爲帝王之事也，特借是爲漸進之媒，而後吐露其胸中之所欲言。先説得孝公動了，然後方深説。范雎欲奪穰侯之位以擅權，未敢便深説穰侯之惡，故先言外事以探其君，曰：『穰侯越韓魏而取齊之剛壽，非計也。』昭王信之，然後漸漸深説。彼小人之言尚有次序如此，則君子之言豈可妄發也！某嘗説賈誼固有才，文章亦雄偉，只是言語急迫，失進言之序者[五九]，有甚事都一齊説了，宜乎絳、灌之徒不説，而文帝謙讓未遑也。且如一間破屋，教自家修，須有先後緩急之序，不成一齊拆下，雜然並修。看他會做事底人便别，如韓信、鄧禹、諸葛孔明輩，無不有一定之規模，漸漸做將去，所以所爲皆卓然有成。這樣人方是有定力，會做事。如賈誼胸次終是鬧，着事不得，有些子在心中盡要道[六〇]出來，只管跳躑，爆趏不已。如乘生駒相似，制御他未下。所以言語無序而不能有所爲也。易曰『艮其輔，言有序，悔亡』，聖人之意可見矣。」僩。

萬章問曰不見諸侯章[六一]

至問：「『孟子不見諸侯』處論難甚詳，其綱領在『義路也，禮門也。惟君子能由是路出入是門也』。」曰：「此是大綱説義路、禮門，他其中毫釐必辨。如『往役，義也；往見，不義也』，『周之則受，賜之則不受』，此等是事鼎肉；『使己僕僕亟拜』，此等是論禮毫釐纖悉。孟子是義精，所以不放過。義是一柄利刃，凡事到面前，便割成兩片。所謂之集義者，蓋毫釐微細處各有義，孟子於此直是不肯放過。又曰『精義入神以致用也』，所以要得『精義入神』者，蓋欲『以致用也』。」[六二]

至之問：「孟子所以出處、去就、辭受，都從『禮門也，義路也，惟君子能由是路出入是門也』做出。」曰：「固是不出此二者。然所謂義，所謂禮，裏面煞有節目。[六三]如云[六四]『往役，義也；往見，不義也』、『周之則受，賜之則不受』之類，便都是義之節目。如云『廩人繼粟，庖人繼肉，不以君命將之』之類，都是禮之節目，此便是禮。『以君命將之，使己僕僕爾亟拜也』便不是禮。又如『於齊，王餽兼金一百鎰[六五]而不受；於宋，餽五[六六]十鎰而受；於薛，餽七[六七]十鎰而受』，這個則都有義。[六八]君子於細微曲折一一都要合義，所以易中説『精義入神，以致用也』。義至於精則應事接物之間無一非義，不問小事大事千變萬化，改頭換面出來，自家應副他如利刀快劍相似，迎刃而解，件件剖作兩片去。孟子平日受用便是得這個氣力，今觀其所言所行，無不是這個物事。初見梁惠王，劈初頭便劈作兩邊去。」賀孫。[六九]

【校勘記】

[一]　萬章問曰舜往于田章　成化本爲「問舜往于田章並下章」。

[二]　人　成化本無。

[三]　大要　成化本無。

[四]　胡叔器　成化本爲「叔器」。

[五]　萬章問曰　成化本無。

[六]　問　成化本爲「或問」。

［七］成化本此下注曰：「賀孫。不知何氏録詳，別出。」且成化本下條載「仁與義相拗……無足觀者」條，但此條底本載於卷五十三，可參。

［八］語云盛德之士　成化本無。

［九］宿櫧州之驛舍　成化本無。

［一〇］萬章問曰人有言至於禹而德衰章　成化本爲「問人有言章」。

［一一］沈莊仲　成化本爲「莊仲」。

［一二］是　成化本作「且」。

［一三］成化本此下注曰：「夔孫録云：『問：「人或死於干戈，或死於患難。如比干之類，亦是正命乎？」曰：「固是正命。」問：「以理論之則謂之正命，以死生論之則非正命。」曰：「如何恁地説得！」』下同。」

［一四］孟子　成化本無。

［一五］年　成化本無。

［一六］萬章問曰人有言　成化本作「問」。

［一七］自　成化本無。

［一八］先知覺覺後覺　成化本爲「先知覺後知先覺覺後覺」。

［一九］思睿　成化本爲「思曰睿」。

［二〇］或　成化本爲「或人」，且其上有「郭兄問莫不有以知……龜山此語極好又」，參底本卷十七卓録「郭

兄問莫不有以知……是覺此理也」條。

［二一］此條僩録成化本載於卷十七。卓同聞所録底本載於卷十七，參底本該卷「郭兄問莫不有以知……是覺此理也」條。

［二二］孟子曰　成化本無。

［二三］原之　成化本爲「厚之」。

［二四］再　成化本無。

［二五］受　成化本作「顧」。

［二六］受　成化本作「顧」。

［二七］顧　成化本作「視」。

［二八］也如他任　成化本無。

［二九］吾　成化本作「至」。

［三〇］其　成化本作「夫」。

［三一］始　成化本此下有「條理」。

［三二］一莖　成化本無。

［三三］一莖　成化本無。

［三四］時舉　成化本無。

〔三五〕一節云　成化本無。

〔三六〕子　成化本無。

〔三七〕人傑　成化本爲「時舉」。

〔三八〕只　成化本作「少」。

〔三九〕成化本此下注有「淳」。

〔四〇〕倪寬　成化本爲「兒寬」，且此上有「『金聲玉振』一章甚好。然某亦不見作樂時如何，亦只是想象説」。

〔四一〕云　成化本爲「亦云」。

〔四二〕倪寬　成化本爲「兒寬」。

〔四三〕必亦　成化本爲「亦必」。

〔四四〕此條㽦　録成化本載於卷五十六。

〔四五〕一章云　成化本無。

〔四六〕得　成化本無。

〔四七〕親　朱本作「巧」。

〔四八〕倪寬　成化本爲「兒寬」。

〔四九〕謨去僞同　成化本爲「去僞」。

〔五〇〕謨去僞同　成化本爲「去僞」。
〔五一〕周室班爵禄也　成化本無。
〔五二〕不知孰是　成化本無。
〔五三〕地方百里　成化本爲「地非不足也」。
〔五四〕蓋君所自謂爲私用者　成化本爲「蓋君所得得爲私用者」。
〔五五〕何以知之　成化本無。
〔五六〕破　朱本作「説」。
〔五七〕何心也　成化本無。
〔五八〕孟子曰仕非爲貧也章　成化本爲「仕非爲貧章」。
〔五九〕者　成化本作「看」，屬下讀。
〔六〇〕道　成化本作「迸」。
〔六一〕萬章問曰不見諸侯章　成化本爲「萬章問士不託諸侯章」。
〔六二〕此條成化本以部分内容爲注，附於賀孫録後，並注爲至録，參下條。
〔六三〕目　成化本此下注曰：「至録云：『其中毫釐必辨。』」
〔六四〕云　成化本無。
〔六五〕鎰　成化本無。

〔六六〕五　孟子公孫丑下作「七」。

〔六七〕七　孟子公孫丑下作「五」。

〔六八〕這個則都有義　成化本爲「這個都有個則都有義」。

〔六九〕成化本此下注曰：「至録云：『孟子是義精，所以不放過。義是一柄利刀，凡事到面前便割成兩片，所以精之。集義者，蓋毫釐微細各有義。「精義入神，以致用也」，所以要「精義入神」者，蓋欲「以致用也」。』」

晦庵先生朱文公語類卷第五十九

孟子九

告子上下[一]

性猶杞柳章

桮棬，想如今卷杉合子模樣。杞柳只是而今做合箱底柳，北人以此爲箭，謂之柳箭，即蒲柳也。義剛。

告子章，宜玩味。可學。[二]

孟子與告子論杞柳、桮棬[三]處，大概只是[四]杞柳、桮棬不可比性與仁義。杞柳必矯揉而爲桮棬，性非矯揉而爲仁義。孟子辯告子數處皆是辯倒着告子便休，不曾説盡道理。節。

至[五]問：「告子謂『以人性爲仁義，猶以杞柳爲桮棬』者[六]，何也？」曰：「告子只是認氣

爲性，見得性有不善，須拗他方善。此惟是程先生斷得定，所謂『性即理也』。」〔七〕

生之謂性章〔八〕

生之謂氣，生之理謂性。處謙。

性，孟子所言理，告子所言氣。〔九〕

因説「生之謂性」，某既知其説非是便當曳翻看何〔一〇〕爲是，即道理易見也。閎祖。

問告子言〔一一〕「生之謂性」。答曰：「他合下便是〔一二〕錯了。他只是説生處，精神魂魄，凡動用處是也。正如禪家説：『如何是佛？』曰：『見性成佛。』『如何是性？』『作用是性。』蓋謂目之視，耳之聽，手之捉執，足之運奔，皆性也。説來説去，只説得個形而下者。故孟子闢之曰：『「生之謂性」也，猶白之謂白歟？』又闢之曰：『犬之性猶牛之性，牛之性猶人之性歟？』三節語猶戲謔。然只得告子不知所答便休了，竟亦不曾説得性之本體是如何。」或問董仲舒言「性者生之質也」。答曰：「其言亦然。」大雅。

飛卿問：「『生之謂性』莫止是以知覺運動爲性否？」曰：「便是。此正與『食色性也』同意。孟子當時辯得不恁地平鋪，就他蔽處撥啓他，却一向窮詰他，止從那一角頭攻將去，所以如今難理會。若要解，然〔一三〕用添言語。犬、牛、人，謂其得於天者未嘗不同，惟是〔一四〕人得是理之全，至於物止得其偏。今欲去犬牛身上全討仁義，便不得。告子止是不曾分曉道這子細，到這裏説不得，却道天下是有許多般性，牛自是牛之性，馬自是馬之性，犬自是犬之性，則又不是。」又曰：「所以謂『性即理』，便見得惟人得是理之全，物得是理之偏。告子止把生爲性，更不説及理。孟子却以理言性，所以見人物之辨。」賀孫。

問「生之謂性」。曰：「告子只説那生來底便是性。手足運行，耳目視聽，與夫心有知覺之類也[一五]。却不知生便屬氣稟[一六]而言，人物便有不同處。説[一七]『理之謂性』則可，然理之在人在物，亦不可做一等説。」植。

釋氏專以作用爲性。如□□[一八]國王問□□[一九]尊者曰：「如何是佛？」曰：「見性爲佛。」曰：「如何是性？」曰：「作用爲性。」曰：「如何是作用？」曰云云。禪家又有黠[二〇]者云：「當時[二一]尊者答國王時，國王何不問尊者云『未作用時性在甚處』？」㽦。[二二]

「作用是性：在目曰見，在耳曰聞，在鼻齅香，在口談論，在手執捉，在足運奔」，即告子「生之謂性」之説也。且如手執捉，若執刀胡亂殺人，亦可爲性乎！龜山舉龐居士云「神通妙用，運水般柴」以比「徐行後長」，亦坐此病。不知「徐行後長」乃謂之弟，「疾行先長」則爲不弟。如曰運水般柴即是妙用，則徐行、疾行皆可謂之弟耶！閎祖。[二三]

問釋氏「作用是性」。曰：「便只是這性，他説得也是。孟子曰『形色，天性也』。惟聖人然後可以踐形』，便是此性。如口會説話，説話底是誰？目能視，視底是誰？耳能聽，聽底是誰？便是這個。其言曰『在眼曰見，在耳曰聞，在鼻齅香，在口舌[二四]談論，在手執捉，在足運奔。徧現俱該法界，收攝在一微塵。識者知是佛性，不識唤作精魂』，他説得也好。」又舉楞嚴經波斯國王見恒河水一段云云：「所以禪家説『直指人心，見性成佛』，他只要你見得，言下便悟，做處便徹，見得無不是此性。也説『存養心性』，養得來光明寂照，無所不遍、無所不通。唐張拙詩云『光明寂照遍河沙，凡聖含靈共我家』云云。又曰『實際理地不受一塵，佛事門中不舍一法』。他個本自説得是，所養者也是，只是差處便在這裏，吾儒所養者是仁、義、禮、智，他所養者只是視、聽、言、動。儒者則全體中自有許多道理，各自有分別、有是非，降衷秉彝，無不各具此理。他則[二五]只見得個渾淪底物事，無分別、無是非，横底也是，竪底也是，直底也是，曲底也是，非理而視也是此性，以理而視也是此性。少間用處都差，所以七顛八倒，無有是處。吾儒則只是一個真實[二六]道理。他也説我這個是真實底道理，如云『惟此一事實，餘二則非真』。只是他説得一邊，只認得那人心，無所謂道心，無所謂仁義禮智、惻隱羞惡、辭遜是非，所事[二七]處只在此。吾儒則自『天命之謂性，率性之謂道』，以至至誠盡人物之性，贊天地之化育，識得這道理無所不周、無所不遍。他也説『我這個無所不周、無所不遍』，然眼前君臣、父子、兄弟、夫婦上便不能周遍了，更説甚周遍！他説『治生産業，皆與實相不相違背』云云，如善財童子五十三參，以至神鬼、神仙、士農、工商、技藝都在他性中。他説得來極闊，只是其實行不得。只是諱其所短，强如此籠罩去。他舊時瞿曇説得本不如此廣闊，後來禪家自覺其陋，又翻轉窠臼，只説『直指人心，見性成佛』。」僩。[二八]

「昨夜説『作用是性』，因思此語亦自好。雖云釋氏之學是如此，他却是真個見得、真個養得。如云説話底是誰？説話底是這性；目視底是誰？視底也是這性；聽底是誰？聽底也是這性。鼻之聞香、口之知味，無非是這個性。他凡一語默、一動息無不見得此性，養得此性。」或問：「他雖見得，如何能養？」曰：「見得後常常得在這裏不走作便是養。今儒者口中雖常説性是理，不止於作用，然却不曾做他樣存得養得。只是説得如此，元不曾用功，心與身元不曾[二九]相管攝，只是心粗。若自早至暮，此心常常照管，甚麽様[三〇]次第！這個道理在在處處發見，無所不有，只是你不曾存得養得。佛氏所以行六七百年，其教愈盛者，只[三一]緣他也依傍這個[三二]道理，所以做得盛。他却常在這身上，他得這些子却來欺負你秀才，是你秀才無一人做得似他。今要做，無他，只就[三三]四端廣充得便是。孟子説『存心養性』，其要只在此。『凡有四端於我者，知皆廣而充之矣，若火之始然、泉之始達』，學者只要守得這個，如惻隱、羞惡、辭遜、是非：若常存得這惻隱之心，便養得這惻隱之性，若合當愛處，自家却不起愛人之心，便傷害了那惻隱之性。如事當羞惡，自家不羞惡，便是傷害了那羞惡之性。辭遜、是非皆然。『人能充無欲害人之心，而仁不可勝用矣；人能充無受爾汝之實，無所往而不爲義也』，只要就這裏存得、養得。所以說『利與善之間』只爭這些子，只是絲髮之間。如人静坐，忽然一念之發，只這個便是道理，便有個是與非、邪與正。其發之正者理也，雜而不正者邪也。在在處處無非發見處，只要常存得當[三四]養得耳。」僩。[三五]

「告子說『生之謂性』，二程都說他說得是，只下面接得不是。若如此說，却如釋氏言『作用處[三六]是性』，乃是說氣質之性，非性善之性。」文蔚問：「『形色天性』如何？」曰：「此主下文『惟聖人可以踐形』而言。」因問：「孔子言『性相近也，習相遠也』，亦是言氣質之性？」王德修曰：「據某所見，此是孔子爲陽貨而說。人讀論語多被『子曰』字隔，上下便不接續。」曰：「若如此說，亦是說氣質之性。」文蔚。

犬牛稟氣不同，其性亦不同。節。

孟子答告子「生之謂性」與孟季子「敬叔父乎，敬弟乎」兩段語，終覺得未盡。却是少些子直指人心，見性成佛底語，空如許撈攘重複，不足以折之也。只有「長者義乎，長之者義乎」此二語折得他親切。僩。

節[三七]問：「犬牛之性與人之性不同，天下如何解有許多性？」答曰：「人則有孝悌忠信，犬牛還能事親孝、事君忠也無？」問：「濂溪作太極圖，自太極以至萬物化生只是一個圖子，何嘗有異？」曰：「人、物不[三八]同，氣禀有異故不同。」問：「『是萬爲一，一實萬分』又將如何説？」曰：「只是一個，只是氣質不同。」問：「中庸説『能盡其性則能盡人之性，能盡人之性則能盡物之性』，何故却將人、物衮作一片説？」曰：「他説『能盡其性則重聲言「則」字。[三九]能盡人之性，能盡人之性則重聲言「則」[四〇]字。能盡物之性』，初未嘗一片説。」節。

食色性也章

衆朋友説「食色性也」。先生問：「告子以知覺處爲性，如何與『彼長而我長之』相干？」皆未及對。先生曰：「告子只知得人心，却不知有道心。他覺那趨利避害、飢寒飽煖等處，而不知辨別那利害等處正是本然之性。所以道『彼長而我長之』，蓋謂我無長彼之心，由彼長故不得不長之，所以指義爲外也。」義剛。

李時可問「仁内義外」。曰：「告子此説固不是。然近年有欲破其説者又更不是。謂義專在内只發於我之先見者便是，如『夏日飲水，冬日飲湯』之類是已。若在外面商量，如此便不是義，乃是『義襲』。其説如此。然不知飲水飲湯固是内也。如先酌鄉人與敬弟之類，若不問人，怎生得知？今固有人素知敬父兄，而不知鄉人之在所當先者；亦有人平日知弟之爲卑，而不知其爲尸之時乃祖宗神靈之所依不可不敬者。若不因講問商量，何緣會自從裏面發出？其説乃與佛氏『不得擬議，不得思量，直下便是』之説相似，此大害理。又説『義襲』二字全不是如此，都把文義説錯了。只細看孟子之説便自可見。」時舉。

問：「告子已不知性，如何知得仁爲内？」曰：「他便以其主於愛者爲仁，故曰内；以其制是非者爲義，故曰外。」又問：「他説義，固不是。説仁，莫亦不是？」曰：「固然。」可學。

「白馬之白也，無以異於白人之白也。」看來孟子此語答之亦未盡。謂白馬、白人不異，亦豈可也！畢竟「彼白而我白之」，我以爲白，則亦出於吾心之分别矣。僩。

性無善無不善章

告子曰：「性無善無不善也。」或曰：「性可以爲善，可以爲不善。」或曰：「有性善，有性不善。」此三者雖同爲説氣質之性，然兩或之説猶知分别善惡，使其知以性而兼言之，則無病矣。惟告子「無善無不善」之説最無狀，他就無善無惡之名，渾然無所分别，雖爲惡爲罪總不妨也。與今世之不擇善惡而顛倒是非稱爲本性者，何以異哉！僩。

告子説「性無善無不善」，非惟無善，並不善亦無之。謂性中無惡則可，謂無善則性是何物？節。

「性無善無不善」，告子意〔四一〕謂這性是不受善、不受惡底物事。〔四二〕他説「食色性也」，便見得他只是道[四三]手能持、足能履、目能視、耳能聽便是性。「在[四四]目曰視，在耳曰聞，在手執捉，在足運奔」，便是他意思。[四五]

「乃若其情則可以爲善矣。」性無定形，不可言。孟子亦説「天下之言性者則故而已矣」。情者，性之所發。節。

問「乃若其情」。曰：「性不可説，情却可説。所以告子問性，孟子却答他情。蓋謂情可爲善，則性無有不善。所謂『四端』者皆情也。仁是性，惻隱是情也。惻隱是仁發出來底端芽，如一個穀種相似，穀之生道[四六]是性，發爲萌芽是情也。所謂性只是那仁義禮知四者而已。四件無不善，發出來則有不善，何故？殘忍便是那惻隱反底，冒昧是那羞惡反底。」植。

德粹問：「『孟子道性善』，又曰『若其情，可以爲善』，是如何？」曰：「且道性、情、才三者是一物，是三物？」德粹云：「性是性善，情是反於性，才是才料。」曰：「情不是反於性，乃性之發處。性如水也，情如水之流也。情既發則有善有不善，在人如何耳。才則可爲善者也，彼其性既善，則其才亦可以爲善。今乃至於爲不善，是非才如此，乃自家使得才如此，故曰『非才之罪』。」某問：「下云惻隱、羞惡、辭遜、是非之心，亦是情否？」曰：「是情。」舜功問：「才是能爲此者，如今人曰才能？」曰：「然。李翺復性則是，云『滅情以復性』則非。情如何可滅！此乃釋氏之説，陷於其中不自知。不知當時曾把與韓退之看否？」可學。

孟子論才亦善者，是說本來善底才。淳。

問：「孟子言情、才皆善，如何？」曰：「情本自善，其發也未有染污，何嘗不善！才只是資質，亦無不善。譬物之白者，未染時只是白也。」德明。

砥[四七]問：「孟子論才專言善，何也？」曰：「才本是善，但爲氣所染，故有善、不善。亦是人不能盡其才。人皆有許多才，聖人却做許多事，我不能做得些子出。故孟子謂：『或相倍蓰而無算者，不能盡其才者也。』」履之。[四八]

問：「能爲善是[四九]才。」曰：「能爲善而本善者是才。若云能爲善便是才，則爲[五〇]惡亦是才也。」人傑。[五一]

或問：「『不能盡其才』之意如何？」曰：「才是能去恁地做底。性本是好，發於情也只是好，到得動用去做也只是好。『不能盡其才』，是發得略好，便自阻隔了，不順他道理做去。若盡其才，如盡惻隱之才則必當至於『博施濟衆』，盡羞惡之才則必當至於『一介不以與人，一介不以取諸人。禄之千乘弗顧，繫馬千駟弗受[五二]』。這是本來自合恁地滔滔做去，止緣人爲私意阻隔，多是略有些發動後便遏折了。天便似天子，命便似將告勑付與自家，性便似自家所受之職事。如縣尉職事便在捕盜，主簿職事便在掌簿書。情便似去親臨這職事。才便似去動作行移，做許多工夫。邵康節擊壤集序云：『性者，道之形體也；心者，性之郛郭也；身者，心之區宇也；物者，身之舟車也。』」賀孫。

孟子言「人之才初無不善」，伊川言「人才所遇之，有善有不善也」。道夫。

士毅問：「孟子言才與程子異，莫是孟子只將元本好處説否？」先生曰：「孟子言才正如言性，不曾説得殺，故引出荀揚來。到程張説出『氣』字，然後説殺了。」士毅。[五三]

先生言：「孟子論才是本然者，不如程子之備。」蜚卿曰：「然則才亦禀於天乎？」曰：「皆天所爲，但與[五四]氣分爲兩路。」又問：「程子謂『才禀於氣』，如何？」曰：「氣亦天也。」道夫曰：「理純而氣則雜。」曰：「然。理精一，故純；氣粗，故雜。」道夫。

問孟、程所論才同異。先生曰：「才只一般能爲之謂才。」問：「先生集解説『才』字云：[五五]『孟子專指其出於性者言之，程子兼指其禀於氣者言之。』又是如何？」曰：「固是。要之，才只是一個才。才之初亦無不善。緣他氣禀有善惡，故其才亦有善惡。孟子自其同者言之，故以爲出於性；程子自其異者言之，故以爲禀於氣。大抵孟子多是專以性言，故以爲性善，才亦無不善。到周子、程子、張子，方始説到氣上。要之，須兼是二者言之方備。只緣孟子不曾説到氣上，覺得此段話無結殺，故有後來荀揚許多議論出。韓文公亦見得有[五六]不同處，然亦不知是氣禀之異不妨有百千般樣不同，故不敢大段説開，只説『性有三品』。不知氣禀不同，豈三品所能盡耶！」廣。

孟子說才，皆是指其資質可以爲善處。伊川所謂「才稟於氣，氣清則才清，氣濁則才濁」，此與孟子說才小異，而語意尤密，不可不考。「乃若其情」，「非才之罪也」，蓋[五七]以「若」訓順者，未是。猶言如論其情，非才之罪也。蓋謂情之發有不中節處，不必以爲才之罪爾。退之論才之品有三，性之品有五，其說勝荀揚諸公多矣。說性之品便以仁、義、禮、智言之，此尤當理。說才之品，若如此推究則有千百種之多，姑言其大概如此，正是氣質之說，但少一個氣字耳。伊川謂「論氣不論性，不明；論性不論氣，不備」，正謂如此。如性習遠近之類不以氣質言之，不可。正是二程先生發出此理，濂溪論太極便有此意。漢魏以來忽生文中子，已不多得。至唐有退之，所至尤高。大抵義理之在天地間，初無泯滅。今世無人曉此道理，他時必有曉得底人。大率如此。[五八]謨。[五九]

凡有一物必有一個則，如「羹之有菜者用梜」。祖道。[六〇]

富歲子弟多賴章

「心之所同然者，謂理也，義也。」孟子此章自「富歲子弟多賴」之下，逐旋譬喻至「理也義也」[六一]，意[六二]謂人性本善，其不善者，陷溺之爾。「同然」之「然」如「然否」之「然」，[六三]蓋自口之同嗜、耳之同聽而言，謂人心豈無同以爲然者乎？人□以爲同然者，[六四]只是理義而已，故

「理義悦心，猶芻豢之悦口」。營。

節[六五]問：「『理義悦我之心』，理義是何物？」答曰：「此説理義之在事者。」節。

黄先之問：「心之所以同然者何也？」謂理也，義也。聖人先得我心之所同然耳。」先生問：「諸公且道是如何？」所應皆不切。先生曰：「若恁地看文字，某決定道都不曾將身去體看。孟子這一段前面説許多，只是引喻理義是人所同有。那許多既都相似，這個如何會不相似？理只是事物當然底道理，義是事之合宜處。程先生曰：『在物爲理，處物爲義。』這心下看甚麽道理都有之。如此做，人人都道是好；纔不恁地做，人人都道不好。如割股以救母固不是王道之中，然人人都道是好，人人皆知愛其親，這豈不是理義之心人皆有之！諸公適來都説不切，當這[六六]都是不曾體之於身，只略説得通便道是了。」賀孫。

器之問：「『理義之悦我心，猶芻豢之悦我口』，顔子『欲罷不能』便是此意否？」曰：「顔子固是如此。然孟子所説甚[六七]是爲衆人説，當就人心同處看，我恁地他人也恁地，只就粗淺處看自分曉，却有受用。若必討個顔子來證如此，只是顔子會恁地，多少年來更無人會恁地，看得細了，却無受用。」寓。

器之問：「義理[六八]人心之同然，以顔子之樂見悦意。」曰：「不要高看，只就眼前看，便都是義理，都是衆人公共物事。且如某歸家來，見説某人做得好便歡喜，某人做得不好便意思不樂；見説人做官做得如何，見説好底自[六九]是快活，見説不好底自是使人意思不好。豈獨自家心下如此，別人都[七〇]如此。這只緣人心都有這個義理，都好善，都惡不善。」賀孫。

牛山之木嘗美矣[七一]章

賀孫[七二]問「牛山之木」一章。曰：「『日夜之所息，平旦之氣。』[七三]『日夜之所息』底[七四]良心，『平旦之氣』自是氣，是兩件物事。夜氣如雨露之潤，良心如萌蘖之生。人之良心雖是有梏亡，而彼未嘗不生。梏如被他禁械在那裏，更不容他轉動；亡如將自家物失去了。」又曰：「『日夜之所息』却是心。夜氣清，不與物接，平旦之時即此良心發處。惟其所發者少，而旦晝之所梏亡者展轉反覆，是以『夜氣不足以存』矣。如睡一覺起來，依前無狀。」又曰：「良心當初本有十分，被他展轉梏亡，則他長一分，自家止有九分；明日他又進一分，自家又退，止有八分。他日會進，自家日會退。此章極精微，非孟子做不得許多文章。別人縱有此意，亦形容不得。老蘇門只就孟子學作文，不理會他道理，然其文亦實是好。」賀孫。

「平旦之氣」，清明之氣也。須從牛山之木看來。泳。[七五]

夜氣存則清過這邊來。閎祖。

吳仁父[七六]問「平旦之氣」。曰：「心之存亡[七七]係乎氣之清不清。氣清則良心方存立得，良心既存立得，則事物之來方不惑，如『先立乎其大者，則小者弗能奪也』。」又曰：「大者既立則外物不能奪。」又問：「『平旦之氣』何故如此？」曰：「歇得這些時後氣便清，良心便長。及旦晝則氣便濁，良心便著不得。如日月何嘗不在天上？却被些雲遮了，便不明。」吴知先問：「夜氣如何存？」曰：「孟子不曾教人存夜氣，只是説歇得些時氣便清。」又曰：「他前面説許多，這裏只是教人操存其心。」又曰：「若存得此心則氣常時清，不特平旦時清；若不存得此心，雖歇得些時，氣亦不清，良心亦不長。」又曰：「睡夢裏亦七撈八攘。如井水，不打他便清，只管去打便濁了。」節。

問：「『夜氣』一章又説心，又説氣，是如何？」曰：「本是多説心。若氣清則心得所養，自然存得清氣；濁則心失所養，便自濁了。」賀孫。

敬子問：「旦晝不梏亡，則是[七八]養得這夜氣清明？」曰：「不是靠氣爲主，蓋[七九]要此氣去養那仁義之心。如水之養魚，水多則魚鮮，水涸則魚病。養得這氣則仁義之心亦好，氣少則仁義之心亦微矣。」僩。

問「夜氣」一節。曰：「今人只説夜氣，不知道這却[八〇]是因説良心未[八一]得這夜氣來涵養，自因説心[八二]又便被他旦晝所爲梏亡之。旦晝所爲，交衮得没理會。到那夜氣涵養得[八三]時，清明如一個寶珠相似，在清水裏轉明徹，頓[八四]在濁水中尋不見了。」又曰：「旦晝所爲，壞了清明之氣。夜氣微了，旦晝之氣越盛。一[八五]個會微。消磨得盡了，便與禽獸不遠。」植。

「夜氣所存如何？」[八六]答云：「孟子此段首尾止爲良心設爾。人多將夜氣便做良心説了，非也。孟子曰[八七]『夜氣不足以存』，蓋言夜氣至清，足以存得此良心爾。平旦之氣亦清，亦足以存吾良心，故其好惡之公猶與人相近，但此心存得不多時也，至『旦暮[八八]之所爲則梏亡之矣』。所謂梏者，人多謂梏亡其夜氣，亦非也。謂旦晝之爲，能梏亡其良心也。」謨。

問「夜氣」一段。[八九]先生曰：「夜氣是母，所息者是子。蓋所息者本自微了，旦晝只管梏亡。今日梏一分，明日梏一分，所謂『梏之反覆』，而所息者泯。夜氣亦不足以存，若能存，便是息得仁義之良心。」又曰：「夜氣只是不與物接時。」植。

器之問：「孟子『平旦之氣』甚微小，如何涵[九〇]養得完全？」曰：「不能存得夜氣，皆是旦晝所爲壞了。所謂『好惡與人相近者幾希』，今只要得去這好惡上理會。日用間於這上見得分曉，有得力處，方[九一]與你存。夜氣上却未有工夫，只是去『旦』、『晝』理會，這兩字是個大關鍵，這裏有工夫。日間進得一分道理，夜氣便添得一分。到第二日更進得一分道理，夜氣便添得二分。第三日更進得一分道理，夜氣便添得三分。日間只管進，夜間只管添，添來添去，這氣便盛。恰似使錢相似，日間使百錢，使去九十錢，留得這十錢這裏。第二日百錢中使去九十錢，又積得二十錢。第三日如此，又積得三十錢。積來積去，被自家積得多了，人家便從容。日間悠悠地過，無工夫，不長進，夜間便減了一分氣。第二日無工夫，夜間又減了二分氣。第三日如此，又減了三分氣。如此梏亡轉深，夜氣轉虧損了。夜氣既虧，愈無根脚，日間愈見作壞。這處便是『梏之反覆，其爲[九二]禽獸不遠矣』。亦似使錢，一日使一百，却侵了一百十錢，所有底便自減了，只有九十。第二日侵了百二十，所留底又減了，只有八十。使來使去轉多，這裏底日日都消磨盡了。」因舉老子言：「『治人事天莫若嗇。夫惟嗇是謂早復，早復謂之重積德，重積德則無不克。』大意也與孟子意相似。但他是就養精神處説，其意自别。平旦之氣便是旦晝做工夫底樣子，日用間只要此心在這裏。」寓。

再三説孟子[九三]「夜氣」一章，曰：「氣清則心清。『其日夜之所息，平旦之氣』，蓋是靜時有這好處發見。緣人有不好處多，所以纔有好處便被那不好處勝了，不容他好處滋長。然孟子此説只爲常人言之，其實此理日間亦有發見時，不止夜與平旦。所以孟子收拾在『操則存，舍則亡』上，蓋與[九四]此心操之則存也。」人傑。

問孟子[九五]「夜氣」一章。曰：「氣只是這個氣，日裏也生，夜間也生。只是日間生底爲物欲梏之，隨手又耗散了。夜間生底則聚得在那裏，不曾耗散，所以養得那良心。且如日間目視耳聽，口裏説話，手足運動，若不曾操存得，無非是耗散底時節。夜間則停留得在那裏。如水之流，夜間則閘得許多水住在這裏，這一池水便滿。次日又放乾了，到夜裏又聚得些小。若從平旦起時便接續操存而不放，則此氣常生而不已。若日間不存得此心，夜間雖聚得些小，又不足以勝其旦晝之梏亡，少間這氣都乾耗了，便不足以存其仁義之心。如個船閣在乾燥處，轉動不得了。心如個寶珠，氣如水。若水清則寶珠在那裏也瑩徹光明，若水濁則和那寶珠也昏濁了。」又曰：「『夜氣不足以存』，非如公説心不存與氣不存，是此氣不足以存其仁義之心。伊川云『夜氣所存，良知良能也』，這『存』字是個保養護衛底意。」又曰：「此段專是主仁義之心説，所以如[九六]『此豈山之性也哉』下，便接云『雖存乎人者，豈無仁義之心哉』。」又曰：「此章不消論其他，緊要處只在『操則存』上。」僩。

問：「兩日作工夫如何？」某答略如舊所對。先生[九七]曰：「『夜氣』章如何？」答以：「萌蘖生上便見得無止息本初之理。若完全底人，此氣無時不清明。却有一等日間營營梏亡了，至夜中靜時猶可收拾。若於此更不清明，則是真禽獸也。」先生曰：「今用何時氣？」答云：「總是一氣。若就孟子所説，用平旦氣。」先生曰：「『夜氣不足以存』，先儒解多未是。『不足以存』，不足以存此心耳，非謂存夜氣也。此心虛明廣大，却被他梏亡。日間梏亡既甚，則夜一霎時靜亦不存，可見其都壞了。」可學。

吳孟仁父[九八]問「平旦之氣」。先生曰：「氣清則能存固有之良心。如旦晝之所爲，有以汩亂其氣，則良心爲之不存矣。然暮夜止息，稍不紛擾，則良心又復生長。譬如一井水，終日攪擾[九九]動便渾了那水，至夜稍歇則便有清水出矣。所謂『夜氣不足以存』者，便是攪動得太甚，則雖有止息時，此水亦不能清矣。」銖。[一〇〇]

「平旦之氣。」只是夜間息得許多時節，不與事物接，纔惺來便有得這些自然清明之氣，此心自恁地虛静。少間纔與物接，依舊又汩没了。只管汩没多，雖夜間休息，是氣亦不復存。所以有終身昏沉，展轉流蕩，危而不復者。賀孫。

「人心於應事時，只如那無事時方好。」又舉孟子「夜氣」一章云：「『氣清則心清。『其日夜之所息』是指善心滋長處言之。人之善心雖已放失，然其日夜之間亦必有所滋長，又得夜氣澄静以存養之，故平旦氣清時，其好惡亦得其同然之理。則其[一〇一]『旦晝之所爲，有梏亡之矣』，此言人纔有此義[一〇二]心便有不善底心來勝了，不容他那善底滋長耳。」又曰：「今且看那平旦之氣，自别。」廣云：「如童蒙誦書，到氣昏時，雖讀數百遍，愈更[一〇三]念不得。及到明早，又却自念得。此亦可見平旦之氣之清也。」曰：「此亦只就氣上説，故孟子末後收歸心上去。」曰：「『操則存，舍則亡。』蓋人心能操則常存，豈特夜半、平旦？」又云：「惻隱、羞惡是已發處，人須是於未發時有工夫始得。」廣。

因論夜氣存養之説，曰：「某嘗見一種人汲汲營利求官職，不知是勾當甚事。後來思量孟子説：『所欲有甚於生者，所惡有甚於死者，非獨賢者有是心也，人皆有之，賢者能勿喪耳。』他元來亦有此心，只是他自失了，今却别是一種心，所以不見義理。」文蔚云：「他雖是如此，想羞惡之心亦須萌動，亦自見得不是，但不能勝利欲之心耳。」曰：「只是如此濟甚事？今夜愧耻，明日便不做方是。若愧耻後又却依舊自做，何濟於事！」文蔚。

「『牛山之木』，譬人之良心，句句相對，極分明。天地生生之理本自不息，惟旦晝之所爲有所梏亡。然雖有所梏亡，而夜氣之所息，平旦之氣息然[一〇四]有所生長，自此漸能存養則良心漸復。惟其於梏亡之餘，雖略略生長得些了[一〇五]，至日用間依舊汨於物欲，又依然壞了，則是『梏之反覆』。雖夜間休息，其氣只恁地昏，亦不足以存此良心。故下面又説：『苟得其養，無物不長；苟失其養，無物不消。』見得雖梏亡之餘，有以養之則仁義之心即存。緣是此心本不是外面取來，乃是與生俱生。下又説存養之要，舉孔子之言『操則存，舍則亡』，見此良心，其存亡只在眇忽之間，纔操便在這裏，纔舍便失去。若能知得常操之而勿放，則良心常存，夜之所息益有所養；夜之所養愈深，則旦晝之所爲無非良心之發見矣。」又云：「氣與理本相依。旦晝之所爲不害其理，則夜氣之所養益厚；夜之所息既有助於理，則旦晝之所爲益無不常[一〇六]矣。日間梏亡者寡，則夜氣自然清明虚静，至平旦亦然，至旦晝應事接物時亦莫不然。」賀孫。

劉用之問「夜氣」之説。曰：「他大意只在『操則存，舍則亡』兩句上。心一放時便是斧斤之戕、牛羊之牧，一收斂在此，便是日夜之息、雨露之潤。他要人於旦晝時不爲事物所汨。」文蔚。

器之問：「『平旦之氣』，其初生甚微，如何道理能養得長？」曰：「亦只逐日漸漸積累，工夫都在『旦晝之所爲』。今日長得一分，夜氣便養得一分。明日又長得一分，明夜又養得兩分，便是兩日事。日日積累，歲月既久，自是不可禦。今若壞了一分，夜氣漸薄，明日又壞，便壞成兩分，漸漸消，只管無。故曰：『旦晝之所爲，有梏亡之矣。梏之反覆，夜氣不足以存。』到消得多，夜氣益薄，雖息一夜，也存不得。又以愛惜錢物爲喻，逐日省節，積累自多。」賀孫。[一〇七]

器遠問：「『平旦之氣』，緣氣弱，易爲事物所勝，如何？」曰：「這也別無道理，只是漸漸生崖[一〇八]將去，自有力。這處只是志不果。」復說：「第一義方如違個，只有個進步崖將去底道理，[一〇九]這只是有這義[一一〇]。若於此不見得義[一一一]，便說今日做不得[一一二]且待來日，這事做不得且備員做些子，這都是[一一三]第二、第三義。」賀孫。

問：「『平旦之氣』少頃便爲事物所奪，氣稟之弱如何以[一一四]得存？」先生云：「這個不容說，只是自去照顧，久後自慣，便自然別。」卓。

問「夜氣」。答曰：「夜氣靜。人心每日梏於事物，斲喪戕賊，所餘無幾，唯夜氣靜，庶可以少存耳。至夜氣之靜而猶不足以存，則去禽獸不遠，言人理都喪也。前輩皆無明說。某因將孟子反覆熟讀，每一段三五十過，至此方看得出。後看程子却說：『夜氣之所存者，良知良能也。』與臆見合。以此知觀書不可苟，須熟讀深思，道理自見。」大雅。

景紹問「夜氣」、「平旦之氣」。曰：「這一段，其所主却在心。某嘗謂只有伊川説『夜氣之所存者，良知也，良能也』，諸家解注惟此説爲當。仁義之心，人所固有，但放而不知求，則天之所以與我者始有所汩没矣。是雖如此，然其日夜之所休息，於〔一一五〕平旦其氣清明，不爲利欲所昏，則本心好惡猶有與人相近處。至『其旦晝之所爲，又有以梏亡之。梏之反覆』，則雖有這些夜氣，亦不足以存養其良心。反覆只是循環。『夜氣不足以存』，則雖有人之形，其實與禽獸不遠。故下文復云『苟得其養，無物不養〔一一六〕；苟失其養，無物不消』，良心之消長只在得其養與失其養爾。『牛山之木嘗美矣』，是喻人仁義之心。『郊於大國，斧斤伐之』，猶人之放其良心。『日夜之所息，雨露之所潤，非無萌蘖之生』，便是『平旦之氣，其好惡與人相近』處。旦晝之梏亡，則又所謂『牛羊又從而牧之』，雖芽蘖之萌，亦是戕賊無餘矣。」道夫問：「此莫是心爲氣所動否？」曰：「然。」〔一一七〕

暢録夜氣一章好。可學。〔一一八〕

問：「『操則存』章，〔一一九〕其〔一二〇〕注云『出〔一二一〕無定時，亦無定處』。既云操則常存，則疑若有一定之所矣。」曰：「無定所。〔一二二〕此四句但言本心神明不測，不存即亡，不出即入，本無定所。如今處處常要操存，安得有定所！某常説『操則存』、『克己復禮』、『敬以直内』等語，不須講量，不須論辨，只去操存、克復便了。只今眼下便是用功處，何待擬議思量！與辨論是非、講究道理不同，若此等處只下着頭做便是，不待問人。」僩。

「操則存，舍則亡」，只是人能持此心則心在，若舍之便如去失了。求放心不是別有一物在外，旋去收拾回來。只是此心頻要省察，纔覺不在便收之爾。〔一二三〕如復卦所謂「出入無疾」，出只是指外而言，入只是指內而言，皆不出乎一卦。孟子謂「出入無時」，心豈有出入？只要人操而存之耳。明道云「聖賢千言萬語，只要人收已放之心」，釋氏謂「一大藏教只是一個注腳」。所謂「聖賢千言萬語」，亦只是一個注腳而已。謨。

砥〔一二四〕問「操則存」。曰：「心不是死物，須把做活〔一二五〕看。不爾則〔一二六〕釋氏入定、坐禪。操存者，只是於應事接物之時，事事中理便是存。若處事不是當，便〔一二七〕心不在。若只管兀然守在這裏，驀忽有事至于吾前，操底便散了，却是『舍則亡』也。」仲思問：「於未應接之時如何？」曰：「未應接之時只是戒謹恐懼而已。」又問：「若戒謹恐懼，便是把持。」曰：「也是〔一二八〕持。不但是破捉在這裏，〔一二九〕只要提教他醒便是操，不是塊然自守。」履之。

「操存舍亡只在瞬息之間，不可不常常着精采也。」又曰：「孟子『求放心』語已是寬，若『居處恭，執事敬』二語，更無餘欠。」賀孫。

求放、操存皆兼動靜而言，非塊然默守之謂。道夫。

「操則存」須於難易間驗之。若見易爲力則真能操也；難則是別以〔一三〇〕一物，操之未真也。伯羽。

「操則存，舍則亡，出入無時，莫知其鄉，惟心之謂與」，「爲仁由己，而由人乎哉」，這個只在我，非他人所能與也。非禮勿視聽言動，勿與不勿在我而已。今一個無狀底人忽然有覺，曰：「我做得無狀了！」便是此心存處。孟子言「求其放心」，亦説得慢了。賀孫。〔一三一〕

「操則存，舍則亡，出入無時，莫知其鄉。」更不知去操舍上做工夫，只在出入上做工夫。湯泳。〔一三二〕

孟子言操舍存亡，都不言所以操存求放之法，只操之、求之便是。知言問「以放心求心如何」，問得來好，他答不得，只舉齊王見牛事。殊不知只覺這〔一三三〕我這心放了底便是心，何待見牛時方求得！伯羽。彪居正問：「五峰胡仁仲曰『人之所以不仁者，以放其良心也』。以放心求心可乎？」答曰：「齊王見牛而不忍殺，此良心之苗裔，因利欲之間而見者也。一有見焉，操而存之，存而養之，養而充之，以至于大，大而不已，與天同矣。此心在人，其發見之端不同，要在識之而已。」〔一三四〕

「入」不是已放之心入來。升卿。

因操舍而有存亡出入。僩。

道夫言：「往嘗與子昂論心無出入，只〔一三五〕謂心大無外、固無出入。道夫因思心之所以存亡者，以放下與操之之故，非真有出入也。」曰：「言有出入也是一個意思，言無出入也是一個意思。但今以夫子之言求之，他分明道『出入無時』。且看自家今汩汩没没在這裏，非出入而何？惟其神明不測所以有出入，惟其能出入所以神明不測。」道夫。

或問：「『出入無時』非真有出入，只是以操舍言。」曰：「出入便是存亡。操便存，舍便亡。」又曰：「有人言有[一三六]出入，説得是好。某看來亦[一三七]只是他偶然天資粹美，不曾大段流動走作，所以自不見得無[一三八]出入。要之，心是有出入。此亦只是[一三九]可以施之[一四〇]於他一身，不可爲衆人言。衆人是有出入，聖賢立教通爲衆言，不爲一人言。」賀孫。

「『操則存，舍則亡。』程子以爲操之之道惟在『敬以直内』而已，如今做工夫却只是這一事最緊要。這『主一無適』底道理却是一個大底，其他道理總包在裏面，其他道理已具。所謂窮理亦止是自此推之，不是從外面去尋討。一似有個大底物事，包得百來個小底物事，既存得這大底，其他小底只是逐一爲他點過，看他如何模樣、如何安頓。如今做工夫只是這個最緊要。若是閑時不能操而存之，這個道理自是間斷，及臨事方要窮理，從那裏捉起！惟是平時常操得存，自然熟了，將這個去窮理，自是分明。事已，此心依前自在。」又云：「雖是識得個大底都包得，然中間小底又須着逐一點掇過。」賀孫。[一四一]

問：「范淳夫女讀孟子，據伊川所説孟子，却是轉語。」曰：「是此女自見得如此。」可學。[一四二]

伯豐問范淳夫之女説心。先生云：「此是此女資質美，心定後見得他心無出入，故如此説。孟子却説得大，爲常人言之。」人傑。〔一四三〕

伯豐問：「淳夫女子『雖不識孟子，却識心』，如何？」曰：「試且看程子當初如何説？」及再問，方曰：「人心自是有出入，然亦有資禀好底，自然純粹。想此女子自覺得他個心常湛然無出入，故如此説。只是他一個如此。然孟子之説却大，乃是爲天下人説。蓋心是個走作底物。伊川之意只謂女子識心，却不是孟子所用〔一四四〕夫子之言耳。」㽦。

范淳夫之女讀孟子，〔一四五〕謂：「心豈有出入？」伊川聞之，〔一四六〕曰：「此女雖不識孟子，却能識心。」此一段説正要人看。孟子舉孔子之言曰「出入無時，莫知其鄉」，此别有説。伊川言純夫〔一四七〕女「却能識心」，心却易識，只是不識孟子之意。謨。去僞同。〔一四八〕

生我所欲章〔一四九〕

問「舍生取義」。曰：「此不論物之輕重，只論義之所安耳。」時舉。

上蔡謂：「義重於生則舍生取義，生重於義則舍義取生。」此説不然。義無可舍之理，當死而死，義在於死；不當死而死，義在於不死，無往而非義也。閎祖。

「義在於生則舍死而取生，義在於死則舍生而死。上蔡謂：『義重於生則舍生而取義，生重於義則當舍義而取生。』既曰『義在於生』，又豈可言『舍義取生』乎？」蜚卿問：「生，人心；義，道心乎？」曰：「欲生惡死，人心也；惟義所在，道心也。權輕重却又是義。明道云『義無對』，或曰『義與利對』。」道夫問：「若曰『義者利之和』，則義依舊無對。」曰：「正是恁地。」道夫。

仁人心也章

問：「『仁，人心也；義，人路也』，路是設譬喻，仁却是直指人心否？」曰：「『路』字非譬喻。恐人難曉，故謂此爲人之路，在所必行爾。」謨。

或問「仁，人心也；義，人路也」。答曰：「此猶人之行路爾。心即人之有知識者，路即賢愚之所共由者。孟子恐人不識仁義，故以此喻之。然極論要歸只是心爾。若於此心常得其正則仁在其中，故自『舍正路而不由，放其心而不知求』以下一句[一五〇]說從心上去。」大雅。

余景思問仁之與心。曰：「『仁』字是虛，『心』字是實。如水之必有冷，『冷』字是虛，『水』字是實。心之於仁亦猶水之冷、火之熱。學者須當於此心未發時加涵養之功，則所謂惻隱、羞惡、辭遜、是非發而必中。方其未發之時[一五一]，此心之體寂然不動，無可分別，且只恁混沌養將去。若必察其所謂四者之端，則既思便是已發。」道夫。[一五二]

致之[一五三]問「仁，人心也」。答[一五四]曰：「仁是無形迹底物事，孟子恐人理會不得，便說道只人心便是。知[一五五]不是把仁來形容人心，乃是把人心來指示仁也。所謂『放其心而不知求』，蓋存得此心便是仁，若此心放了，又更理會甚仁！今人之心靜時昏、動時擾亂，便皆是放了。」[一五六]

「飛卿聞[一五七]孟子說『求放心』從『仁，人心也』說將來。莫是收此心便是仁，存得此心可以存仁[一五八]否？」曰：「也只是存得此心可以存此仁。若只收此心，更無動用生意，又濟得甚麼！所以明道又云『自能尋向上去』。這是已得此心方可做去，不是道只塊然守得這心便了。」問：「放心還當將放了心這重新收來[一五九]，還只存此心便是不放？」曰：「不[一六〇]是將已縱出了底依舊收將轉來。如『七日來復』，終不是已往之陽重新將來復生。舊底已自過去了，這裏自然生出來。這一章意思最好，須將來日用之間常常體認看。這個初無形影，忽然而存，忽然而亡。『誠無爲，幾善惡』，通書說此一段尤好。『誠無爲』只是常存得這個實理在這裏，惟是當[一六一]存得實理在這裏，方始見得，或[一六二]方始識得善惡。若此心放而不存，一向反覆顛錯了，如何別認得善惡？以此知這道理雖然說得有許多頭項，看得熟了都自相貫通。聖賢當初也不是有意說許多頭項，只因事而言。」賀孫。

「放心」，不獨是走作喚做放，纔昏睡去也則是放。恪。[一六三]

觸物而放去是出。在此安坐，不知不覺被他放去，也是出。故學先求放心。升卿。

收放心只是收物欲之心。如理義之心即良心，切不須收。須就這上看教熟，見得天理人欲分明。從周。

「學問之道無他，求其放心而已。」不是學問之道只有求放心一事，乃是學問之道皆所以求放心。如聖賢一言一語都是道理。賀孫。

「文字極難理會。孟子要略內說放心處又未是。前夜方思量得出，學問之道皆所以求放心，不是學問只有求放心一事。程先生說得如此，自家自看不出。」問賀孫：「曉得否？」答云：「如程先生[一六四]說『吾作字甚敬，只此便是學』，這也可以收放心，非是要字好也。」曰：「然。如洒掃應對，博學、審問、慎思、明辨，皆所以求放心。」賀孫。

問：「程子說聖人千言萬語云云，此下學上達工夫也。某[一六五]切謂心若已放了恐未易收拾，不審其義如何？」曰：「孟子謂『出入無時，莫知其鄉』，心豈有出入！出只指外而言，入只指內而言，只是要人操而存之耳，非是如物之散失而後收之也。」晦夫。

「求放心」，[一六六]明道曰：「聖賢千言萬語，只是教人將已放底心反復入身來。」[一六七]伊川曰：「心本善，流入於不善。」須是[一六八]理會伊川此語。若不知心本善，只管去把定這個心教在裏，只可静坐，或如釋氏有體無用，應事接物不得。流入不善[一六九]是失其本心，如「向謂[一七〇]

身死而不受，今爲妻妾之奉爲之」，若此類是失其本心。又如心有忿懥、恐懼、好樂、憂患，則不得其正。〔一七二〕賀孫。按，他本「須是」以下四十六字作「乃放也。四端備於吾心，心有然後能廣而充之，心放則顛冥莫覺」。又「不得其正」下有「心不在焉亦是放，二説未常相礙」幾字。〔一七二〕

明道先生説「聖賢千言萬語」〔一七三〕，只是大概説如此。若「已放之心」，這個心已放去了，如何會收得轉來！只是莫令此心逐物去，則此心便在這裏。不是如一件物事放去了又收回來。且如渾水自流過去了，如何會收得轉！後來自是新底水。周先生曰「誠心，復其不善之動而已」，只是不善之動消於外，則善便實於内。「操則存，舍則亡」，只是操則此心便存。孟子曰「人有雞犬放則知求之，有放心而不知求」，可謂善喻。然雞犬猶有放失求而不得者，若心則求着便在這裏。只是知求則心便在此，未有求而不可得者。〔一七四〕賀孫。

明道云：「聖賢千言萬語，只是教人〔一七五〕收已放底〔一七六〕心反復入身來，自能尋向上去，下學而上達也。」伊川云：「人心本善，流而爲惡，乃放也。」初看亦自疑此兩處。諸公道如何？須看得此兩處自不相礙乃可。二先生之言本不相礙，只是一時語，體用未甚完備。大意以爲此心無不善，止緣放了，苟纔自知其已放則放底便斷，心便在此。心之善如惻隱、羞惡、恭敬、是非之端，自然全得也。伊川所謂「人心本善」，便正與明道相合。惟明道語未明白，故或者錯看，謂是收拾放心，遂如釋氏守個空寂。不知其意謂收放心則〔一七七〕存得善端，漸能廣而充之〔一七八〕，非如釋氏徒守空寂，有體無用。且如一向縱他去與事物相靡相刃，則所謂惻隱、羞惡、恭敬、是非之善端，何緣存得？賀孫。

上有「學問」二字在，不只是「求放心」便休。節。

節[一七九]問：「孟子只説學問之道在求放心而已，不曾欲他爲。」曰：「上面煞有事在，注下説得分明，公但去看。」又曰：「説得太緊切則便有病。孟子此説太緊切，便有病。」節。

孟子言「求放心」。你今只理會這物事常常在時，私欲自無着處。且須持敬。祖道。

黎季成[一八〇]問「放心」。曰：「如『求其放心』、『主一之謂敬』之類，不待商量便合做起，若放遲霎時則失之。如辨明是非、經書有疑之類，則當商量。」蓋卿。

因説：[一八一]「『學問之道無他，求其放心而已。』舊看此只云但求其放心，心正則自定，近看儘有道理。須是看此心果如何，須是心中明盡萬理方可，不然，只欲空守此心，如何用得！如平常一件事合放重，今乃放輕，此心不樂，放重則心樂。此可見此處乃與大學致知、格物、正心、誠意相表裏。」某[一八二]謂：「若不於窮理上作工夫，遽謂心正，乃是告子不動心，如何守得？」曰：「然。」又問：「舊看『放心』一段，第一次看只是[一八三]謂不過求放心而已。第二次看，切[一八四]謂放心既求，儘當窮理。今聞此説，乃知前日第二説已是隔作兩段。須是窮理而後得[一八五]放心，不是求放心而後窮理。」曰：「然。」可學。

雞犬有時爲人所殺，難尋。心纔求便得，較易。節。〔一八六〕

放心只是知得便不放。如雞犬之放，或有隔一宿求不得底，或有被人殺終身求不得底。如心，則纔知是放，則此心便在這裏。五峰有一段說得甚長，然說得不是。他說齊王見牛爲求放心。如終身不見此牛，不成此心便常不見？只消說知其爲放，而求之則不放矣。「而求之」三字亦剩了。從周。公晦同。〔一八七〕

「求放心」，只覺道：「我這心如何放了！」只此念纔起，此言未出口時便在這裏。不用擬議別去求之，但常省之而勿失耳。伯羽。

問：〔一八八〕「人心纔覺時便住〔一八九〕？」「孟子說『求放心』，『求』字已是透了〔一九〇〕。」元秉。〔一九一〕

又曰：〔一九二〕「知得心放，此心便在這裏，更何用求？適見道人題壁云『苦海無邊，回頭是岸』，說得極好。」〔一九三〕

「求放心」非以一心求一心，只求底便是已收之心。「操則存」非以一心操一心，只操底便是已存之心。心雖放千百里之遠，只一收便在此，他本無去來也。伯羽。

孟子言〔一九四〕「人有雞犬放則知求之，至於心放而不求〔一九五〕」。某以爲，雞犬放則有未必可求者，惟是心纔求則便在，未有求而不可得者。道夫。

或問：「求放心，愈求則愈昏亂，如何？」曰：「即求者便是賢心也，知求則心在矣。今以已在之心復求心，即是有兩心矣。雖曰譬之雞犬，雞犬却須尋求乃得。此心不待宛轉尋求，即覺其失，覺處即心，何更求爲？自此更求，自然愈失。此用力甚不多，但只要常知提惺爾。惺則自然光明，不假把捉。今言『操之則存』，又豈在用把捉！他〔一九六〕亦只是〔一九七〕欲常常惺覺，莫令放失便是。此事用力極不多，只是些子力爾。然功成後却應事接物，觀書察理，事事賴他。如推車子，初推却用些力，車既行後，自家却賴他以行。」大雅。

學須先以求放心爲本。致知是他去致，格物是他去格；正心是他去正，無忿懥等事；誠意是他自省悟，勿夾帶虛僞；修身是他爲之主，不使好惡有偏。伯羽。

大概人只要求個放心，日夕常照管令在。力量既〔一九八〕充，自然應接從容。敬仲。〔一九九〕

「學問之道無他，求其放心而已。」諸公爲學且須於此着切用工夫。且學問固亦多端矣，而孟子直以爲無他。蓋身如一屋子，心如一家主。有此家主然後能洒掃門户，整頓事務。若是無主，則此屋不過一荒屋爾，實何用焉？且如中庸言學、問、思、辨四者甚切，然而放心不收則以何者而學、問、思、辨哉！此事甚要。諸公每日若有文字思量未透，即可存着此事。若無文字思量，即收斂此心，不容一物，乃是用功也。處謙。

「福州陳烈，少年讀書不上，因見孟子『求放心』一段，遂閉門默坐半月，出來遂無書不讀。

亦是有力量人，但失之怪耳。」因曰：「令[二〇〇]人有養生之具，一失之便知求之。心却是與我同生者，因甚失而不求？」或云：「不知其失耳。」曰：「今聖賢分明説向你，教你求又不求，何也？孟子於此段再三提起説，其諄諄之意豈爲[二〇一]苟然哉？今初求須猛勇作力，如煎藥，初用猛火，既沸之後，方用慢火養之，久之須自熟也。」大雅。

孟子曰「求其放心而已矣」。當於未放之前看如何，已放之後看如何，復得了又看是如何。作二[二〇二]節看後自然習熟，此心不至於放。季札。賜同。[二〇三]

「求放心」，初用求，後來不用[二〇四]。所以病翁説「既復其初，無復之者」。文蔚。

孟子説「放心」自是一段，連帶正説「舍生取義」，故結云「是之謂失其本心」。可學。[二〇五]

人之於身也兼所愛[二〇六]章

「孟子文義自分曉，只是熟讀，教他道理常在目前胸中流轉始得。」又云：「『飲食之人，無有失也，則口腹豈適爲尺寸之膚哉！』此數句被恁地説得倒了，倒音「到」。[二〇七]，也自難曉。意謂使飲食之人真個無所失，則口腹之養本無害。然人屑屑理會口腹，則必有所失無疑。是以當知養其大體，而口腹底他自會去討喫，不到得餓了也。」賀孫。

鈞[二〇八]是人也章

從其大體。「耳目之官不思則蔽於物，心之官則思」，所以從其大體。泳。[二〇九]

問「物交物」。曰：「上個『物』字主外物言，下個『物』字主耳目言。孟子説得此一段好，要子細看。耳目謂之物者，以其不能思。心能思，所以謂之大體。」問：「『官』字如何？」曰：「官是主。心主思，故曰『先立乎其大者』。昔汪尚書見焦先生，問爲學如何，焦先生只説一句『先立乎其大者』。」祖道。

問：「『耳目之官[二一〇]不思而蔽於物』，蔽是遮蔽否？」曰：「然。」又問：「如目之視色，從他去時便是爲他所蔽。若能思，則視其所當視，不視其所不當視，則不爲他所蔽矣。」曰：「然。若不思，則耳目亦只是一物，故曰『物交物，則引之而已矣』。」廣。

耳目之官不能思，故蔽於物。耳目，一物也；外物，一物也。以外物而交乎耳目之物，自然[二一一]是被他引去也。唯「心之官則思」，故「思則得之，不思則不得」，惟在人思不思之間耳。然此物乃天之與我者，所謂大者也。君子當於思處用工，能不妄思，是能「先立其大者」也，「立」字下得有力。夫然後耳目之官小者弗能奪也，是安得不爲大人哉！大雅。

且[二一二]耳目亦物也，不能思而交於外物，只管引將去。心之官固是主於思，然須是思方得。若不思，却倒把不是做是，是底却做不是。心雖主於思，又須着思方得其所思。若不思，則邪思雜慮便順他做去，却害事。賀孫。

「心之官則思」，固是元有此思。只恃其有此恁地[二一三]，如何却不得，須是去思方得之，不思則不得也。此最要緊。下云「先立乎其大者」，即此思也。心元有思，須是人自主張起來。賀孫。

「此天之所以與我者」，古本「此」皆作「比」，趙岐注亦作「比方」。天之與我者則心爲大，耳目爲小，其義則一般。但孟子文恐不如此。「比」字不似「此」字較好。廣。

「孟子説『先立乎其大者，則其小者弗能奪也』，此語最有力，且看他下一個『立』字。昔汪尚書問焦先生爲學之道，焦只説一句曰『先立乎其大者』。以此觀之，他之學亦自有要。卓然竪起自心[二一四]便是立，所謂『敬以直内』也。故孟子又説：『學問之道無他，求其放心而已矣。』求放心，非是心放出去又討一個心去求他。如人睡着覺來，睡是他自睡，覺是他自覺，只是要常惺惺。」趙昌父云：「學者只緣斷續處多。」曰：「只要學一個不斷續。」文蔚。

「先立乎大者，則小者不能奪。」今忘前失後，心不主宰，被物引將去，致得膠擾，所以窮他理不得。德明。

問：「孟子解[二一五]所載范浚心銘，不知范曾從誰學？」曰：「不曾從人，但他自見得到，説得此件物事如此好。向見吕伯恭甚忽之，問：『須得[二一六]取他銘則甚？』某[二一七]曰：『但見他說得好，故取之。』曰：『似恁說話，人也多說得到。』某[二一八]曰：『正爲少見有人能說得如此者，此意蓋有在也。』」廣。

有天爵者章

問「修其天爵而人爵從之」。曰：「『從』不必作『聽從』之『從』，只修天爵，人爵自從後面來，如『祿在其中矣』之意。修其天爵自有個得爵[二一九]底道理，與邀[二二〇]求者氣象大故相遠。」去僞。

黃先之問盡心。曰：「盡心是竭盡此心，今人做事那曾做得盡？只盡得四五分心便道了。若是盡心，只是一心爲之，更無偏旁奇底心。如惡惡臭，如好好色，必定是如此。如云『盡心力爲之』。」又問修天爵從之章。[二二一]曰：「那般處也自分曉，但要自家[二二二]去自體認那個是內、那個是外，自家是向那邊去，那邊是是、那邊是不是。須要實見得如此。」賀孫問：「古人尚修天爵以要人爵，今人皆廢天爵以要人爵。」曰：「便是如此。」賀孫。

仁之勝不仁也章

「仁之勝不仁也，猶水勝火。」以理言之，則正之勝邪、天理之勝人欲甚易，而邪之勝正、人欲之勝天理若甚難。以事言之，則正之勝邪、天理之勝人欲甚難，而邪之勝正、人欲之勝天理而〔二二三〕甚易。蓋纔是蹉失一兩件事，便被邪來勝將去。若以正勝邪，則須是做得十分工夫方勝得他，然猶自恐相〔二二四〕勝他未盡在。止〔二二五〕如人身正氣稍不足，邪便得以干之矣。僩。

五穀者〔二二六〕種之美者章

夫仁，亦在乎熟之而已矣。文蔚。〔二二七〕

「苟爲不熟，不如稊稗」，「君子之志於道也，不成章不達」。如今學者要緊也成得一個坯模定了，出治工夫却在人。只是成得一個坯模了，到做出治工夫却最難，正是天理人欲相勝之地。自家這裏勝得一分，他那個便退一分；自家這裏退了一分，他那個便進一分。如漢楚相持於成皐、滎陽〔二二八〕，只争這些子。賀孫。

一日，舉孟子「五穀者，種之美者也，苟爲不熟，不如稊稗」，誨諸生曰：「和尚聞〔二二九〕話只是一言兩句。稊，稗之熟者也。儒有明經者，通徹了，〔二三〇〕不用費辭，亦一言兩句，義理便明白。否則却是『五穀不熟，不如稊稗』者也〔二三一〕。」謨。

禮與食孰重章〔二三二〕

「親迎則不得妻，不親迎則得妻」，如古者國有凶荒，則殺禮而多昏，周禮荒政十二條中亦有此法。蓋貧窮不能備親迎之禮，法許如此。僩。

人皆可以爲堯舜章[二二三]

「堯舜之道，孝弟而已矣」，這只是對那不孝、不弟底説。孝弟便是堯舜之道，不孝、不弟便是桀紂。僩。

孟子道「人皆可以爲堯舜」，何曾便道是堯舜更不假修爲！且如銀坑有鑛，謂鑛非銀，不可；然必謂之銀，不可。須用烹煉，然後成銀。椿。

「歸而求之，有餘師」，須是做工夫。若茫茫恁地，只是如此。如前夜説讀書，正是要自理會。且[二二四]如在這裏如此讀書，若歸去也須如此讀書。看孟子此一段發意如此大，却在疾行、徐行上面。要知工夫須是自理會，只在此，[二二五]不是别人干預得底事。賀孫。

魯欲使慎子爲將軍章

毅然問：「孟子説齊魯皆封百里，而先生向説齊魯始封七百里者，何邪？」曰：「此等處皆難考。如齊『東至于海，西至于河，南至于穆陵，北至于無棣』，魯跨許宋之境，皆不可謂非五七百里之闊。」淳問：「王制與孟子同，而周禮『諸公之地封疆方五百里，諸侯方四百里，伯三百里，子二百里，男百里』。鄭氏以王制爲夏商制，謂夏商中國方五〔二三六〕千里，周公斥而大之，中國方七千里，所以不同。」曰：「鄭氏只文字上説得好看，然甚不曉事情。且如百里之國，周人欲增到五百里，須併四個百里國地方做得一國，其所併四國又當别裂地以封之。如此，則天下諸侯東遷西移，改正〔二三七〕宗廟社稷，皆爲之騷動矣。若如此趲去，不數大國便無地可容了，許多國何以處之？恐不其然。切意其初只方百里，後來吞并，遂漸漸大。如『禹會諸侯於塗山，執玉帛者萬國』，到周時只有千八百國。自非吞併，如何不見許多國？武王時諸國地已大，武王亦不奈何，只得就而封之。當時封許多功臣百姓〔二三八〕之國，緣當初『滅國者五十』，得許多空地可封，不然則周公、太公亦自無安頓處。若割取諸國之地，則寧不謀反如漢晁錯之時乎？然則孟子百里之説，亦只是大綱如此説，不是實攷得見古制。」淳。

「古者制國，土地亦廣，非如孟子百里之説。如管仲責楚〔二三九〕，説齊地『東至于海，西至于河，南至穆陵，北至無棣』，土地儘闊。禹會塗山，『執玉帛者萬國』。後來更相吞噬，到周初只有千八百國，是不及五分之一矣，想得所〔二四〇〕來儘大。周封新國若只用百里之地介在其間，豈不爲大國所吞！亦緣是『誅紂伐奄，滅國者五十』，得許多土地，方封許多人。」問：「周禮所載諸公之國方五百里，諸侯之國方四百里云云者，是否？」曰：「看來怕是如此。孟子時去周初已六七百年，既無載籍可考，見不得端的。如『五十而貢，七十而助』，此説自是難行。」問：「王制疏載周初封建只是百里，後來滅國漸廣，方添封至數百里。」曰：「此説非是。諸國公〔二四一〕地先來定了，若後來旋添，便須移動了幾國徙去別處方得，豈不勞擾！」僩。

舜發於畎畝章

問：「自『舜發於畎畝之中』至『孫叔敖舉於海』，明道謂〔二四二〕『若要熟，也須從這裏過』。人須從經困貧〔二四三〕艱苦中做來，方堅牢。」曰：「若不從這裏過，也不識所以堅牢者，正緣不曾親歷了，不識。似一條路，須每日從上面往來，行得熟了，方認得許多險阻去處。若素不曾行，忽然一旦撞行將去，少間定墮坑落塹去也。」僩。

明道曰：「自『舜發於畎畝之中』云云，若要熟，也須從這裏過。」只是要事事經歷過。賀孫。

「動心忍性」者，動其仁義禮智之心，忍其聲色臭味之性。銖。

「困心衡慮，徵色發聲」，謂人之有過而能改者如此。「困心衡慮」者，覺〔二四四〕其有過微〔二四五〕；「徵色發聲」者，其過形於外。人傑。

教亦多術矣章

「予不屑之教誨也者」，趙氏曰：「屑，潔也。」考孟子「不屑就」與「不屑不潔」之言，「屑」字皆當作「潔」字解。所謂「不屑之教誨者」，當謂不以其人爲潔而教誨之。如「坐而言，不應，隱几而卧」之類。大抵解經不可便亂説，當觀前後字義也。人傑。

【校勘記】

〔一〕告子上下　成化本爲「告子篇」。

〔二〕此條可學録成化本無。

〔三〕梧棬　成化本無。

〔四〕是　成化本此下有「言」。

〔五〕至　成化本無。

〔六〕者　成化本無。

〔七〕成化本此下注有「至」。

〔八〕生之謂性章　成化本此上有「性猶湍水章」之目，且此下載一條銖録，參成化本卷五十九「人性無不善……便是人欲奪了」條。

〔九〕成化本此下注有「同」。

〔一〇〕何　成化本此下有「者」。

〔一一〕告子言　成化本無。

〔一二〕是　成化本無。

〔一三〕然　成化本作「煞」。

〔一四〕是　成化本無。

〔一五〕也　成化本作「他」。

〔一六〕氣禀　成化本此下有「自氣禀」。

〔一七〕説　成化本此上有「若」。

〔一八〕□□　此二字缺，成化本作「某」。

〔一九〕□□　此二字缺，成化本作「某」。

〔二〇〕黠　成化本作「偈」。

〔二一〕時　成化本作「來」。

〔二二〕此條嵤録成化本載於卷一百二十六。

〔二三〕閎祖　成化本爲「人傑」，且此條載於卷一百二十六。

〔二四〕舌　成化本無。

〔二五〕則　成化本無。

〔二六〕真實　成化本爲「真底」。
〔二七〕事　成化本作「争」。
〔二八〕此條僴録成化本載於卷一百二十六。
〔二九〕曾　成化本無。
〔三〇〕樣　成化本無。
〔三一〕只　成化本無。
〔三二〕個　成化本無。
〔三三〕就　成化本作「説」。
〔三四〕當　成化本作「常」。
〔三五〕此條僴録成化本載於卷一百二十六。
〔三六〕處　成化本無。
〔三七〕節　成化本無。
〔三八〕不　成化本作「本」。
〔三九〕重聲言則字　成化本無。
〔四〇〕則　成化本此上有「兩」。
〔四一〕意　成化本此上有「之」。

〔四二〕受　成化本此下注曰：「『受』字，饒本作『管』。」

〔四三〕只是道　成化本爲「只道是」。

〔四四〕在　成化本此上有「釋氏説」。

〔四五〕成化本此下注有「植」。

〔四六〕道　成化本無。

〔四七〕砥　成化本無。

〔四八〕履之　成化本作「砥」。按，據朱子語録姓氏：「劉砥，字履之。」

〔四九〕是　成化本爲「便是」。

〔五〇〕爲　成化本爲「能爲」。

〔五一〕此條人傑録成化本載於卷五，底本卷五重複載録。

〔五二〕受　成化本作「視」。

〔五三〕此條士毅録成化本無。

〔五四〕與　成化本此上有「理」。

〔五五〕先生集解説才字云　成化本爲「集注説」。

〔五六〕有　成化本此上有「人」。

〔五七〕蓋　成化本無。

〔五八〕大率如此　成化本無。
〔五九〕謨　成化本無。
〔六〇〕此條祖道録成化本載於卷八十七，底本卷八十七重複載録。
〔六一〕理也義也　成化本無。
〔六二〕意　成化本此上有「其」。
〔六三〕然　成化本此下有「不是虚字，當從上文看」。
〔六四〕乎人□以爲同然者　成化本無。
〔六五〕節　成化本無。
〔六六〕這　成化本無。
〔六七〕甚　成化本作「正」。
〔六八〕義理　成化本爲「理義」。
〔六九〕自　此字原缺，據成化本補。
〔七〇〕都　成化本此下有「是」。
〔七一〕嘗美矣　成化本無。
〔七二〕賀孫　成化本無。
〔七三〕日夜之所息平旦之氣　成化本無。

［七四］底　成化本此下有「是」。

［七五］此條泳録成化本無。

［七六］吴仁父　成化本爲「仁父」。

［七七］亡　成化本爲「不存」。

［七八］是　成化本無。

［七九］盡　成化本作「蓋」。

［八〇］却　成化本無。

［八一］未　成化本作「來」。

［八二］自因説心　成化本爲「自家良心」。

［八三］得　成化本此下有「好」。

［八四］頓　成化本此上有「若」。

［八五］一　成化本此上有「一個會盛」。

［八六］夜氣所存如何　成化本爲「或問夜氣旦氣如何」。

［八七］孟子曰　成化本無。

［八八］暮　成化本作「晝」。

［八九］問夜氣一段　成化本爲「□卿問夜氣一章」，「卿」上缺一字。朱本爲「蓋卿問夜氣一章」。

〔九〇〕涵　成化本作「會」。
〔九一〕方　成化本此上有「夜氣」。
〔九二〕爲　成化本作「違」。
〔九三〕孟子　成化本無。
〔九四〕與　成化本作「爲」。
〔九五〕孟子　成化本無。
〔九六〕如　成化本無。
〔九七〕先生　成化本無。
〔九八〕吴孟仁父　成化本爲「吴仁父」。
〔九九〕擾　成化本無。
〔一〇〇〕成化本此下注曰：「節録别出。」且下條爲節録。可參底本本卷節録「吴仁父問平旦之氣……只管去打便濁了」條。
〔一〇一〕則其　成化本無。
〔一〇二〕義　成化本作「善」。
〔一〇三〕更　成化本無。
〔一〇四〕息然　成化本爲「自然」。

〔一〇五〕了　成化本作「子」。
〔一〇六〕常　成化本作「當」。
〔一〇七〕成化本此下注曰：「寓録别出。」且下條爲寓録。參底本本卷寓録「器之問孟子平旦之氣甚微小……只要心在這裏」條。
〔一〇八〕生崖　成化本作「崖」。按，「崖」字原缺，據上下文及成化本補。
〔一〇九〕復説第一義……崖將去底道理　成化本爲「復説第一義云如這個只有個進步捱將去底道理」。按，底本「違」似爲「這」之誤。
〔一一〇〕義　成化本此上有「一」。
〔一一一〕義　成化本無。
〔一一二〕便説今日做不得　成化本爲「便又説今日做不得」。按，「做」字原缺，據成化本補。
〔一一三〕是　此字原缺，據成化本補。
〔一一四〕以　成化本爲「可以」。
〔一一五〕於　成化本此上有「至」。
〔一一六〕養　成化本作「長」。
〔一一七〕然　成化本此下注曰：「章末所問疑有未盡。道夫。」
〔一一八〕此條可學録成化本無。

〔一一九〕操則存章　成化本無。

〔一二〇〕其　成化本無。

〔一二一〕出　成化本此下有「入」。

〔一二二〕無定所　成化本無。

〔一二三〕爾　成化本此下注曰：「接先生他語：『只操便存，只求便是不放。』」

〔一二四〕砥　成化本無。

〔一二五〕活　成化本爲「活物」。

〔一二六〕則　成化本爲「則是」。

〔一二七〕便　成化本爲「便是」。

〔一二八〕是　成化本爲「須是」。

〔一二九〕不但是破捉在這裏　成化本爲「但不是硬捉在這裏」。

〔一三〇〕以　朱本作「似」。

〔一三一〕賀孫　成化本爲「人傑」。

〔一三二〕在　成化本作「去」。湯泳　成化本作「泳」。

〔一三三〕這　成化本作「道」。

〔一三四〕彪居正問五峰胡仁仲……要在識之而已　成化本無。

〔一三五〕只　成化本爲「子昂」。
〔一三六〕有　成化本作「無」。
〔一三七〕亦　成化本無。
〔一三八〕無　成化本作「有」。
〔一三九〕是　成化本無。
〔一四〇〕之　成化本無。
〔一四一〕成化本此下注有「集義」。
〔一四二〕此條可學録成化本無。
〔一四三〕此條人傑録成化本無。
〔一四四〕用　成化本作「引」。
〔一四五〕讀孟子　成化本無。
〔一四六〕聞之　成化本無。
〔一四七〕純夫　成化本爲「淳夫」。
〔一四八〕謨去僞同　成化本爲「去僞」。
〔一四九〕生我所欲章　成化本爲「魚我所欲章」。
〔一五〇〕句　成化本作「向」。

〔一五一〕之時　成化本無。

〔一五二〕此條道夫録成化本載於卷六。

〔一五三〕致之　成化本爲「敬之」。

〔一五四〕答　成化本無。

〔一五五〕知　成化本作「却」。

〔一五六〕成化本此下注有「時舉」。

〔一五七〕聞　成化本作「問」。

〔一五八〕仁　成化本爲「此仁」。

〔一五九〕將放了心這重新收來　成化本爲「將放了底心重新收來」。

〔一六〇〕不　成化本爲「看程先生所説文義自是如此意却不然只存此心便是不放」。

〔一六一〕當　成化本作「常」。

〔一六二〕或　成化本作「幾」。

〔一六三〕此條㝛録成化本無，但卷五十九另載一條同聞所録，參成化本該卷「或問求放心……只有些昏惰便是放」條。

〔一六四〕程先生　成化本爲「程子」。

〔一六五〕某　成化本無。

〔一六六〕求放心　成化本無。

〔一六七〕來　成化本此下有「自能尋向上去，下學而上達。池本下云：『看下二句，必不至空守此心，無所用也。』」

〔一六八〕是　成化本無。

〔一六九〕善　成化本此下注曰：「池本云：『四端備於吾心。心存然後能廣而充之。心放則顛冥莫覺，流入不善』云云。」

〔一七〇〕謂　成化本作「爲」。

〔一七一〕成化本此下注曰：「池本下云：『心不在焉亦是放。二説未嘗相礙。』」

〔一七二〕按他本……未嘗相礙幾字　成化本無。

〔一七三〕語　成化本此下有「云云」。

〔一七四〕者　成化本此下注曰：「池本作『便是反復入身來』。」

〔一七五〕只是教人　成化本爲「只要人」。

〔一七六〕底　成化本作「之」。

〔一七七〕則　成化本作「只」。

〔一七八〕廣而充之　成化本爲「充廣」。

〔一七九〕節　成化本無。

〔一八〇〕黎季成　成化本爲「季成」。
〔一八一〕因説　成化本無。
〔一八二〕某　成化本爲「可學」。
〔一八三〕只是　成化本無。
〔一八四〕切　成化本無。
〔一八五〕得　成化本爲「求得」。
〔一八六〕此條節録成化本無。
〔一八七〕公晦同　成化本無。
〔一八八〕問　成化本無。
〔一八九〕住　成化本作「在」。
〔一九〇〕已是透了　成化本爲「早是遲了」。
〔一九一〕元秉　成化本爲「夔孫」。
〔一九二〕又曰　成化本作「曰」，且此上有「或問『求放心』」。
〔一九三〕好　成化本此下有「知言中或問『求放心』，答語舉齊王見牛事。某謂不必如此説，不成不見牛時此心便求不得！若使某答之，只曰：『知其放而求之，斯不放矣。』『而求之』三字亦自剩了」。又，成化本此條録末注有「學蒙」。

〔一九四〕孟子言　成化本無。

〔一九五〕至於心放而不求　成化本爲「有放心而不知求」。

〔一九六〕他　成化本無。

〔一九七〕是　成化本此下有「説」。

〔一九八〕力量既　此三字原缺，據底本卷十二及成化本卷十二補。

〔一九九〕此條敬仲録成化本載於卷十二，底本卷十二重複載録。

〔二〇〇〕令　成化本作「今」。

〔二〇一〕爲　成化本無。

〔二〇二〕二　成化本作「三」。

〔二〇三〕賜同　成化本無。

〔二〇四〕用　成化本此下有「求」。

〔二〇五〕此條可學録成化本無。

〔二〇六〕兼所愛　成化本無。

〔二〇七〕倒音到　成化本無。

〔二〇八〕鈞　成化本此上有「公都子問」。

〔二〇九〕此條泳録成化本無。

〔二一〇〕耳目之官　成化本無。

〔二一一〕然　成化本無。

〔二一二〕且　成化本無。

〔二一三〕恁地　成化本爲「任他」。

〔二一四〕心　成化本此下注曰：「方子録云：『立者，卓然竪起此心。』」

〔二一五〕孟子解　成化本爲「集注」。

〔二一六〕得　成化本無。

〔二一七〕某　成化本無。

〔二一八〕某　成化本無。

〔二一九〕爵　成化本爲「爵禄」。

〔二二〇〕邀　成化本作「要」。

〔二二一〕黄先之問盡心……又問修天爵從之章　成化本爲「黄先生問此章」。

〔二二二〕家　成化本無。

〔二二三〕而　成化本作「却」。

〔二二四〕相　成化本作「怕」。

〔二二五〕止　成化本作「正」。

[二二六] 者　成化本無。

[二二七] 此條文蔚録成化本載於卷六。

[二二八] 滎陽　成化本此下有「問」。

[二二九] 聞　成化本作「問」。

[二三〇] 儒有明經者通徹了　成化本爲「儒者明經若通徹了」。

[二三一] 者也　成化本無。

[二三二] 禮與食孰重章　成化本爲「任人有問屋廬子章」。

[二三三] 人皆可以爲堯舜章　成化本爲「曹交問曰章」。

[二三四] 且　成化本無。

[二三五] 只在此　成化本無。

[二三六] 五　成化本作「三」。

[二三七] 正　成化本作「立」。

[二三八] 百姓　成化本無。

[二三九] 管仲責楚　成化本無。

[二四〇] 所　成化本作「併」。

[二四一] 公　成化本作「分」。

〔二四二〕自舜發於畎畝……明道謂　成化本無。

〔二四三〕從經困貧　成化本爲「從貧困」。

〔二四四〕覺　成化本此上有「心」。

〔二四五〕微　成化本無。

晦庵先生朱文公語類卷第六十

孟子十

盡心上

盡其心者章

「盡其心者，知其性也」，「者」字不可不子細看。人能盡其心者由於[一]知其性，知性却在先。文蔚。

李問「盡其心者，知其性也」。先生曰：「此句文勢與『得其民者，得其心也』相似。」雉。

人彼[二]往説先盡其心而後知性，[三]心性本不可分，況其語脈是「盡其心者，知其性」。心只是包着這道理，盡知得其性知[四]道理便是盡其心者[五]。只[六]要理會盡心，不知如何地盡！畚。

「盡其心者，知其性也。」所以能盡其心者，由先能知其性，知性則知天矣。知性知天則能盡其心矣，不知性不能以盡其心。「格物而後知至。」道夫。

盡其心者由知其性也。先知得性之理，然後明得此心。知性猶格物，盡心猶知至。德明。

知性者，物格也；盡心者，知至也。「物」字對「性」字，「知」字對「心」字。節。

知性然後能盡心，知[七]知然後能盡，未有先盡而後方能知者，蓋先知得性之理[八]然後見得盡。節。

王德修問「盡心然後知性」。先生答曰：「以某觀之，性情與心固是一理，然命之以心，却似包着這性情在裏面。故孟氏語意却似說盡其心者，以其知性故也。此意橫渠得之[九]，故說『心統性情者也』，看得精。邵堯夫亦云：『性者，道之形體；心者，性之郛郭；身者，心之區宇；物者，身之舟車。』語極有理。」大雅云：「橫渠言『心禦見聞，不弘於性』，則又是心小性大也。」曰：「『禦』字不可作『止』字與『當』字[一〇]解。禦有梏之意，云心梏於見聞則[一一]反不弘於性耳。」大雅。

問：「橫渠謂：『心能盡性，「人能弘道」也；性不知檢其心，「非道弘人」也。』如孟子集解中說[一二]：『盡其心者，知其性也。』先生謂：『盡其心者，必其能知性者也。知性是物格之事，盡心是知至之事。』如何？」曰：「心與性只一般，知與盡不同，所謂知便是心了。」問：「知是心之神明，似與四端所謂智不同？」曰：「此『知』字[一三]又大。然孔子多說仁、智，如『元亨利貞』，元便是仁，貞便是智。四端，仁智最大。無貞則元無起處，無智則如何是仁？易曰『大明終始』，有終便有始。智之所以爲大者，以其有知也。」廣。

說盡心，云：「這裏[一四]理會得，那事又理會不得，理會得東邊又不理會得西邊。只是從來不曾盡這心，但臨事恁地胡亂做[一五]將去。此心本來無有些子不備，無有些子不該。須是盡識得許多道理，無些子窒礙，方是盡心。人[一六]人有個心，只是不曾使得他盡，只恁地苟簡鹵莽，便道是了。」賀孫。

盡心以見言，盡性以養言。德明。

賀孫[一七]問：「蔡季通[一八]說『盡心』，謂『聖人此心纔見得盡，則所行無有不盡。故程子曰「聖人無俟於力行」』。」曰：「固是聖人有這般所在。然所以爲聖人，也只說『好問，默而識之；好古，敏以求之』，那曾說知了便了！」又曰：「盡心如明鏡，無些子蔽翳。只看鏡子若有些少照不見處，便是本身有些塵污。如今人做事有些子偶[一九]突窒礙，便只是自家見不盡。此心本來虛靈，萬理具備，事事物物皆所當知。今人多是氣質偏了，又爲物欲所蔽，故昏而不能盡知，故[二〇]聖賢所以貴於窮理。」又曰：「萬理雖具於吾心，還使教他知始得。今人有個心在這裏，只是不曾使教[二一]他去知許多道理。少間遇事做得一邊，又不知那一邊，見得東，遺却西。少間只成私意，皆不能盡道理。盡得此心者洞然光明，事事物物無有不合道理。」又曰：「學問之所以傳不傳者，亦是能盡心與不能盡心。」問：「若曾子易簀之事，此時若不能正，也只是不盡得心。」曰：「然。曾子既見得這[二二]道理，自然便改了。若不便改了，這心下便闕了些。當時季孫之賜，曾子如何失點檢去上睡，是不是了？童子既説起，須着改始得。若不説，不及改也不妨，纔説便着改。」賀孫。

問：「盡心莫是見得心體盡？或只是如盡性[二三]之類否？」曰：「皆是。」德明。

過[二四]問：「先生所解『盡其心者，知其性也』，正如云『得其民者，得其心也』話[二五]意同。」先生曰：「固自分曉。尋此樣子亦好。」後見信州教授林德久未甚信此説，過欲因以其易曉者譬之，如欲盡其爲教授者，必知其職業乃能盡也。曰：[二六]「『盡[二七]其心』，恰如教授在此方理會得每日職業，其理曉然，猶以無便未能及此。[二八]」過。

問「盡心者知至也」。曰：「知得到時必盡我這心去做。且[二九]如事君必要極於忠，爲子必要極於孝，不是備禮如此。既知得到這處，若於心有些子未盡處便打不過，便不是[三〇]。」賀孫。[三一]

問：「盡心只是知得盡，未説及行否？」曰：「某初間亦把做只是知得盡，如大學『知至』一般，未説及行。後來子細看，如大學『誠意』字模樣，是真個恁地盡。『如惡惡臭，如好好色』，知至亦須兼誠意乃盡。如知得七分，自家去做只着得五分心力，便是未盡。有時放緩又不做了。如知得十分真切，自家須着過二十分心力實去恁地做，便是盡。『盡其心者，知其性也』，知性，所以盡[三二]心。」淳。[三三]

「某前以孟子『盡心』爲如大學『知至』，今思之，恐當作『誠意』[三四]說。蓋孟子當時特地說個『盡心』，然須用功。所謂盡心者，言心之所存更無一毫不盡，好善便『如好好色』，惡惡便『如惡惡臭』，徹底如此，没些虚僞不實。」童云：「如所謂『盡心力而爲[三五]』之『盡』否？」曰：「然。」伯羽。[三六]

「盡心」、「知性」、「知天」，工夫在知性上。盡心只是誠意，知性却是窮理。心有未盡便有空闕，如十分只盡得七八分，便是空闕了二三分。須是「如惡惡臭，如好好色」，孝便極其孝，仁便極其仁。性即理，理即天。我既知得此理，則所謂盡心者自是不容已。如此説却不重疊，既能盡心知性則留[三七]中已是瑩白净潔。却只要時時省察，恐有污壞，故終之以存養之事。謨。

盡心者，發必自慊而無有外之心，即大學意誠之事也。[三八]

敬之[三九]問「盡心」、「知性」。曰：「性是吾心之實理，若不知得却盡個甚麽？」又問「知其性則知天矣」。曰：[四〇]「『性』以賦於我之分而言，『天』以公共道理[四一]而言。天便脱模是一個大底人，人便是一個小底天，吾之仁、義、禮、智即是天之元、亨、利、貞，凡吾之所有者，皆自彼

而來也。故知吾性則自然知天矣。」〔四二〕時舉。南升同。〔四三〕

曰：〔四四〕「『盡心』如何盡得？不可盡者心之事，可盡者心之理。理既盡之後，謂如一物初不曾識，來到面前便識得此物。盡吾心之理，盡心之理便是『知性』、『知天』。」去僞。〔四五〕

「盡心」謂事物之理皆知之而無不盡，「知性」謂知君臣、父子、兄弟、夫婦、朋友各循其理，「知天」則知此理之自然。〔四六〕盡己之性如在君臣則義、在父子則親、在兄弟則愛之類，己無一之不盡。盡人之性如黎民時雍，各得其所。盡物之性如鳥獸草木咸若。如此則可以「贊天地之化育」，皆是實事，非私心之倣像也。人傑。〔四七〕

或問存心。曰：「存心只是知有此身。謂如對客，但知道我此身在此對客。」公晦。〔四八〕

問存心。先生曰：「非是活捉一物來存着。孔子云『居處恭，執事敬，與人忠』，便是存心之法。而今與人説話覺得不是便莫説，做事覺得不是便莫做，只此便是存心之法。」賜。

孟子説「存其心」雖是緊切，却似添事。蓋聖人只爲學者立下規矩，守得規矩定便心也自定。如言「居處恭，執事敬，與人忠」，人能如是存守，則心有不存者乎！今又説「存其心」，則與此爲四矣。如此處要人理會。升卿。

仲思問「存心」、「養性」先後。曰：「先存心而後養性。養性云者，養而勿失之謂。性不可言存。」

「存心養性，所以事天也。」〔四九〕曰：「存之養之便是事，心性處〔五〇〕便是天，故曰『所以事天也』。」德明。

問「存心養性以事天」。曰：「天教你『父子有親』，你便用『父子有親』；天教你『君臣有義』，你便用『君臣有義』。不然便是違天矣。古人語言下得字都不苟，如『存其心，養其性』，若作『養其心，存其性』便不得。」問：「如何是『天者理之所從出』？」曰：「天便是那太虛，但能盡心、知性，則天便不外是矣。性便有那天。」問：「『四十而不惑，五十而知天命』，不惑謂知事物當然之理，知天命謂知事物之所以然，便是『知性』、『知天』〔五一〕之説否？」曰：「然。他那裏自看得個血脈相牽連，要自子細看得〔五二〕。龜山之説極好。龜山問學者曰：『人何故有惻隱之心？』學者曰：『出於自然。』龜山曰：『安得自然如此！若體究此理，知其所從來，則仁之道不遠矣。』便是此説。」僩。

盡心、知性、知天，此是致知；存心、養性、事天，此是力行。泳。〔五三〕

「知〔五四〕性」是知得性中物事。既知得，須盡知得方始是盡心。下面「存其心，養其性」方始是做工夫處。如大學説「物格而後知至」。物格者，物理之極處無不到，知性也；知至者，吾心之所知無不盡，盡心也。至於「知至而後意誠」，誠則「存其心，養其性」也。聖人説知必説行，不可勝數。泳。

盡心、知性，以前看得「知」字放輕。今觀之，却是「知」字重，「盡」字輕。知性則心盡矣，存養有行底意思。可學。

問盡心、盡性。曰：「盡心云者，知之至也；盡性云者，行之極也。盡心則知性、知天，以其知之已至也。若存心、養性，則是致其盡性之功也。」人傑。

飛卿問：「盡心、存心，盡莫是極至地位，存莫是初存得這心否？」曰：「盡心也未説極至，只是凡事便須理會教十分周足，無少闕漏處，方是盡。存也非獨是初工夫，初間固是操守存在這裏，到存得熟後也只是存。這『存』字無終始，只在這裏。」賀孫。

「夭壽不貳」，不以生死爲吾心之悦戚也。人傑。

問：「『立命』是竪立得這天之所命，不以私意參雜倒了天之正命否？」曰：「然。」問：「『莫非命也』，此一句是總説氣稟之命，與『天命謂性』之『命』同否？」曰：「孟子之意未説到氣稟，孟子自來不甚説氣稟。看來此句只是説人物之生，吉凶禍福皆天所命，人但順受其正。若桎梏而死與立乎巖墻之下而死，便是你自取，不干天事，未説到氣稟在。」僩。

既[五五]不以夭壽貳其心，又須修身以俟，方始立得這命。自家有百年在世，百年之中須事事教是當；自家有一日在世，一日之内也須教事事要是當始得。若既不以夭壽動其心，一向胡亂做，又不可。如今[五六]佛氏以絶滅爲事，亦可謂之「夭壽不貳」，然「修身以俟」一段全不曾理會，可以做底事皆無頭腦，無君無父，亂人之大倫。賀孫。

敬之問「夭壽不貳」章[五七]。曰：「『貳』[五八]是不疑他。若一日未死，一日要是當；百年未死，百年要是當，這便是『立命』。『夭壽不貳』便是知性知天之力，『修身以俟』便是存心養性之功。[五九]」問[六〇]：「『莫非命也，順受其正』。[六一]」曰：「前面事都見未[六二]得。若出門吉凶禍福皆不可知，但有正有[六三]不正。自家只既[六四]受他正底，自家身分無過，恁地死了，便是正命。若立巖墻之下與桎梏而死，便不是正命。[六五]」直卿因[六六]說：「先生向時[六七]譬喻，如[六八]受差遣，三年滿罷，便是君命之正；若歲月間以罪去，也是命，便不是正底命。」先生云：「若自家無罪，或歲月間去，又不可不謂之正命。」時舉因問：[六九]「孟子之言命與今世俗之言命者正相反。[七〇]孟子謂『知命者不立巖墻之下』，今人卻道我命若未死，縱立巖墻之下也不到壓殺[七一]。」曰：「莫非命者，是活絡在這裏，看他如何來。若先說道我自有命，雖立巖墻之下也不妨，即是先指定一個命，如此[七二]便是紂說『我生不有命在天』相似也[七三]！」時舉。南升同。[七四]

問：「『由氣化有道之名』是自陰陽言？」曰：「方見其有許多節次。」可學。

「橫渠[七五]『合虛與氣有性之名，合性與知覺有心之名』，如何？[七六]」曰：「虛只是說理。橫渠之言大率有未瑩處。有心則自有知覺，又何合性與知覺之有！」蓋卿。

問張子云[七七]「由太虚」云云。曰：「本只是一個太虚，漸漸細分，説得密耳。且太虚便是這四者之總體，而不雜乎四者而言。『由氣化有道之名』，氣化是那陰陽造化，寒暑晝夜、雨露霜雪、山川木石、金水火土，皆是只這個，便是那太虚，只是便雜却氣化説。雖雜氣化而實不離[七八]乎太虚，未説到人物各具當然之理處。」問：「太虚便是太極圖上面底圓圈，氣化便是圓圈裏陰静陽動否？」曰：「然。」又曰：「『合虚與氣有性之名』，有這氣，道理便隨在裏面，無此氣，則道理無安頓處。如水中月，須是有此水，方映得那天上月，若無此水，終無此月也。心之知覺又是那氣之虚靈底，聰明視聽、作爲運用，皆是有這知覺方運用得這道理。所以横渠説：『人能弘道』是心能盡性，『非道弘人』是性不知檢心。』又邵子曰：『心者，性之郛郭。』此等語皆秦漢以下人道不到。」又問：「人與鳥獸固有知覺，但知覺有通塞，草木亦有知覺否？」曰：「亦有。如一盆花，得些水澆灌便敷榮，若摧抑他便枯悴。謂之無知覺，可乎？周茂叔窗前草不除去，云『與自家意思一般』，便是有知覺。只是鳥獸底知覺不如人底，草木底知覺又不如鳥獸底。又如大黄喫着便會瀉，附子喫着便會熱，只是他知覺只從這一路去。」又問：「腐敗之物亦有否？」曰：「亦有。如火燒成灰，將來泡湯喫，也𡽪苦。」因笑曰：「頃信州諸公正説草木無性，今夜又説草木無心矣。」僩。[七九]

先生問：「『合虚與氣而[八〇]有性之名』，如何看？」廣云：「虚只是理，有是理斯有是氣。」

曰：「如何説『合』字？」廣云：「恐是據人物而言。」曰：「有是物則有是理與氣，故有性之名。若無是物，則不見理之所寓。『由太虚有天之名』，只是據理而言。『由氣化有道之名』，由氣之化各有生長消息底道理，故有道之名。既已成物，則物各有理，故曰『合虚與氣則[八一]有性之名』。」廣。

「由太虚有天之名」，都是個自然底。「由氣化有道之名」，是虚底物在實上見，無形底物因有形而見。所謂道者，如天道、地道、人道、父子之道、君臣之道[八二]是也。「合虚與氣有性之名」，是自然中包得許多物事。賜。[八三]

「由太虚有天之名」，這全説理。「由氣化有道之名」，這説着事物上。如「率性之謂道」，性只是理，率性方見得個[八四]道，這説着事物上。如君臣、父子之道，有那君臣、父子，方見這個道理。「合虚」字便説理，「合虚與氣」，所以有人。[八五]植。

問：「知覺是氣之陽明否？」曰：「『由太虚有天之名，合虚與氣有性之名』，是[八六]『天命之謂性』管此兩句。『由氣化有道之名』，是『率性之謂道』管此一句。『合性與知覺有心之名』，此又是『天命之[八七]謂性』這下管此一句。」賜。

問：「當無事時，虚明不昧，此是氣。其中自然動處莫是性否？」曰：「虚明不昧，此理具乎其中，無少虧欠。感物而動便是情。横渠説得好。『由太虚有天之名，由氣化有道之名』，此是總説。『合虛與氣有性之名，合性與知覺有心之名』，此是就人上説。」賜。

問：「氣化何以謂之道？」曰：「天地間豈有一物不由其道者？」問：「合虛與氣何以有性？」曰：「此語詳看亦得其意，然亦有未盡處。言[八八]『虛即是性，氣即是人』，以氣之虛明則性[八九]寓於中，故『合虛與氣有性之名』。雖説略盡，而終有二意。」劉問：「如此則莫是性離於道邪？」曰：「非此之謂。到這處則有是名，在人如何看，然豈有性離於道之理！」一之。[九〇]

伊川云「盡心然後知性」，此不然。「盡」字大，「知」字零星。[九一]若未知性便要盡心，則懸空無下手處。惟就知性上積累將去，自然盡心。正卿。[九二]

「盡心知性，不假存養，其惟聖人乎！佛本不假於存養，豈竊希聖人之事乎？」曰：「盡、知、存、養，吾儒、釋氏相似而不同。只是他所存、所養、所知、所盡處，道理皆不是。如吾儒盡心，只是盡君臣、父子等心，便見有是理。性即是理也。如釋氏所謂盡心、知性，皆歸於空虛。其所存養却是閉眉合眼，全不理會道理。」謨。去僞同。[九三]

「『盡其心者知其性』，[九四]伊川云：『心具天德。心有未盡處，便是天德未能盡。』切嘗熟玩[九五]其言，意者在天爲命，在人爲性，性無形質而舍之於心。故一心之中天德具足，盡此心則知性知天矣。游氏以『心無餘藴』爲盡心，謝氏以『擴充得去』爲盡心，皆此意也。然横渠、范侍講之說則又不然。范謂：『窮理者，孟子之所謂盡心也。』横渠曰：『大其心則能體天下之物。物有不盡[九六]則心爲有外。』不知體物、窮理[九七]之說亦信然否？如下一段言『存心養性，所以事天也』，游氏言之詳矣。其言曰：『「存其心」，[九八]閑邪以存其誠也；「養其性」，[九九]守静以復其本也。存養如此，則可以事天矣。』此言事天，亦伊川所謂奉順之意，其說恐不出乎此。但不知存養之說，謂存此以養彼耶？亦既存本心，又當養其性耶？」答曰：「諸家解說『盡心』二字，少有發明得『盡』字出來者。伊川最說得完全，然亦不曾子細問[一〇〇]說『盡』字。大抵『盡其心』只是窮盡其在心之理耳，窮得此又却不能窮得彼，便不可唤做盡心。范侍講言窮理，却是言盡心以前底事。謝上蔡言充廣得去，却言盡心以後事。若横渠『大其心則能體天下之物』之說，此只是言人心要廣大耳，亦不知未能盡得此心之理，如何便能盡其心得？兼『大其心』亦做盡心說不得。游氏『守静以復其本』，此語有病。守静之說近於佛名[一〇一]，吾聖人却無此說。其言『知天爲智之盡，事天爲仁之至』，此却說得好。事天只是奉順之而已，非有他也。所謂存心、養性非二事，存心所以養性也。」謨。去僞、人傑同。[一〇二]

問上蔡盡心、知性[一〇三]。曰：「說盡心不著。」可學。

問：「先生盡心說曰『心者，天理在人之全體』，又曰『性者，天理之全體』，此何以别？」曰：「分說時且恁地。若將心與性合作一處[一〇四]，須有别。」淳。

莫非命也章

「盡其道而死者」，順理而吉者也；「桎梏死者」，逆理而凶者也。以非義而死者固所自取，是亦前定，蓋其所禀之惡氣有以致之也。人傑。

問：「『桎梏死者，非正命也』，雖謂非正，然亦以命言。此乃自取，如何謂之命？」曰：「亦是自作而天殺之，但非正命耳。使文王死於羑里、孔子死於桓魋，却是命。」可學。

敬之問「莫非命也」。曰：「在天言之皆是正命。在人言之便有正有不正，如順其道而死者是正命，桎梏死者便是不正之命。」〔一〇五〕問：「有當然而或不然、不當然而或然者，如何？」曰：「如孔孟老死不遇，須喚做不正之命始得。在孔孟言之亦是正命，然在天之命却自有差。」恪。

問：「『莫非命也』，命是指氣言之否？」曰：「然。若在我無以致之，則命之壽夭皆是合當如此者，如顏子之夭、伯牛之疾是也。」廣。

因問「惠迪吉，從逆凶」之意。〔一〇六〕曰：「若是『惠迪吉，從逆凶』，自天觀之也得其正命，自人得之也得其正命。若惠迪而不吉，則自天觀之却是失其正命。如孔孟之聖賢而不見用於世，而聖賢亦莫不順受其正，這是於聖賢分上已得其正命。若就天觀之，彼以順感而此以逆應，則是天自失其正命。」賀孫。

「莫非命也，順受其正。」直卿云：「如受得一邑之宰，教做三年，這是命。到做得一年被罪[一〇七]罷去，這[一〇八]也是命。」先生曰：「亦[一〇九]有不以罪而枉被[一一〇]罷者，亦是命。有罪而被罷者非正命，無罪而被罷者是正命也。」賀孫。

孟子説命，至「盡心」章方説得盡。庚。[一一一]

萬物皆備於我矣章

黄先之問「萬物皆備於我」。曰：「如今人所以害事處，只是這私意難除，纔有些私意隔着了，便只見許多般。」賀孫。

「萬物皆備於我」，須反身而實有之，無虧無欠，方能快活。若反身而不誠，雖是本來自足之物，然物自物，何干我事！履孫。[一一二]

所謂「萬物皆備於我」，在學者也知得此理是備於我，只是未能「反身而誠」。若勉强行恕，拗轉這道理來，便是恕。所謂勉强者，猶未能恕，必待勉强而後能也。所謂恕者也只是去得私意盡了，這道理便真實備於我，無欠闕。僩。

子武問「萬物皆備於我」章。曰：「這章是兩截工夫。『反身而誠』，蓋知之已至而自然循理，所以樂。『强恕而行』是知之未至，且恁地[一一三]把捉勉强做去，少間到純熟處便是仁。」木之。

道夫[一一四]問：「『萬物皆備於我』，下文既云『樂莫大焉』，何故復云『强恕』？」曰：「四句二段皆是蒙上面一句。」問：「『反身而誠，樂莫大焉』是大賢以上事，『强恕求仁』是學者身分上事否？」曰：「然。」問：「大賢以上是知與行俱到，大賢以下是知與行相資發否？」曰：「然。」頃之，復曰：「『反身而誠』只是個真知，真實知得，則滔滔行將去，見得萬物與我爲一，自然其樂無涯。所以伊川云『異日見卓爾有立於前，然後不知手之舞、足之蹈』，正此意也。」道夫。

問：「伊川説『萬物皆備於我』，謂『物亦然，皆從這裏出』者[一一五]，如何？」曰：「未須問此，枉用工夫，且於事上逐件看[一一六]。凡接物遇事，見得一個是處，積習久自然貫通，便真個見得理一。禪者云『如桶底脱相似』，可謂大悟。到底不曾曉得，纔遇事又却迷去。」德明。[一一七]

或問：「明道説：『學者須先識仁，仁者渾然與物同體。』孟子言『萬物皆備於我』，反身而誠則爲大樂。若反身未誠，則猶是二物有對，又安得樂？訂頑意思乃備言此體。』夫訂頑一篇，正横渠作也，其説『萬物皆備於我』一段，宜與明道意合。今觀其説似不如此，其言曰：[一一八]『「萬物皆備於我」，言萬事皆有素於我也。「反身而誠」，謂行無不慊於心，則「樂莫大焉」。』如明道之説，則物只是物，更不須作事字説，且與[一一九]下文『求仁』之説意思貫串。横渠解『反身而誠』爲行無不慊之義，又似來不得。不唯以物爲事，如下文『强恕而行，求仁莫近焉』，如何通貫得爲一意？」答曰：「横渠之説亦好。『反身而誠』，實也。謂實有此理更無不慊處，則仰不愧，俯不怍，『樂莫大焉』。『强恕而行』即是推此理以及人也。我誠有此理，在人亦各有此理，能使人有此理亦如我焉，則近於仁矣。如明道這般説話極好，只是説得太廣，學者難入。」謨。人傑、去僞同。〔一二〇〕

「萬物皆備於我矣。反身而誠，樂莫大焉。」萬物不是萬物之迹，只是萬物之理皆備於我。如萬物莫不有君臣之義，自家這裏也有；萬物莫不有父子之親，自家這裏也有；萬物莫不有兄弟之愛，自家這裏也有；萬物莫不有夫婦之别，自家這裏也有。是這道理本來皆備於吾身，反之於吾身，於君臣必盡其義，於父子必盡其親，於兄弟必盡其愛，於夫婦必盡其别。莫不各盡其當然之實理，而無一毫之不盡，則仰不愧，俯不怍，自然是快活。若是反之於身有些子未盡，有些子不實，則中心愧怍，不能以自安，如何得會樂？横渠曰：「『萬物皆備於我矣』，言萬物皆素定於我也。行有不慊於心則餒矣，故『反身而誠，樂莫大焉』。」若不是實做工夫到這裏，如何見得恁地？賀孫。

「萬物皆備於我」，横渠一段將來説得甚實。所謂萬事皆在我者，便只是君臣本來有義、父子本來有親、夫婦本來有别之類，皆是本來在我者。若事君有不足於敬、事親有不足於孝，以至夫婦無别、兄弟不友、朋友不信，便是我不能盡之。反身則是不誠，其苦有不可言者，安得所謂樂！若如今世人說，却是無實事。若〔一二一〕如禪家之語，只虛空打個筋斗，却無著力處。僴。

問：「『樂莫大焉』，莫是見得『萬物皆備於我』所以樂否？」曰：「誠是實有此理。檢點自家身命果無欠闕，事君真個忠，事父真個孝，仰不愧於天，俯不怍於人，其樂孰大於此！橫渠謂『反身而誠』則不慊於心，此說極有理。」謨。去僞同。〔一二二〕

問「萬物皆備於我」。曰：「未當如此。須從『孟子見梁惠王』看起，却漸漸進步。如看論語，豈可只理會『吾道一以貫之』一句？須先自學而篇漸漸浸灌到純熟處，其間義理却自然出。」季札。

「反身而誠」，孟子之意主於「誠」字，言反身而實有是理也。爲父而實有慈，爲子而實有孝，豈不快活？若反身不誠，是無此理，既無此理，但有恐懼而已，豈得樂哉！道夫。〔一二三〕

或問：「『反身而誠』，是要就身上知得許多道理否？」曰：「是這知見得最爲要緊。」賀孫。

「反身而誠」，見得本具是理，而今亦不曾虧欠了它底。恪。

「反身而誠」則恕從這裏流出，不用勉强。未到恁田地，須是勉强。此因林伯松問「强恕」說。淳。

敬之說：「强恕，只事事要廣充教是當。雖是自家元未免有些病痛，今且着事事勉强做去。」曰：「未至於『反身而誠，樂莫大焉』處，且逐事要推己及人，庶幾心公理得。此處好更子細看。」賀孫。

問「強恕而行」。曰：「此是其人元不曾恕在，故當凡事勉強，推己及人。若『反身而誠』，則無待於勉強矣。」又問：「莫須卓然立志方得？」曰：「也不須如此，飢時便討飯喫。〔一二四〕初頭硬要做一餉，少時却只恁消殺了，到没意思。」元秉。〔一二五〕

強是勉強而行，恕是推己及物。強恕而行是要求至於誠。去僞。謨同。

「強恕而行，求仁莫近」，不可將「恕」字低看了。求仁莫近於恕，「恕」字甚緊。蓋卿。

行之而不著焉章

「習矣而不察」，「習」字重，「察」字輕。可學。

著，曉也；察，識也。方其行之而不曉其所當然，既習矣而猶不識其所以然。人傑。

「行之而不著焉」，行之而不明其當然也；「習矣而不察焉」，習之而不知其所以然也。祖道。〔一二六〕

方行之際則明其當然之理，是行之而著；既行之後則識其所以然，是習矣而察。初間是照管向前去，後來是回顧後面看所行之道理如何。如人喫飯，方喫時知得飯當喫，既喫後則知飯之飽如此。僩。

待文王而後興章

「待文王而後興者，凡民也。若夫豪傑之士，雖無文王猶興。」豪傑質美，生下來便見這道理，何用費力？今人至於沉迷而不反，而聖人爲之屢言之方始肯求，已是下愚了。況又不知求之，則終於爲禽獸而已。蓋人爲萬物之靈，自是與物異。若迷其靈而昏之，則是與禽獸何別！大雅。

霸者之民驩虞如也[一二七]章

自「王者之民皞皞如也」而下[一二八]「豈曰小補之哉」，皆説王者功用如此。人傑。

又謂：「『所過者化，所存者神』，[一二九]『所過者化』只是身所經歷處，如舜耕歷山、陶河濱者是也，略略做這裏過便自感化，不待久留，言其化之速也。」謙之云：「『所存者神』，是心中要恁地便恁地否？」曰：「是。『上下與天地同流，豈曰小補之哉』，只[一三〇]是逐片逐些子補綴；『上下與天地同流』，重新鑄一番過相似。」㝢。

問：「集注云：『所存主處便神妙不測，所經歷處皆化。』如此，即是民化之也，非所謂[一三一]『大而化之』之『化』。」曰：「作『大化』之『化』有病，則是過了者化物，未過時却凝滯於此。只是所經歷處纔霑著些便化也。雷一震而萬物俱生動，霜一降而萬物皆成實，無不化者。書曰『俾予從欲以治，四方風動』，亦是此意。『所存主處便神妙不測』，『立之斯立，道之斯行，綏之斯來，動之斯和』，莫知其所以然而然也。」問：「『同流』是與天地同其神化否？」曰：「此難言，各有一分去聲。在裏。」曰：「是個參贊意否？」曰：「亦不是參贊。」德明。

「所過者化，所存者神。」伊川解革卦，言「所過變化，事理炳著」。「所過」謂身所經歷處也。文蔚。

存神、過化，程說甚精，正得孟子本意。「過」是身所經歷處無不感動，如「黎民於變」便是也[一三二]。「存」是存主處，不是主宰，是存這事，這事便來應。二程看文字最精密，如中庸說，門人多不能曉其意。淳。[一三三]

如[一三四]「所過者化」，程子經歷之設[一三五]甚好，蓋不獨是所居久處，只曾經涉處便皆化。「所存者神」，存是自家主意處，便不測亦是人見其如此。㽦。

黄子功問：「『所過者化，所存者神』，[一三六]伊川說『過』是經歷處。[一三七]」答曰：「只是過處人便化，更不待久。」問「所存者神」。曰：「此纔有所存彼便應，言感應之遠[一三八]也，所以荀子云『仁人之兵，所過者化，所存者神』。只是『簞食壺漿以迎王師』處，便是神。」子功曰：「如『舞干羽于兩階，七旬有苗格』，亦是此理。」曰：「然。」文蔚。

問：「伊川云[一三九]『經歷處則無不化』。不經歷處如何？」曰：「此言經歷處便化，如在鄉則一鄉化，在天下則天下化。過者，言其感人之速如此，只被後來人説得太重了。『所存者神』，吾心之所存處便成就如神耳，如書云『從欲以治，四方風動』之意。化是人化也，神是事之成就如神也。」謨。去僞、人傑略同。[一四〇]

問：「過化、存神有先後否？」曰：「初無先後。便如横渠之説，亦無先後。」去僞。謨録同。[一四一]

過化、存神，舊説所應之事過而不留，便能「所存者神」，神即神妙不測。故上蔡云：「『所過者化』故『所存者神』，『所存者神』故『所過者化』。」鄉里李紘才云：「譬如一面鏡，先來照者既去不見了，則後來者又可以照。若先底只在，則不復能照矣。」將做一事説，亦自好，但據孟子本文，則只是身所經歷處便化，心所存主處便神，如「綏斯來，動斯和」。又荀子亦言「仁人之兵，所過者化，所存者神」，似是見成言語，如「金聲玉振」之類，故孟子、荀子[一四二]皆用之。荀卿非孟子，必不肯用其語也。公晦。

問：「尋常人説，皆云『所過者化』便能『所存者神』。」曰：「他是就心説。據孟子意乃是就事説。」問：「注引舜事，如何？」曰：「舜在下，只得如此。及見用，則賓四門之屬皆是化。聖人豈能家至户曉，蓋在吾化中者皆是過。」問：「『存神』與『過化』如何别？」曰：「過化言所過即化，存神便有響應意思。」問：「上蔡云：『「所過者化」便「所存者神」，「所存者神」便「所過者化」。』」曰：「此是就心説。事來不留於心便是存神，存神便能過化。横渠云『性性爲能存神，物物爲能過化』，亦是此説。」可學。

人之所不學而能者章

至之問：「『無他，[一四三]達之天下也』，方爲仁義。」曰：「『親親，仁也；敬長，義也』，不待達之天下方始謂爲仁義。『無他，達之天下』，只説達之天下，無别道理。」賀孫。

舜之居深山之中章

道夫[一四四]問：「『舜聞善言見善行，若決江河，沛然而莫能禦』，其未有所聞見時，氣象如何？」曰：「湛然而已。其理充塞具備，一有所觸，便沛然而不可禦。」問：「學者未有聞見之時，莫須用持守而不可放逸否？」曰：「纔知持守，已自[一四五]聞善言、見善行了。」道夫。

無爲其所不爲章

敬之問「無爲其所不爲，無欲其所不欲」。答曰：「人心至靈，其所不當爲、不當欲之事，何嘗不知。但初間自知了，到計較利害却自以爲不妨，便自冒昧爲之、欲之耳。今既知其所不當爲、所[一四六]不當欲者，便要來這裏截斷，斷然不爲、不欲，故曰『如此而已矣』。」恪。

人之有德慧術知章

或問德慧、術知。曰：「德慧純粹，術知聰明。須有朴實工夫方磨得出。」履孫。

廣土衆民章

敬之問：「『君子所性，雖大行不加焉，雖窮居不損焉。』君子但當自盡吾心之天理，雖達而在上，做出事業功名，亦只似雲浮於太虛之中，於我何有哉？」曰：「『中天下而立，定四海之民』，固是人所欲。與其處畎畝之中，孰若進而得行其道，使天下皆被其澤？要得出行其道者亦是人之所欲，但其用其舍，於我性分之内本不相關。進而大行，退而窮居，於我性分之内無所加損。」賀孫。

敬之問「君子所性」。曰：「此是説生來承受之性。『仁義禮智根於心』，便見得四端着在心上，相離不得。纔有些子私意便剗斷了那根，便無生意。譬如木根，着在土上方會生，其色也睟然，都從那根上發出來。且『性』字從『心』，便見得先有這心，便有許多物在其中。」恪。

淳[一四七]問：「『仁義禮智根於心』，何謂根？」曰：「養得到、見得明，便自然生根，此是人功夫做來。」淳。

又［一四八］曰：「雖是自家合下都有這個物，若有些子私欲夾雜在其中，便把好底和根都刬去了。」賀孫。

孔子登東山而小魯章

「『遊於聖人之門者難爲言。』學而不從這裏，則所爲雖善，要爲好事，終是有不是處。」因言：「舊見劉子澄作某處學記，其中有雖不能爲向上事，亦可以做向下一等之意，大概是要退，如此便不得。」人傑。

至之問「孔子登東山而小魯」一節。先生曰：「此一章如詩之有比興。比者，但比之以他物而不說其事如何；興，則引物以發其意而終說破其事也。如『孔子登東山而小魯』至『遊於聖人之門者難爲言』，此興也。『觀水有術，必觀其瀾』至『容光必照焉』，此比也。『流水之爲物也』至『不成章不達』，此又是興也。比者，如『鶴鳴于九皋』之類；興者，如『他人有心，予忖度之』，上引『毚兔』、『柔木』之類是也。『流水之爲物也，不盈科不行；君子之志於道也，不成章不達』，蓋人之爲學，須是務實，乃能有進。若這裏工夫欠了分毫，定是要透過那裏不得。」時舉。

問：「『必觀其瀾』，是因其瀾處便見其本耶？抑觀其瀾，知其有本了，又須窮其本之所自來？」曰：「若論水之有原本，則觀其流必知其有原。然流處便是那原本，更去那裏别討個〔一四九〕本？只那瀾便是那本了。若非本，何處有那流？若説觀其瀾又須觀其本，則孟子何不曰『必觀其本』？他説『觀其瀾』便是就瀾處便見其本。」僩。

雞鳴而起章

用之問：「舜『孳孳爲善』，『未接物時，只主於敬便是爲善』。以此觀之，聖人之道不是默然無言。聖人之心『純亦不已』，雖無事時也常有個主宰在這裏。固不是放肆，亦不是如槁木死灰。」曰：「這便也〔一五〇〕如夜來説『只是有操而已』一段。如今且須常存個誠敬做主，學問方有所歸着。如有個〔一五一〕屋舍了，零零碎碎方有頓處。不然，却似無家舍人，雖有千萬之寶，亦無安頓處。今日放在東邊草裏，明日放在西邊草裏，終非己物。」賀孫。

敬之問：「『利與善之間也』，這個利非是有心於爲利。只是〔一五二〕見理不明，纔差些便入那邊去。」曰：「然。纔差向利邊去，只見利之爲美。」賀孫。

「利與善之間」，不是冷水便是熱湯，無那中間温入聲。〔一五三〕呑入聲。〔一五四〕煖處也。僩。

「利善若只是利善，則易理會。今人所爲處都是利，只管硬差排道是善。今人直是差處多。只一條大路；其餘千差萬别，皆是利〔一五五〕路。」因舉張子韶小説云云。賀孫。

「利與善之間。」若纔有心要人知，要人道好，要以此求利禄，皆爲利也。這個極多般樣，雖所爲皆善，但有一毫欣慕外物之心，便是利了。如一塊潔白物事，上面只着一點黑，便不得爲白矣。又如好底物事，如腦子之屬，上面只着一點糞穢，便都壞了，不得爲香矣。若是糞穢上面假饒着一堆腦麝，亦不濟事。做善須是做到極盡處，方唤做善。僩。

楊子取爲我章

道夫〔一一五六〕問：「楊墨固是皆不得中。至子莫又要安排尋〔一一五七〕討個中執之。」曰：「子莫見楊墨皆偏在一處，要就二者之中而執之，正是安排尋討也。原其意思固好，只是見得不分明，依舊不是。且如『三過其門而不入』，在禹稷之時則可，在顔子則不可。『居陋巷』，在顔子之時則是中，在禹稷之時則非中矣。『居陋巷』則似楊氏，『三過其門而不入』則似墨氏。要之，禹稷似兼愛而非兼愛，顔子似爲我而非爲我。」道夫云：「某〔一一五八〕常記先生云：『「中」，一名而函二義。這個「中」要與喜怒哀樂未發之「中」異，與中庸〔一一五九〕之「中」同。』」曰：「然。」道夫。

堯舜性之也章

「堯舜性之也」，「性」字似「禀」字。「湯武身之也」，是將這道理做成這個渾身，將這渾身做出這道理。「五伯假之也。久假而不歸，惡知其非有也」，舊時看此句甚費思量。有數樣說，今所留子說[一六〇]也自倒斷不下。僩。

「湯武反之」，其反之雖同，然細看來武王終是疏略，成湯却孜孜向進。如其伐桀，所以稱桀之罪只平說過，又放桀之後「惟有慚德」。武王數紂至於極其過惡，於此可見矣。人傑。[一六一]

或問：「『仁，人心也。』若假借爲之，焉能有諸己哉？而孟子却云五霸『久假而不歸，烏知其非有』，何也？」曰：「此最難說。前輩多有辨之者，然卒不得其說。『惡知』二字爲五霸設也，如云五霸自不知也。五霸久假而不歸，安知其亦非己有也。」去僞。議同。[一六二]

湯武固皆反之，但細觀其書，湯反之工[一六三]恐更精密。又如湯誓與牧誓數桀、紂之罪，詞氣亦不同。史記但書湯放桀而死，書武王則云[一六四]遂斬紂頭懸之白旗。又曰湯「有慚德」，如武王，恐亦未必有此意也。元秉。[一六五]

問：「『久假不歸，惡知其非有。』舊解苟[一六六]謂使其能久假而不歸，烏知終非其有？」曰：「諸家多如此說，遂引惹得司馬温公、東坡來闢孟子。」問：「假之之事，如責楚包茅不貢，與夫初歸[一六七]三命之類否？」曰：「他從頭都是，無一事不是。如齊桓尚自白直，恁地假將去，至晉文公做了千般蹺欹，所以夫子有正、譎之論。博議說譎、正處甚好，但說得來連自家都不好了。」又曰：「假之非利之之比。若要識得假與利，只看真與不真、切與不切。『如好好色，如惡惡臭』，正是利之之事也。」道夫云：「『安仁』便是『性之』，『利仁』便是『反之』，『假之』之規模自與此別。」曰：「不干涉。如『勉强而行』亦非此比。安、利、勉强皆是真切，但有熟不熟耳。」頃之，歎曰：「天下事誰不恁地！且如漢祖三軍縞素爲義帝發喪，他何嘗知所謂君臣之義所當然者！但受教三老，假此以爲名目[一六八]而濟其欲爾。」問：「如夫子稱管仲『如其仁』，也是從『假』字上說來否？」曰：「他只是言其有仁之功，未說到那『假』字上在。且如孺子入井，有一人取得出來，人且稱其仁，亦未說到那『納交、要譽、惡其聲而然』。」道夫問：「如此說，則『如』字如何解？」曰：「此直深許其爲仁耳。人多說是許其似仁而非仁，以文勢觀之，恐不恁地，只是許其仁耳。」道夫云：「『假之之事，真所謂『幽沉仁義』，非獨爲害當時，又且流毒後世。」曰：「此孟子所以不道桓文而卑管晏也。且如興滅繼絶，誅殘禁暴，懷諸侯而尊周室，百般好事他都做，只是無惻怛之誠心。他本欲他事之行，又恰有這題目入得，故不得不舉行。」道夫云：「此邵子所以有『功之首，罪之魁』之論。」曰：「他合下便是恁地。」道夫。

士何事章[一六九]

王子墊問士尚志一段，中間反覆說「仁義」二字，都有意，須思量得。僩。

舜爲天子章[一七〇]

舜爲天子，臯陶爲士，瞽瞍殺人。此亦言舜之心耳，非謂必有是事也。文蔚。[一七一]

問：「瞽瞍殺人，在臯陶則只知有法而不知有天子之父，在舜則只知有父而不知有天下。此只是聖賢之心坦然直截當事理[一七二]，不要旁[一七三]生枝節否？抑别有意耶？[一七四]」曰：「别亦無意，孟子只是言聖賢之心合下是如此權制，[一七五]有未暇論，然到極不得已處，亦須變而通之。蓋法者天下公共，在臯陶亦只得執之而已。若人心不許舜棄天下而去，則便是天也。臯陶亦安能違天？蓋法與理便即是人心[一七六]，亦須是合下有如此底心方能爲是權制。今人於事合下無如此底心，其初便從權制去，則不可。」淳。

「桃應之問，孟子之對，楊氏有『議貴』之説，如何？」曰：「使舜爲天子，欲[一七七]免瞽瞍，則生議貴之法矣。」人傑。

孟子自范之齊章

問：「孟子言『居移氣，養移體』後，却只論居不論養，豈非居能移人之氣，亦如養之能移人之體乎？」曰：「有是居則有是養。居公卿則自有公卿底奉養，居貧賤則自有居貧賤底奉養。

言居則養在其中。」去僞。

形色天性章

至之問「形色，天性也[一七八]」。曰：「有這形便自有這色，所以下文只説『踐形』，蓋色便在形裏面。色，猶言容貌也。」時舉問：「『形』、『色』自是兩字否？」曰：「固是。」時舉。

問：「『形色天性』，[一七九]『色』字如何？」曰：「『色』，只是[一八〇]有形便有色，如『動容周旋中禮』，則色自正。如祭祀則必有敬之色，臨喪則必有哀之色，故下文只言『踐形』。」㽦。

形色上便有天性。視便有視之理，聽便有聽之理。闔祖。

敬之問「形色天性」。答曰：「凡一嚬一笑、一語一默，無非天理。惟聖人爲能盡之也。」時舉。[一八一]

「惟聖人可以踐形。」非踐履之謂，蓋言聖人所爲便踏着個[一八二]形色之性耳。道夫。

「踐形」，是有這個物事，脚實踏着，不闕了他個。有是形便有是理，盡得這個理，便是踐得這個形。耳目本有這個聰明，若不盡其聰明時，即[一八三]便是闕了這個形，不曾踐得。恪。

「孟子『形色天性也』，却云唯聖人然後可以踐形，而獨不云色，何也？」[一八四]曰：「有此形則有此色，如鳥獸之形自有鳥獸顔色，草木之形自有草木顔色。言形則色在其中矣。」謨。人

僴同。〔一八五〕

盡性，性有仁，須盡得仁；有義，須盡得義，無一些欠闕方是盡。踐形，人有形，形必有性。耳，形也，必盡其聰然後能踐耳之形；目，形也，必盡其明然後能踐目之形。踐形，如「踐言」之「踐」。伊川云「踐形是充人之形」，盡性、踐形只是一事。閎祖。

「形色天性也，聖人然後可以踐形。」〔一八六〕人之有形有色，無不各有自然之理，所謂天性也。惟聖人能盡其性，故即形即色，無非自然之理。所以人皆有是形，而必聖人然後可以踐其形而無歉也。「踐」如「踐言」之「踐」，伊川以爲「充人之形」是也。人傑。

飛卿問：「『既是聖人，如何却方可以踐形？』」曰：「踐如掩覆得過底模樣，如伊川説充其形，已自是説得好了。形只是這形體，色如『臨喪則有哀色，介胄則有不可犯之色』之類。天之生人，人之得於天，其具耳目口鼻者，莫不皆有此理。耳便必當無有不聽，目便必當無有不明，口便必能盡別天下之味，鼻便必能盡別天下之臭，聖人與常人都一般。惟衆人有氣禀之雜、物欲之累，雖同是耳也而不足於聰，雖同是目也而不足於明，雖同是口也而不足以別味，雖同是鼻也而不足以別臭。是雖有是形，惟其不足，故不能充踐此形。惟聖人，耳則十分聰而無一毫之不聰，目則十分明而無一毫之不明，以至於口鼻莫不皆然。惟聖人如此，方可以踐此形；惟衆人如彼，自不可以踐此形。」賀孫。

君子所以教者五章

或問：「『君子之所以教者』，諸先生説得如何？」曰：「諸先生不曾説得分明。曾子學到孔子田地，故孔子與他説一貫之道，此所謂『知時雨化之者也』。時雨云者，不先不後，適當其時而已。成德，如顔淵、閔子騫者是也。達財〔一八七〕，如冉有、季路是也。答問，如孟子與公孫丑、萬章之徒是也。有私淑艾者，横渠謂『正己而物正』，非然也。此五者，一節輕似一節。『大人正己而物正』，大小大事，不應安排在答問之下。以某觀之，此言爲不曾親聖人者設也。彼雖不曾承聖人之誨，私得於善治孔子之道者，亦足以發也，故又在答問之下。」去僞。

君子引而不發章〔一八八〕

「引而不發。」引，引弓也；發，發矢也。躍如，如踴躍而出，猶言「活潑潑地」也。人傑。

躍如，是道理活潑潑底發出在面前，如由中躍出。升卿。

「君子引而不發，躍如也。」須知得是引個甚麽？是怎生地不發？又是甚麽物事躍在面前？須是聳起這心與他看，教此心精一，無些子夾雜，方見得他那精微妙處。又曰：「道理散在天下事物之間，聖賢也不是不説，然也全説不得，自是那妙處不容説。然雖不説，只纔挑動那頭了時，那個物事自跌落在面前。如張弓十分滿而不發箭，雖不發箭，然已知得真個是中這物事了。須是精一其心，無些子他慮夾雜方看得出。」僩。

「『引而不發，躍如也』與『舉一隅不以三隅反』同意否？」曰：「這般有問答處儘好看，這見得恁地問便恁地答，最是酬酢處見意思，且自去看。」賀孫。〔一八九〕

或問：「范謂：『君子之射，引而不發以待彀與的之相偶。心欲必中，故躍如也。』此說如何？」曰：「范氏此說最好笑！豈有君子之射常引而不發者乎！只管引而不發，却成甚射也！『引而不發』之語，只緣上文說射，故有此語。此只是言君子之教人，但開其端以示人而已，其中自有個躍如底道理。學者須是識得這個道理，方知君子教人爲甚忠。故下云『中道而立，能者從之』。」從周。人傑、謨同。〔一九〇〕

知者無不知也章〔一九一〕

問：「『知者無不知也，當務之爲急；仁者無不愛也，急親賢之爲務。』〔一九二〕且〔一九三〕如舜舉臯陶，湯舉伊尹，所謂親賢者，乃治天下者不易之務。若當務之急，是隨其時勢之不同。堯之曆象、治水，舜之舉相、去凶，湯之伐夏、救民，皆所務之急者。」曰：「也是如此。然當務之急，如所謂『勞心者治人，勞力者治於人』。堯舜之治天下，豈無所用其心？亦不用於耕耳。又如夫子言『務民之義』，應係所當爲者，皆是也。」輔漢卿〔一九四〕問：「『不能三年之喪而緦小功之察，放飯流歠而問無齒決，是之謂不知務』，却止説智，不説仁？」曰：「便是併與仁説。所謂『急親賢之爲務』，豈不爲仁乎？」先生因是〔一九五〕推言：「學者亦有常務。如孟子論今樂古樂，則與民同樂乃樂之本，學者所當知也。若欲明其聲音節奏，特樂之一事耳。又如修緝禮書，亦是學者之一事。學者須要窮其源本，放得大水下來，則如海潮之至，大船小船莫不浮泛者。上面無水來，則大船小船都動不得。如講學既能得其大者，則小小文義自是該通。若只於淺處用功，則必不免沉滯之患矣。」人傑。

「知者無不知也。」問：「知在先否？」曰：「也是如此，亦不學如此。固是用知得審。若知不審，以賢爲否，以否爲賢，少間那仁上便安頓不着。」僩。

正淳問：「『急先務』一段何如？」曰：「人人各有當務之急。『或勞心，或勞力，勞心者治人，勞力者治於人』，此各有所急也。『堯以不得舜爲己憂，舜以不得禹、皐陶爲己憂』，此聖人之所急也。『上好禮則民莫敢不敬，上好義則民莫敢不服，上好信則民莫敢不用情』，若學圃、學稼則是不急。今人讀書中亦自有合着急處，若是稍慢處理會未得也且放過不妨，緊要處須着理會。」又問：「『急親賢也，急先務也』，治天下莫過於親賢，知却隨時因事爲之，故不指言。如舜之舉相、去凶，是舜之先務；禹之治水，是禹之先務，何如？」曰：「大略是如此。下文云『此之謂不知務』，須是凡事都有輕重緩急。如眼下修緝禮書固是合理會，若只知有這個，都困了，也不得。又須知自有要緊處，乃是當務。又如孟子答『今之樂，猶古之樂』，這裏且要得他與百姓同樂是緊急。若就這裏便與理會今樂若[一九六]古樂，便是不知務。」賀孫。[一九七]

【校勘記】

[一]由於　成化本爲「只爲」。

[二]彼　成化本作「往」。

[三]性　成化本此下有「非也」。

[四]知　成化本作「之」。

[五]者　成化本無。

[六]只　成化本此上有「知」。

[七]知　成化本作「先」。

[八]性之理　成化本無。

[九]之　成化本作「知」。

〔一〇〕牢　成化本作「字」。

〔一一〕則　成化本無。

〔一二〕集解中説　成化本無。

〔一三〕字　成化本此下有「義」。

〔一四〕裹　成化本作「事」。

〔一五〕做　成化本作「挨」。

〔一六〕人　成化本此上有「如今」。

〔一七〕賀孫　成化本無。

〔一八〕蔡季通　成化本爲「季通」。

〔一九〕偶　成化本作「鶻」。「偶」爲「愲」之誤。

〔二〇〕故　成化本無。

〔二一〕教　成化本無。

〔二二〕這　成化本無。

〔二三〕盡性　成化本此下注曰：「池録作『盡忠盡信』。」

〔二四〕過　成化本無。

〔二五〕話　成化本作「語」。

〔二六〕曰　成化本爲「先生云」。

〔二七〕盡　成化本作「存」。

〔二八〕其理曉然猶以無便未能及此　成化本無。

〔二九〕且　成化本無。

〔三〇〕是　成化本作「足」。

〔三一〕成化本此下注曰：「專論『盡心』。」

〔三二〕盡　成化本此上有「能」。

〔三三〕成化本此下注曰：「此段句意恐未真。」

〔三四〕誠意　成化本爲「意誠」。

〔三五〕爲　成化本爲「爲之」。

〔三六〕伯羽　成化本作「砥」。

〔三七〕留　成化本作「胸」。

〔三八〕成化本此下注有「道夫」。

〔三九〕敬之　成化本爲「黄敬之」。

〔四〇〕曰　成化本此下注曰：「倪録云：『知天是知源頭來處。』」

〔四一〕公共道理　成化本此下注曰：「倪録作『公共之本原』。」

［四二］矣　成化本此下注曰：「僩録此下云：『又問「存心養性」。曰：「存得父子之心盡，方養得仁之性；存得君臣之心盡，方養得義之性。」』」

［四三］南升同　成化本無。

［四四］曰　成化本無。

［四五］成化本此下注曰：「末二句恐誤。」

［四六］盡心謂事物之理……則知此理之自然　成化本無。

［四七］此條人傑録成化本載於卷六十四，而底本卷六十四重複載録。

［四八］公晦　成化本爲「方子」。此條成化本載於卷十二，底本卷十二重複載録。

［四九］存心養性所以事天也　成化本無。

［五〇］處　成化本無。

［五一］知性知天　成化本爲「知天知性」。

［五二］得　成化本無。

［五三］成化本此下注曰：「盡知存養。」

［五四］知　成化本此上有「孟子説」。

［五五］既　成化本此上有「敬之問『夭壽』至『命也』。曰」。

［五六］今　成化本無。

〔五七〕夭壽不貳章　成化本爲「夭壽不貳修身以俟之所以立命也壽夭是天命修身是順天命安於天理之正無一毫人欲計較之私而天命在我方始流行。」

〔五八〕貳　成化本爲「夭壽不貳」。

〔五九〕功　成化本此下有「『立命』一句更用通下章看」。

〔六〇〕問　成化本爲「又問」。

〔六一〕正　成化本此下有「若是人力所致者，如何是命」。

〔六二〕未　成化本作「不」。

〔六三〕有　成化本無。

〔六四〕既　成化本作「順」。

〔六五〕命　成化本此下有「或如比干剖心，又不可不謂之正命」。

〔六六〕因　成化本無。

〔六七〕時　成化本作「嘗」。

〔六八〕如　成化本爲「一似」。

〔六九〕時舉因問　成化本爲「子善問」。

〔七〇〕孟子之言命與今世俗之言命者正相反　成化本無。

〔七一〕殺　成化本作「死」。

[七二] 如此　成化本無。

[七三] 相似也　成化本爲「因舉橫渠行同報異與氣遇等語伊川却道他説遇處不是又曰這一段文勢直是緊若精神鈍底真個趕他不上如龍虎變化直是捉搦他不住」。

[七四] 時舉南升同　成化本爲「倪時舉略」。

[七五] 橫渠　成化本作「問」。

[七六] 如何　成化本無。

[七七] 張子云　成化本無。

[七八] 離　朱本作「雜」。

[七九] 成化本此下注有「集注」。

[八〇] 而　成化本無。

[八一] 則　成化本無。

[八二] 道　成化本此下有「率性之謂道」。

[八三] 賜　成化本爲「夔孫」。

[八四] 個　成化本作「是」。

[八五] 合虚字便説理合虚與氣所以有人　成化本爲「合虚與氣有性之名虚字便説理理與氣合所以有人」。

[八六] 是　成化本無。

［八七］之　成化本無。

［八八］言　成化本此上有「當」。

［八九］則性　成化本無。

［九〇］一之　成化本作「寓」。

［九一］星　成化本此下注曰：「饒録無此七字。却云『盡心者，以其知性』。」

［九二］正卿　成化本爲「學蒙。集義」。按，據朱子語録姓氏：「林學蒙，字正卿。」

［九三］謨去僞同　成化本爲「去僞」。

［九四］盡其心者知其性　成化本爲「或問」。

［九五］玩　成化本作「味」。

［九六］不盡　成化本爲「未體」。

［九七］體物窮理　成化本爲「窮理體物」。

［九八］心　成化本此下有「者」。

［九九］性　成化本此下有「者」。

［一〇〇］問　成化本作「開」。

［一〇一］名　成化本作「老」。

［一〇二］謨去僞人傑同　成化本爲「去僞」。

〔一〇三〕性　成化本此下有「一段」。

〔一〇四〕處　成化本此下有「説」。

〔一〇五〕在人言之便有正有不正……便是不正之命　成化本爲「在人言之……便是不正之命」。

〔一〇六〕因問惠迪吉從逆凶之意　成化本爲「問莫非命也順受其正因推惠迪吉從逆凶之意」。

〔一〇七〕罪　成化本無。

〔一〇八〕這　成化本無。

〔一〇九〕亦　成化本無。

〔一一〇〕被　成化本無。

〔一一一〕庚　成化本無。

〔一一二〕履孫　成化本作「砥」。按，據朱子語録姓氏，潘履孫字坦翁，劉砥字履之。

〔一一三〕地　成化本無。

〔一一四〕道夫　成化本無。

〔一一五〕者　成化本作「去」。

〔一一六〕看　成化本爲「窮看」。

〔一一七〕成化本此下有「集義」。

〔一一八〕夫訂頑一篇……其言曰　成化本爲「横渠曰」。

〔一一九〕與　成化本作「於」。

〔一二〇〕謨人傑去僞同　成化本爲「去僞銖同」。

〔一二一〕若　成化本無。

〔一二二〕謨去僞同　成化本爲「去僞」。

〔一二三〕道夫　成化本作「驤」。

〔一二四〕喫　成化本此下注曰：「夔孫録云：『纔見不恕時便須勉强，如飢便喫飯。』」

〔一二五〕元秉　成化本爲「儒用夔孫同」。

〔一二六〕此條祖道録成化本無。

〔一二七〕驢虞如也　成化本無。

〔一二八〕下　成化本此下有「至」。

〔一二九〕又謂所過者化所存者神　成化本無。

〔一三〇〕只　成化本此上有「小補」。

〔一三一〕所謂　成化本無。

〔一三二〕也　成化本作「化」。

〔一三三〕成化本此下注有「集義」。

〔一三四〕如　成化本無。

〔一三五〕設　成化本作「説」。

〔一三六〕所過者化所存者神　成化本無。

〔一三七〕處　成化本此下有「是否」。

〔一三八〕遠　成化本作「速」。

〔一三九〕伊川云　成化本無。

〔一四〇〕謨去僞人傑略同　成化本爲「去僞」。

〔一四一〕謨録同　成化本無。

〔一四二〕孟子荀子　成化本爲「孟荀」。

〔一四三〕無他　成化本無。

〔一四四〕道夫　成化本無。

〔一四五〕自　成化本爲「自是」。

〔一四六〕所　成化本無。

〔一四七〕淳　成化本爲「安卿」。又此條末「淳」成化本爲「義剛」。

〔一四八〕又　成化本爲「問仁義禮智根於心」。

〔一四九〕個　成化本無。

〔一五〇〕也　成化本無。

〔一五一〕個　成化本無。
〔一五二〕是　成化本無。
〔一五三〕入聲　成化本無。
〔一五四〕入聲　成化本無。
〔一五五〕利　成化本作「私」。
〔一五六〕道夫　成化本無。
〔一五七〕尋　成化本無。
〔一五八〕某　成化本無。
〔一五九〕中庸　成化本爲「時中」。
〔一六〇〕子説　成化本爲「二説」。
〔一六一〕此條人傑録成化本載於卷六十一。
〔一六二〕議同　成化本無。
〔一六三〕反之工　成化本爲「反之之工」。
〔一六四〕書武王則云　成化本爲「武王」。
〔一六五〕元秉　成化本爲「儒用」，且此條載於卷六十一。
〔一六六〕苟　成化本作「多」。

［一六七］歸　成化本作「命」。

［一六八］目　成化本無。

［一六九］士何事章　成化本爲「王子墊問曰章」。

［一七〇］舜爲天子章　成化本爲「桃應問曰章」。

［一七一］此條文蔚録成化本無。

［一七二］當事理　成化本爲「當事主一」。

［一七三］旁　成化本無。

［一七四］抑別有意耶　成化本無。

［一七五］別亦無意孟子只是言聖賢之心合下是如此權制　成化本爲「孟子只是言聖賢之心耳聖賢之心合下是如此權制」。

［一七六］心　成化本此下有「底」。

［一七七］欲　成化本此上有「又」。

［一七八］天性也　成化本無。

［一七九］形色天性　成化本無。

［一八〇］色只是　成化本無。

［一八一］此條時舉録成化本以部分内容爲注，夾於南升録中，參成化本卷六十「敬之問形色天性……曰固

是」條。

［一八二］個　成化本此上有「這」。

［一八三］即　成化本無。

［一八四］孟子形色天性也……何也　成化本爲「問形色天性下只説踐形而不云色何也」。

［一八五］謨人傑同　成化本爲「去僞」。

［一八六］形色天性也聖人然後可以踐形　成化本無。

［一八七］財　朱本作「材」。

［一八八］君子引而不發章　成化本爲「公孫丑曰道則高矣美矣章」。

［一八九］此條賀孫録底本卷三十四重複載録。

［一九〇］從周人傑謨同　成化本爲「去僞」。

［一九一］知者無不知也章　成化本此上有「於不可已而已章」，且載有一條語録，曰：「『進鋭退速』，其病正在意氣方盛之時，已有易衰之勢，不待意氣已衰之後，然後見其失也。」

［一九二］知者無不知也……急親賢之爲務　成化本無。

［一九三］且　成化本無。

［一九四］輔漢卿　成化本爲「漢卿」。

［一九五］是　成化本無。

〔一九六〕若　成化本作「非」。

〔一九七〕成化本此下注曰：「人傑録别出。」且下條爲人傑録，參本卷人傑録「問知者無不知也……則必不免沉滯之患矣」條。

晦庵先生朱文公語類卷第六十一

孟子十一

盡心下

盡信書不如無書[一]章

「血流漂杵」，[二]孟子説「盡信書不如無書」者，只緣當時恁地戰鬭殘戮，恐當時人以此爲口實，故説此。然「血流漂杵」，看上文自説「前徒倒戈，攻其後以北」，「血流漂杵」[三]不是武王殺他，乃紂之人自蹂踐相殺。荀子云：「所以殺之者，非周人也，商人也。」賀孫。

舜之飯糗茹草章

或問：「『二女果』，趙氏以『果』爲『侍』，有所據否？」曰：「某嘗推究此。廣韻從『女』從

『果』者亦曰『待也』。」去僞。

好名之人章

「好名之人能讓千乘之國，苟非其人，簞食豆羹見於色」，[四]蓋能[五]讓千乘之國，惟賢人能之，然好名之人亦有時而能之。然若不是真個能讓之人，則於小處不覺發見矣。蓋好名之人本非真能讓國也，徒出一時之慕名而勉强爲之耳。然這邊雖能讓千乘之國，那邊簞食豆羹必見於色。東坡所謂「人能碎千金之璧，而不能不失聲於破釜」，正此意也。「苟非其人」，其人指真能讓國者，非指好名之人也。僩。

徐孟寶問「好名之人能讓千乘之國」。答曰：「會得東坡説『能碎千金之璧，不能不失聲於破釜』否？」徐[六]云：「如此，則『能讓千乘之國』只是好名，至『簞食豆羹見於色』却是實情也。」曰：「然。」徐[七]云：「如此説時，好名大故未是好事在。」曰：「只李守約之祖光祖删定，曾如此説來。某嘗把此一段對『向爲身死而不受』一段爲義。蓋前段是好名之心勝[八]，大處打得過，小處漏綻也；動於萬鍾者是小處遮掩得過，大處發露也。」大雅。

民爲貴章

「『旱乾水溢則變置社稷』，[九]伊川云：『勾龍配食於社，棄配食於稷。始以其有功於水土，故祀之。今以其水旱，故易之。』夫勾龍與棄，誠有功於水土者也。後世祀之，不忘本爾。旱乾水溢，數存乎天，以是變置，彼何罪焉？[一〇]二神之功，萬世所賴；旱乾水溢，一時之災。以一時之災而遽忘萬世之功，可乎？二神，天下之通祀者也。此國水旱，此國廢之，詎能使他國之皆不祀耶？一國之不祀而他國祀之，猶無廢也。伊川乃如此言，果可盡信否？[一一]」曰：「『變置社稷』，非謂[一二]易其人而祀之，如伊川之説也，蓋言遷社稷壇場於他處耳。」謨。

仁也者人也章

或問「仁者，人也」。曰：「仁是仁，不可説。故以人爲説者，是就人性上説。」節。

「仁者，人也。」人之所以爲人者，以其有此而已。一心之間渾然天理，動容周旋，造次顛沛，不可違也。一違則私欲間乎其間，爲不仁矣。雖曰二物，其實一理，蓋仁即心也，不是心外別有仁也。椿。

「仁者，人也。合而言之，道也」，此是説此仁是人底道理，就人身上體認出來。又就人身上説，合而言之便是道也。㽦。

「仁者，人也」，非是以人訓仁。且如君臣之義，君臣便是人，義便是仁；盡君臣之義即是道，所謂「合而言之」者也。賀孫。〔一三〕

或問：「『仁者人也，合而言之，道也』，如何？」先生云：〔一四〕「人之所以得名，以其仁也。言仁而不言人，則不見理之所寓；言人而不言仁，則人不過是一塊血肉耳。必合而言之方見得道理出來。」因言：「『仁』字最難形容，是個柔軟有知覺、相酬接之意，此須是自去體認，『切問而近思，仁在其中矣』。」〔一五〕

問：「『孟子曰「仁也者，人也」』一章，〔一六〕先生謂外國本下更有『云云』者，何所據？」曰：「向見尤延之説高麗本如此。」廣。

問：「仁與道如何分別？」曰：「道是統言，仁是一事。如『道路』之『道』，千枝百派皆有一路去。故中庸分道德曰父子、君臣以下爲天下之達道，智仁勇爲天下之達德。君有君之道，臣有臣之道。德便是個行道底。故爲君主於仁，爲臣主於敬。仁〔一七〕可喚做德，不可喚做道。」寓。〔一八〕

淳〔一九〕問「仁也者，人也」。曰：「此『仁』字不是别物，即是這人底道理。將這仁與人合便是道，程子謂此猶『率性之謂道』也。如中庸『仁者人也』是對『義者宜也』，意又不同。『人』字是以人身言之；『仁』字有生意，是言人之生道也。中庸説『仁』字又密，上言『修身以道，修道以仁』，便説『仁者人也』，是切己言之。孟子是統而言之。」徐問禮記「仁者右也，道者左也；仁者人也，道者義也」。曰：「這般話理會作甚！」淳。

貉稽曰稽大不理於口〔二〇〕章

或問：「孟子曰：『「憂心悄悄，愠于群小」，孔子也；「肆不殄厥愠，亦不隕厥問」，文王也。』〔二一〕夫〔二二〕『肆不殄厥愠，亦不隕厥問』，此大雅緜之八章所以言文王者如此，〔二三〕孟子以是稱文王，無足怪者〔二四〕。若〔二五〕『憂心悄悄，愠于群小』，此則衛邶柏舟之詩也，〔二六〕何與孔子？而孟子〔二七〕以此稱孔子，何也？」曰：「此不必疑。如見毁於叔孫，幾害於桓魋，皆『愠于群小』也。辭則衛詩，意似孔子之事，故孟子以此言孔子。至於緜詩『肆不殄厥愠』之語，注謂説文王。以詩考之，上文正説太王，下文豈得便言文王如此？意其間須有闕文。若以爲太王事，則下文〔二八〕却有『虞芮質厥成』之語。某嘗作詩解，至此亦曾有説。」謨。去僞同。〔二九〕

口之於味也章

徐震問：「『口之於味』以至『四肢之於安佚』，是性否？」曰：「豈不是性？然以此求性不可，故[三〇]『君子不謂性也』。」人傑。

敬之問：「『有命焉，君子不謂性也』，『有命焉』乃是聖人要人全其正性。」曰：「不然。此分明說『君子不謂性』，這『性』字便不全是就理上說。夫口之欲食，目之欲色，耳之欲聲，鼻之欲臭，四肢之欲安逸，如何自會恁地？這固是天理之自然。然理附於氣，這許多却從血氣軀殼上發出來。故君子不當以此爲主，而以天命之理爲主，都不把那個當事，但看這裏合如何。『有命焉，有性焉』，此『命』字與『性』字是就理上說。『性也，君子不謂性也；命也，君子不謂命也』，此『性』字與『命』字是就氣上說。」賀孫。

「仁之於父子，義之於君臣，禮之於賓主，智之於賢者，聖人之於天道，命也；有性焉，君子不謂命也。」此「命」字有兩說，一以所稟言之，一以所值言之。集注之說是以所稟言之。清而厚則仁之於父子也至，若瞽瞍之於舜，則薄於仁矣；義之於君臣也盡，若桀紂之於逢干，則薄於義矣。禮薄而至於賓主之失其歡，智薄而至於賢者之不能盡知其極。至於聖人之於天道，有「性之」「反之」之不同。如堯舜之盛德固備於天道，若「禹入聖域而不優」，則亦其稟之有未純處，是皆所謂命也。人傑。

或問：「『聖人之於天道』，文勢與上文一否？」曰：「與上文一。『堯舜性之』，則盡矣；『湯武身之』，則未也。」履孫。

「性也，有命焉，君子不謂性；　命也，有性焉，君子不謂命」，是因甚有兩樣？閎祖。

「性也，有命焉」，「性」字兼氣稟而言。「命也，有性焉」，此「性」字專言其理。伯羽。

「口之於味，[三一]性也，有命焉」，此「性」是氣稟之性，「命」則是限制人心者。「仁之於父子，[三二]命也，有性焉」，此「命」是氣稟有清濁，「性」則是道心者。公晦。

直卿云：「孟子『論性命』章，[三三]兩『性』字、兩『命』字都不同。上面『性』字是人心，下面『性』字是道心。上面『命』字是氣，論貧富貴賤；下面『命』字是理，論智愚賢不肖。」正。[三四]

問：[三五]「『君子不謂性命』章，前段說性是物欲之性，命是命分；後段說性是仁、義、禮、智之性，命是稟賦之命。似各不同。」曰：「只是一般。此亦不難解，有甚麼玄妙？只將自家身看便見。且如嗜芻豢而厭藜藿，是性如此，然芻豢分無可得，只得且喫藜藿。如父子有親，有相愛底，亦有不相愛底，有相愛深底，亦有相愛淺底，此便是命。然在我有薄處便當勉強以至其厚，然[三六]在彼有薄處吾當致厚以感他厚[三七]。如瞽瞍之頑，舜便能使『烝烝乂，不格姦』。」胡[三八]問：「瞽瞍之惡彰彰於天下後世，舜何以謂之『大孝』？」曰：「公且自與他畫策。瞽瞍頑嚚，天知地聞，舜如何掩得！且說今遇瞽瞍之父，公便要如何？」安卿。[三九]

或問「命」字之義。曰：「命謂天之付與，所謂天令之。所謂命有兩般：[四〇]有以氣言者，厚薄清濁之[四一]不同也，如所謂『道之將行、將廢，命也』、『君子不謂命』[四二]是也；有以理言者，天道流行，付與在人則爲仁、義、禮、智之性，如所謂『五十而知天命』、『天命之謂性』是也。二者皆天所付與，故皆曰命。」又問：「孟子謂『性也，有命焉』，此『性』所指謂何？」曰：「此『性』字指氣質而言，如『性相近』之類。此『命』字却合理與氣而言，蓋五者之欲固是人性，然有命分，既不可謂我性之所有而必求得之，又不可謂我分可以得而必極其欲。如貧賤不能如願，此固分也；富貴之極可以無所不爲，然亦有限制裁節，又當安之於理。如紂之酒池肉林，却是富貴之極而不知限節之意，若以其分言之固無不可爲，但道理却恁地不得。今人只説得一邊，不知合而言之，未嘗不同也。『命也，有性焉』，此『命』字專指氣而言，此『性』字却指理而言。如舜遇瞽瞍固是所遇氣數，然舜惟盡事親之道、期於底豫，此所謂盡性。大凡清濁厚薄之稟皆命也，所造之有淺有深，所遇之有應有不應，皆厚薄清濁之分不同。且如聖人之於天道，如堯舜則是性之，湯武則是身之，禹則『入聖域而不優』，此是合下所稟有清濁，而所造有淺深不同。如夫子之聖而不得位以行其道，文王之囚羑里，[四三]此是合下來所稟有厚薄，而所遇有應不應，但其命雖如此，又有性焉，故當盡性。大抵孟子此語是各就其所重言之，所以伸此而抑彼，如論語所説審富貴而安貧賤之意，蓋[四四]張子所謂『養則自[四五]命於天，道則責成於己』是也。」又曰：[四六]「自要看得活。道理不是死底物，在人自着力也。」[四七]銖。

或問「君子不謂性命」。曰：「論來『口之於味，目之於色，耳之於聲，鼻之於臭，四肢之於安佚』，固是性，然亦便是合下賦予之命。『仁之於父子，義之於君臣，禮之於賓主，智之於賢者，聖人之於天道』，固是命，然亦便是各得其所受之理，便是性。孟子恐人只見得一邊，故就其所主而言。舜禹相授受，只説『人心惟危，道心惟微』。論來只有一個心，那得有兩樣？只就他所主而言，那個便喚做『人心』，那個便喚做『道心』。人心如『口之於味，目之於色，耳之於聲，鼻之於臭，四肢之於安佚』，若以爲性所當然，一向惟意所欲，却不可。蓋有命存焉，須着安於定分，不敢少過始得。道心如『仁之於父子，義之於君臣，禮之於賓主，智之於賢者，聖人之於天道』，若以爲命已前定，任其如何更不盡心，却不可。蓋有性存焉，須着盡此心，以求合乎理始得。」又曰：「『口之於味，目之於色，耳之於聲，鼻之於臭，四肢之於安佚』，這雖説道性，其實這已不是性之本原。惟性中有此理，故口必欲味，耳必欲聲，目必欲色，鼻必欲臭，四支必欲安佚，自然發出如此。若本無此理，口自不欲味，耳自不欲聲，目自不欲色，鼻自不欲臭，四支自不欲安佚。」賀孫。

「『君子不謂性命』一章，只要遏人欲、長天理。前章[四八]人以爲性我所有，須要必得；後章[四九]人以爲命則在天，多委之而不修。所以孟子到人説性處却曰『有命』，人説命處却曰『有性』。」或曰：「先生嘗言『前章[五〇]要輕看，後章[五一]要重看』。」曰：「固有此理，想曾言之。」謨。

問：「『智之於賢者，聖人之於天道』，集注尚存兩説。」曰：「兩説皆通，前章又似周密。」

問：「賢者必智，何爲却有淺深？天道必在聖人，何爲却有厚薄？」曰：「聖賢固有等差。如湯武之於堯舜，武王之於文王，便自可見。」謨。

或問：「孟子言『君子不謂性命』，[五二]伊川曰：『口、目、鼻、耳、四支之欲，性也。然有分焉，不可謂我須要得，是有命也。』又曰：『「仁之於父子」止「聖人之於天道」』，謂之命者，以其稟受有厚薄故也。然其性善可學而盡，故謂之性與。』天[五三]人之分量固有厚薄，所以其口、目、耳、鼻、四支之欲不可以言性，伊川前説是矣。若夫[五四]仁、義、禮、智、天道，此天之所以命於人，所謂『本然之性』者是[五五]也。今曰命有厚薄，則是本然之性有兩般也，豈其然乎？[五六]若曰伊川以厚薄言人氣質稟受於陰陽五行者如此，孟子不應言命。若以氣質厚薄之[五七]命，則是天之降才爲有殊矣。某又嘗疑此一節[五八]如言仁則曰『仁之於父子』，如[五九]言義則曰『義之於君臣』，言禮、言智亦然。至言天道，則曰『聖人之於天道』，文勢至是當少變邪，抑所以變者[六〇]自有意邪？」曰：「孟子言『降才』且如此説。若命則誠有兩般，以由[六一]稟受有厚薄也，又不可謂稟受爲非命也。大抵天命流行，物各有得，不謂之命不可也。命，如人有貧富貴賤，豈不是有厚薄？『知之於賢者』則有小大，『聖人之於天道』亦有盡不盡處。只如『堯舜性之』則是盡得天道，『湯武身之』則是於天道未能盡也。此固是命，然不可不求之於性。」人傑。[六二]

問：「『智之於賢者』，或云『吾既有智，則賢者必見知[六三]』，此説如何？」曰：「如此解，以論[六四]勢倒而不順。須從横渠云[六五]『晏嬰之智而不知仲尼，豈非命歟』。然此『命』字恐作兩段[六六]看，若作所禀之命，則是嬰禀得智之淺者；若作命分之命，則晏子偶然蔽於此，遂不識夫子。此是作兩般看。」賜。

劉問：「孟子『性也，有命焉，有性焉』，看得[六七]將性、命做兩件。子思『天命之謂性』又合性命爲一。如何？」曰：「須隨聖賢文意看。孟子所謂命是兼氣禀而言，子思專以天所賦而言。」又問：「易言『窮理盡性，以至於命』，如何？」先生不答。少頃，曰：「不要如此看文字。游定夫初見伊川，問『陰陽不測之謂神』。伊川曰：『賢是疑了問？只揀難底問？』後來人便道游將難底問。大意要且將聖賢言語次第看，看得分曉，自然知得。伊川易傳序云：『求言必自近。易於近者，非知言者也。』此伊川喫緊爲人處。」寓。

或問「聖人之於天道」一段，以示諸友。祖道曰：「伯豐舉錢文季之説，大概言命處只將所爲[六八]禀之命，莫是偏了？」曰：「此説亦是。如集注中舉横渠説云，以晏子之賢而不識孔子，豈非命也？已有此意了。如伯豐見識所立，亦甚難得。」祖道。

樂正子何人也章[六九]

「可欲之謂善。」可欲只是説這人可愛也。淳。

善人只是渾全一個好人，都是「可欲」，更無些可嫌處。審如是言，則「可欲」云者，惟已到善人地位者乃可當。學者必須於「善」字上求用功處，但莫做可憎可惡便了。人傑。[七〇]

問「可欲之善」。曰：「爲君仁、爲臣敬、爲父慈、爲子孝是也。外是而求則非。」大雅。

時舉[七一]問：「『可欲之謂善』，若作人去欲他，恐與『有諸己之謂信』不相協。蓋『有諸己』是説樂正子身上事，『可欲』却做人説，恐未安。」曰：「此便是他有可欲處人便欲之[七二]，豈不是渠身上事耶？與下句非不相協。」時舉。

問「可欲之謂善，有諸己之謂信，充實之謂美」。曰：「善人只是個[七三]資質好底人，孔子所謂『不踐跡，亦不入於室』者是也。是個都無惡底人，亦不知得如何是善，只是自是個好人而已。『有諸己之謂信』便[七四]是都知得了，實是如此做。此是就心上説，心裏都理會得。『充實之謂美』是就行上説，事事都行得盡，充滿積實，美在其中而無待於外。如公等説話，都是去外面旋討個善來栽培放這裏，都是有待於外。如仁，我本有這仁却不曾知得，却去旋討個仁來注解了方曉得這是仁，方堅執之而不失。如義，我元有這義却不曾知得，却旋去討個義來注解了方曉得這是義，堅守之而勿失。這都是有待於外。無待於外底，他善都在裏面流出來，韓文公所謂『足乎己、無待於外之謂德』是也。有待於外底，如伊川所謂『富人多寶，貧子借[七五]看』之喻是也。」又曰：「『可欲之謂善』，如人有百萬貫錢，世界他都不知得，只認有女[七六]使、有屋住、有飯喫、有衣着而已。『有諸己之謂信』，則知得我有許多田地，有許多步畝，有許多金銀珠玉，是如何營運，是從那裏來，盡知得了。」僩。

古人用「聖」字有兩樣。「大而化之之謂聖」是一般。如「知仁聖義」之「聖」又是一般[七七]，此只是[七八]通明亦謂之聖。學蒙。[七九]

問「可欲之謂善」至「聖而不可知之謂神」。曰：「善，渾全底好人，無可惡之惡，有可喜可欲之善。『有諸己之謂信』，謂[八〇]真個有此善。若不有諸己則若存若亡，如此則[八一]不可謂之信。自此而下，雖一節深如一節，却易理會。『充實』謂積累之[八二]，『光輝』謂發見於外。『化』則化其大之之迹之謂聖[八三]，『聖而不可知』處便是神也。所以明道言『仲尼無迹，顏子微有迹，孟子其迹著』。」或問顏子之微有迹處。答云：「如『願無伐善，無施勞』皆是。若孔子有迹，只是人捉摸不着。」去僞。謨同。[八四]

「樂正子，二之中」，是知好善而未能有諸己，故有從子敖之失。人傑。[八五]

「可欲之謂善。」人之所同愛而目爲好人者，謂之善人。蓋善者人所同欲，惡者人所同惡。其爲人也，有可欲而無可惡，則可謂之善人也。横渠曰：「志仁無惡之謂善，誠善於身之謂信。」人傑。[八六]

問「可欲之謂善」。曰：「横渠説，善人者志於仁而無惡。蓋可欲底便是善，可惡底便是惡。

若是好善又好惡，却如何得有諸己？此語脈爾，不必深求，只是指人說。[八七]」又問：「如[八八]至『大而化之』，皆是指人否？」[八九]曰：「固是自善信推將去，[九〇]然須是有個善方推得。譬如合一藥，須先有真藥材，然後和合羅碾得來成藥。若是藥材不具[九一]，雖百物羅碾，畢竟不是。[九二]」畬。

道理本平易，多被人說得深了。如「可欲之謂善，有諸己之謂信」，只是統善人信人。人傑。[九三]

程子曰：「乾，聖人之分也，可欲之善屬焉；坤，賢人之分也，有諸己之信屬焉。一個是自然，一個是做工夫積習而至。」又曰：「善、信、美、大、聖、神，是六等人。『可欲之謂善』是說資稟好，『可欲』是別人以爲可欲，『有諸己之謂信』是說學。」又曰：「『直方大』，直方然後大。積習而至，然後能『不習無不利』。」閎祖。

「伊川云『「大而化之」只是理與己一』，橫渠云『大成性之謂聖』，先生云『化其大之迹之謂聖』，三者恐是一意。」曰：「然。」人傑。[九四]

或問：「『可欲之謂善。』伊川云『善與「元者善之長」同理』，又曰『善便有個元底意思』。橫渠云『求仁必求於未惻隱之前，明善必明於可欲之際』。二先生言善皆是極本窮源之論，發明『善』字而已，至於『可欲』之義，則未有說也。近世學者多要於『可欲』上留意。有曰：『一性之真，其未發也，無思無爲，難以欲言；無欲則無可無不可。及其感而遂通，則雖聖人，未免有欲；有欲則可不可形焉。可者，天理也；不可者，人欲也。可者欲之而不可者不欲，非善己乎？』不知此説是否？」曰：「不須如此説。善人只是渾全一個好人，都可愛可欲，更無些憎嫌處。」問：「審如是言，[九五]則『可欲』又自[九六]惟已到善人地位者乃可常[九七]之。若學者可欲爲善，當如何用工？」曰：「『可欲』只是都無可憎惡處。學者必欲於『善』字上求用工處，但莫做可憎可惡事便了。」金録止此。[九八]問：「『充實之謂美』，『充實而有光輝之謂大』。[九九]某竊謂[一〇〇]充實云者，如[一〇一]信有是善而已。今乃充而實之，非美乎？易曰『美在其中，而暢於四肢』，此之謂也。『充實而有光輝』云者，和順積於中，英華發於外。故此有所形見，彼有所觀覩，非大乎？孟子曰『大人正己而物正』，此之謂也。横渠謂『充内形外之謂美，塞乎天地之間則有光輝之意』，不知此説然乎？」曰：「横渠之言非是。」又問：「『「大而化之之謂聖，聖而不可知之謂神」，非是聖上别有一般神人，但聖人有不可知處便是神也。』又以上竿弄瓶、習化其高[一〇二]爲喻，則其説亦既明矣。但『大而化之之聖』此句各有一説，未知其意同否？伊川曰：『「大而化之」只是理與己一。其未化者，如人操尺度量物，用之尚不免有差。至於「化」，則己便是尺度，尺度便是己。』横渠云『大成[一〇三]謂之聖』，近又聞先生云『化其大之迹之謂聖』，竊嘗玩味三者之言，恐是一意，不知是否？」先生曰：「然。」謨。去僞同。[一〇四]

逃墨必歸於楊章

或問：「孟子云『逃墨必歸於楊，逃楊必歸於儒』，蓋謂墨氏不及楊氏遠矣。韓子却云『孔墨必相爲用』，如此，墨氏之學比之楊朱又在可取。」曰：「昌黎之言有甚憑樣？且如原道一篇雖則大意好，終是疏，其引大學只到『誠意』處便住了。正如子由古史引孟子，自『在下位不獲乎上』，只到『反諸身不誠』處便住。又如温公作通鑑，引孟子『立天下之正位，行天下之大道』，却去了『居天下之廣居』，皆是掐却一個頭。三事正相類也。」文蔚。

盆成括仕於齊章

盆成括恃才妄作，謂不循理了，便〔一〇五〕要胡做。僩。

人皆有所不忍章

道夫〔一〇六〕問：「『人皆有所不忍，人皆有所不爲』一章，〔一〇七〕前面雙關説仁義，後面却專説義，如何？」曰：「前一截是衆人所共曉，到這後又較細密難曉，故詳説之。」又問：「莫有淺深否？」曰：「後面也是説得漸漸較密。」道夫。

問〔一〇八〕「充無受爾汝之實」。曰：「『惡不仁者，其爲仁矣，不使不仁者加乎其身』，惡不仁而不能不使不仁加乎其身，〔一〇九〕便是不能『充無受爾汝之實』。」夔孫。〔一一〇〕

問：「『人能充無受爾汝之實，無所往而不爲義也〔一一一〕』，集注云：『實，誠也。人不肯受爾汝之實者，羞惡之誠心。』須是自治其身無不謹，然後無爾汝之稱否？」曰：「這些子注中解得不分曉。記得舊時解得好，却因後來改來改去，不分曉了。看來『實』字對『名』字說，不欲人以爾汝之稱加諸我，是惡爾汝之名也。然反之於身而去其無可爾汝之行，是能充其無受爾汝之實也。若我身〔一一二〕有未是處，則雖惡人以爾汝相稱，亦自有所愧矣。」又問：「『士未可以言而言，是以言餂之也；可以言而不言，是以不言餂之也』，『餂者，探取意』，〔一一三〕猶言探試之『探』否？」曰：「餂是鉤致之意。如本不必說，自家却强說幾句，要去動人，要去悅人，是『以言餂之也』。如合當與他說却不說，須故爲要難，要使他來問我，『是以不言餂之也』。」又問：「政使當言而言，苟有悅人之意，是亦穿窬之類否？」曰：「固是。這穿窬之心便是那受爾汝之實。」又問：「此章首言仁義，而後專言義者，何也？」曰：「仁只是一路，不過只是個不忍之心，苟能充此心便了。義却道〔一一四〕項多。」又問：「『人能充無穿窬之心』，是就至粗處說？『未可以言而言』與『可以言而不言』，是說入至細處否？」曰：「然。『能充無受爾汝之實』處工夫却甚大了，到這田地時工夫大段周密了，所以說『無所往而不爲義也』。使行己有一毫未盡，便不能『無受爾汝之實』矣。達者，推也，是展開〔一一五〕去充填滿也，填塞教滿。」又曰：「此段最好看。」僩。

言近而指遠章

時可問：「『君子之言也，不下帶而道存焉。』『不下帶』或作心說。」曰：「所謂心者，是指個潛天潛地底說，還只是中間一塊肉底是？若作心說，恐未是。」時舉。

堯舜性者也章

「堯舜性者也」，〔一一六〕注云「無意而安行，性也」。「性」下合添「之者」二字。僩。

聖人是人與法爲一，己與天爲一。學者是人未與法爲一，己未與天爲一，固須「行法以俟命」也。道夫。

說大人則藐之章

敬之問「說大人則藐之」章。答曰：「這爲世上有人把大人許多崇高富貴當事，有言不敢出口，故孟子云爾。集注說自分明。論語說『畏大人』，此却說『藐大人』。大人固當畏，而所謂『藐』者乃不是藐他，只是藐他許多『堂高數仞，榱題數尺』之類。」賀孫。

養心莫善於寡欲章

「養心莫善於寡欲」，〔二一七〕注〔二一八〕云「多而不節，未有不失其本心者」。「多」字對「寡」字說，纔要多些子便是欲。僩。

敬之問：「『養心莫善於寡欲』，養心也只是中虛。」曰：「固是。若眼前事事要時這心便一齊是〔二一九〕出了。未是說無，只減少便可漸存得此心。若事事貪，要這個又要那個，未必便說到邪僻不好底物事，只是眼前底事，纔多欲便將本心都紛雜了。且如秀才要讀書，要讀這一件又要讀那一件，又要學寫字又要學作詩，這心一齊都出外去。所以伊川教人，直是都不去他〔二二〇〕用其心，也不要人學寫字，也不要人學作文章。這不是僻，道理是合如此。人只有一個心，如何分做許多去！若只管去閑處用了心，到得合用處，於這本來底都不得力。且看從古作爲文章之士可以傳之不朽者，今看來那個喚做知道？也是元〔二二一〕初心下只趍向那邊，都走〔二二二〕做外去了。只是要得寡欲存這心，最是難。以湯武聖人，孟子猶說『湯武反之也』。反，復也，反復得這本心。如『不邇聲色，不殖貨利』，只爲要存此心。觀旅獒之書，一個犬〔二二三〕，受了有甚大事？而反覆切諫。以此見欲之可畏，無小大，皆不可忽。」賀孫。

敬之問「寡欲」。曰：「未說到事，只是纔有意在上面便是欲，便是動自家心。東坡云『君子可以寓意於物，不可以留意於物」，這説得不是，纔説寓意便不得。人好寫字，見壁間有碑軸便須要看別是非；好畫，見掛畫軸便須要識美惡。這都是欲，這皆足以爲心病。某前日病中閑坐無可看，偶中堂掛幾軸畫，纔開眼便要看〔一二四〕，心下便走出來在那上。因思與其將心在他上，何似閑著眼坐得此心寧静？」子善問：「如夏葛冬裘，渴飲飢食，此理所當然。纔是葛必欲精細，食必求飽美，這便是欲。」曰：「孟子説『寡欲』，如今且要得寡漸至於無。」賀孫。

曾皙嗜羊棗章

羊棗只是北邊小棗，如羊矢大者。〔一二五〕

孔子在陳章

飛卿問：「孔子在陳，何故只思狂士，不説狷者？」曰：「狷底已自不濟事，狂底却有個軀殼可以鞭策。『斐』只是自有文采，詩云『有斐君子』、『萋兮斐兮』。『成章』是自有個次第，自成個模樣。」賀孫問：「集注謂『文理成就而著見』，是只就他意趁自成個模樣處説？」又云：「『志大而略於細』，是就他志高遠而欠實做工夫説，是如此〔一二六〕否？」曰：「然。狷者只是自守得些便道是了，所謂『言必信，行必果』者是也。」賀孫。〔一二七〕

狂者，知之過；　狷者，行之過。僩。〔一二八〕

問「鄉原」之義。曰：「『原』字與『愿』字同義。以其務爲謹愿，不欲忤俗以取容，專務徇俗，欲使人無所非刺。既不肯做狂，又不肯做狷，一心只要得人説好，更不理會自己所見所得與夫〔一二九〕理之是非。彼狂者嘐嘐然以古人爲志，雖行之未至，而所知亦甚遠矣。狷者便只是有志力行，不爲不善。二者皆能不顧流俗污世之是非，雖是不得中道，却都自是爲己，不爲他人。彼鄉原便反非笑之，曰『何以是嘐嘐也？言不顧行，行不顧言，則言古之人』，此是鄉原笑狂者也。『行何爲踽踽凉凉？生斯世也，爲斯世也，善斯可矣』，此是鄉原笑狷者也。彼其實所向則是『閹然媚於世』而已。孔子以他心一向外馳，更不反己，故以爲德之賊。而孟子又以爲不可與入堯舜之道。」又問：「孔門狂者如琴張、曾晳輩是也。如子路、子夏輩，亦可謂之狷者乎？」曰：「孔門亦有狂不成狂、狷不成狷如冉求之類是也。至於曾晳，誠狂者也，只争一撮地便流爲莊周之徒。」大雅。

問：「集義『反經』之説如何？」曰：「經便是大經，君臣、父子、夫婦、兄弟、朋友五者。若便集義，且先復此大經，天下事未有出此五者，其間却煞有曲折。如大學亦先指此五者爲言，使大綱既正，則其他節目皆可舉，若不先此大綱，則其他細碎工夫如何做！謂如造屋，先有柱脚，然後窗牖有安頓處。」〔一三〇〕

李問「鄉原德之賊」。曰：「最是孟子説得數句好，『生斯世也，爲斯性[一三一]也，善斯可矣』，此是鄉原本情。」雉。[一三二]

敬之問：「『經正則庶民興』，這個『經正』還當只是躬行，亦及政事否？」曰：「這個不通分做兩件説。如堯舜雖是端拱無爲，只政事便從這裏做出，那曾恁地便了！有禹湯之德便有禹湯之業，有伊周之德便有伊周之業。終不如萬石君不言而躬行，凡事一切不理會！有一家便當理會一家之事，有一國便當理會一國之事。」又曰：「孟子當楊墨塞道，其害非細。孟子若不明白説破，只理會躬行，教他自化，如何得化！」賀孫問：「此即大學『明德』『新民』之至否？」曰：「然。新民必本於明德，而明德所以爲新民也。」賀孫。

堯舜至於湯章

問「然而無有乎爾，則亦無有乎爾」。曰：「惟三山林少穎向某説得最好，『若禹皋陶則見而知之，湯則聞而知之』，蓋曰若非前面見而知得，後之人亦[一三三]何聞而知之也。孟子去孔子之世如此其未遠，近聖人之居如此其近，然而已無有見而知之者，則五百歲之後，又豈復有聞而知之者乎！」去僞。謨、人傑同。[一三四]

【校勘記】

〔一〕不如無書　成化本無。

〔二〕血流漂杵　成化本無。

〔三〕血流漂杵　成化本無。

〔四〕好名之人……簞食豆羹見於色　成化本無。

〔五〕蓋能　成化本無。

〔六〕徐　成化本無。

〔七〕徐　成化本無。

〔八〕心勝　朱本作「人」。

〔九〕旱乾水溢則變置社稷　成化本無。

〔一〇〕勾龍與棄誠……彼何罪焉　成化本無。

〔一一〕二神……果可盡信否　成化本無。

〔一二〕謂　成化本作「其」。

〔一三〕賀孫　成化本爲「履孫」。

〔一四〕或問仁者人也……先生云　成化本無。

〔一五〕成化本此下注有「廣」。

〔一六〕孟子曰仁也者人也一章　成化本無。

〔一七〕仁　成化本此下有「敬」。

〔一八〕寓　成化本爲「榦以下兼論德」。

〔一九〕淳　成化本無。

〔二〇〕稽大不理於口　成化本無。

〔二一〕孟子曰……文王也　成化本無。

〔二二〕夫　成化本無。

〔二三〕此大雅緜之八章所以言文王者如此　成化本爲「此緜之八章」。

〔二四〕者　成化本無。

〔二五〕若　成化本無。

〔二六〕此則衛邶柏舟之詩也　成化本爲「此邶柏舟之詩」。

〔二七〕孟子　成化本無。

〔二八〕文　成化本作「又」。

〔二九〕謨去僞同　成化本爲「集傳今有定説去僞」。

〔三〇〕故　成化本此下有「曰」。

［三一］口之於味　成化本無。

［三二］仁之於父子　成化本無。

［三三］孟子論性命章　成化本爲「不謂性命章」。

［三四］正　成化本爲「學蒙」。按，據朱子語録姓氏：「林學蒙，字正卿。」底本「正」後似脱「卿」。

［三五］問　成化本此上有「堯卿」。

［三六］然　成化本無。

［三七］以感他厚　成化本爲「感他得他亦厚」。

［三八］胡　成化本爲「叔器」。

［三九］安卿　成化本作「淳」。按，據朱子語録姓氏，陳淳字安卿。

［四〇］所謂天令之所謂命有兩般　成化本爲「所謂天令之謂命也然命有兩般」。

［四一］之　成化本此下有「稟」。

［四二］君子不謂命　成化本爲「得之不得曰有命」。

［四三］如夫子之聖而不得位以行其道文王之囚羑里　成化本爲「仁之於父子如舜之遇瞽瞍義之於君臣如文王在羑里孔子不得位禮之於賓主如子敖以孟子爲簡智之於賢者如晏嬰智矣而不知孔子」。

［四四］蓋　成化本無。

［四五］自　成化本作「付」。

〔四六〕又曰　成化本爲「然又」。

〔四七〕也　成化本此下有「『仁之於父子』以下與集注不同，讀者詳之」。

〔四八〕前章　成化本爲「前一節」。

〔四九〕後章　成化本爲「後一節」。

〔五〇〕章　成化本作「段」。

〔五一〕章　成化本作「段」。

〔五二〕孟子言君子不謂性命　成化本無。

〔五三〕天　成化本作「夫」。

〔五四〕若夫　成化本無。

〔五五〕是　成化本無。

〔五六〕豈其然乎　成化本無。

〔五七〕之　成化本作「言」。

〔五八〕某又嘗疑此一節　成化本作「又」。

〔五九〕如　成化本無。

〔六〇〕所以變者　成化本無。

〔六一〕由　成化本無。

〔六二〕人傑　成化本爲「去僞」。

〔六三〕知　成化本作「之」。

〔六四〕以論　成化本爲「似語」。

〔六五〕云　成化本作「説」。

〔六六〕段　成化本作「般」。

〔六七〕看得　成化本無。

〔六八〕所爲　成化本爲「爲所」。

〔六九〕樂正子何人也章　成化本爲「浩生不害問曰章」。

〔七〇〕此條人傑録成化本無。

〔七一〕時舉　成化本無。

〔七二〕之　成化本作「他」。

〔七三〕個　成化本無。

〔七四〕便　成化本無。

〔七五〕惜　成化本作「借」。

〔七六〕女　成化本作「錢」。

〔七七〕又是一般　成化本無。

〔七八〕此只是　成化本作「只」。

〔七九〕學蒙　朱本爲「可學」。

〔八〇〕謂　成化本無。

〔八一〕如此則　成化本無。

〔八二〕之　成化本無。

〔八三〕之謂聖　成化本無。

〔八四〕謨同　成化本無。

〔八五〕成化本此下注曰：「𣈶録云：『「二之中，四之下」，未必皆實有諸己者，故不免有失錯處。』」

〔八六〕成化本此下注有「集注」。

〔八七〕説　成化本此下有「只是説善人信人」。

〔八八〕如　成化本無。

〔八九〕否　成化本此下有「曰：『皆是。』又問：『只自善推去否』」。據其下文，底本此處似有脱文。

〔九〇〕自善信推將去　成化本無。

〔九一〕具　成化本作「真」。

〔九二〕物　成化本作「般」。是　成化本此下有「大凡諸人解義理只知求向上去，不肯平實放下去求。惟程子説得平實，然平實中其義自深遠。如中庸中解『動則變，變則化』，只是就外面説。其他人解得太高。蓋義理本平易，却被人求得深了。只如『明則誠矣，誠則明矣』，横渠皆説在裏面。若用都收入裏面，裏面却没許多節次，安着不得。若要强安排，便須百端撰合，都没是處」。

［九三］此條人傑録成化本無。

［九四］此條人傑録成化本無。

［九五］審如是言　成化本爲「如是」。

［九六］可欲又自　成化本無。

［九七］常　成化本作「當」。

［九八］金録止此　成化本無。

［九九］充實而有光輝之謂大　成化本無。

［一〇〇］某竊謂　成化本無。

［一〇一］如　成化本作「始」。

［一〇二］高　此字原缺，據成化本補。

［一〇三］大成　成化本爲「大能成性」。

［一〇四］去僞同　成化本爲「集義」。

［一〇五］便　成化本作「硬」。

［一〇六］道夫　成化本無。

〔一〇七〕人皆有所不忍人皆有所不爲一章　成化本爲「此章」。
〔一〇八〕問　成化本此上有「叔器」。
〔一〇九〕不能不使不仁加乎其身　成化本爲「不能使不仁者不加乎其身」。
〔一一〇〕夔孫　成化本爲「義剛」。
〔一一一〕無所往而不爲義也　成化本無。取　成化本此下有「之」。
〔一一二〕身　朱本作「自」。
〔一一三〕士未可以言……以不言餂之也　成化本無。
〔一一四〕道　成化本作「頭」。
〔一一五〕開　成化本無。
〔一一六〕堯舜性者也　成化本無。
〔一一七〕養心莫善於寡欲　成化本無。
〔一一八〕注　成化本爲「集注」。
〔一一九〕是　成化本作「走」。
〔一二〇〕他　朱本爲「他處」。
〔一二一〕元　成化本作「此」。
〔一二二〕走　朱本作「是」。

〔一二三〕犬　朱本作「獒」。

〔一二四〕看　成化本此下有「他」。

〔一二五〕成化本此條下注「義剛」。

〔一二六〕是如此　成化本無。

〔一二七〕成化本此下注有「集注」，且此條賀孫録載於卷二十九。

〔一二八〕此條僩録成化本載於卷四十三。

〔一二九〕夫　朱本作「天」。

〔一三〇〕成化本此下注有「當」。

〔一三一〕性　成化本作「民」。

〔一三二〕此條雉録成化本載於卷四十七。

〔一三三〕亦　成化本作「如」。

〔一三四〕謨人傑同　成化本無。

晦庵先生朱文公語類卷第六十二

中庸一

綱領

中庸一書枝枝相對，葉葉相當，不知怎生做得一個文字齊整。公晦。

中庸，初學者未當理會。升卿。

中庸之書難看。中間説鬼説神，都無理會。學者須是見得個道理了，方可看此書將來印證。賜。〔一〕

問中庸。曰：「而今都難恁理會。某説個讀書之序，須是且着力去看大學，又着力去看論語，又着力去看孟子。看得三書了，這中庸半截都了，不用問人，只略略恁看過。不可掉了易底却先去攻那難底。中庸多説無形影，如鬼神、如『天地參』等類説得高。説下學處少，説上達處多。若且理會文義則可矣。」問：「中庸精粗本末無不兼備否？」曰：「固是如此。然未到精粗本末無不備處。」淳。

游丈開問：「中庸編集得如何？」曰：「便是難説。緣前輩諸公説得多了，其間儘有差舛處，又不欲盡駁難它底，所以難下手，不比大學都未曾有人説。」雉。

先生以中庸或問見授，云：「亦有未滿意處，如評論程子、諸子説處，尚多觕。」畱。

至[二]問中庸名篇之義，曰：[三]「中者，不偏不倚、無過不及之名。兼此二義，包括方盡。就道理上看固是有未發之中，就經文上看亦先言『喜怒哀樂未發之謂中』，又言『君子之中庸也，君子而時中』。」先生曰：「它所以名篇者，本是取『時中』之『中』，然所以能時中者，蓋有那未發之中在。所以先開説未發之中，然後又説『君子之時中』。」至。[四]

「『中庸』之『中』，本是説[五]無過無不及之『中』，大旨在『時中』上。若推其本[六]，則自『喜怒哀樂未發之中』而爲『時中』之『中』。未發之中是體，『時中』之『中』是用，『中』字兼中和言之。」黄直卿[七]云：「如『仁義』二字，若兼義，則仁是體，義是用；若獨説仁，則義、禮、智皆在其中，自兼體用言之。」蓋卿。

「『中庸』之『中』，是兼以其[八]『發而中節，無過不及』者得名，故周子曰『惟中者，和也，中節也，天下之達道也』。若不識得此理，則周子之言更解不得。所以伊川謂『中者，天下之正道』，中庸章句以『中庸』之『中』實兼『中和』之義，論語集注以『中者，不偏不倚，無過不及之名』，皆此意也。」人傑。

至之問：「『中』含二義，有未發之中，有隨時之中。」曰：「中庸一書本只是説隨時之中，然本其所以有此隨時之中，乃是緣[九]有那未發之中，後面方説『時中』去。」至之又問：「『隨時之中，猶日中之中』，何意？」曰：「本意只是説昨日看得是中，今日看得又不是中。然譬喻不相似，亦未穩在。」直卿云：「在中之中與在事之中只是一事。此是體，彼是尾。」按：至之録自「又問」以下别爲一條而少異。曰：「又問『隨時取中』與『日中之中』。先生曰：『此句未穩，當時立意只是説昨日見得中底，今日見得又不中，然譬喻亦不相似。』」[一〇]公晦。[一一]

問：「明道以『不易』爲庸，先生以『常』爲庸，二説不同？」曰：「言『常』則『不易』在其中矣，惟其常也所以不易。但『不易』二字則是事之已然者，自後觀之則見此理之不可易。若庸則日用常行者便是。」[一二]

或問：「『中庸』二字，伊川以庸爲定理，先生易以爲平常。據『中』之一字大段精微，若以平常釋『庸』字，則兩字大不相粘。」曰：「若看得不相粘，便是相粘了。如今説這物白，這物黑，便是相粘了。」廣因云：「若不相粘，則自不須相對言得。」曰：「便是此理難説。前日與季通説話終日，惜乎不來聽。東之與西、上之與下，以至於寒暑、晝夜、生死，皆是相反而相對也。天地間物未嘗無相對者，故程先生嘗曰：『天地萬物之理，無獨必有對，皆自然而然，非有安排也。』

每中夜以思，不知手之舞之，足之蹈之也。』看得來真個好笑！」廣。

「惟其平常，故不可易；若非常，則不得久矣。譬如飲食，知五穀是常，自不可易；若是珍羞異味不常得之物，則暫一食之可也，焉能久乎！庸固是定理，若以爲定理，則却不見那平常底意思。今以平常言，則不易之定理自在其中矣。」廣因舉釋子偈有云：「世間萬事不如常，又不驚人又久長。」曰：「便是它那道理也有極相似處，只是說得來別。故某於中庸章句序中着語云『至老佛之徒出，則彌近理而大亂真矣』，須是看得他那『彌近理而大亂真』處始得。」廣云：「程子『自私』二字恐得其要領，但人看得此二字淺近了。」曰：「便是向日王順伯曾有書與陸子靜辨此二字云：『佛氏割截身體猶自不顧，如何却謂之自私得！』」味道因舉明道答橫渠書云：「大抵人患在自私而用智。」曰：「此却是說大凡人之任私意耳。」因舉下文「豁然而大公，物來而順應」，曰：「此亦是對說。『豁然而大公』便是不自私，『物來而順應』便是不用智。後面說治怒處曰：『但於怒時遽忘其怒，反觀理之是非，則於道思過半矣。』『忘其怒』便是大公，『反觀理之是非』便是順應，都是對說。蓋其理自如此。」廣因云：「太極一判，便有陰陽相對。」曰：「然。」廣。

「惟其平常，故不可易，如飲食之有五穀，衣服之有布帛。若是奇羞異味、錦綺組繡，不久便須厭了。庸固是定理，若直解爲定，〔一三〕又却不見得平常意思。今以平常言，然定理自在其中矣。」公晦問：「『中庸』二字，舊說依程子『不偏不易』之語。今說得是不偏不倚、無過不及而平常之理。似以不偏不倚、無過不及説中庸，[一四]乃是精密切至之語；而以平常説庸，恰似不相黏着。」曰：「此其所以黏着。蓋緣處得極精極密只是如此平常，若有些子咤異便不是極精極密，便不是中庸。凡事無不相反以相成，東便與西對，南便與北對，無一事一物不然。明道所以云『天下之物無獨必有對，終夜思之，不知手之舞之，足之蹈之』，直是可觀，事事如此。」賀孫。[一五]

問：「中庸不是截然爲二，庸只是中底常然而不易否？」曰：「是。」淳。

問：「明道云『惟中不足以盡之，故曰「中庸」』，庸乃中之常理，中自已盡矣。」曰：「中亦要得常，此是一經一緯，不可闕。」可學。

蜚卿問：「『中庸之爲德』，程云『不偏之謂「中」，不易之謂「庸」』。」曰：「中則直上直下，庸是平常不差異。中如一物豎置之，常如一物横置之。唯中而後常，不中則不能常。」因問曰：「不惟不中則不能常，然不常亦不能爲中。」曰：「亦是如此。中而後常，此以自然之理而言；常而後能有中，此以人而言。」問：「龜山言『高明則中庸也。高明者中庸之體，中庸者高明之用』，不知將體用對説如何？」曰：「只就『中庸』字中[一六]上説，自分曉，不須如此説亦可。」又舉荆公「高明處己，中庸處人」之語爲非是。因言：「龜山有功於學者。然就它説，據它自有做工夫處。高明，釋氏誠有之，只緣其無『道中庸』一截。又一般人宗族稱其孝，鄉黨稱其弟，考[一七]十項事其八九可稱。若一向拘攣，又做得甚事！要知高明、中庸[一八]二者皆不可廢。」禹。

或問：「中與誠意如何？」曰：「中是道理之模樣，誠是道理之實處，中即誠矣。」又問：「智、仁、勇於誠如何？」曰：「智、仁、勇是做底事，誠是行此三者都要實。」又問「中庸」。曰：「中、庸只是一事，就那頭看是中，就這頭看是庸。譬如山與嶺只是一物，方其山即是謂之山，行着嶺路則謂之嶺，非二物也。[一九]中、庸只是一個道理，以其不偏不倚，故謂之『中』；以其不差異可常行，故謂之『庸』。未有中而不庸者，亦未有庸而不中者。惟中故平常。堯授舜，舜授禹，都是當其時合如此做，做得來恰好，所謂中也。中即平常也，不如此便非中，便不是平常。以至湯武之事亦然。又如當盛夏極暑時須用飲冷，就凉處衣葛揮扇，此便是中，便是平常。當隆冬盛寒時須用飲湯，就密室重裘擁火，此便是中，便是平常。若極暑時重裘擁火，盛寒時衣葛揮扇，便是差異，便是失其中矣。」廣。

有中必有庸，有庸必有中，兩個少不得。賜。

中必有庸，庸必有中，能究此而後可以發諸運用。季札。

中庸該得中和之義。庸是見於事，和是發於心。庸該得和。僩。

問：「『中庸』二字孰重？」曰：「庸是定理，有中而後有庸。」問：「或問中言『中立而無依，則必至於倚』，如何是無依？」曰：「中立最難。譬如一物植立於此，中間無所依着，久之必倒

去。」問：「若要植立得住，須用強矯？」曰：「大故要強立。」謙。〔二〇〕

章句序

因鄭子上書來問「人心」、「道心」，先生曰：「此心之靈，其覺於理者道心也，其覺於欲者人心也。」可學竊尋中庸序，以人心出於形氣，道心本於性命。蓋覺於理謂性命，覺於欲謂形氣云云。可學近觀中庸序所謂「道心常爲一身之主，而人心每聽命焉」，又知前日之失。向來專以人可以有道心而不可以有人心，今方知其不然。人心出於形氣，如何去得！然人於性命之理不明而專爲形氣所使，則流於人欲矣。如其達性命之理，則雖人心之用而無非道心，孟子所以指形色爲天性者以此。若不明踐形之義，則與告子「食色」之言又何以異？「操之則存，捨之則亡」，心安有存亡？此正人心、道心交界之辨，而孟子特指以示學者。可學以爲必有道心而後可以用人心，而於人心之中又當識道心。若專用人心而不知道心，則固流入於放僻邪侈之域；若只守道心而欲屏去人心，則是判性命爲二物，而所謂道心者，空虛無有，將流於釋老之學，而非虞書之所指者。未知然否。大雅云：「前輩多云，道心是天性之心，人心是人欲之心。今如此交互取之，當否？」答曰：「既是人心如此不好，則須絕滅此身而後道〔二一〕心始明。且舜何不先說道心，後說人心？」大雅云：「如此則人心生於血氣，道心本於天理。人心可以爲善，可以爲不善，而道心則全是天理矣。」答曰：「人心是此身有知覺有嗜欲者，如所謂『我欲仁』、『從心所欲』、『性之欲也，感於物而動』，此豈能無？但爲物誘而至於陷溺則爲害爾。故聖人以爲此人心有知覺嗜欲，然無所主宰則流而忘反，不可據以爲安，故曰危。道心則是義理之心，可以爲人心之主宰，而人心據以爲準者也。且以飲食言之，凡饑渴而欲得飲食以充其飽且足者，皆人心也。然必有義理存焉，有可以食，有不可以食。如子路食於孔悝之類，此不可食者。又如父之慈其子，子之孝其父，常人亦能之，此道心之正也。苟父一虐其子，則子必狠然以悖其父，此人心之所以危也。惟舜則不然，雖其父欲殺之，而舜之孝則未嘗替，此道心也。故當使人心每聽道心之區處方可。然此道心却雜出於人心之間，微而難見，故必須精之一之而後中可執。然此又非有兩心也，只是義理與人欲之辨爾。陸子静亦自説得是，云：『舜若以人心爲全不好，則須説不好使人去之。今止説危者，不可據以爲安耳。言精者，欲其精察而不爲所雜也。』此言亦自是。今鄭子上之言都是，但於道心下却一向説是個空虛無有之物，將流爲釋老之學。然則彼釋迦是空虛之魁，饑能不欲食乎？寒能不假衣乎？能令無生人之所欲者乎？雖欲滅之，終是[二二]不可得而滅也。」大雅。

蔡季通[二三]以書問中庸序所云「道[二四]心形氣」。先生曰：「形氣非皆不善，只是靠不得。季通云『形氣亦皆有善』，不知形氣之有善皆自道心出。由道心則形氣善，不由道心，一付於形氣則爲惡。形氣猶船也，道心猶柂也。船無柂，縱之行，有時入於波濤，有時入於安流，不可一定。惟有柂[二五]以運之，則雖入波濤無害。故曰『天生烝民，有物有則』。『物』乃形氣，『則』乃理也。渠云『天地中也，萬物過不及』，亦不是。萬物豈無中？渠又云『浩然之氣，天地之正氣也』，此乃伊川說，然皆爲養氣言，養得則爲浩然之氣，不養則爲惡氣，卒走理不得。且如今人[二六]說夜氣是甚大事，專靠夜氣濟得甚事！」可學云：「以前看夜氣多略了『足以』兩字，故然。」先生曰：「只是一理。存是存此，養是養此，識得更無走作。」舜功問：「天理人欲，畢竟須爲分別，勿令交關。」先生曰：「五峰云『性猶水，善猶水之下乎；情猶瀾也，欲猶水之波浪也』。浪波與瀾只爭大小，欲豈可帶於情！」某問：「五峰云『天理人欲，同行而異情』却是。」先生曰：「是。同行者，謂二人同行於天理中，一人日從天理，一人專徇人欲，是異情。下云『同體而異用』則大錯。」因舉知言多有不是處。「『性無善惡』，此乃欲尊性，不知却鶻突了它。胡氏論性大抵如此，自文定以下皆然。如曰『性，善惡也。性、情、才相接』，此乃說著氣，非說著性。向呂伯恭初讀知言以爲只有二段是，其後却云『極妙，過於正蒙』。」可學。

問：「人心道心，[二七]既云上智，何以更有人心？」曰：「掐着痛，抓著痒，此非人心而何？人自有人心、道心，一個生於血氣，一個生於理[二八]。飢寒痛痒，此人心也；惻隱、羞惡、是非、辭遜，此道心也。雖上智亦同，一則危殆而難安，一則微眇而難見。『必使道心常爲一身之主，而人心每聽命焉』乃善也。」僩。

章句

問明道云[二九]中庸「始言一理，中散爲萬事，末復合爲一理」云云。曰：「如何説曉得一理了，萬事都在裏面？天下萬事萬物都要你逐一理會過方得。所謂『中散爲萬事』便是中庸。近世如龜山之論便是如此，以爲『反身而誠』，則天下萬物之理皆備於我。萬物之理須要[三〇]你逐一去[三一]理會過方可，如何會反身而誠了，天下萬物之理便自然備於我？成個甚麼？」又曰：「所謂『中散爲萬事』，便是中庸中所説許多事，如智、仁、勇許多爲學底道理，與『爲天下國家有九經』，與祭祀鬼神許多事。聖人經書所以好看，中間無些子罅隙，句句是實理，無些子空闕處。」僩。

「中庸始合爲一理，天命之謂性。末後[三二]復合爲一理。無聲無臭。」「始合而開[三三]也有漸，末後開而復合，其合也亦有漸。」賜。[三四]

第一章

「天命之謂性」是專言理，雖氣亦包在其中，然説理意較多。若云兼言氣，便説「率性之謂道」不去。如太極雖不離乎陰陽，而亦不雜乎陰陽。道夫。

用之問：「『天命之謂性』，以其流行而付與萬物者謂之命，以人物稟受者而〔三五〕謂之性。然人物稟受，其〔三六〕具仁、義、禮、知而謂之性，以貧賤壽夭而言謂之命，是人又兼有性命。」曰：「命雖是恁地說，然亦是兼付與而言。」賀孫。

「命」之一字如「天命之〔三七〕謂性」之「命」，是言所稟之理也。「性也有命焉」之「命」，是言所稟之分有多寡、厚薄之不同也。伯羽。〔三八〕

「率性之謂道」，「率」字〔三九〕呼唤字，蓋曰循萬物自然之性之謂道。此「率」字不是用力字，伊川謂「合而言之道也」是此義。僩。

「率」字只是「循」字，循此理便是道。伊川所以謂便是「仁者人也，合而言之道也」。僩。

「率性之謂道」，只是隨性去皆是道。吕氏説以人行道，若然，則未行之前便不是道乎？淳。

安卿問「率性」。曰：「率，非人率之也。伊川解『率』字亦只訓循。到吕與叔説『循性而行，則謂之道』，伊川却便以爲非是，至其言〔四〇〕則曰：『循牛之性則不爲馬之性，循馬之性則不爲牛之性。』乃知循性者〔四一〕是循其理之自然爾。」伯羽。

問：「率性通人物而言，則此『性』字似『生之謂性』之『性』，兼氣稟言之否？」曰：「『天命之謂性』，這性亦離氣稟不得。『率，循也』，這〔四二〕『循』字是就道上説，不是就行道人上〔四三〕説。

性善只一般，但人物氣禀有異，不可道物無這[四四]理。性是個渾淪物，道是性中分派條理，隨分派條理去皆是道。如[四五]穿牛鼻，絡馬首，皆是隨它所通處。仁義禮智，物豈不有，但偏耳。隨它性之所通處，道皆無所不在。」曰：「這[四六]『性』字亦是以理言之[四七]否？」曰：「是。」又問：「鳶有鳶之性，魚有魚之性，其飛其躍，天機自完，便是天理流行發見之妙處，故子思姑舉此一二以明道之無所不在耶？」曰：「說得是了。[四八]」淳。[四九]

「率性之謂道」，鄭氏以金木水火土從「天命之謂性」說來，要須從性[五〇]說來方可。泳。

「天命之謂性，率性之謂道。」性與道相對，則性是體道是用。道，[五一]便是在裏面做出底道理。淳。義剛録同。[五二]

孟子說「性善」全是說理。若中庸「天命之謂性」，已自是兼帶人物而言。「率性之謂道」，性似個[五三]渾淪底物，道是支脈。恁地率人之性則爲人之道，率牛之性則爲牛之道，非謂以人循之。若謂以人循之而後謂之道，則人未循之前謂之無道，可乎？砥。

問：「『天命之謂性，率性之謂道』，皆是人物之所同得。天命之性，人受其全，則其心具乎仁義禮智之全體；物受其偏，則隨其品類各有得焉，而不能通貫乎全體。『率性之謂道』，若自人而言之，則循其仁義禮智之性而言之，固莫非道；自物而言之，飛潛動植之類各正其性，則亦各循其性於天地之間，莫非道也。如中庸或問所說『馬首之可絡，牛鼻之可穿』等數句，恐說未盡。[五四]蓋物之自循其性，多有與人初無干涉，多有人所不識之物，無不各循其性於天地之間，此莫非道也。如或問中所説恐包未盡。」曰：「説話難。若説得闊，則人將來又只認『目之於色，耳之於聲，鼻之於臭，四肢之於安佚』等做性，却不認『仁之於父子，義之於君臣，禮之於賓主，智之於賢者，聖人之於天道』底是性。」因言：「解經立言須要得實。如前輩説『伊尹耕於有莘之野以樂堯舜之道』，是飢食渴飲、夏葛冬裘爲樂堯舜之道。若如此説，則全身已浸在堯舜之道中，何用更説『豈如[五五]吾身親見之哉』？如前輩説『文武之道未墜於地』，以爲文武之道常昭然在日用之間，一似常有一物昭然在目前，不會攧下去一般，此皆是説得不實。所謂[五六]『未墜於地』者，只言周衰之時，文武之典章，人尚傳誦得在，未至淪没。」先生既而又曰：「某曉得公説底。蓋馬首可絡，牛鼻可穿，皆是就人看物處説，聖人『修道[五七]之謂教』皆就這樣處。如適間所説，却也見得一個大體。」至。方子録云：「『「率性之謂道」，或問中言「馬首之可絡，牛鼻之可穿」，都是説從[五八]以人看物底。若論飛潛動植，各正其性，與人不相干涉者，何莫非道？恐如此看方是。』先生曰：『物物固皆是道。如螻蟻之微，甚時胎，甚時卵，亦是道。但立言甚難，須是説得實。如龜山説「堯舜之道」只夏葛冬裘、飢食渴飲處便是。如此則全身浸在堯舜之道裏，又何必言「豈若吾身親見之哉」？』黄丈云：『若如此説，則人心、道心皆是道去。』先生曰：『相似「目之於色，耳之於聲，鼻之於臭，四肢之於安佚，性也」底，却認做道；「仁之於父子，義之於君臣，禮之於賓主，智之於賢者，有性焉」底，却認不得。如「文武之道未墜於地，在人」，李光祖乃曰「日用之間昭然在是」，如此則只是説古今公[五九]底，何必指文武？孔子蓋是言周家典章文物未至淪没，非是指前聖人之道、古今共底言也。〔六〇〕』久之，復曰：『至之却亦看得一個大體。』」蓋卿録〔六一〕同。

問：「『天命之謂性，率性之謂道』，伊川謂通人物而言。如此却與告子所謂人物之性同。」先生曰：「據伊川之意，人與物之本性同，及至稟賦則異。蓋本性理也，而稟賦之性則氣也。性本自然，及至生賦，無氣則乘載不去，故必頓此性於氣上而後可以生。及至已生，則物自稟物之氣，人自稟人之氣。氣最難看。而其可驗者，如四時之間寒暑得宜，此氣之正。當寒而暑，當暑而寒，乃氣不得正。氣正則爲善，氣不正則爲不善。又如同是此人，有至昏愚者，是其稟得此濁氣太深。」又問明道云「論性不論氣，不備；論氣不論性，不明」。先生曰：「論性不論氣，孟子也；不備，但少欠耳。論氣不論性，荀楊也；不明，則大害事。」可學問：「孟子何不言氣？」曰：「孟子只是教人勇於爲善，前更無阻礙。自學者而言則不可不去其窒礙。正如將百萬之兵，前有數萬兵，韓白爲之不過鼓勇而進，至它人則須先去此礙後可。」吴宜之問：「學者治此氣正如人之治病。」曰：「亦不同。須是明天理，天理明則自去。通書『剛柔』一段亦須著且先易其惡，既易其惡，則致其中在人。」問：「惡安得謂之剛？」曰：「此本是剛出來。」語畢，先生又曰：「『生之謂性』，伊川以爲生質之性，然告子此語亦未是。」再三請益，曰：「且就伊川此意理會，亦自好。」可學。

問：「『率性之謂道』通人物而言，則『修道之謂教』亦通人物。如『服牛乘馬』，『不殺胎，不妖夭[六二]』，『斧斤以時入山林』，此是聖人教化不特在人倫上品節防範，而及於物否？」曰：「也是如此，所以謂之『盡物之性』。但於人較詳，於物較略；人上較多，物上較少。」砥。

問：「集解中以『天命之謂性，率性之謂道』通人物而言。『修道之謂教』是專就人事上言否？」曰：「道理固是如此。然『修道之謂教』就物上亦有個品節。先王所以咸若草木鳥獸使庶類蕃殖，如周禮掌獸、掌山澤各有官，如周公驅虎豹犀象龍蛇，如『草木零落然後入山林，昆蟲未蟄不以火田』之類，各有個品節，使萬物各得其所，亦所謂教也。」德明。

問「修道之謂教」。答云：「游楊説好，謂修者只是品節之也。明道之説自各有意。」謨。去僞録同。[六三]

問：「『修道之謂教』是聖賢之垂教，如『自誠明，謂之性』，『自明誠，謂之教』，是生知學知否？」曰：[六四]「此『性』字却是『性之』也，『教』是學知。[六五]此二字却是轉一轉説，與首章『天命之謂性，修道之謂教』之[六六]義不同」。僴。[六七]

「修道之謂教」一句，如今人要合後面「自明誠，謂之教」却説作自修。蓋「天命謂性」之「性」與「自誠明」之性，「修道謂教」之「教」與「自明誠」之教，各自不同。誠明之性，「堯舜性之」之「性」；明誠之教，由教而入者也。可學。[六八]

問：「中庸舊本不曾解『可離非道』一句。今先生説云『瞬息不存便是邪妄』，方悟本章可離與不可離，道與非道，各相對待[六九]而言。離了仁便不仁，離了義便不義。公私善利皆然。向來從龜山説，只是[七〇]道自不可離，而先生舊亦不曾爲學者説破。」曰：「向來亦是看得太高。」[七一]德明。

劉黻[七二]問：「中庸曰『道不可須臾離』，伊川却云『存無不在道之心便是助長』，何也？」曰：「中庸所言是日用常行合做底道理，如『爲人君止於仁，爲人臣止於敬，爲人子止於孝，爲人父止於慈，與國人交止於信』，皆是不可已者。伊川此言是爲闢釋氏而發。蓋釋氏不理會常行之道，只要空守着這一個物事便喚做道，與中庸自不同。」説畢，又曰：「闢異端説話未要理會，且理會取自家事。自家事既明，那個自然見得。」與立。

楊通老問：「中庸或問引楊氏所謂『無適非道』之云，則善矣，然其言似亦有所未盡。蓋衣食作息，視聽舉履，皆物也。其所以如此之義理準則，乃道也。」曰：「衣食動作只是物，物之理乃道也。將物便喚做道則不可。且如這個倚子有四隻脚，可以坐，此倚之理也。若除去一隻脚，坐不得，便失其倚之理矣。『形而上爲道，形而下爲器』，就[七三]這形而下之器之中便有那形而上之道，若便將形而下之器作形而上之道則不可。且如這個扇子，此物也，便有個扇子底道理。扇子是如此做，合當如此用，此便是形而上之理。天地中間，上是天，下是地，中間有許多日月星辰、山川草木、人物禽獸，此皆形而下之器也。然這形而下之器之中便各自有個道理，此便是形而上之道。所謂格物便是要你[七四]就這形而下之器，窮得那形而上之道理而已，如何便將形而下之器作形而上之道理得！飢而食，渴而飲，『日出而作，日入而息』，其所以食飲[七五]作息者皆道之所在也，若便謂食飲作息者是道則不可，與龐居士『神通妙用，運水般柴』之頌一般，亦是此病。如『徐行後長』與『疾行先長』，都一般是行。只是徐行後長方是道，若疾行先長便不是道，豈可説只認行底便是道！『神通妙用，運水般柴』，須是運得水是[七六]，般得柴是，方是神通妙用。若運得不是，般得不是，如何是神通妙用！佛家所謂『作用是性』便是如此。它都不理會是和非，只認得那衣食作息、視聽舉履便是道。説我這個會説話底，會作用底，叫着便應底，便是神通[七七]，更不問道理如何。儒家則須是就這上尋討個道理，方是道。禪者[七八]云『赤肉團上有一無位真人，在汝等諸人面門上出入』云云。他便是只認得這個，把來作弄。」或問：「告子之學便是如此？」曰：「佛家底又高。告子底死殺了，不如佛家底活。而今學者就故紙上理會也解説得去，只是都無那快活和樂底意思，便是和這佛家底也不曾見得。似它佛家者雖是無道理，然它却一生受用，一生快活，便是它就這形而下者之中理會得似那形而上者。而今學者看來，須是先曉得這一層，却去理會那上面一層方好。而今都是和這下面一層也不曾見得，所以和那上面一層也理會不得。」又曰：「天地中間，物物上有這個道理，雖至没緊要底物事也有這道理，蓋『天命之謂性』。這道理却無形無影〔七九〕安頓處，只那日用事物上，道理在〔八〇〕上面。這兩個元不相離，凡有一物便有一理，所以君子貴『博學於文』。看來博學似個没緊要物事，然那許多道理便都在這上，都從那源頭處〔八一〕來。所以無精粗小大，都一齊用理會過，蓋非外物也。都一齊理會方無所不盡，方周遍無疏闕處。」又曰：「『道不可須臾離，可離非道也。』所謂不可離者，謂道也，若便以日用之間舉止動作便是道，則無所適而非道，無時而非道，然則君子何用恐懼戒謹？何用更學道爲？爲其不可離，所以須是依道而行。如人説話，不成便以説話者爲道，須是有個仁義禮智始得。若便以舉止動作爲道，何用更説不可離得？」又曰：「大學所以説格物，却不説窮理。蓋説窮理則似懸空無捉摸處，只説格物，則只就那形而下之器上，便尋那形而上之道，便見得這個元不相離，所以只説『格物』。『天生烝民，有物有則』，所謂道者是如此，何嘗説物便是則！龜山便只指那物做則，只是就這物上分精粗爲物則。如云目是物也，目之視乃則也；耳物也，耳之聽乃則也。殊不知目視耳聽依舊是物，其視之明、聽之聰方是則也。龜山又云：『伊尹之耕於莘野，此農夫田父之所日用者，而樂在是。』如此則世間伊尹甚多矣。龜山説話大概有此病。」僩。

「戒謹不睹，恐懼不聞」，即是道不可須臾離處。履孫。

問：「『戒謹其所不睹，恐懼其所不聞』，〔八二〕日用間如何是不聞不見處？人之耳目聞見常自若，莫只是念慮未起、未有意於聞見便是[八三]否？」曰：「所不聞不[八四]見，不是合眼掩耳便[八五]是喜怒哀樂未發時。只是凡事[八六]皆未萌芽，自家便先恁地戒謹恐懼，常要提起此心使[八七]在這裏，便是防於未然、不見是圖底意思。」徐問：「講求義理時此心如何？」曰：「思慮是心之發了。伊川所[八八]謂：『存養於喜怒哀樂未發之前則可，求中於喜怒哀樂未發之前則不可。』」淳。「寓問：[八九]『講求義理便是此心在否？』曰：『講求義理屬思慮，心自動是已發之心。』」徐寓録。[九〇]

劉黻問：「『戒謹乎其所不睹，恐懼乎其所不聞』，[九一]不知無事時如何戒謹恐懼？若只管如此，又恐執持太過；若不如此，又恐都忘了。中庸之言必有深旨，幸先生發明之。[九二]」曰：「也有甚麽矜持？只不要昏了它，便是戒謹[九三]恐懼。」與立。

李丈[九四]説廖倅惠書有云「無時不戒謹恐懼則天理無時而不流行，有時而不戒謹恐懼則天理有時而不流行」。[九五]先生曰：「不如此也不得。然也不須[九六]戒謹恐懼説得太重，[九七]只是常常提撕，認得那個[九八]物事，常常存得不失了[九九]。今人只見它説得此四個字重，便作臨事驚恐看了。『如臨深淵，如履薄冰』，曾子也只是順這道理，常常恁地把捉去。[一〇〇]若不用戒謹恐懼而此理常流通者，惟天地與聖人耳。聖人『不勉而中，不思而得，從容中道』，亦只是此心常存、理常明，故能如此。賢人所以異於聖人，衆人所以異於賢人，亦只争這些子境界存與不存而已。嘗謂人無有極則處，便是堯、舜、周、孔。不成聖人也[一〇一]説我是從容中道，不要去戒謹恐

懼！它那工夫亦自未嘗得息。〔一〇二〕淳。〔一〇三〕

「戒謹乎其所不睹，恐懼乎其所不聞」，這處難言。大段着意又却生病，只恁地略約住。道着戒謹恐懼已是剩語，然又不得不如此説。賀孫。

再論李先生之學常在目前。先生曰：「只是『君子戒謹所不睹，恐懼所不聞』，便自然常存。顔子非禮勿視聽言動，正是如此。」德明。〔一〇四〕

「戒謹恐懼是未發，然只做未發也不得，便是所以養其未發。只是聳然提起在這裏，這個未發底便常在，何曾發？」或問：「恐懼是已思否？」曰：「思又明〔一〇五〕，思是思索了。戒謹恐懼正是防閑其未發。」或問：「即是持敬否？」曰：「亦是。伊川曰『敬不是中，只敬而無失即所以中』，『敬而無失』便是常敬，這中底便常在。」淳。

問：「戒謹恐懼，以此涵養固善。然推之於事，所謂『開物成務之幾』又當如何？」曰：「此却在博文。此事獨脚做不得，須是讀書窮理。」又曰：「只是源頭正，發處自正。只是這路子上來往。」德明。

問：「中庸所謂『戒謹恐懼』，大學所謂『格物致知』，皆是爲學知利行以下底説否？」曰：「固然。然聖人亦未嘗不戒謹恐懼。『惟聖罔念作狂，惟狂克念作聖』，但聖人所謂念者自然之念，狂者之念則勉强之念耳。」寓。〔一〇六〕

所謂「不睹不聞」者，乃是從那盡處説來，非謂於所睹所聞處不謹也。如曰「道在瓦礫」，便不成不在金玉！寓。義剛録同。[一〇七]

用之問：「戒懼不睹不聞是起頭處，至『莫見乎隱，莫顯乎微』又用緊一緊。」曰：「不可如此説。戒謹恐懼是普説，言道理偪塞都是，無時而不戒謹恐懼。到得隱微之間人所易忽，又更用謹，這個却是唤起説。戒懼無個起頭處，只是普遍都用如此[一〇八]。如卓子有四角頭，一齊用著工夫，更無空闕處。若説是起頭又遺了尾頭，説是尾頭又遺了起頭，若説屬中間又遺了兩頭。不用如此説。只是無時而不戒謹恐懼，只自做工夫便自見得。曾子曰『戰戰兢兢，如臨深淵，如履薄冰』，不成到臨死之時方如此戰戰兢兢！它是一生戰戰兢兢，到那死時方了。」僩。

問：「伊川謂[一〇九]鬼神憑依語言爲『莫見乎隱，莫顯乎微』，如何？」曰：「隱微之事在人心，不可得而知，却被它説出來，豈非『莫見乎隱，莫顯乎微』？蓋鬼神只是氣，心中實有是事，則感於氣者自然發見昭著如此。」文蔚問：「今人隱微之中有不善者甚多，豈能一一如此？」曰：「此亦非常之事，所謂事之變者。」文蔚曰：「且如人主積累愆咎，感召不祥，致有日月薄蝕、山崩水竭、水旱凶荒之變，便只是如[一一〇]此類否？」曰：「固是如此。」文蔚。

黄灝謂：「戒懼是統體做工夫，謹獨是又於其中緊切處加功夫，猶一經一緯而成帛。」先生以爲然。僩。

如一片水忽有一點動處，先戒謹又謹獨。〔一一一〕

問：「『謹獨』是念慮初萌處否？」曰：「此是通説。不止念慮初萌，只自家自知處，如小可没要緊處，只胡〔一一二〕去，便是不謹。謹獨是己思慮，己有些小事，已接物了。『戒謹乎其所不睹，恐懼乎其所不聞』，是未有事時。在『相在爾室，尚不愧於屋漏』、『不動而敬，不言而信』之時，『謹獨』便已有形迹了。『潛雖伏矣，亦孔之炤』，詩人言語只是大綱説，子思又就裏面剔出這話來教人，又較緊密。大抵前聖所説底，後人只管就裏面發得精細。如程子、横渠所説多有孔孟所未説底。伏羲畫卦只就陰陽以下，孔子又就陰陽上發出太極，康節又道『須信畫前元有易』，濂溪太極圖又有許多詳備。」問：「氣化形化，男女之生在〔一一三〕氣化否？」曰：「凝結成〔一一四〕男女，因甚得如此？都是陰陽。〔一一五〕」問：「天地未判得〔一一六〕時，下面許多都已有否？」曰：「事物雖未有，其理則具。」寓。〔一一七〕

問：「『不聞不睹』與『謹獨』如何？」曰：「『獨』字又有個形迹在這裏可『謹』；『不聞不見』全然無形迹，暗昧不可得知。只於此時便戒謹了，更不敢。」卓。〔一一八〕

問：「『不睹不聞』與『謹獨』何别？」曰：「上一節説存天理之本然，下一節説遏人欲於將萌。」又問：「能存天理了，則下面謹獨似多了一截。」曰：「雖是存得天理，臨發時也須點檢，這便是它密處。若只説存天理了更不謹獨，却是只用致中不用致和了。」又問：「致中是未動之前，然謂之戒懼却是動了。」曰：「公莫看得戒謹恐懼太重了，此只是略省一省，不是恁驚惶震懼。〔一一九〕略〔一二〇〕略收拾來便在這裏，伊川所謂『道個「敬」字也不大段用得力』。孟子曰『操則存』，操亦不是着力把持，只是操一操便在這裏。如人之氣，呼〔一二一〕便出，吸便入。」賜。

問：「『戒謹不睹，恐懼不聞』與『謹獨』雖不同，若下工夫皆是敬否？」曰：「敬只是常惺惺法，所謂静中有個覺處。只是常惺惺在這裏，静不是睡着了。」賀孫。

問：「『戒謹不睹，恐懼不聞』與『謹獨』兩段事，廣思之便是『惟精惟一』底工夫。戒謹恐懼持守而不失，便是惟一底工夫。謹獨則於善惡之幾察之愈精愈密，便是惟精底工夫。但中庸論『道不可離』，則先其戒謹而後其謹獨；舜論人心、道心，則先其惟精而後其惟一。」曰：「兩事皆少不得『惟精惟一』底工夫。不睹不聞時固當持守，然不可不察；謹獨時固當致察，然不可不持守。」廣。〔一二二〕又曰：〔一二三〕「『戒謹不睹，恐懼不聞』如言『聽於無聲，視於無形』，是防之於未然以全其體。『謹獨』是察之於將然以審其幾。」端蒙。〔一二四〕

問「戒謹不睹，恐懼不聞」與「謹獨」，輔漢卿曾問是「惟精惟一」工夫？〔一二五〕曰：「不必分『惟精惟一』於兩段上，但凡事察之貴精，守之貴一。如『戒謹恐懼』是事之未形處，『謹獨』是幾之將然處，不可不精察而謹守之也。」人傑。〔一二六〕

謹獨已見於用，孔子言語只是混合説，子思恐人不曉，又爲之分别。大凡古人説話一節開一節。如伏羲易只就陰陽以下，至孔子又推本於太極，然止〔一二七〕曰「易有太極」而已，至濂溪乃畫出一圖，邵康節〔一二八〕又論畫前之易。可學。〔一二九〕

問：「『謹獨』章『迹雖未形，幾則已動。人雖不知，己獨知之』，上兩句是程子意，下兩句得〔一三〇〕是游氏意，先生則合而論之，是否？」曰：「然。兩事只是一理。幾既動則己必知之，己既知則人必知之。故程子論楊震四知曰『天知、地知只是一個知』。」廣。

問：「『莫見乎隱，莫顯乎微，故君子必謹其獨也』，解云〔一三一〕『迹雖未形，幾已先動』。看『莫見』、『莫顯』則已是先形了，如何却說『迹未形』、『幾先動』？」曰：「『莫見乎隱，莫顯乎微』，這是大綱說。」賀孫。

「呂子約書來，只管〔一三二〕爭『莫見乎隱，莫顯乎微』，只管衮作一段看。某答它書，江西諸人將去看，頗以其說爲然。彭子壽却看得好，云：『前段「不可須臾離」且是大體說，到謹獨處尤見於接物得力。』」先生又云：「呂家之學重於守舊，更不論理。」德明問：「『道不可須臾離，可離非道』是言道之體段如此，『莫見乎隱，莫顯乎微』亦然。下面君子戒謹恐懼，君子必謹其獨，方是做工夫。皆以『是故』二字發之，如何衮作一段看？」曰：「『道不可須臾離』言道之至廣至大者，『莫見乎隱，莫顯乎微』言道之至精至極者。」德明。

問：「『戒謹乎其所不睹，恐懼乎其所不聞』，或問中引『聽於無聲，視於無形』，如何？」

曰：「不呼喚時不見，時常準備着。」德明指坐閣問曰：「此處便是耳目所睹聞，隔窗便是不睹也。」曰：「不然。只謂照管所不到、念慮所不及處。正如防賊相似，須盡塞其來路。」次日再問：「『不睹不聞』，終未瑩。」曰：「此須意會。如或問中引『不見是圖』，既是不見，安得有圖？只是要於未有兆朕、無可睹聞時先戒懼取[一三三]。」又曰：「『不睹不聞』是提其大綱説，『謹獨』乃審其微細。方不聞不睹之時，不惟人所不知，自家亦未有所知。若所謂『獨』，即人所不知而己所獨知，極是要戒懼。自來人説『不睹不聞』與『謹獨』只是一意無分別，便不是。」德明。

問：「『道也者不可須臾離也』以下是存養工夫，『莫見乎隱』以下是檢察工夫否？」曰：「説『道不可須臾離』，是説不可不存，『是故』以下却是教人恐懼戒謹，做存養工夫。説『莫見乎隱，莫顯乎微』，是説不可不謹意，『故君子』以下却是教人謹獨，察其私意起處防之。只看兩個『故』字，便是方説入身上來做工夫也。聖人教人只此兩端。」大雅。

「戒謹不睹，恐懼不聞」非謂於睹聞之時不戒懼也，言雖不睹不聞之際亦致其謹，則睹聞之際其謹可知。此乃統同説，承上「道不可須臾離」則是無時不戒懼也。然下文謹獨既專就已發上説，則此段正是未發時工夫，只得説「不睹不聞」也。「莫見乎隱，莫顯乎微，故君子必謹其獨」，上既統同説了，此又就中有一念萌動處，雖至隱微，人所不知而己所獨知，尤當致謹。如一片止水中間忽有一點動處，此最緊要着工夫處。閎祖。

人傑[一三四]問：「中庸工夫只在『戒謹恐懼』與『謹獨』，但二者工夫其腦頭又在道不可離處。若能識得全體大用皆具於心，則二者工夫不待勉强，自然進進不已矣。」曰：「便是有個腦頭[一三五]。如『天命之謂性，率性之謂道，修道之謂教』，古人因甚冠之章首？蓋腦頭[一三六]如此。若識得此理，則便是勉强，亦有個着落矣。」又問：「『費隱』一章云『夫婦之愚可以與知能行，及其至也，雖聖人有所不知不能』，先生嘗云此處難看。近思之，頗看得透。侯氏説夫子問禮、問官，與夫[一三七]夫子不得位、堯舜病博施，爲不知不能之事，説得亦粗。止是尋得一二事如此，元不曾説着『及[一三八]至也』之意。此是聖人看得徹底，故於此理亦有未肯自居處。如『所求乎子以事父未能』之類，真是聖人有未能處。又如説『默而識之，學而不厭，誨人不倦，何有於我哉』，是聖人不敢自以爲知。『出則事公卿，入則事父兄，喪事不敢不勉，不爲酒困，何有於我哉』，此是聖人不敢以爲能處。」先生曰：「夫婦之與知能行是萬分中有一分，聖人不知不能是萬分中欠得一分。」又問：「以實事言之，亦有可言者，但恐非立教之道。」先生問：「如何？」人傑[一三九]云：「夫子謂『事君盡禮，人以爲諂』，相定公時甚好，及其受女樂則不免於行，是事君之道猶有未孚於人者。又如原壤登木而歌，『夫子爲弗聞也者而過之』，待之自好，及其夷俟則以杖叩脛，近於太過。」先生曰：「這裏説得却差。如原壤之歌乃是大惡，若要理會，不可但已，且只得休。至於夷俟之時，不可教誨，故直責之，復叩其脛，自當如此。若如正淳説，是[一四〇]不要管它，却非朋友之道矣。」人傑。

問：「未發之中寂然不動，如何見得是中？」曰：「已發之中即時中也，中節之謂也，却易見。未發更如何分別？其[一四一]舊有一說，謂已發之中是已施去者，未發是方來不窮者。意思大故猛。要之，却是伊川說『未發是在中之義』最好。」大雅。

問：「伊川言『喜怒哀樂未發謂之中，是言在中之義』[一四二]，如何？」曰：「是言在裏面底道理，非以『在中』釋『中』字。」問：「伊川又云『只喜怒哀樂不發便是』，如何說『不發』？」曰：「是言不曾發時。」

問：「惻隱羞惡、喜怒哀樂固是心之發，曉然易見處。如未惻隱羞惡、喜怒哀樂之前，便是寂然而靜時，然豈得皆塊然如槁木？其耳目亦必有自然之聞見，其手足亦必有自然之舉動，不審此時喚作如何。」[一四三]曰：「喜怒哀樂未發只是這心未發耳。其手足運動自是形體如此。」淳。[一四四]按，徐寓録同而略，今附於下，云：「喜怒哀樂，問：『未發之前其手足亦又有自然之舉動，不知此處是已發未發？』先生曰：『喜怒哀樂未發只是這心之未發，其形體之行動則自若。』」[一四五]

心無間於已發、未發。徹頭徹尾都是，那處截做已發、未發！如放僻邪侈，此心亦在，不可謂非心。淳。[一四六]

問：「中庸或問曰『若未發時純一無僞，又不足以名之』，此是無形影不可見否？」曰：「未發時僞不僞皆不可見。不特赤子如此，大人亦如此。」淳曰：「只是大人有主宰，赤子則未有主宰。」曰：「然。」淳。

問：「中庸或問說，未發時耳目當益精明而不可亂。如平常著衣喫飯是已發，是未發？」曰：「只有[一四七]所主著便是發。如著衣喫飯，亦有些事了。只有所思量要恁地，便是已發。」淳。[一四八]

因論呂與叔說「中」字大本差了。先生曰：「它底固不是，自家亦要見得它不是處。」文蔚曰：「喜怒哀樂未發之中，乃『在中』之『中』[一四九]義。他引虞書『允執厥中』之『中』，是不知『無過、不及之中』與『在中』之義本自不同。又以爲『赤子之心』，又以爲『心爲甚』，不知中乃喜怒哀樂未發，而赤子之心已發。『心爲甚』，孟子蓋謂心欲審之意。[一五〇]即此便是差了。」曰：「如今點檢它過處都是，自家却自要識中。」文蔚曰：「伊川云『涵養於喜怒哀樂未發之前，則發自中節矣』。今學者能戒謹恐懼於不睹不聞之中，而謹獨於隱微之際，則中可得矣。」曰：「固是如此，亦要識得。且如今在此坐，卓然端正，不倒東，不倒[一五一]西，便是中底氣象。然人說中亦只是大綱如此說，比之大段不中者，亦可謂之中，非能極其中。如人射箭，期於中紅心，射在帖上亦可爲[一五二]中，終不若它射中紅心者。至如和，亦有大綱喚做和者，比之大段乖戾者，謂之和則可，非能極其和。且如喜怒，合喜三分自家喜了四分，合怒三分自家怒了四分，便非和矣。」

文蔚。

吕氏「未發之前心體昭昭具在」，説得亦好。〔一五三〕淳。

問：「吕與叔云『未發之前心體昭昭具在，已發乃心之用』，南軒辨『昭昭』爲『已發』，恐太過否？」曰：「這辨得亦没意思〔一五四〕。敬夫太聰明，看道理不子細。伊川初謂『凡言心者皆指已發而言』，吕氏只是辨此一句。伊川後來又救前説曰：『「凡言心者皆指已發而言」，此語固未當。心一也，有指體而言者，「寂然不動」是也；有指用而言者，「感而遂通」是也。惟觀其所見如何。』此語甚圓，無病。大抵聖賢之言多〔一五五〕略發個萌芽，更在後人推究，〔一五六〕觸而長之〔一五七〕，然亦須得聖賢本意。不得聖賢〔一五八〕本意，則從那處推得出來？」問：「心本是個動物，不審未發之前全是寂然而靜，還是靜中有動否〔一五九〕？」曰：「不是靜中有動意。周子謂『靜無而動有』，靜不是無，以其未形而謂之無；非因動而後有，以其可見而謂之有爾。橫渠『心統性情』之説甚善。性只〔一六〇〕是靜，情只〔一六一〕是動。心則兼動靜而言，或指體，或指用，隨人所看。方其靜時，動之理只具〔一六二〕在。伊川謂：『當中時耳無聞、目無見，然見聞之理在始得。及動時，又只是這靜底。』」淳舉伊川以動之端爲天地之心。先生曰：「動亦不是天地之心，只是見天地之心。如十月豈得無天地之心？天地之心流行只自若。『元亨利貞』，元是萌芽初出時，亨是長枝葉時，利是成遂時，貞是結實歸宿處。下梢若無這歸宿處便也無這元了，惟有這歸宿處元又從此起。元了又貞，貞了又元，萬古只如此，循環無窮，所謂『維天之命，於穆不已』，說已盡了。十月萬物收斂，寂無蹤跡，到一陽動處，生物之心始可見。」曰：「一陽之復，在人言之只是善端萌處否？」曰：「以善言之，是善端方萌處。以惡[一六三]言之，昏迷中有悔悟向善意便是復。如睡到忽然醒覺處，亦是復底氣象。又如人之沉滯，道不得行，到極處忽少亨達，雖未大行，已有可行之兆，亦是復。這道理千變萬化，隨所在無不渾淪。」淳。

共父問「喜怒哀樂未發謂之中，發而皆中節謂之和」。曰：「『中』字是狀性之體。性具於心。發而中節，則是性自心中發出來也，是之謂情。」時舉。[一六四]

問：「或問中『坤卦純陰，不爲無陽』之說如何？」曰：「雖十月爲坤，十一月爲復，然自小雪後，其下面一畫便有三十分之一分陽生，至冬至方足得一爻成爾。故十月謂之『陽月』，蓋嫌於無陽也。自姤至坤亦然。」曰：「然則陽必竟有盡時矣。」曰：「剥盡於上，則復生於下，其間不容息也。」廣。

未發之前萬理備具。纔涉思即是已發動，而應事接物，雖萬變不同，能省察得皆合於理處。蓋是吾心本具此理，皆是合做底事，不容外面旋安排也。今說爲臣必忠、爲子必孝之類，皆是已發。然所以合做此事，實且[一六五]此理，乃未發也。人傑。

答徐彥章問「中和」，云：「喜怒哀樂未發，如處室中，東西南北未有定向，所謂中也。及其既發，如已出門，東者不復能西，南者不復能北。然各因其事，無所乖逆，所謂和也。」升卿。

中，性之德；和，情之德。〔一六六〕

道夫〔一六七〕問：「喜怒哀樂之未發，不偏不倚，固其寂然之本體。及其酬酢萬變，亦在是焉，故曰『天下之大本』。發而皆中節，則事得其宜，不相凌奪，固感而遂通之和也。然十中其九，一不中節，則爲不和，便自有礙，不可謂之達道矣。」曰：「然。」又問：「於學者如何皆得中節？」曰：「學者安得便一一恁地！也須且逐件使之中節方得。此所以貴於『博學，審問，謹思，明辨』。無一事之不學，無一時之〔一六八〕不學，無一處而不學，各求其中節，此所以爲難也。」道夫。

自「喜怒哀樂未發謂之中」至「天地位焉，萬物育焉」，道怎生恁〔一六九〕地？這〔一七〇〕個事影見，纔有那事便有那個事影見。這個本自虛靈，常在這裏。「喜怒哀樂未發謂之中，發而皆中節謂之和」，須恁地方能中節。若只恁地黑淬淬地在這裏，如何要得發必中節！賀孫。

中和亦是承上兩節説。〔一七一〕

「致中和。」所謂致和者，謂凡事皆欲中節；若致中工夫如何到〔一七二〕？其始也不能一一常在『一』字上立地〔一七三〕，須有偏過四旁時，但只〔一七四〕純熟，自別。孟子所謂「存心養性」、以〔一七五〕其「放心」、「操則存」，此等處乃致中也，至於充廣其仁義之心等處，乃致和也。人傑。

問：「未發之中是渾淪底，發而中節是渾淪底散開。『致中和』注云：『致者，推而至其極。』『致中和』，想也別無用工夫處，只是上戒謹恐懼乎不睹不聞與謹其獨，便是致中和底工夫否？」曰：「『致中和』只是無些子偏倚，無些子乖戾。若大段用倚靠，大段有乖戾底，固不是；若[一七六]有些子倚靠，有些子乖戾，亦未爲是。須無些子倚靠，無些子乖戾，方是『致中和』。」至。

周僕純仁問「致中和」字。曰：「『致』字是只管挨排去之義。且如此煖閤，人皆以火爐爲中，亦未[一七七]是要須去火爐中尋個至中處，方是的當。又如射箭，纔上紅心便道是中，亦未是，須是射着[一七八]紅心之中方是。如『致知』之『致』，亦同此義。『致』字工夫極精密也。」自修。

問：「『致中和，天地位焉，萬物育焉。』只君君臣臣、父父子子之分定，便是天地位否？」曰：「有地不得其平、天不得其成時。」問：「如此，則須專在[一七九]人主身上說方有此功用？」曰：「規模自是如此。然人各隨一個地位去做，不道人主致中和，士大夫便不致中和！」學之爲王者事。

問：「向見南軒上殿文字，多是要扶持人主心術。」曰：「也要在下人心術是當，方可扶持得。」問：「今日士風如此，何時是太平？」曰：「即這身心亦未見有太平之時。」三公燮理陰陽，須是先有個胸中是[一八〇]得。德明。[一八一]

「天地位，萬物育」便是「裁成輔相」、「以左右民」底工夫。若不能「致中和」，則山崩川竭者有矣，天地安得而位！胎夭失所者有矣，萬物何自[一八二]而育！升卿。

問：「『天地位，萬物育』，此是『裁成輔相』功用否？」曰：「是，此是就有位者言之。」淳。[一八三]

「致中和，天地位焉，萬物育焉」，此爲在上聖人而設。人傑。[一八四]

元思問：「『致中和，天地位，萬物育』，此指在上者而言。孔子如何？」曰：「孔子已到此地位。」可學。

問：「『致中和，天地位，萬物育』，此以有位者言。如一介之士如何得如此？」曰：「若致得一身中和便充塞一身，致得一家中和便充塞一家，若致得天下中和便充塞天下。有此理便有此事，有此事便有此理。如『一日克己復禮，天下歸仁』，如何一日克己於家，便得天下歸仁[一八五]？爲有此理故也。」賜。

問：「『靜而[一八六]無一息之不中，則陰陽動靜各止其所，而天地於此乎位矣』，不知[一八七]言陰陽動靜何也？」曰：「天高地下，萬物散殊，各有定所，此未與[一八八]物相感也，和則交感而萬物育矣。」問：「未能致中和則天地不得而位，只是日食星隕、地震山崩之類否？」曰：「天變見乎上，地變動乎下，便是天地不位。」德明。

問：「或問中有曰：[一八九]『善惡感通之理，亦及其力之所至而止耳。彼達而在上者既曰有以病之，則夫災異之變又豈窮，而在下者所能救也哉？』如此，則前所謂『力』者是力分之『力』

也。」曰：「然。」又問：「『但能致中和於一身，則天下雖亂，而吾身之天地萬物不害爲安泰。』且以孔子之事言之，如何是天地萬物安泰處？」曰：「在聖人之身，則天地萬物自然安泰。」曰：「此莫是以理言之否？」曰：「然。一家一國莫不如是。」廣。

【校勘記】

[一] 成化本此下注曰：「夔孫録云『中庸之書如個卦影相似，中間云云』」。

[二] 至 成化本無。

[三] 曰 成化本無。

[四] 成化本此下注曰：「以下論名篇之義。」

[五] 説 成化本無。

[六] 本 朱本作「中」。

[七] 黄直卿 成化本爲「直卿」。

[八] 其 成化本無。

[九] 乃是緣 成化本爲「緣是」。

〔一〇〕按至之録……亦不相似　成化本無。

〔一一〕成化本此下注曰：「與上條蓋同聞。」且此上一條爲至録，參本卷至録「至問中庸名篇之義……又説君子之時中」條。

〔一二〕成化本此下注有「僩」。

〔一三〕定　成化本爲「定理」。

〔一四〕中庸　成化本作「中」。

〔一五〕成化本此下注曰：「與廣緣蓋聞同。」緣　朱本作「録」

〔一六〕中　成化本無。

〔一七〕考　朱本作「故」。

〔一八〕高明中庸　成化本爲「中庸高明」。

〔一九〕也　成化本此下注曰：「方子録云：『問：「中庸既曰『中』，又曰『誠』，何如？」曰：「此古詩所謂『横看成嶺側成峰』也。」』」

〔二〇〕謙　成化本爲「德明」。

〔二一〕這　成化本作「道」。

〔二二〕是　成化本無。

〔二三〕蔡季通　成化本爲「季通」。

［二四］道　成化本作「人」。

［二五］椸　成化本爲「一椸」。

［二六］人　成化本作「日」。

［二七］人心道心　成化本無。

［二八］理　成化本爲「義理」。

［二九］明道云　成化本無。

［三〇］要　成化本無。

［三一］去　成化本此下有「看」。

［三二］後　成化本無。

［三三］開　成化本此下有「其開」。

［三四］成化本此下注曰：「夔孫録同。」

［三五］而　成化本無。

［三六］其　成化本爲「以其」。

［三七］之　成化本無。

［三八］此條伯羽録成化本載於卷四。

［三九］字　成化本作「是」。

〔四〇〕言　成化本爲「自言」。

〔四一〕者　成化本無。

〔四二〕這　成化本作「此」。

〔四三〕上　成化本無。

〔四四〕這　成化本作「此」。

〔四五〕如　成化本無。

〔四六〕這　成化本作「此」。

〔四七〕之　成化本無。

〔四八〕説得是了　成化本作「是」。

〔四九〕此條淳録部分内容底本卷六十三重複載録，參底本該卷「問鳶有鳶之性……曰是」條。

〔五〇〕性　成化本作「氣」。

〔五一〕道　成化本此上有「又曰」。

〔五二〕淳義剛録同　成化本爲「義剛」。

〔五三〕個　成化本爲「一個」。

〔五四〕盡　成化本此下注曰：「所舉或問非今本。」

〔五五〕如　成化本作「若」。

［五六］謂　成化本作「以」。

［五七］道　此字原缺，據上下文及成化本補。

［五八］從　成化本無。

［五九］公　成化本爲「公共」。

［六〇］前聖人之道古今共底言也　成化本爲「十方常住者而言也」。

［六一］録　成化本無。

［六二］妖夭　成化本爲「夭妖」。按，據禮記王制：「不殺胎，不殀夭。」

［六三］謨去僞録同　成化本爲「去僞」。

［六四］問修道之謂教……是生知學知否曰　成化本爲「自誠明謂之性」。

［六五］教是學知　成化本爲「自明誠謂之教此教字是學之也」。

［六六］之　成化本爲「二字」。

［六七］此條畓録成化本載於卷六十四。

［六八］可學　成化本爲「木之」。

［六九］待　成化本作「持」。

［七〇］是　成化本作「謂」。

［七一］高　成化本此下注曰：「今按，『可離非道』云『瞬息不存便是邪妄』，與章句、或問説不合。更

詳之。」

［七二］劉瀫　成化本作「瀫」。

［七三］就　成化本作「説」。

［七四］你　成化本無。

［七五］食飲　成化本爲「飲食」。

［七六］是　成化本無。

［七七］神通　成化本此下有「妙用」。

［七八］禪者　成化本爲「禪老」。

［七九］影　成化本無。

［八〇］在　成化本爲「便在」。

［八一］處　成化本作「上」。

［八二］戒謹其所不睹恐懼其所不聞　成化本無。

［八三］便是　成化本無。

［八四］不　成化本此上有「所」。

［八五］便　成化本作「只」。

［八六］只是凡事　成化本爲「凡萬事」。

〔八七〕使　成化本作「常」。

〔八八〕所　成化本無。

〔八九〕寓問　成化本爲「寓録云問」。

〔九〇〕徐寓録　成化本無。

〔九一〕戒謹乎其所不睹恐懼乎其所不聞　成化本無。

〔九二〕中庸之言必有深旨幸先生發明之　成化本無。

〔九三〕戒謹　成化本無。

〔九四〕李丈　成化本此上有「先生召諸友至卧内……便做將去」，此部分内容底本另作一條，載於卷一百十五，可參。

〔九五〕行　成化本此下有「此語如何」。

〔九六〕須　成化本此下有「得將」。

〔九七〕重　成化本此下有「也不是恁地驚恐」。

〔九八〕那個　成化本作「這」。

〔九九〕了　成化本無。

〔一〇〇〕去　成化本此下注曰：「義剛録作：『恁地兢謹把捉去，不成便恁地驚恐。學問只是要此心常存。』」

［一〇一］聖人也　成化本無。

［一〇二］息　成化本此下注曰：「義剛録此下云：『良久，復問安卿：「適來所説天理、人欲，正謂如何？」對曰：「天下事事物物，無非是天理流行。」曰：「如公所説，只是想像個天理流行，却無下面許多工夫。」』」

［一〇三］淳　成化本無，且此條載於卷一百十七，而底本分爲六條，載於本卷及卷一百十五，除此條外，參底本卷一百十五「先生召諸友至卧内……便做將去」條、「子思説尊德性……依舊都是錯了」條、「又曰吾友僻在遠方……粗底放在一邊」條、「又曰胡文定答曾吉甫書……如何樣做方好始得」條、「又曰今且將平日看甚書……若有酒醴則辭」條。

［一〇四］此條德明録成化本載於卷一百三。

［一〇五］明　成化本作「别」。

［一〇六］寓　成化本爲「閎祖」。

［一〇七］寓義剛録同　成化本爲「義剛」。

［一〇八］如此　成化本無。

［一〇九］謂　成化本作「以」。

［一一〇］如　成化本無。

［一一一］此條成化本無。

〔一一二〕胡　成化本爲「胡亂」。

〔一一三〕在　成化本作「是」。

〔一一四〕成　成化本此下有「個」。

〔一一五〕陽　成化本此下有「無物不是陰陽」。

〔一一六〕得　成化本無。

〔一一七〕成化本此下附有可學録，參底本本卷可學録「謹獨已見於用……又論晝前之易」條。

〔一一八〕此條卓録成化本無。

〔一一九〕懼　成化本此下有「略是個敬模樣如此。然道著『敬』字已是重了」。

〔一二〇〕略　成化本此上有「只」。

〔一二一〕呼　成化本此上有「纔」。

〔一二二〕成化本此下注有「人傑録云：漢卿問……而慎守之也」。此部分人傑録底本另作一條，參下條。

〔一二三〕又曰　成化本爲「『戒慎』一節當分爲兩事」。

〔一二四〕此條端蒙録成化本另作一條。

〔一二五〕問戒謹不睹……是惟精惟一工夫　成化本爲「漢卿問云云」。

〔一二六〕此條人傑録成化本作爲注，附於廣録後，參上條。

〔一二七〕止　成化本作「只」。

〔一二八〕邵康節　成化本爲「康節」。

〔一二九〕此條可學録成化本作爲注，附於寓録後。參本卷寓録「問謹獨是念慮初萌處否……其理則具」條。

〔一三〇〕得　成化本無。

〔一三一〕莫見乎隱……解云　成化本無。

〔一三二〕只管　成化本無。

〔一三三〕先　朱本作「而」。取　朱本作「耳」。

〔一三四〕人傑　成化本無。

〔一三五〕腦頭　成化本作「頭腦」。

〔一三六〕腦頭　成化本作「頭腦」。

〔一三七〕夫　成化本無。

〔一三八〕及　成化本爲「及其」。

〔一三九〕人傑　成化本無。

〔一四〇〕是　成化本爲「則是」。

〔一四一〕其　成化本作「某」。

〔一四二〕喜怒哀樂未發謂之中是言在中之義　成化本爲「未發之中是在中之義」。

〔一四三〕何　成化本此下注曰：「寓録云：『不知此處是已發未發？』」

〔一四四〕此條淳録成化本卷五重複載録。

〔一四五〕按徐寓録同而略……行動則自若　成化本爲「寓録云其形體之行動則自若」。

〔一四六〕此條淳録成化本載於卷五。

〔一四七〕有　成化本此上有「心」。

〔一四八〕成化本此下注曰：「義剛同。」

〔一四九〕中　成化本無。

〔一五〇〕孟子蓋謂心欲審之意　成化本爲「孟子蓋謂心欲審輕重度長短甚於權度他便謂凡言心者便能度輕重長短權度有所不及尤非孟子之意」。

〔一五一〕倒　成化本作「側」。

〔一五二〕爲　成化本作「謂」。

〔一五三〕好　成化本此下注曰：「德明録云：『伊川不破此説。』」

〔一五四〕思　此字原缺，據成化本補。

〔一五五〕多　成化本爲「多是」。

〔一五六〕究　成化本此下有「演而伸」。

〔一五七〕之　成化本無。

〔一五八〕聖賢　成化本無。

〔一五九〕否　成化本作「意」。

〔一六〇〕只　成化本無。

〔一六一〕只　成化本無。

〔一六二〕具　成化本無。

〔一六三〕惡　朱本作「德」。

〔一六四〕成化本此下注曰：「以下中和。」

〔一六五〕且　成化本作「具」。

〔一六六〕成化本此下注有「僩」。

〔一六七〕道夫　成化本無。

〔一六八〕之　成化本作「而」。

〔一六九〕恁　成化本無。

〔一七〇〕這　成化本此上有「這個心纔有這事便有」。

〔一七一〕成化本此下注有「閎祖」。

〔一七二〕到　成化本此上有「便」。

〔一七三〕二常在一字上立地　成化本爲「一一常在十字上立地」。

〔一七四〕只　成化本爲「久久」。

〔一七五〕以　成化本作「收」。

〔一七六〕若　成化本無。

〔一七七〕未　成化本無。

〔一七八〕着　成化本作「中」。

〔一七九〕在　成化本作「就」。

〔一八〇〕是　成化本作「始」。

〔一八一〕此條與上條成化本合爲一條。

〔一八二〕何自　成化本爲「安得」。

〔一八三〕此條淳録成化本無。

〔一八四〕此條人傑録成化本無。

〔一八五〕歸仁　成化本爲「以仁歸之」。

〔一八六〕而　成化本作「時」。

〔一八七〕不知　成化本無。

〔一八八〕與　成化本作「有」。

〔一八九〕或問中有曰　成化本無。

晦庵先生朱文公語類卷第六十三

中庸二

第二章

或問子思稱夫子爲仲尼先生。云：「古人未嘗諱其字。明道嘗云：『予年十四五，從周茂叔。』本朝先輩尚如此。伊川亦嘗呼明道表德。如唐人尚不諱其名，杜甫詩云『白也詩無敵』，李白詩云『飯顆山前[一]逢杜甫』。」卓。

或問：「『君子之中庸也，君子而時中』，上『君子』莫是指人而言，下『君子』莫是言中時，『中』莫是言『庸』否？」曰：「『君子』只是説個好人，『時中』只是説做得個恰好底事。」又[二]問：「『道不遠人，人之爲道而遠人，非所以[三]爲道』，莫是一章之綱目否？」曰：「是如此。所以下面三節又只是解此三句。」義剛。

「君子而時中」與易傳中所謂「中重於正，正者未必中」之意同。正者且是分別個善惡，中則是恰好處。夔孫。

問：「或問：『「君子之中庸也，君子而時中」，以其有君子之德又能隨時以取中也；「小人之中庸也，小人而無忌憚也」，以其有小人之心而又無所忌憚也。』[四]如何是『君子之德』與『小人之心』？」曰：「爲善者君子之德，爲惡者小人之心。君子而處不得中者有之，小人而不至於無忌憚者亦有之。惟其反中庸，則方是其無忌憚也。」廣。

第四章第三章無[五]

賢者過之，只知就其所長處着力做去，而不知擇乎中庸爾。銖。[六]

第八章第五至第七章無[七]

「舜其大知」，知而不過；兼行說，「仁在其中」。回「擇乎中庸」，兼知說。「索隱行怪」不能擇，不知。「半塗而廢」不能執。不仁。「依乎中庸」，擇。「不見知而不悔」。執。

舜固是聰明睿知，然又能「好問而好察邇言，樂取諸人以爲善」，併合將來，所以謂之大智。若只據一己所有，便有窮盡。廣。賀孫録[八]同。

問「隱惡而揚善」。曰：「其言之善者播揚之，不善者隱而不宣，則善者愈樂告以善，而不善者亦無所愧而不復言也。若其言不善，我又揚之於人，説它底不是，則其愧耻不復敢以言來告矣。此其求善之心廣大如此，人安得不盡以其言來告？而吾亦安有不盡聞之言乎？蓋舜本自知，能合天下之智爲一人之智，而不自用其智，此其智之所以愈大。若愚者既愚矣，又不能求人之智而自任其愚，此其所以愈愚。惟其智也，所以能因其智以求人之智而智愈大；惟其愚也，故自用其愚而不復求人之智而愈愚也。」僩。

「執其兩端」之「執」，如俗語謂把其兩頭。節。

兩端如厚薄輕重。「執其兩端，用其中於民」，非謂只於二者之間取中。當厚而厚即厚上是中，當薄而薄即薄上是中。輕重亦然。閎祖。

兩端未是不中。且如賞一人，或謂當重，或謂當輕，於此執此兩説〔九〕而求其恰好道理而用之。若以兩端爲不中，則是無商量了，何用更説「執兩端」！義剛。

問：「『執兩端而量度以取中』，當厚則厚，當薄則薄，爲中否？」曰：「舊見欽夫亦要恁地説。某謂此句只是將兩端來量度，取一個合〔一〇〕好處。如此人合與之百錢，若與之二百錢則過厚〔一一〕，與之五十則少，只是百錢便恰好。若常〔一二〕厚則厚，自有恰好處，上面更過厚則不中。而今這裏便説當厚則厚爲中，却是躐等之言〔一三〕。」或問：「程伊川〔一四〕曰『執謂執持使不得行』，如何？」某説此『執』字只是把此兩端來量度取中。」曰：「此『執』字只是把來量度。」至。

問中庸，集注[一五]云「兩端是衆論不同之極致」。曰：「兩端是兩端盡處。如要賞一人，或言萬金，或言千金，或言百金，或言十金。自家須從十金審量至萬金，酌中看當賞他幾金。」賜。

問：「章句云『兩端是衆論不同之極致』。蓋凡物皆有兩端，如小大厚薄之類。於善之中又執其兩端而量度以取中，所謂衆論不同都是善一邊底。」曰：「惡底已自隱而不宣了。當時所以說衆論不同之極致，蓋緣上文有『好問好察邇言』。」至。[一六]

陳才卿[一七]問：「『兩端謂衆論不同之極致』，且如衆論有十分厚者，有十[一八]分薄者，取極厚極薄之二説而中折之，則此爲中矣。」曰：「不然，此乃『子莫執中』也，安得謂之中？兩端只是個『起止』二字，猶云起這頭至那頭也。自極厚以至極薄，自極大以至極小，自極重以至極輕，於此厚薄、大小、輕重之中，擇其説之是者而用之，是乃所謂中也。若但以極厚極薄爲兩端，而中折其中間以爲中，則其中間如何見得便是中？蓋或極厚者説得是則用極厚之説，極薄之説是則用極薄之説，厚薄之中者説得是則用厚薄之中者之説。至於輕重、大小，莫不皆然。蓋惟其説之是者用之，不是棄其兩頭不用，而但取兩頭之中者以用之也。且如人有功當賞，或説合賞萬金，或説合賞千金，或有説合賞百金，或又有説合賞十金。萬金者，其至厚也；十金，其至薄也。則把其兩頭自至厚以至至薄，而精權其輕重之中。若合賞萬金便賞萬金，合賞十金也只得賞十金，合賞千金便賞千金，合賞百金便賞百金。不是棄萬金、十金至厚至薄之説，而折取其中以賞之也。若但欲去其兩頭而只取中間，則或這頭重那頭輕，這頭偏多那頭偏少，是乃所謂不中矣，安得謂之中！」才卿云：「或問中却説『當衆論不同之際，未知其孰爲過、孰爲不及而孰爲中也。故必兼總衆説，以執其不同之極處而半折之，然後可以見夫上一端之爲過，下一端之爲不及，兩[一九]者之間之爲中』。如先生今説，則或問『半折』之説亦當改。」曰：「便是某之説未精。以此見作文字難。意中見得了了，及至筆下依舊不分明，只差些子便意思都錯了。合改云『故必兼總衆説，以執其不同之極處而審度之，然後可以識夫中之所在，而上一端之爲過，下一端之爲不及』云云。如此語方無病。」或曰：「孔子所謂『我叩其兩端』與此同否？」曰：「然。竭其兩端是自精至粗，自大至小，自上至下，都與它説，無一毫之不盡。舜之『執兩端』，是取之於人者自精至粗，自大至小，總括包盡，無一善之或遺。」僩。[二〇]

「執其兩端」是搯轉來取中。節。[二一]

第九章

問：「『天下國家可均』，此三者莫是智、仁、勇之事否？」曰：「它雖不曾分，看來也是智、仁、勇之事，只是不合中庸。若合中庸，便盡得智、仁、勇。且如顔子瞻前忽後，亦是未到中庸處。」問：「卓立處是中庸否？」曰：「此方是見，到從之處方是行。又如『知命』、『耳順』方是見得盡，『從心所欲』方是行得盡。」賜。

公晦問：「『天下國家可均也，爵祿可辭也，白刃可蹈也』，謂資質之近於智而力能勉者，皆足以能之。若中庸，則四邊都無所倚着，浄浄潔潔，不容分毫力。」曰：「中庸便是三者之間，非是別有個道理。只於三者做得那恰好處便是中庸，不然只可謂之三事。」方子。廣録同。[一二二]

徐孟寶問：「中庸如何是不可能？」曰：「只是說中庸之難行也。急些子便是過，慢些子便不及。且如天下國家雖難均，捨得便均得；今按：「捨」字恐誤。爵祿雖難辭，捨得便辭得；蹈白刃亦然。只有中庸却便[一二三]如此不得，所以難也。」徐曰：「如此也無難。只心無一點私，則事事物物上各有個自然道理，便是中庸。以此公心應之，合道理順人情處便是，恐亦無難。」曰：「若如此時，聖人却不必言致知、格物。格物者便是要窮盡物理到個是處，此個道理至難。揚子雲說得是，『窮之益遠，測之益深』，分明是。」徐又曰：「只以至公之心爲大本，却將平日學問積累，便是格物。如此不輟，終須自有到處。」曰：「這個如何當得大本！若使如此容易，天下聖賢煞多。只公心不爲不善，此只做得個稍稍賢於人之人而已。聖賢事業大有事在。須是要得此至公之心有歸宿之地，事至物來，應之不錯方是。」徐又曰：「『爲人君止於仁，爲人臣止於敬，爲人子止於孝』至如『止於慈，止於信』，但只言『止』，便是心止宿之地，此又皆是人當爲之事，又如何會錯？」曰：「此處便是錯。要知所以仁、所以敬、所以孝、所以慈、所以信。仁少差便失於姑息，敬少差便失於沽激。毫釐之失，謬以千里，如何不是錯！」大雅。

第十章

問：「『南方之强，君子居之』，此『君子』字稍稍輕否？」曰：「然。」僩。

忍耐得便是「南方之强」。僩。

風俗易變，惟是通衢所在。蓋有四方人雜往來於中，自然易得遷轉[二四]。若僻在一隅，則只見得這一窟風俗如此，最難變。如西北之强勁正如此。時因論「南方之强」而言此。義剛。

如和便不流，若是中便[二五]不倚，何必更說不倚？後思之，中而不硬健便難獨立，解倒了。若中而獨立，不有所倚，尤見硬健處。[二六]義剛。

當初說「中立」了，又說「而不倚」。思之，[二七]柔弱底中立則必欹倚，若能中立而不倚，方見人硬健處。義剛。

問「中立而不倚」，曰：「只中立便是不倚了。然中立却易得倚，中立而不倚，此其所以爲强。」至。[二八]

中立久而終不倚，所以爲强。閎祖。

「强哉矯」，贊歎之辭。古注：「矯，强貌。」人傑。

問：「『和而不流，中立而不倚』，下惠、夷齊正是如此？」曰：「是。」又曰：「柳下惠和而不流處甚分曉，但夷齊如何是它中立而不倚處？」文蔚曰：「武王伐紂，夷齊叩馬而諫，不從便却終身不食周粟，此見得它中立不倚處。」曰：「如此却是倚做一邊去。」文蔚曰：「它雖如此，又却不念舊惡。」曰：「亦不相似。文王善養老，它便盍歸乎來；及至武王伐紂，它又自不從而去，只此便見它中立而不倚處。」文蔚。[二九]

問「國有道，不變塞焉；國無道，至死不變」注云云[三〇]。曰：「國有道則有達之理，故不變其未達之所守。若國無道則有不幸而死之理，故不變其平生之所守。不變其未達之所守易，不變其平生之所守難。」僩。

「國有道，不變塞焉。」[三一]塞，未達也。未達時要行其所學，既達了却變其所學。當不變未達之所守也。泳。

第十一章

問：「漢藝文志引中庸云『索隱行怪，後世有述焉』，『素隱』作『索隱』似亦有理，鉤索隱僻之義。『素』、『索』二字相近，恐作『索』，不可知。」曰：「『素隱』從來解不分曉，作『索隱』讀亦有理。索隱是『知者過之』，行怪是『賢者過之』。」德明。

問：「『索隱』，集注云『深求隱僻之理』，如漢儒災異之類，是否？」曰：「漢儒災異猶自有説得是處。如戰國鄒衍推五德之事、後漢讖緯之書便是隱僻。」賜。

「素隱行怪」不能擇，「半塗而廢」不能執。「依乎中庸」能擇也，「不見知而不悔」能執也。閎祖。

第十二章

「君子之道費而隱。」和亦有費有隱，不當以中爲隱、以和爲費。「得其名」處雖是效，亦是費。「君子之道四」亦是費。節。

問：「形而上下與『費而隱』，如何？」曰：「形而上下者就物上説，『費而隱』者就道上説。」人傑。

「夫婦之愚，可以與知焉。」若據先儒解，當初何不道行道之人，何不道衆人之愚？何爲説夫婦？是必有意。義剛。〔三二〕

問：「『及其至也，聖人有所不知；及其至也，聖人有所不能』，〔三三〕至極之地，聖人終於不知，終於不能，何也？不知是『過此以往未之或知』之理否？」曰：「至，盡也。論道而至於盡處，若有小小閑慢，亦不必知、不必能，亦可也。」一之。寓録同。〔三四〕

或問：「『及其至也，聖人有不知不能』之說，如何？」[三五]曰：「至者，非極至之『至』。蓋道無不包，若盡論之，聖人豈能纖悉盡知！伊川之說是。」去僞。

一日請食荔子，因論：「興化軍陳紫自蔡端明迄今又二百來年，此種猶在而甘美絕勝，獨無它本。天地間有不可曉處率如此，所謂『及其至也，聖人有所不能知』。要之它自有個絲脈相通，但人自不知耳。聖人也只知得大綱，到不可知處亦無可奈何，但此等瑣碎不知亦無害爾。」道夫。[三六]

「及其至也」，程門諸公都愛說玄妙，游氏便有「七聖皆迷」之說。設如把「至」作精妙說，則下文「語大語小」便如何分？諸公親得程子而師之，都差了。淳。

聖人不能知、不能行者，非至妙處聖人不能知、不能行。天地間固有不緊要底事，聖人不能盡知。緊要底則聖人能知之、能行之。若至妙處聖人不能知、不能行，粗處却能之，非聖人，乃凡人也。故曰「天地之大也，人猶有所憾」。節。

問：「『語小天下莫能破』，是極其小而言之。今以一髮之微尚有可破而爲二者，所謂『莫能破』則足見其小。注中謂『其小無内』，亦是說其至小無去處了。」曰：「然。」至。

又曰：[三七]「『莫能破』，只是至小無可下手處，破它不得。」賜。

問：「『其大無外，其小無内』二句是古語，是自做？」曰：「楚詞云『其小無内，其大無垠』。」至。

「皆是費，如鳶飛亦是費，魚躍亦是費。而所以爲費者，試討個費來看看。」又曰：「鳶飛可見，魚躍可見，而所以飛、所以躍，果何物也？中庸言許多費而不言隱者，隱在費之中。」節。

「鳶飛魚躍」，胡亂提起這兩件上來説。人傑。

問「鳶飛魚躍」之説。曰：「蓋是分明見得道體隨事[三八]發見處。察者，著也，非『察察』之『察』。金[三九]録作：「非審察之『察』。」詩中之意本不爲此，中庸只是借此兩句形容道體。詩云『遐不作人』，古注并諸家皆作『遠』字，甚無道理。記注訓『胡』字最妙。」謨。去僞録同。[四〇]

鳶飛魚躍，道體隨處發見。謂道體發見者猶是人見得如此，若鳶、魚初不自知。「察」只是著，天地明察亦是著也。君子之道，造端乎夫婦之細微，及其至也，著乎天地。「至」謂量之極至。去僞。

問「鳶飛魚躍」集注云云[四一]。曰：「鳶飛魚躍，費也。必有一個什麽物使得它如此，此便是隱。在人則動静語默無非此理，只從這裏收一收，謂心。這個便在。」賜。

問：「『鳶飛魚躍』如何與它『勿忘』、『勿助長』之意同？」曰：「孟子言『勿忘』、『勿助長』本言得粗。程子却説得細，只[四二]是用其語句耳。如明道之説却不曾下『勿』字，蓋謂都没耳。其曰『正當處』者謂天理流行處，故謝氏亦以此論曾點事。其所謂『勿忘』、『勿助長』者，亦非立此在四邊做防檢不得犯着，蓋謂俱無此而皆天理之流行耳。欽夫論語中亦[四三]誤認其意，遂曰『不當忘也，不當助長也』。如此則拘束得曾點更不得自在，却不快活也。」伯豐。

漳州王遇[四四]以書問：「中庸語[四五]『鳶飛魚躍』處，明道云：『會得時活潑潑地，不會得只是弄精神。』惟上蔡看破。先生引君臣父子爲言此吾儒之所以異於佛者，如何？」曰：「鳶飛魚躍只是言其發見耳。釋氏亦言發見，但渠言發見却一切混亂。至吾儒須辨其定分，君臣父子皆定分也。鳶必戾於天，魚必躍於淵。」可學。

問：[四六]「鳶有鳶之性，魚有魚之性，其飛其躍，天機自完，便是天理流行發見之妙處，故子思姑舉此一二以明道之無所不在否？」曰：「是。」淳。[四七]

「活潑潑[四八]地」，所謂活者只是不滯於一隅。德明。

問：「語録云：『「鳶飛戾天，魚躍於淵」，此與「必有事焉而勿正心」之意同。』或問中論此云：『程子離人而言，直以此形容天理自然流行之妙。上蔡所謂「察見天理，不用私意」，蓋小失程子之本意。』據上蔡是言學者用功處。『必有事焉而勿正心』之時，平鋪放着，無少私意，氣象正如此，所謂『魚川泳而鳥雲飛』也，不審是如此否？」曰：「此意固是，但它説『察』字不是也。」[四九]

問「中庸言『費而隱』」。文蔚謂：「『中庸散於萬事，即所謂費。惟『誠』之一字足以貫之，即所謂隱。」曰：「不是如此。費中有隱，隱中有費。凡事皆然，非是指誠而言。」文蔚曰：「如天道流行，化育萬物，其中無非實理。洒掃應對，酬酢萬變，莫非誠意寓於其間，是所謂『費而隱』也。」曰：「不然也。鳶飛魚躍，上下昭著，莫非至理，但人視之不見，聽之不聞，夯[五〇]將出來不得，須是於此自有所見。」因謂明道言此，引孟子「必有事焉而勿正心，勿忘勿助長」爲證。謝上蔡又添入夫子『與點』一事。且謂二人之言各有著落。文蔚曰：「明道之意只説天理自然流行，上蔡則形容曾點見道而樂底意思。」先生默然。又曰：「今且要理會『必有事焉』，將自見得。」又曰：「非是有事於此却見得一個物事在彼，只是『必有事焉』便是本色。」文蔚曰：「於有事之際，其中有不能自已者，即此便是。」曰：「今且虛放在此，未須强説。如虛着一個紅心時，復射一射，久後自中。子思説鳶飛魚躍，今人一等忘却乃是不知它那飛與躍，有事而正焉又是送[五一]教它飛、捉教它躍，皆不可。」又曰：「如今人所言皆是説費。隱元説不得。所謂『天有四時，春秋冬夏，風雨霜露，無非教也。地載神氣，神氣風霆，風霆流形[五二]，庶物露生，無非教也』，孔子謂『天何言哉？四時行焉，百物生焉』、『吾無行而不與二三子』是也。」文蔚。

問：「『上下察』，是此理流行上下昭著。下面『察乎天地』，是察見天地之理，或是與上句『察』字同意？」曰：「與上句『察』字同意，言其昭著遍滿於天地之間。」至。

問：「『上下察』與『察乎天地』，兩個『察』字同異？」曰：「只一般。此非觀察之『察』，乃

昭著之意，如『文理密察』、『天地明察』之『察』。經中『察』字義多如此。」廣。〔五三〕

晏亞夫〔五四〕問：「中庸言『造端乎夫婦』，何也？」曰：「夫婦者，人倫中之至親且密者。夫人所爲，蓋有不可告其父兄而悉以告其妻子者。昔宇文泰遺蘇綽書曰：『吾平生所爲，蓋有妻子所不能知者，公盡知之。』然則男女居室，豈非人之至親且密者歟？苟於是而不能行道，則面前如有物蔽焉，既不能見，且不能行也。所以孔子有言：『人而不爲周南、召南，其猶正墻面而立也歟！』」處謙。

或問：「中庸十二章〔五五〕說道之費隱，如是其大且妙，後面却只歸在『造端乎夫婦』上，此中庸之道所以異於佛老之謂道也。」曰：「須更看所謂『優優大哉！禮儀三百，威儀三千』處。聖人之道彌滿充塞，無少空闕處，若於此有一毫之差，便於道體有虧欠也。若佛則只說道道〔五六〕無不在，無適而非道，政使於禮儀有差錯處亦不妨，故它於此都理會不得。莊子却理會得，又不肯去做。如天下篇首一段皆是說孔子，恰似快刀利劍斫將去，更無些子窒礙。又且句句有着落，如所謂『易以道陰陽，春秋以道名分』，可煞說得好！雖然如此，又却不肯去做。然其才亦儘高，正所謂『知者過之』。」云：「看得莊子比老子，倒無老子許多機械。」曰：「亦有之，但老子則猶自守個規模了去做，到得莊子出來，將他那窠窟盡底掀番了，故他自以爲一家。老子極勞攘，莊子較平易。」廣。

公晦問「君子之道費而隱」，云：「許多章都是説費處，却不説隱處。莫所謂隱者只在費中否？」曰：「惟是不説，乃所以見得隱在其中。舊人多分晝將聖人不知不能處做隱，覺得下面都説不去。且如『鳶飛戾天，魚躍於淵』，亦何嘗隱來？」又問：「此章前説得恁地廣大，末梢却説『造端乎夫婦』，乃是指其切實做去，此吾道所以異於禪佛？」曰：「又須看『經禮三百，威儀三千』。聖人説許多廣大處都收拾做實處來，佛老之學説向高處便無工夫。聖人説個本體如此，待做處事事着實，如禮樂刑政、文爲制度，觸處都是。緣他本體充滿周足，有些子不是，便虧了它底。佛是説做去便是道，道無不存，無適非道，有一二事錯也不妨。」賀孫。

第十三章

「人之爲道而遠人」如「爲仁由己」之「爲」，「不可以爲道」如「克己復禮爲仁」之「爲」。閎祖。

「君子以人治人，改而止」，未改以前却是失人道，既改則便是復得人道了，更何用治它？如水本東流，失其道而西流，從西邊遮障得，歸來東邊便了。夔孫。

時舉[五七]問：「『君子以人治人，改而止』，横渠謂[五八]『以衆人望人則易從』，此語如何？」曰：「此語似亦未穩。」時舉。

問：「『君子以人治人，改而止。』其人有過，既改之後或爲善不已，或止而不進，皆在其人，非君子之所能預否？」曰：「非然也。能改即是善矣，更何待別求善耶？天下只是一個善惡，不善即惡，不惡即善。如何説既能改其惡，更用別討個善？只改底便是善了。這須看它上文，它緊要處全在『道不遠人』一句。言人人有此道，只是人自遠其道，非道遠人也。人人本自有許多道理，只是不曾依得這道理，却做從不是道理處去。今欲治之，不是別討個道理治它，只是將它元自有底道理還以治其人。如人之孝，它本有此孝，它却不曾行得這孝，却亂行從不孝處去。君子治之，非是別討個孝去治它，只是與它説：『你這個不是。你本有此孝，却如何錯行從不孝處去？』其人能改，即是孝矣。不是將它人底道理去治它，又不是分我底道理與它。它本有此道理，我但因其自有者還以治之而已。及我自治其身，亦不是將它人底道理來治我，亦只是將我自思量得底道理自治我之身而已，所以説『執柯伐柯，其則不遠』。『執柯以伐柯』，不用更別去討法則，只你那手中所執者便是則。然『執柯以伐柯，睨而視之，猶以爲遠』。若此個道理人人具有，纔要做底便是，初無彼此之別。放去收回只在這些子間[五九]，何用別處討？故中庸一書初間便説『天命之謂性，率性之謂道』。此是如何？只是説人人各具此個道理，無有不足故耳。它從上頭説下來，只是此意。」又曰：「『所求乎子，以事父未能也』，每常人責子必欲其孝於我，然不知我之所以事父者果孝否？以我責子之心而反推己之所以事父，此便是則也。『所求乎臣，以事君未能也』，常人責臣必欲其忠於我，然不知我之事君者盡忠否乎？以我責臣之心而反之於我，則其則在此矣。」又曰：「『所求乎子，以事父未能也』，須要如舜之事父方盡得子之道，若有一毫不盡，便是道理有所欠闕，便非子之道矣。『所求乎臣，以事君未能也』，須要如舜、周公之事君，若有一毫不盡，便非臣之道矣。無不是如此，只緣道理當然，自是住不得。」僩。

夜[六〇]來説忠恕，論著忠恕名義，自合依子思「忠恕違道不遠」是也。曾子所説却是移上一階，説聖人之忠恕。到程子又移上一階，説天地之忠恕。其實只一個忠恕，須自看教有許多等級分明。僩。[六一]

或[六二]問：「到得忠恕已是道，如何云『違道不遠』？」曰：「仁是道，忠恕正是學者着力下工夫處。『施諸己而不願，亦勿施於人』，子思之説正爲工夫[六三]。『夫子之道，忠恕而已矣』，却不是恁地，曾子只是借這個説『維天之命，於穆不已』。『乾道變化，各正性命』，便是天之忠恕；『純亦不已』、『萬物各得其所』，便是聖人之忠恕；『施諸己而不願，亦勿施諸[六四]人』，便是學者之忠恕。」[六五]

蜚卿問：「忠恕即道也，而曰『違道不遠』，何耶？」曰：「道是自然底。人能忠恕，則去道不遠。」道夫。

「施諸己而不願，亦勿施於人」，此與「己所不欲，勿施於人」一般，未是自然，所以「違道不

遠」正是學者事。「我不欲人之加諸我也，吾亦欲無加諸人」，此是成德事。閎祖。〔六六〕

求責也，中庸求子以事父處。節。〔六七〕

「行險僥倖」，本是連上文「不願乎其外」說。言强生意智，取所不當得。僩。〔六八〕

第十六章第十四十五章無〔六九〕

侯師聖解中庸「鬼神之爲德」，謂「鬼神爲形而下者，鬼神之德爲形而上者」。且如「中庸之爲德」，不成說中庸爲形而下者，中庸之德爲形而上者！文蔚。

問：「『體物而不可遺』，是有此物便有鬼神，凡天下萬物萬事皆不能外夫鬼神否？」曰：「不是有此物時便有此鬼神，說倒了。乃是有這鬼神了方有此物，及至有此物了又不能違夫鬼神也。『體物而不可遺』，用拽轉看，將鬼神做主，將物做賓，方看得出是鬼神去體那物，鬼神却是主也。」僩。又曰：「有是實理而後有是物，鬼神之德所以爲物之體而不可遺也。」升卿。〔七〇〕

問：「或問中謂：『循其說而體驗之，若有以使人神識飛揚，眩瞀迷惑，無所底止。』所謂『其說』者，莫是指楊先生『非體物不遺者，其孰能察之』之說否？」曰：「然。不知前輩讀書如何也恁鹵莽？據『體物而不遺』一句，乃是論鬼神之德爲萬物之體幹耳。今乃以爲體察之『體』，其可耶？」廣。

問：「『洋洋如在其上，如在其左右』，莫是感格否？[七一]」曰：「固是。然亦須自家有以感之始得。上下章自恁地説，忽然中間插入一段鬼神在這裏，也是鳶飛魚躍底意思。所以末梢只説『微之顯，誠之不可掩也如此』。」賜。[七二]

「微之顯，誠之不可揜如此夫」，皆實理也。僩。

或問：「中庸十六章初説[七三]鬼神『體物而不可遺』，只是就陰陽上説。末後又却以祭祀言之，是如何？」曰：「此是就其親切著見者言之也。若不如此説，則人必將風雷山澤做一般鬼神看，將廟中祭享者又做一般鬼神看。故即其親切著見者言之，欲人會之爲一也。」廣。

問：「『鬼神之德其至[七四]矣乎』，此止説噓吸聰明之鬼神。末後却歸向『齊明盛服以承祭祀，洋洋乎如在其上』，是如何？」曰：「惟是齋戒祭祀之時鬼神之理著。若是它人亦是卒[七五]未曉得，它須道風雷山澤之鬼神是一般鬼神，廟中泥塑底又是一般鬼神，只道有兩樣鬼神。所以如此説起，又歸向親切明著處去，庶幾人知得不是二事也。」漢卿問：「鬼神之德如何是良能、功用處？」曰：「論來只是陰陽屈伸之氣，只謂之陰陽亦可也。然必謂之鬼神者，以其良能、功用而言也，今又須從良能、功用上求見鬼神之德始得。前夜因漢卿説個修養，人死時氣衝突，知得焄蒿之意親切，謂其氣襲人，知得悽愴之意分明。漢武李夫人祠云『其風肅然』。今鄉村有衆户還賽祭享時，或有肅然如陣風，俗呼爲『旋風』者，即此意也。」因及修養，且言：「萇弘死，藏其血於地，三年化爲碧，此亦是漢卿所説『虎威』之類。」賀孫云：「應人物之死，其魄降於地，皆如此。但或散或微，不似此等之精悍，所謂『伯有用物精多則魂魄强』是也。」曰：「亦是此物禀得魄最盛。又如今醫者定魄藥多用虎睛，助魂藥多用龍骨。魄屬金，金西方，主肺與魄。虎是陰屬之最强者，故其魄最盛。魂屬木，木東方，主肝與魂。龍是陽屬之最盛者，故其魂最强。龍能駕雲飛騰，便是與氣合。虎嘯則風生，便是與魄合。雖是物之最强盛，然皆墮於一偏。惟人獨得其全，便無這般磊磈。」因言：「古時所傳安期生之徒皆是有之。也是被它煉得氣清，皮膚之内骨肉皆已融化爲氣，其氣又極其輕清，所以有『飛昇脱化』之説。然久之漸漸消磨，亦澌盡了。渡江以前，説甚吕洞賓、鍾離權，如今亦不見了。」因言：「鬼火皆是未散之物，如馬血，人戰鬭而死，被兵之地皆有之。某人夜行淮甸間，忽見明滅之火横過來當路頭。其人頗勇，直衝過去，見其皆似人形，髣髴如廟社泥塑未裝飾者。亦未散之氣，不足畏。『宰我問神鬼』一章最精密，包括得盡，亦是當時弟子記録得好。」賀孫。

問：「中庸『鬼神』章首尾皆主二氣屈伸往來而言，而中間『洋洋如在其上』乃引『其氣發揚於上，爲昭明、焄蒿、悽愴』，此乃人物之死氣，似與前後意不合，何也？」曰：「死便是屈，感召得來便是伸。」問：「『昭明、焄蒿、悽愴』，這是人之死氣也，[七六]此氣會消了？」曰：「是。」問：「伸底只是這既死之氣復來伸否？」曰：「這裏便難恁地説。這伸底又是别新生了。」問：「如何會別生？」曰：「祖宗氣只存在子孫身上，祭祀時只是這氣，便自然又伸。自家極其誠敬，肅然如在其上，是甚物？那得不是伸？此便是神之著也。所以古人燎以求諸陽，灌以求諸陰。謝氏謂『祖考精神便是自家精神』，已說得是。」淳。

問：「章句中所謂『鬼神之爲德』，『猶言性情功效』者，[七七]固是有性情便有功效，有功效便有性情。然所謂性情者，莫便是張子所謂『二氣之良能』否？所謂功效者，莫便是程子所謂『天地之功用』否？」曰：「鬼神視之而不見，聽之而不聞，人須是於那良能與功用上認取其德。」廣。

問：「鬼神之德，如何？」曰：「自是如此。此言鬼神實然之理，猶言人之德。不可道人自爲一物，其德自爲德。」力行。

因讀「鬼神之德」一章，[七八]問：「章句云『猶言性情功效云爾』，[七九]性情乃鬼神之情狀，不審所謂功效者何謂？」曰：「能『使天下之人齊明盛服以承祭祀』便是功效。」問：「魂[八〇]魄守體，有所知否？」曰：「耳目聰明爲魄，安得謂無知？」問：「然則人之死也，魂升魄降，是兩處有知覺也。」曰：「孔子分明言『合鬼與神，教之至也』，當祭之時求諸陽及[八一]求諸陰，正爲此。況祭亦有報魄之說。」德明。

問：「『鬼神之爲德』只是言氣與理否？」曰：「猶言性情也。」問：「章句中[八二]說『功效』，如何？」曰：「鬼神會做得這般事。」因言：「鬼神有無，聖人未嘗決言之。如言『之死而致死之，不仁；之死而致生之，不知』、『於彼乎，於此乎』之類，與明道語上蔡『恐賢問某尋』之意同。」問：「五廟、七廟遞遷之制，恐是世代浸遠、精爽消亡，故廟有遷毁。」曰：「雖是如此，然祭者求諸陰，求諸陽，此氣依舊在，如噓吸之則又來。若不如此，則是『之死而致死之』也。蓋其子孫未絶，此氣接續亦未絶。」又曰：「天神、地祇、山川之神，有此物在其氣自在此，故不難曉。惟人已死，其事杳茫，所以難説。」德明。

或問：「『顔子死而不亡』之説，先生既非之矣。然聖人制祭祀之禮所以事鬼神者，恐不止謂但有此理，須有實事？」曰：「若是見理明者，自能知之。明道所謂『若以爲無，古人因甚如此説；若以爲有，又恐賢問某尋』，其説甚當。」人傑。

問：「侯氏中庸曰：『總攝天地，斡旋造化，闔闢乾坤，動役鬼神，日月由之而晦明，萬物由之而生死[八三]者，誠也。』此語何謂？」曰：「這個亦是實有這理便如此。若無這理，便都無天地無物[八四]無鬼神了。不是實理，如何『微之顯，誠之不可掩』？」因問：「『鬼神造化之迹』，何謂迹？」曰：「鬼神是天地間造化，只是個[八五]二氣屈伸往來。神是陽，鬼是陰。往者屈，來者伸，便有個迹恁地。」淳因舉謝氏「歸根」之説。先生曰：「『歸根』本是[八六]老氏語，必竟無歸，這個何曾動？」問：「性只是天地之性。當初亦不是自彼來入此，亦不是自此往歸彼，只是因氣之聚散，見其如此是[八七]耳。」曰：「畢竟是無歸。如月影映在這盆水裏，除了這盆水，這影便無了，豈是這飛上天去歸那月裏去？又如這花落便無了，豈是歸去那裏明年復來生這枝上？」問：「人死時這知覺便散否？」曰：「不是散，是盡了，氣盡則知覺亦盡。」問：「世俗所謂物怪神姦之説，則如何斷？」曰：「世俗大抵十分有八分是胡説，二分亦有此理。多有是非命死者，或溺死，或殺死，或暴病卒死，是它氣未盡，故憑依如此，然終久亦必消了。[八八]又有是乍死後氣未消盡，是它當初禀得氣盛故如此，然終久亦消了。蓋精與氣合便生人物，『游魂爲變』便無了。如人説神仙，古來神仙皆不見，只是説後來神仙。如左傳伯有爲厲，此鬼今亦不見。」問：「自家道理正，則自不能相干。」曰：「亦須是氣能便[八九]配義始得，若氣不能配義，便餒了。」問：「謝氏謂『祖考精神，便是自家精神』，如何？」曰：「此句已是説得好。祖孫只是[九〇]一氣，極其誠敬自然相感。如這大樹有種子下地，生出又成樹，便即是那大樹也。」淳。

問：「中庸十二章，子思論道之體用。十三章言人之爲道不在乎遠，當即夫衆人之所能知、能行，極乎聖人之所不能知、不能行。第十四章又言人之行道，當隨其所居之分而取足於其身。」曰：「此兩章大綱相似。第十五章又言進道當有序，第十六章方言鬼神之道『費而隱』。蓋論君子之道則即人之所行言之，故但及其費而隱自存。論鬼神之道則本人之所不見不聞而言，故先及其隱而後及於費。」曰：「鬼神之道便是君子之道，非有二也。」[九一]

第十七章

節[九二]問：「『因其材而篤焉』，『篤』字何謂？[九三]」曰：「是因材而加厚些子。」節。

漢卿問：「栽者培之，傾者覆之，以『氣至滋息，氣反遊散』來説，上言德而受福，而以氣爲言者，何也？」曰：「道理是如此，亦非定定有個物使之然。若是成時自節節恁地長將去，若壞時恰似有個物來推倒了。道理都如此。如詩云『假樂君子，顯顯令德。宜民宜人，受禄於天。保佑命之，自天申之』，董仲舒云『爲政而宜於人，固當受禄於天也』。上面雖是疊將來，此數語却轉得意思好。」賀孫。[九四]

問：「『舜之大德受命』，止是爲善得福而已，中庸却言天之生物栽培傾覆，何也？」[九五]曰：「只是一理。此亦非是有物使之然，但物之生時自節節長將去，恰似有物扶持他[九六]；及其衰也，則自節節消磨將去，恰似有個物推倒它。理自如此。唯我有受福之理，故天既佑之又申之。董仲舒曰『爲政而宜於民，固當受禄於天』，雖只是疊將來説，然玩味之，覺它説得自有意思。」[九七]又曰：「嘉樂詩下章又却不説其它，但願其子孫之多且賢耳。此意甚好，然此亦其理之常，若堯舜之子不肖，則又非常理也。」廣。[九八]

第十八章

問：「『上祀先公以天子之禮』，先公謂組紺以上。[九九]蓋[一〇〇]古無道[一〇一]王之禮，至周之武王、周公，以王業肇於太王、王季、文王，故追王三王。至於組紺以上，則止祀以先公之禮，所謂『葬以士，祭以大夫』之義也。」曰：「然。周禮祀先王以衮冕，祀先公以鷩冕，則祀先公依舊止用諸侯之禮，鷩冕，諸侯之服。[一〇二]但乃是天子祭先公之禮耳。」問：「諸儒之説，以爲武王未誅紂，則稱文王爲『文考』，以明文王在位未嘗稱王之證。及既誅紂，乃稱文考爲『文王』。然既曰『文考』，則其謚定矣，若如其言，將稱爲『文公』耶？」曰：「此等事無證佐，皆不可曉，闕之可也。」僩。

問：「中庸解載游氏辨文王不稱王之説，正矣。先生却曰『此事更當考』，是如何？」曰：「説文王不稱王，固好，但書中不合有『惟九年大統未集』一句。不知所謂『九年』自甚時數起？若謂文王固守臣節不稱王，則『三分天下有其二』亦爲不可。又書言『太王肇基王迹』，則到太王時周家已自强盛矣。今史記於梁惠王三十七年書『襄王元年』，而竹書紀年以爲後元年，想得當時文王之事亦類此。故先儒皆以爲自虞芮質成之後爲受命之元年。」廣。

問：「喪祭之禮至周公然後備，夏商而上想甚簡略。」曰：「然。『親親長長』，『貴貴尊賢』。

夏商而上大概只是親親長長之意，到得周來，則又添得許多貴貴底禮數。如『始封之君不臣諸父昆弟，封君之子不臣諸父而臣昆弟』。期之喪，天子諸侯絶，大夫降。然諸侯大夫尊同則亦不絶不降，姊妹嫁諸侯者則亦不絶不降，此皆貴貴之義。上世想皆簡略，未有許多降殺貴貴底禮數。凡此皆天下之大經，前世所未備，到得周公搜剔出來立爲定制，更不可易。」僩。

「『三年之喪，達於天子』，中庸之意只是主爲父母而言，未必及其它者。所以下句云『父母之喪無貴賤，一也』。」因言：「大凡禮制欲行於今，須有一個簡易底道理。若欲盡拘古禮，則繁碎不便於人，自是不可行，不曉它周公當時之意是如何。孔子嘗曰『如用之，則吾從先進』，想亦是厭其繁。」文蔚問：「伯叔父母，古人皆是期喪。今禮又有所謂『百日制，周期服』。然則期年之内當服其服，往往今人於此多簡略。」曰：「居家則可，居官便不可行。所以當時横渠爲見天祺居官，凡祭祀之類盡令天祺代之，他居家服喪服。當時幸而有一天祺居官，故可爲之。萬一無天祺，則又當如何？便是動輒窒礙難行。」文蔚曰：「今不居官之人，欲於百日之内略如居父母之喪，期年之内則服其服，如何？」曰：「私居亦可行之。」文蔚。

或問：「『三年之喪達乎天子，父母之喪無貴賤，一也』，吕氏却分作兩段説。」曰：「它只據左氏載周穆后崩、太子壽卒，『叔向曰王一歲而有三年之喪二』一句。大抵左氏所説之禮不可據，往往是叔世之後變亂無理會底禮數。今若引以爲據，多失之。如君舉是也。」味道因舉「先配後祖」之説，先生云：「便是在古，豈有這個禮數？某嘗説左氏只是一個詳練曉事、會做文章底人，却不是儒者。公、穀雖是儒者，又却不曉事，其所説禮多有是處，只是説得忒煞鄭重滯泥，政如世俗所謂山東學究是也。」或云：「若公羊謂孔父『義形於色』，仇牧『不畏强禦』，荀息『不食其言』，此皆斷得好，又却有大段亂道處，是如何？」曰：「便是它不曉事，故不自知其不是，便寫出來。若是左氏便巧，自做道理回互了。」或云：「以祭仲廢君爲行權，衛輒拒父爲尊祖，是它全不識道理也。」曰：「此亦可見它不曉事處。它只知嫡孫可以代祖，却不知子不可以無父先。」

是旦日，吴兄不講禮，先生問何故。曰：「爲祖母承重，方在禫，故不敢講賀禮。」或問：「爲祖母承重有禫制否？」曰：「禮惟於父母與長子有禫，今既承重，則便與父母一般了，當服禫。」廣。〔一〇三〕按賀孫録大同，今附於下，云：「正淳問中庸云『三年之喪』，〔一〇四〕又云父母之喪，吕氏却作兩段〔一〇五〕。」曰：「吕氏所以如此説者，蓋見左氏載周穆后薨、太子壽卒，謂周『一歲而有三年之喪二焉』。左氏説禮皆是周衰末亂〔一〇六〕不經之禮，〔一〇七〕無足取者。君舉所以説禮多錯者，緣其多本左氏也。」賀孫云：「如『陳鍼子送女，先配後祖』一段，更是分曉〔一〇八〕。古時〔一〇九〕那曾有這般禮數？」曰：「便是他記禮皆差。某嘗言左氏〔一一〇〕儒者，只是個曉事該傅、會做文章之人。若公、穀二子，却是個不曉事底儒者，故其説道理及禮制處不甚差，下得語恁地鄭重。」〔一一一〕賀孫因舉〔一一二〕所斷：「孔父謂其〔一一三〕『義形於色』，仇牧謂其〔一一四〕『不畏强禦』，荀息謂其〔一一五〕『不食言』，最是斷得好。」曰：「然。」賀孫又云：「其間有全亂道處，恐是其徒插入，如何？」曰：「是他那不曉事底見識，便寫出來，亦不道是不好。若左氏便巧，便文飾回互了。」或云：「以祭仲廢君爲行權，衛輒拒父爲尊祖，都是〔一一六〕不是。」曰：「是它不曉事底見識。只知道有所謂『嫡孫承重』之義，便道孫可以代祖，而不知子不可以不父其父。嘗謂學記云『多其訊』，注云『訊，猶問也』，公、穀便是『多其訊』，没緊要處也便說道某言者何、某事者何。」[一一七]

第十九章

「或問中說廟制處，所謂『高祖』者何也？」曰：「四世祖也。『世』與『大』字古多互用，如太子爲世子、太室爲世室之類。」廣。

林安卿問：「中庸二昭、二穆以次向南，如何？」曰：「太祖居中，坐北而向南。昭穆以次而出向南。某人之說如何，乃是。如疏中謂太祖居中，昭穆左右分去列作一排。若天子七廟，恐太長些[一一八]。」又曰：「大率論廟制，劉歆之説頗是。」義剛。

問「中庸集注略載楊氏說：『序事所以辨賢，處以玉幣所以交神明，祼鬯所以求神於幽也。』[一一九]豈以天神無聲臭氣類之可感，止用玉幣表自家之誠意；而祼鬯交人神則以[一二〇]人鬼有氣類之可感，故用芬香之酒耶？」曰：「不然。自是天神高而在上，鬱鬯之酒感它不著。蓋灌鬯之酒却瀉入地下去了，所以只可感人鬼而不可以交天神也。」僩。

問：「章句云『酬，導飲也』，[一二一]如何是『導飲』？」曰：「主人酌以獻賓，賓酬主人曰酢，主人又自飲而復飲賓曰酬。其主人又自飲者是導賓使飲也。諺云「主人倍食於賓」，疑即此意。但賓受之却不飲，奠於席前，至旅時亦不舉，又自別舉爵，不知如何。」又問：「行旅酬時，祭事已畢否？」曰：「其大節目則已了，亦尚有零碎禮數未竟。」又問：「想必須在飲福受胙之後。」曰：「固是。古人酢賓便是受胙。『胙』與『酢』、『昨』字，古人皆通用。」廣。

「旅酬」者，以其家臣或鄉吏之屬，大夫則有御史[一二二]。一人先舉觶獻賓。賓飲畢，即以觶授於執事者，執事者[一二三]則以獻於其長，遞遞相承，獻及於沃盥者而止焉。沃盥，謂執盥洗之事，至賤者也。故曰「旅酬下爲上，所以逮賤也」。廣。

漢卿問「導飲」是如何。先生歷舉儀禮獻酬之禮。旅酬禮，下爲上交勸。先一人如鄉吏之屬升觶，或二人舉觶獻賓。賓不飲，却以獻執事。一[一二四]人受之，以獻於長，以次獻，至於沃盥，所謂「逮賤」者也。旅酬後，樂作，獻之俎未徹，賓不敢旅酬。酬酒，賓奠不舉，至旅酬亦不舉，更自有一盞在右，爲旅盞也。受胙者，古者「胙」字與「酢」字通。受胙者，猶神之酢己也。周禮中「胙席」又作「昨昔」之「昨」。謂初未設，只跪拜，後[一二五]方設席。周禮王享先公亦如之。不言尸飲酢之禮。其時[一二六]祭，每獻酬酢甚詳，不知合享如何。周禮旅酬六尸。古者男女皆有尸，女尸不知起[一二七]於何代。杜佑乃謂古無女尸，女尸乃本夷虜之屬，後來聖人革之。賀孫因舉儀禮士虞禮云：「男，男尸；女，女尸。是古男女皆有尸也。」先生因舉陶侃廟南昌南康。每年祭祀，堂上設神位，兩箱[一二八]設生人位。凡爲勸首者，至祭時具公服，設馬乘，儀狀甚盛。至於廟，各就兩箱之位。其奉祭者獻飲食，一同神位之禮。又某處擇一鄉長，狀貌甚魁偉者爲之，至諸處祭，皆請與同享。此人遇冬春祭多時節，每日大醉也。厭祭是不用尸者。古者必有爲而不用，如祭殤、陰厭、陽厭是也。賀孫。

【校勘記】

［一］前　成化本作「頭」。

［二］或問君子之中庸也……做得個恰好底事又　成化本無。

［三］非所以　成化本爲「不可以」。

［四］或問君子之中庸也……又無所忌憚也　成化本無。

［五］第三章無　成化本無。

［六］此條銖録成化本無。

［七］第五至第七章無　成化本無。按，成化本有「第六章」，且其下凡十三條語録。底本「第八章」以下共載十一條語録，其中有十條成化本置於「第六章」下（其中至録「問章句云……好問好察邇言」條成化本無）。

［八］錄　成化本無。
［九］説　成化本作「端」。
［一〇］合　成化本作「恰」。
［一一］厚　成化本無。
［一二］常　成化本作「當」。
［一三］言　成化本作「語」。
［一四］程伊川　成化本爲「伊川」。
［一五］中庸集注　成化本作「注」。
［一六］此條至錄成化本無。
［一七］陳才卿　成化本爲「才卿」。
［一八］十　成化本作「一」。
［一九］兩　成化本此上有「而」。
［二〇］成化本此下附以他錄爲注，曰：一作：「才卿問：『或問以程子執把兩端，使民不行爲非。而先生所謂「半折之」，上一端爲過，下一端爲不及，而兩者之間爲中，悉無以異於程説。』曰：『非是如此。隱惡揚善，惡底固不問了，就衆説善者之中，執其不同之極處以量度之。如一人云長八尺，一人云長九尺，又一人云長十尺，皆長也，又皆不同也。不可便以八尺爲不及，十尺爲過，而以九尺爲中也。蓋中處或在十尺上，

或在八尺上，不可知。必就三者之説子細量度，看那説是。或三者之説皆不是，中自在七尺上，亦未可知。然後有以見夫上一端之爲過，下一端之爲不及，而三者之間爲中也。「半折」之説誠爲有病，合改』云云。」

［二一］成化本此下注曰：「愚按：定説在後。」

［二二］方子廣録同　成化本爲「賀孫」。

［二三］便　成化本作「使」。

［二四］遷轉　成化本爲「變遷」。

［二五］如　成化本此上有「和而不流，中立而不倚」。便　成化本爲「便自」。

［二六］成化本此下注曰：「本録云：『柔弱底中立則必欹倚，若能中立而不倚方見硬健處。』」此部分内容底本另作一條，參底本下條。又，疑成化本「本録云」爲「一本録云」之誤。

［二七］當初説中立了又説而不倚思之　成化本無。

［二八］此條至録成化本無。

［二九］此條文蔚録成化本卷五十六以部分内容爲注，附於僩録中，參底本卷五十六僩録「陳才卿問伯夷是中立而不倚……此可以見其不倚也」條。

［三〇］注云云　成化本無。

［三一］國有道不變塞焉　成化本無。

［三二］此條義剛録成化本無。

〔三三〕及其至也……聖人有所不能　成化本無。

〔三四〕一之寓録同　成化本作「寓」。

〔三五〕及其至也聖人有不知不能之説如何　成化本爲「聖人不知不能」。

〔三六〕此條道夫録成化本載於卷一百三十八。

〔三七〕又曰　成化本無。

〔三八〕事　朱本作「時」。

〔三九〕金　成化本爲「去僞」。

〔四〇〕去僞録同　成化本無。

〔四一〕云云　成化本無此注，另有大字爲「一段」。

〔四二〕只　成化本此上有「恐」。

〔四三〕亦　成化本無。

〔四四〕漳州王遇　成化本爲「子合」。

〔四五〕語　成化本無。

〔四六〕問　成化本此上有「問率性通人物……曰是又」，參底本卷六十二「問率性通人物……説得是了」條。

〔四七〕此條淳録成化本載於卷六十二，底本卷六十二重複載録。

［四八］撥撥　成化本爲「潑潑」。
［四九］成化本此下注有「德明」。
［五〇］夯　朱本作「分」。
［五一］送　朱本作「迭」。
［五二］形　朱本作「行」。
［五三］成化本此下注曰：「閎祖録云：『「事地察」、「天地明察」，「上下察」、「察乎天地」、「文理密察」，皆明著之意。』」此條閎祖録底本另作一條，載於卷八十二。
［五四］罽亞夫　成化本爲「亞夫」。
［五五］十二章　成化本無。
［五六］道　成化本無。
［五七］時舉　成化本無。
［五八］君子以人治人改而止横渠謂　成化本無。
［五九］間　成化本無。
［六〇］夜　成化本此上有「曾子所言……便拖泥帶水又云」，此部分内容底本另作一條載於卷二十七，參底本該卷「曾子所言……便拖泥帶水」條。
［六一］此條僩録成化本載於卷二十七，底本卷二十七重複載録，參底本該卷「夜來説忠恕……須自看教有

許多等級分明」條。

［六二］或　成化本無。

［六三］工夫　成化本爲「下工夫」。

［六四］諸　成化本作「於」。

［六五］成化本此下注有「賀孫」，且此條載於卷二十七，底本卷二十七重複載録。

［六六］閎祖　成化本無。

［六七］此條節録成化本無。

［六八］此條僩録成化本置於「第十四章」下。

［六九］第十四十五章無　成化本無，但有「第十四章」，其下載一條僩録。參底本上條。

［七〇］此條升卿録成化本無。

［七一］莫是感格否　成化本爲「似亦是感格意思是自然如此」。

［七二］賜　成化本爲「夔孫」。

［七三］中庸十六章初説　成化本無。

［七四］至　成化本作「盛」。

［七五］卒　成化本無。

［七六］這是人之死氣也　成化本爲「是人之死氣」。

［七七］章句中所謂鬼神之爲德猶言性情功效者　成化本爲「性情功效」。
［七八］因讀鬼神之德一章　成化本無。
［七九］章句云猶言性情功效云爾　成化本爲「性情功效」。
［八〇］魂　成化本無。
［八一］及　成化本作「又」。
［八二］中　成化本無。
［八三］生死　成化本爲「死生」。
［八四］物　成化本爲「萬物」。
［八五］個　成化本無。
［八六］是　成化本無。
［八七］是　成化本無。
［八八］然終久亦必消了　成化本無。
［八九］便　成化本無。
［九〇］是　成化本無。
［九一］成化本此下注有「廣」。
［九二］節　成化本無。

［九三］ 篤字何謂　成化本無。
［九四］ 此條賀孫録成化本以部分内容爲注，附於廣録中，參底本下條。
［九五］ 也　成化本此下注曰：「賀孫録云：『漢卿問：「栽培傾覆，以氣至、氣反説。上言德而受福，而以氣爲言，何也？」』」
［九六］ 他　成化本作「也」。
［九七］ 思　成化本此下注曰：「賀孫録云：『上面雖是疊將來，此數語却轉得意思好。』」
［九八］ 成化本此下注曰：「賀孫録同。」
［九九］ 上祀先公以天子之禮先公謂組紺以上　成化本無。
［一〇〇］ 蓋　成化本無。
［一〇一］ 道　成化本作「追」。
［一〇二］ 鷩冕諸侯之服　成化本無。
［一〇三］ 此條底本以廣録爲主録，而賀孫録爲附録。成化本則以賀孫録爲主録，取廣録部分内容爲注，附於廣録之中。
［一〇四］ 中庸云三年之喪　成化本爲「三年之喪父母之喪」。
［一〇五］ 段　成化本作「般」。
［一〇六］ 周衰末亂　成化本爲「周末衰亂」。

［一〇七］禮　成化本此下注曰：「方子録云：『左氏定禮皆當時鄙野之談，據不得。』」

［一〇八］分曉　成化本爲「没分曉」。

［一〇九］時　成化本作「者」。

［一一〇］左氏　成化本此下有「不是」。

［一一一］重　成化本此下注曰：「廣録云：『只是説得忒煞鄭重滯泥，正如世俗所謂山東學究是也。』」

［一一二］舉　成化本此下有「公羊」。

［一一三］孔父謂其　成化本爲「謂孔父」。

［一一四］謂其　成化本無。

［一一五］謂其　成化本無。

［一一六］是　成化本無。

［一一七］成化本賀孫録末注曰：「賀孫。廣録同，方子録略。」

［一一八］些　成化本作「闊」。

［一一九］中庸集注略載……求神於幽也　成化本爲「楊氏曰玉幣以交神明裸鬯以求神於幽」。

［一二〇］而裸鬯交人神則以　成化本無。

［一二一］章句云酬導飲也　成化本無。

［一二二］御史　成化本爲「鄉吏」。

〔一二三〕執事者　成化本無。

〔一二四〕一　成化本此上有「執事」。

〔一二五〕後　成化本此上有「徹」。

〔一二六〕時　成化本作「特」。

〔一二七〕起　成化本作「廢」。

〔一二八〕箱　成化本作「廂」。下一同。